Fragmentarisches Strafrecht

Fragmentarisches Strafrecht

Beiträge zum Strafrecht, Strafprozeßrecht und zur Strafrechtsvergleichung

Für Manfred Maiwald aus Anlaß seiner Emeritierung, verfaßt von seinen Schülern, Mitarbeitern und Freunden

Herausgegeben von Carsten Momsen,
René Bloy und Peter Rackow

PETER LANG
Frankfurt am Main · Berlin · Bern · Bruxelles · New York · Oxford · Wien

Bibliografische Information Der Deutschen Bibliothek
Die Deutsche Bibliothek verzeichnet diese Publikation in der Deutschen Nationalbibliografie; detaillierte bibliografische Daten sind im Internet über <http://dnb.ddb.de> abrufbar.

ISBN 3-631-50221-4

www.peterlang.de

Manfred Maiwald

wurde am 11. März 1935 in Bad Warmbrunn/Schlesien geboren. Nach dem Abitur (1955) studierte er Rechtswissenschaft in Heidelberg, Hamburg und Tübingen. In den Jahren 1959 und 1963 legte er die beiden juristischen Staatsprüfungen ab. 1964 promovierte er in Heidelberg zum Dr. iur. Die von Wilhelm Gallas betreute Dissertation trägt den Titel "Die natürliche Handlungseinheit". Die Habilitation erfolgte 1969 an der Juristischen Fakultät der Universität Heidelberg aufgrund der Schrift "Der Zueignungsbegriff im System der Eigentumsdelikte". Die Venia umfaßte die Fächer Strafrecht und Strafprozeßrecht. 1971 erfolgte die Ernennung zum ordentlichen Professor am Fachbereich Rechtswissenschaft I der Universität Hamburg. 1976 folgte er einem an ihn ergangenen Ruf als ordentlicher Professor an die Universität Göttingen. Der forensischen Praxis widmete er sich seit 1978 im Nebenamt als Richter am Oberlandesgericht Celle. In dieser Eigenschaft ist er seit dem Jahre 2000 im Ruhestand. Nach Ablehnung eines Rufs an die Universität Gießen 1980 folgte er 1983 dem Ruf an die Universität Heidelberg. Hier war er als Ordinarius an der Juristischen Fakultät bis 1984 tätig. Zum Wintersemester 1984 kehrte er als ordentlicher Professor an die Universität Göttingen zurück, wo er seitdem wissenschaftlich und lehrend tätig ist.

Sein vielfältiges Wirken, welches alle Autoren dieses Buches in einer besonderen Weise nicht nur prägte und prägt, sondern zugleich vereint, ist mit den folgenden Stichworten selbstverständlich nur "fragmentarisch", jedoch – so steht zu hoffen – kennzeichnend wiederzugeben.

Seit der 7. Auflage (zuerst erschienen: 1988, Besonderer Teil, Teilband 1) ist Manfred Maiwald als Co-Autor an der Fortführung und Fortentwicklung des großen Strafrechtslehrbuchs von Reinhart Maurach maßgeblich beteiligt. Neben vielgestaltiger weiterer wissenschaftlicher Durchdringung des deutschen Straf- und Strafprozeßrechts in allen seinen Facetten, gilt sein besonderes Augenmerk schon seit langer Zeit der strafrechtlichen Rechtsvergleichung, insbesondere im Hinblick auf Italien. In diesem Zusammenhang hat Manfred Maiwald in vielen "Semesterferien" zahlreiche Italien- und Japanaufenthalte zu Vorträgen und Diskussionen genutzt und dabei – dies mag die Interessenvielfalt nur andeuten – stets, vor allem natürlich in Italien, versucht, Karten für einen Opernbesuch zu erhalten. In diesem Zusammenhang ist unter anderem auf die Vorlesungstätigkeit an der Juristischen Fakultät der Universität Palermo als Professore a contratto im

Jahr 1990 hinzuweisen. Die angesprochene Verbindung, die Manfred Maiwald zwischen allen Autoren dieser Schrift hergestellt hat und pflegt, läßt sich möglicherweise bildhaft damit illustrieren, daß unter seiner Führung die "Lehrstuhlmannschaft" beim jährlichen Fußballturnier der Juristischen Fakultät stets mit "Legionären" vertreten war, die zum Kreis der Autoren zählen; "last not least" sei die Tradition erwähnt, das Jahr mit allen Mitarbeitern insbesondere auch den ausländischen Mitarbeitern und Freunden, die am Lehrstuhl zu häufigen Forschungsaufenthalten zugegen waren, mit einem Gänseessen im Göttinger "Rathskeller" zu beschließen.

Schüler, Mitarbeiter sowie ausländische Kollegen, die alle aus seinem reichen Schaffen Impulse erhalten haben, wollen mit dieser Manfred Maiwald zur Emeritierung gewidmeten Gabe ihre Dankbarkeit und Verbundenheit zum Ausdruck bringen.

Göttingen* und Freiburg i. Br.

Carsten Momsen
René Bloy
Peter Rackow

* Die Herausgeber danken Gerwin Moldenhauer besonders herzlich für seine kompetente und unermüdliche Mitarbeit an der Herstellung des Typoskripts.

Inhalt

Möglichkeiten und Grenzen der Gewährleistung von Sicherheit durch Strafrecht

René Bloy

I. Zur Einführung: Sicherheit durch Recht und Ordnung

Der manchmal laut tönende, manchmal nur leise vernehmbare, aber niemals verstummende Ruf nach Recht und Ordnung artikuliert das Verlangen nach *Sicherheit* durch Recht und Ordnung.[1] Die Gewährleistung von Sicherheit[2] ist nun nicht allein und vielleicht noch nicht einmal zuallererst eine Aufgabe des Rechts, gar des Strafrechts.[3] Sicherheit durch Recht steht in einem Ergänzungsverhältnis zu *Sicherheit durch Ordnung*. Mag auch das Recht bedeutsame Ordnungsfunktionen erfüllen,[4] in *diesem* Zusammenhang ist mit dem Begriff „Ordnung" ersichtlich etwas anderes gemeint: die Gewährleistung von Sicherheit durch außerrechtliche gesellschaftliche Ordnungssysteme.[5] Damit sind innenpolitische Themenfelder

---

1 Näher dazu die programmatisch betitelte Schrift von *Arzt*, Der Ruf nach Recht und Ordnung, 1976, S. 5 ff., 132 ff.

2 S. dazu allgemein die grdl. Studie von *Franz-Xaver Kaufmann*, Sicherheit als soziologisches und sozialpolitisches Problem, 2. Aufl. 1973.

3 Hierzu jüngst *Frisch*, in: Gedächtnisschr. f. Schlüchter, 2002, S. 686 ff.; allerdings wird es der Thematik ebensowenig gerecht, wenn in der sehr umfangreichen Monographie von *Nitz*, Private und öffentliche Sicherheit, 2000, das Strafrecht (abgesehen von ganz vereinzelten marginalen Erwähnungen) völlig ausgeblendet bleibt, als ob allein private und polizeiliche Sicherheitsvorsorge eine Rolle spielten.

4 Dazu monographisch *Lippold*, Recht und Ordnung, 2000, der seine Arbeit als Beitrag zur Fortschreibung der Reinen Rechtslehre von *Kelsen* konzipiert hat und sich deshalb allein mit dem Recht und *dessen* Ordnung selbst befaßt (a.a.O., S. 12, 17), d.h. mit der Ordnung des Rechts und nicht mit dem, was durch das Recht als außerrechtliche Wirklichkeit geordnet wird.

5 Bzw. durch private Selbstschutzmaßnahmen: der weite Bereich der Privatisierung und Kommerzialisierung der Sicherheitsvorsorge muß im weiteren ausgeklammert bleiben; s. dazu z.B. *Arzt* (o.Fn. 1), S. 38 ff.; *ders.*, in: *Wiegand* (Hrsg.), Rechtliche Probleme der Privatisierung, 1998, S. 313 ff.; *Stüllenberg*, *Sorge*, *Stober* in: *Pitschas* (Hrsg.), Kriminalprävention und "Neues Polizeirecht", 2002, S. 177 ff., 191 ff., 203 ff.; nicht gemeint ist in

wie Familie, Bildung, Arbeit und Gesundheitsvorsorge angesprochen, welche insgesamt tragende Säulen der gesellschaftlichen Stabilität sind. Die staatliche Lenkung dieser Systeme, z.T. unter großflächiger Verrechtlichung, zum Zwecke der Daseinsvorsorge entfaltet eine Dynamik, welche eine Entwicklungslinie vom Sozialstaat über den Wohlfahrtsstaat[6] hin zu einem "Sicherheitsstaat" vorzeichnet,[7] der tendenziell die Vernunfthoheit über jeden einzelnen beansprucht, indem er dessen "kognitive Lebensführungsbasis" jedenfalls von Fall zu Fall als defizitär einstuft und daraus seine umfassende Schutzpflicht ableitet.[8]

Gewährleistet wird Sicherheit durch Gefahrenabwehr, welche im Sektor der "öffentlichen" Sicherheit[9] durch die auf den berühmten § 14 prPVG zurückgehende polizeiliche Generalklausel als *die* klassische Aufgabe der Polizei festgeschrieben ist. *Sicherheit durch Recht* ist damit zunächst Sicherheit durch Polizeirecht.[10] Damit rückt die präventiv-polizeiliche Tätigkeit der Schadensverhinderung ins Zentrum rechtlich garantierter Sicherheit. Ihr zur Seite tritt die vorsorgend-planende Staatstätigkeit, die Sicherheit in der privaten Lebensführung zum Ziele hat, und zwar nicht nur i.S. der Absicherung ihrer materiellen Grundlagen durch das Sozialrecht, sondern auch bis hin zu einem Schutz des einzelnen vor sich selbst.[11]

---

diesem Zusammenhang die "öffentliche Ordnung" i.S. des Polizeirechts, denn diese steht ergänzend *neben* der öffentlichen Sicherheit.

6 Über historische Ausprägungen wohlfahrtsstaatlichen Denkens informiert eingehend *Hillgruber*, Der Schutz des Menschen vor sich selbst, 1992, S. 27 ff.

7 Die Terminologie ist uneinheitlich: die Rede ist (mit gewissen Bedeutungsnuancen) u.a. auch von einem "Schutz-", "Steuerungs-" oder "Präventions-"Staat; dazu monographisch (allerdings teilweise überzogen) *Hans Albrecht Hesse*, Der Schutzstaat, 1994; s. z.B. auch *Franz-Xaver Kaufmann*, in: *Grimm* (Hrsg.), Staatsaufgaben, 1994, S. 28 ff.; *Grimm*, KritV 1 (1986), S. 38 ff.; *Peter-Alexis Albrecht*, KritV 3 (1988), S. 182 ff.; *Krauß*, KritV 76 (1993); S. 185; *Denninger*, KritJ 21 (1988), S. 1 ff., insbes. S. 10 ff.; dazu *Nitz* (o.Fn. 3), S. 356 f.; *Möstl*, Die staatliche Garantie für die öffentliche Sicherheit und Ordnung, 2002, S. 28 ff.

8 Plastisch *Hans Albrecht Hesse* (o.Fn. 7), S. 115 f.

9 Dazu näher z.B. *Drews/Wacke/Martens*, Gefahrenabwehr, 9.Aufl. 1986, S. 232 ff.

10 In einem ganz elementaren Sinne ist es die Funktion von Recht überhaupt (wie auch von Religion und Wissenschaft), Sicherheit als Voraussetzung der zivilisatorischen Entwicklung der Menschheit zu verbürgen; insofern kann die Rechtsordnung insgesamt als ein Sicherheitssystem bezeichnet werden; zu diesem Fundamentalaspekt, der hier nicht weiter betrachtet werden soll, näher *Ulrich K. Preuß*, KritV 4 (1989), S. 3 ff.

11 Dazu monographisch *Hillgruber* (o.Fn. 6); *Kai Fischer*, Die Zulässigkeit aufgedrängten staatlichen Schutzes vor Selbstschädigung, 1997; s. z.B. auch *Schwabe*, JZ 1998, 66 ff. m.w.N.

II. Semantische Vorklärung

Sicherheit ist gleichbedeutend mit Abwesenheit von Gefahr, wobei es in der Welt bekanntlich keine "absolute" Sicherheit gibt, so daß Sicherheit als soziale Realität lediglich ein niedriges Gefahr-Niveau meint. Gefahr geht aus von der Natur und von Menschen. Die Aufgabe des Strafrechts kann von vornherein nur in der Abwendung von Gefahren bestehen, die von Menschen ausgehen. Gefahren, die von Menschen ausgehen, sind nun aber ihrerseits unterschiedlicher Qualität. Gefahren, die von Menschen „naturgemäß" ausgehen, liegen ebenfalls jenseits der dem Strafrecht gezogenen Grenzen, denn sein Wirkungsfeld sind allein Straftaten, welche nur einen engen Ausschnitt zurechenbar herbeigeführter Gefahren darstellen.

Von Menschen zurechenbar herbeigeführte Gefahren heißen Risiken. Risiko ist also die objektiv zurechenbar – i.d.R. bewußt – herbeigeführte oder nicht abgewendete, die heraufbeschworene bzw. einkalkulierte Gefahr. Ein Risiko wagt man, geht man ein oder man setzt sich ihm aus bzw. nimmt es auf sich. Stets ist das Risiko Produkt einer Entscheidung. Nur im Falle der unbewußten Fahrlässigkeit wird das Risiko ohne *bewußte* Entscheidung begründet. Man kann in ein Risiko jedoch nicht schicksalhaft geraten, wohl aber in eine Gefahr. Nicht alle Gefahren sind also Risiken, aber alle Risiken sind Gefahren.[12] Zur Sicherheit stehen Gefahr und Risiko in umgekehrt proportionalem Verhältnis: je größer die Gefahr (das Risiko), desto geringer die Sicherheit und vice versa.

III. Ambivalenz und Vielgestaltigkeit des Sicherheitsbegriffs

Sicherheit gehört zu den äußeren Konstitutionsbedingungen von Freiheit *und* schränkt Freiheit ein.[13] Daraus resultiert die Brisanz der Sicherheits-Thematik im politischen Alltag. Die einen erwarten hiervon stets nur die Festigung und Erweiterung ihres Freiheitsspielraums (bis hin zu den berühmt-berüchtigten Parolen der Art: wenn diese oder jene Maßnahme ergriffen würde, könnte man wieder unbesorgt nachts mit der U-Bahn fahren, seine Kinder auf der Straße spielen lassen usw.), die anderen hören aus dem Stichwort Sicherheit allein Freiheitsbeschnei-

---

12 Vertiefend zum Begriff des Risikos *Luhmann*, Soziologie des Risikos, 1991, S. 9 ff., der freilich den Begriff der Gefahr nicht als Ober-, sondern als Komplementärbegriff zu dem des Risikos definiert (a.a.O., S. 31 f.), also darunter allein schadensträchtige Naturereignisse faßt; vgl. auch *Hans Albrecht Hesse* (o.Fn. 7), S. 193, der unter Risiko bzw. Gefahr ein beherrschbares bzw. nicht beherrschbares Schadenspotential versteht; s. weiterhin *Prittwitz*, Strafrecht und Risiko, 1993, S. 33 ff., 55 ff., 63 f.; *Ulrich K. Preuß*, in: *Grimm* (Hrsg.), Staatsaufgaben, 1994, S. 529 f.

13 Vgl. z.B. auch *Würtenberger*, in: Festschr. f. Welzel, 1974, S. 28 f.

dung durch Überwachung heraus. Dies gilt selbstverständlich auch und gerade auf dem Felde des Strafrechts.

Hinzu kommt ein weiteres: um *wessen* und um *welche* Sicherheit geht es? Im Ausgangspunkt ist bei individualistischer Betrachtungsweise zunächst die Sicherheit des einzelnen vor Gefahren verschiedenster Art gemeint. Es kann z.B. um die Sicherheit des Arbeitsplatzes oder die vor Angriffen anderer Individuen gehen. Darin erschöpft sich der Globalbegriff "Sicherheit" aber keineswegs. Weitere Facetten sind die Sicherheit des einzelnen vor staatlichen Übergriffen, die Sicherheit des Staates vor Angriffen einzelner, die "innere" und die "äußere" Sicherheit des Staates. Für den einzelnen gewinnt das jeweils ganz unterschiedliche Bedeutung. Sicherheit des Staates ist zudem nicht ohne weiteres mit Sicherheit des einzelnen im Staat gleichzusetzen: das Wort Staatssicherheit hat einen ganz besonderen Klang...

Dieser bunte Strauß unsystematisch herausgegriffener einzelner Aspekte verdeutlicht vor allem eines: es ist erforderlich, den Gegenstandsbereich, für den die Sicherheitsproblematik behandelt werden soll, zu konkretisieren, denn Sicherheit bezieht sich stets auf ein Objekt, und sei es das Verhältnis einer Person zu sich selbst (Selbstsicherheit ist dann allerdings eine Thematik, die das Gebiet der Psychologie betrifft). Ist von Sicherheit durch Strafrecht die Rede, so ist dieser Gegenstand jedoch noch gar nicht benannt, vielmehr nur das Mittel, eben das Strafrecht, mit dessen Hilfe sie gewährleistet werden soll. Dies ist kein Zufall. Im folgenden wird sich zeigen, daß die Auseinandersetzung wesentlich gerade darum geführt wird, *in bezug worauf* die Gewährleistung von Sicherheit durch Strafrecht erfolgen soll.

IV. Die Geburt des Sicherheits-Strafrechts aus dem Geiste der Aufklärung

Die Gewährleistung von Sicherheit durch Strafrecht meint die Abwendung von Schäden, welche durch Straftaten drohen, also von Risiken. Dabei geht es genau genommen nicht um die Wahl zwischen Sicherheit und Risiko als alternative Optionen, sondern, wie stets, um eine umfassende Risikokalkulation,[14] auf deren Basis bestenfalls eine durch Risikominimierung gewonnene "relative" Sicherheit realisierbar erscheint. Angesprochen ist damit zuerst der einzelne Bürger, der als potentieller Straftäter in der konkreten Situation über Sicherheit und Unsicherheit entscheidet.[15] Sicherheit entsteht also primär durch das die Freiheit des anderen respektierende eigene Verhalten.

---

14 Zu diesem komplexen Prozeß eingehend *Luhmann* (o.Fn. 12), S. 28 ff.

15 S. auch *Prittwitz* (o.Fn. 12), S. 84 f. m.w.N.

Als ein rational Kalkulierender tritt uns dieser Bürger im Menschenbild der Aufklärung entgegen. Damit steht die Ablösung des religiös-metaphysischen Strafrechtskonzepts, das eine göttliche Seins-Ordnung bewahren wollte,[16] durch ein zweckbestimmtes Strafrecht, welches den Gedanken der Risikokalkulation aufnimmt, auf der Agenda. Bekanntlich war es *Feuerbach*, der diesen historischen Schritt mit seiner Theorie des psychologischen Zwanges maßgeblich vollzog.[17] Indem und soweit in diese Risikokalkulation die Präventionswirkung[18] des Strafrechts eingeht, trägt dieses zur Gewährleistung von Sicherheit bei. Zwar sind im Zuge der weiteren Entwicklung unterschiedliche Präventions-Theorien entwickelt worden, die phasenweise hart miteinander konkurriert haben; es ging insofern aber allein um den "richtigen" Weg,[19] während über das Ziel Einigkeit herrschte: Sicherheit ist der gemeinsame Nenner jeglichen Präventions-Strafrechts.[20] Diese Sicherungsaufgabe ist nun freilich weniger empirisch-psychologisch als normativ zu verstehen. Das Versprechen des generellen Ausbleibens von Straftaten wäre selbstverständlich illusionär. Es geht vielmehr um die Aufrechterhaltung von Erwartungssicherheit durch Bestätigung der Normgeltung *trotz* empirischer Enttäuschung. Dies wird langfristig freilich nur dann erfolgreich sein, wenn dabei gewisse Toleranzgrenzen gewahrt bleiben. Diese Regulationsfunktion ist gemeint, wenn das Strafrecht als Präventions-Strafrecht charakterisiert wird.

In Kombination mit der Etablierung der auf *Birnbaum* zurückgehenden Rechtsgutslehre[21] ist dadurch im 19. Jahrhundert das "klassische" Bild des Strafrechts entstanden, in dessen Zentrum der Gedanke des Rechtsgüterschutzes, d.h. der Rechtsgüter-Sicherheit, steht. Eine Schlüsselfunktion für die Beantwortung der Frage nach Möglichkeiten und Grenzen der Gewährleistung von Sicherheit durch Strafrecht fällt daher Begriff und Rolle des Rechtsguts zu.

---

16 Übersichtlich zusf. *Sellert/Rüping*, Studien- und Quellenbuch zur Geschichte der deutschen Strafrechtspflege I, 1989, S. 253 f.

17 S. z.B. *Feuerbach*, Ueber die Strafe als Sicherungsmittel vor künftigen Beleidigungen des Verbrechers, 1800 (Nachdruck 1970), insbes. S. 94 ff.; zu Vorformen in der naturrechtlichen Strafrechtsdoktrin (insbes. bei *Pufendorf*) s. *Sellert/Rüping* (o.Fn. 16), S. 357 ff.

18 Zum Zusammenhang zwischen Prävention, Entscheidung und Risiko allgemein *Luhmann* (o.Fn. 12), S. 38 ff.

19 Auf diese vielbehandelte Frage soll an dieser Stelle nicht eingegangen werden; s. dazu z.B. *Maiwald*, in: *Immenga* (Hrsg.), Rechtswissenschaft und Rechtsentwicklung, 1980, S. 291 ff.; *Frisch* (o.Fn. 3), S. 670 ff.

20 Dazu aus dem öffentlich-rechtlichen Schrifttum neuestens *Möstl* (o.Fn. 7), S. 149 ff. m.w.N.

21 *Birnbaum*, ArchCrimR N.F. 15 (1834), S. 149 ff.; eingehend *Sina*, Die Dogmengeschichte des strafrechtlichen Begriffs "Rechtsgut", 1962.

V. "Sicherheit" als Legitimationsgrundlage von Straftatbeständen

An dieser Stelle sei zunächst angemerkt, daß die Gewährleistung von Sicherheit als (alleinige) Legitimationsgrundlage für einzelne Straftatbestände ausscheidet. Anlaß zu dieser Klarstellung besteht, weil es Konzepte gibt, die der Vorstellung verpflichtet sind, „Sicherheit" ließe sich als Rechtsgut begreifen bzw. eigne sich – bereichsweise – anstelle eines Rechtsguts zur Legitimation von Strafrechtsnormen.

Blickt man auf den Besonderen Teil, so entdeckt man dort zunächst einige Tatbestände, die nach gängiger Lesart (auch) die (öffentliche) Sicherheit bzw. (sachlich weitestgehend gleichbedeutend) den öffentlichen Frieden[22] schützen: zu nennen sind hier etwa §§ 124,[23] 125,[24] 126,[25] 127,[26] 129[27] StGB. In seinen Untersuchungen zur Dogmatik der Gefährdungsdelikte vertritt *Kindhäuser* gar die These, daß Normzweck der abstrakten Gefährdungsdelikte die Gewährleistung von Sicherheit i.S. von sorgeloser Verfügung über Güter (und nicht etwa deren Integrität) sei.[28] Ob „Sicherheit" damit zu einem eigenständigen Rechtsgut avancieren[29] oder Rechtsgüterschutz an dieser Stelle eher durch Sicherheitsschutz ersetzt werden soll,[30] mag dahinstehen. Jedenfalls kann „Sicherheit" schon deshalb kein Rechts-

---

22 Zur sachlichen Übereinstimmung der Begriffe "Sicherheit" und "Frieden" auch *Thomas Fischer*, Öffentlicher Friede und Gedankenäußerung, Diss. Würzburg 1986, S. 512 f., 529 f., 600; *ders.*, GA 1989, 451 f.

23 *Schönke/Schröder/Lenckner*, StGB, 26.Aufl. 2001, § 124 Rdn. 1.

24 *Maurach/Maiwald*, BT 2, 8.Aufl. 1999, § 60 Rdn. 6.

25 *Schönke/Schröder/Lenckner*, StGB, § 126 Rdn. 1.

26 *Schönke/Schröder/Lenckner*, StGB, § 127 Rdn. 1.

27 *Lackner/Kühl*, StGB, 24.Aufl. 2001, § 129 Rdn. 1.

28 *Kindhäuser*, Gefährdung als Straftat, 1989, S. 19 f., 277 ff., insbes. S. 280 ff., 294. – Womit die abstrakten Gefährdungsdelikte übrigens als (Sicherheits-)Verletzungsdelikte gedeutet werden; so zutr. bereits *Kuhlen*, GA 1990, 477; *Krüger*, Die Entmaterialisierungstendenz beim Rechtsgutsbegriff, 2000, S. 111 f.

29 So die Interpretation z.B. von *Frisch*, in: Festschr. f. Stree/Wessels, 1993, S. 91 f.; *Schünemann*, GA 1995, 211. – Kindhäuser selbst schwebt wohl eher vor, die Beeinträchtigung der Integrität des Gutes und die Beeinträchtigung der sicheren Verfügungsmöglichkeit über das Gut als zwei verschiedene, dabei gleichrangige Möglichkeiten der Beeinträchtigung eines und desselben Gutes zu beschreiben. Sicherheitsverletzung ohne Integritätsverletzung als Verletzung des deliktsspezifisch geschützten Gutes bleibt dann aber letztlich eine entmaterialisierte Vorstufe der Integritätsverletzung, denn ohne gedanklichen Bezug auf den Integritätsschaden gewinnt der Sicherheitsschaden keine Realität. Folglich sind beide nicht gleichgeordnet, sondern stehen in einer Verletzungsintensitätshierarchie, so daß das von Kindhäuser abgelehnte „Angriffsparadigma" (a.a.O., S. 287 f.) nicht überwunden ist.

30 In diesem Sinne *Prittwitz* (o.Fn. 12), S. 249 Anm. 69; *Krüger* (o.Fn. 28), S. 95.

gut sein, weil es sich dabei – wie auch beim „Rechtsfrieden" – lediglich um eine stichwortartige Bezeichnung für den positiven Aspekt der Generalprävention handelt.[31] Die Gütersicherheit wird nämlich durch *jede Straftat* in Frage gestellt,[32] während das geschützte Rechtsgut das *spezifische Unrecht des einzelnen Delikts* prägt. Zwar läßt sich dieses Unrecht in verschiedene Komponenten zerlegen. Der abgespaltene „Unrechtssplitter" Sicherheitsverlust kann aber nicht zu einem „Partialunrecht" verselbständigt werden, das einen vom Bruch der „Hauptnorm" unabhängigen Bruch einer flankierenden Norm verkörpert, deren Aufgabe es wäre, die Geltungsbedingungen der Hauptnorm zu garantieren,[33] es sei denn, man anerkannt insoweit die Existenz von Straftaten ohne Rechtsgutsangriff, welche die Störung der Sicherheit als solche betreffen.

Gegen ein Sicherheitsschutzstrafrecht in diesem Sinne bestehen aber durchgreifende Bedenken. Sicherheit und (weitestgehend gleichbedeutend) Rechtsfrieden betreffen nämlich die Verfassung der Person *im ganzen*, während die Rechtsgüter ausgewählte Segmente aus der Gesamtheit der Entfaltungsbedingungen der Person repräsentieren. Durch ein Rechtsgüterschutzstrafrecht werden Sicherheit und Rechtsfrieden also bewußt nur selektiv geschützt,[34] soweit nämlich ein strafwürdiger und strafbedürftiger Rechtsgutsangriff vorliegt. Der u.a. auf diese Weise garantierte fragmentarische Charakter des Strafrechts ist aber ein wichtiges Strukturelement des liberalen Rechtsstaats.[35] Das präventive, auf Gütersicherheit ausgerichtete Strafrecht trägt allerdings bereits eine Ambivalenz in sich, die das

---

31 Ebenso *Müssig*, Schutz abstrakter Rechtsgüter und abstrakter Rechtsgüterschutz, 1994, S. 202 ff.; *Krüger* (o.Fn. 28), S. 98; abl. zu einem „Rechtsgut" Sicherheit auch *Roxin*, AT I, 3.Aufl. 1997, § 11 Rdn. 131; *Köhler*, AT, 1997, S. 33; *Zieschang*, Die Gefährdungsdelikte, 1998, S. 354 ff.; vgl. außerdem *Schroeder*, Die Straftaten gegen das Strafrecht, 1985, S.14; *Hirsch*, in: *Kühne/Miyazawa* (Hrsg.), Neue Strafrechtsentwicklungen im deutsch-japanischen Vergleich, 1995, S. 16; aus öffentlich-rechtlicher Sicht ebenso *Gusy*, Polizeirecht, 4.Aufl. 2000, Rdn. 82.

32 Insofern trägt es zur Charakterisierung eines Rechtsgutes sachlich nichts bei, wenn es, wie in einigen Fällen üblich, als eine spezifische *Sicherheit* (z.B. des Straßenverkehrs oder des Beweisverkehrs mit Urkunden) definiert wird.

33 So aber *Jakobs*, ZStW 97 (1985), S. 774 f.; ganz ähnlich *Freund*, AT, 1998, § 1 Rdn. 7, 9 ff., der zwei verschiedene Arten von Rechtsgütern unterscheidet und dabei die Geltungskraft der übertretenen Verhaltensnorm als Rechtsgut, welches die Sanktionsnorm schützt, betrachtet; in diese Richtung wohl auch schon *Arzt* (o.Fn. 1), S. 148 f.; abl. hingegen *Beck*, Unrechtsbegründung und Vorfeldkriminalisierung, 1992, S. 51, 77, 153; vgl. weiterhin *Roxin*, AT I, § 11 Rdn. 131.

34 Vgl. auch *Thomas Fischer* (o.Fn. 22), S. 635; aus der Perspektive des Polizeirechts betont *Gusy*, Polizeirecht, Rdn. 82, daß nicht "die Sicherheit", sondern stets die Sicherheit *von Rechtsgütern* geschützt sei.

35 Ebenso z.B. *Jescheck/Weigend*, AT, 5. Aufl. 1996, S. 52 f.; zum Verhältnis von fragmentarischem Charakter des Strafrechts, Rechtsgüterschutz und positiver Generalprävention auch *Maiwald*, in: Festschr. f. Maurach, 1972, S.9 ff., insbes. S. 11 f., 15 ff., 22.

Rechtsgüterkonzept infolge der Expansionstendenz des Sicherheitsgedankens zu sprengen droht.[36] In einem reinen Sicherheitsschutzstrafrecht entfiele der Regulationsmechanismus, der sich auf die Formel „Sicherheitsschutz – allein – durch Rechtsgüterschutz“ bringen läßt. Die mit diesem Verlust verbundene Problematik wird in der aktuellen Diskussion üblicherweise unter dem Begriff des „modernen Risikostrafrechts“ abgehandelt,[37] das treffender als umfassendes Sicherheitsschutzstrafrecht zu bezeichnen wäre. Die im Zusammenhang damit häufig beobachtete Entmaterialisierungstendenz beim Rechtsgutsbegriff[38] ist nichts anderes als eine Strategie, welche die Abkehr vom Rechtsgüterschutzstrafrecht dadurch verdecken soll, daß Globalwerte wie Sicherheit oder Rechtsfrieden als Rechtsgüter deklariert werden bzw. verfremdende sprachliche Umschreibungen dafür erfunden werden, um diese dann als „neue“ Rechtsgüter zu präsentieren.

Die Rechtsgutslehre ist nämlich an einen *ganz bestimmten* historisch-gesellschaftlichen Kontext gebunden.[39] Löste man sie davon ab, so bliebe lediglich noch die Anbindung an eine Gesellschaftstheorie bzw. Verfassungsrechtsordnung nicht weiter konkretisierbaren Inhalts,[40] d.h. sie wäre ihres materialen Moments beraubt. Um eine beliebig auffüllbare Leerformel handelt es sich jedoch dann nicht, wenn die Verwurzelung der Rechtsgutslehre im aufgeklärten und liberal-rechtsstaatlichen Denken auch in der Gegenwart als Fundament erhalten bleibt.[41]

VI. Zwei Entwicklungslinien des "modernen Risikostrafrechts"

1. Mikro- und Makrostrafrecht

Jenseits dieses Streits über terminologische Festlegungen in bezug auf den Rechtsgutsbegriff geht es um die Grundentscheidung, ob das Strafrecht seine her-

---

36 S. auch schon *Prittwitz* (o.Fn. 12), S.246; *Hassemer*, ZRP 1992, 380.

37 Die Literatur zu diesem Thema ist inzwischen fast unübersehbar; genannt seien an dieser Stelle nur einige grdl. Monographien: *Prittwitz* (o.Fn. 12); *Herzog*, Gesellschaftliche Unsicherheit und strafrechtliche Daseinsvorsorge, 1991; *Wohlers*, Deliktstypen des Präventionsstrafrechts – zur Dogmatik „moderner“ Gefährdungsdelikte, 2000; als ein bemerkenswerter Vorläufer kann gelten *Kratzsch*, Verhaltenssteuerung und Organisation im Strafrecht, 1985. – Nicht zu vergessen ist als „klassischer“ Anwendungsbereich eines großflächigen Sicherheitsschutzstrafrechts das politische Strafrecht; speziell dazu *Beck* (o.Fn. 33).

38 Monographisch *Krüger* (o.Fn. 28).

39 Eingehend *Hassemer*, Theorie und Soziologie des Verbrechens, 1973, S. 124 ff., 221 ff. u. passim.

40 So in der Tat *Wohlers* (o.Fn. 37), S. 229 ff.

41 S. auch *Jescheck/Weigend*, AT, S. 8; zurückhaltender *Roxin*, AT I, § 2 Rdn. 8.

kömmliche Rolle als Garant elementarer Bedingungen der Möglichkeit personaler Freiheit überschreiten und in ein instrumentelles Gesamtkonzept staatlichen Risikomanagements, also präventiver Lenkung und Steuerung gesellschaftlicher Prozesse, integriert werden soll.[42] Letzteres bedeutete zugleich, daß es sich nicht mehr auf die Wiederherstellung der vorhandenen Ordnung beschränken würde, sondern (auch) zukunftsgestaltende Aufgaben wahrzunehmen hätte, gar als volkspädagogisches Instrument[43] herhalten müßte.

Beim Stichwort Risikostrafrecht ist allerdings vorab eine fundamentale Differenzierung unentbehrlich:[44] In den Dienst des herkömmlichen Strafrechts gestellt, ist der Begriff des Risikos mit durchschlagendem Erfolg als Zurechnungskriterium fruchtbar gemacht worden, während er im Anschluß an die soziologische Diskussion über die "Risikogesellschaft" die Erweiterung der überkommenen Aufgaben des Strafrechts legitimieren soll, so daß dem „Mikrostrafrecht“ traditioneller Prägung ein „Makrostrafrecht“ an die Seite zu stellen wäre.[45]

2. Risikostrafrecht als Mikrostrafrecht

Mit der *Unterscheidung zwischen erlaubten und unerlaubten Risiken* ist der Grundstein für die spätere Entwicklung der Risikoerhöhungslehre gelegt worden. Der Sache nach dürfte die Vorstellung, daß es Risiken gebe, die eingegangen werden dürfen, alt sein, auf die strafrechtliche Zurechnungslehre bezogen hat sie als erster wohl *v.Bar*[46] und im frühen 20. Jahrhundert dann *Binding.*[47] Als reflektierter Begriff zeugt das "erlaubte Risiko" von einem Bewußtseinswandel, nämlich dem Verlust der Zuversicht in das Bestehen einer durch göttliche Lenkung des Weltgeschehens oder sonstwie verbürgten unerschütterlichen Fundamental-Sicherheit. "Erlaubtes Risiko" ist die Bezeichnung für das Regulativ, mit dem das Niveau der (straf-)rechtlich gewährleisteten "relativen" Sicherheit situationsbezogen flexibel gestaltet wird. Strafrechtsdogmatisch gesprochen liegt seine Funktion

---

42 Eingehend z.B. *Prittwitz* (o.Fn.12), S.135 ff., 242 ff.; *Wohlers* (o.Fn.37), S.47 ff. u. passim; *Kunz*, Bürgerfreiheit und Sicherheit, 2000, S.9 ff., insbes. S.19 ff.; aus italienischer Sicht dazu auch *Paliero*, in: *Eser/Hassemer/Burkhardt* (Hrsg.), Die deutsche Strafrechtswissenschaft vor der Jahrtausendwende, 2000, S.98 ff.

43 So *Hassemer*, ZRP 1992, 380.

44 *Kuhlen*, GA 1994, 357 f. zählt sogar vier verschiedene Begriffsverwendungen.

45 Terminologie in Anlehnung an den Begriff der "Makrokriminalität" i.S. von *Prittwitz*, in: *Lüderssen* (Hrsg.), Aufgeklärte Kriminalpolitik oder Kampf gegen das Böse? III, 1998, S.12 ff.; eine zusätzl. mittlere Kategorie, wie sie *Alwart*, Zurechnen und Verurteilen, 1998, S.24 ff. vorschlägt ("Mesokriminalität"), dürfte entbehrlich sein.

46 *v.Bar*, Die Lehre vom Causalzusammenhange im Rechte, besonders im Strafrechte, 1871, S.14 f.; die Vorgeschichte der Lehre vom erlaubten Risiko ist einigermaßen diffus und wohl kaum präzise rekonstruierbar; s. dazu zusf. *Prittwitz* (o.Fn.12), S.267 ff.

47 *Binding*, Die Normen und ihre Übertretung IV, 1919, S.432 ff.

in der variablen Begrenzung des Handlungsunrechts. Über die materialen Maßstäbe, nach denen diese Regulation erfolgt, ist damit allerdings noch nichts gesagt, denn es handelt sich dabei um einen reinen Formalbegriff.[48] Für die Betrachtung der Entwicklungslinie hin zur Risikoerhöhungslehre ist dieser Punkt jedoch ohne Belang, denn insofern ist nicht das erlaubte, sondern das unerlaubte Risiko maßgeblich. Das Verbot einer Risikoschaffung ist aber in einem Rechtsgüterschutzstrafrecht die Regel, da es grundsätzlich die Vermeidung von Risiken, die zu einer Rechtsgutsverletzung führen könnten, verlangen muß und deshalb nur in begründeten Ausnahmefällen das Eingehen eines solchen Risikos erlauben kann.

Die im Nachhinein naheliegend erscheinenden Schlußfolgerungen aus der Lehre vom erlaubten Risiko für die objektive Erfolgszurechnung hat zunächst für das Fahrlässigkeitsdelikt und dann später in verallgemeinerter Form *Roxin* gezogen.[49] Dies gab den Impuls zu einer bis in die Gegenwart andauernden intensiven Diskussion, mit der die Lehre von der objektiven Zurechnung zu einem zentralen Thema der deutschen Strafrechtsdogmatik geworden ist.[50] Aus der daraus hervorgegangenen, inzwischen nahezu unüberschaubaren Literatur seien an dieser Stelle nur die repräsentativen Monographien von *Wolter*[51] und *Frisch*[52] genannt, die je ganz unterschiedliche Wege hin zu einem Risikostrafrecht[53] einschlagen. Obwohl die darin entwickelten Konzepte insofern diametral entgegengesetzt sind, als ihnen eine (in einem weiten Sinne) erfolgsbezogene (Wolter) bzw. eine dezidiert verhaltensbezogene (Frisch) Sichtweise zugrunde liegt, verbindet sie doch das gemeinsame Ziel, eine Risikodogmatik für das "klassische" Mikrostrafrecht liberal-rechtsstaatlicher Prägung zu entfalten.

---

48 Näher *Maiwald*, in: Festschr. f. Jescheck I, 1985, S.405 ff., insbes. S. 409 ff., 420 ff.

49 *Roxin*, ZStW 74 (1962), S.430 ff.; *ders.*, in: Festschr. f. Honig, 1970, S.133 ff., insbes. S.136 ff.

50 Dazu zusf. *Prittwitz* (o.Fn.12), S.327 ff.

51 *Wolter*, Objektive und personale Zurechnung von Verhalten, Gefahr und Verletzung in einem funktionalen Straftatsystem, 1981; dazu informativ *Prittwitz* (o.Fn.12), S.336 ff.

52 *Frisch*, Vorsatz und Risiko, 1983; *ders.*, Tatbestandsmäßiges Verhalten und Zurechnung des Erfolgs, 1988; dazu informativ *Prittwitz* (o.Fn.12), S.341 ff.

53 Geprägt worden ist dieser Begriff von *Wolter* (o.Fn.51), S.36, 57 Anm. 152, 253, 349.

3. Risikostrafrecht als Makrostrafrecht

Im Unterschied dazu wendet sich das Strafrecht der Großsteuerung[54] als Antwort auf die sog. neuen Herausforderungen durch organisierte Kriminalität, Umweltverschmutzung usw. Aufgabenfeldern zu, die nicht historisch gewachsen sind. Die Probleme, vor welche diese Materien die herkömmliche Strafrechtsdogmatik stellen, lassen sich insgesamt auf den gemeinsamen Nenner bringen, daß das für individuelle Verfehlungen im Bereich der Mikrokriminalität entwickelte Zurechnungssystem nicht ohne weiteres eine Verantwortlichkeit für kollektive Prozesse zu begründen geeignet ist, sei es die Verantwortlichkeit einzelner, sei es gar die Verantwortlichkeit von Kollektiven. Da nun die Bewältigung derartiger Aufgaben mit den traditionellen Möglichkeiten des Strafrechts zu scheitern droht, wird die Entwicklung wirksamerer Instrumente zur Bekämpfung dieser Art von Kriminalität dringlich angemahnt. Was das bedeuten kann, sei an dieser Stelle nur an zwei Punkten exemplarisch[55] veranschaulicht.

a) Zurechnung und Zufall

Als besonders bedrohlich wird der Zufallscharakter von Schadensverläufen gerade dann, wenn sie komplexen Prozessen entspringen, empfunden. Das Makrostrafrecht antwortet darauf mit einer Zurechnungsexpansion, welche mit der Preisgabe der Konturenschärfe der etablierten Zurechnungskriterien wie Kausalität, Vorsatz usw. bezahlt wird. Drastischen Ausdruck findet dies in der paradoxen These von *Kratzsch*, der Rechtsgüterschutz sei durch "Beherrschung des Zufalls" zu optimieren.[56] Der Sache nach geht es dabei um den Versuch, den Zufall weitestgehend zu eliminieren und auf diese Weise eine Entgrenzung der Zurechnung zu legitimieren.[57] Dieses Unterfangen ist freilich gar nicht so skurril, wie es im ersten Moment scheinen mag, denn es knüpft an eine durchaus zeitgemäße Tendenz an.

---

54 Formulierung bei *Prittwitz* (o.Fn. 12), S. 242 ff., hierzu eingehend a.a.O., S. 245 ff.; krit. *Kuhlen*, GA 1994, 357, der dabei jedoch verkennt, daß es keineswegs allein um die *technologisch* bedingten neuen Großgefahren, sondern um den Beitrag des Strafrechts zur Steuerung der durch die Entwicklung der modernen Gesellschaft bedingten Großgefahren überhaupt geht; daß dabei auch Wirtschaft, Verkehr und Drogenmißbrauch eine prominente Rolle spielen, bedarf keiner weiteren Erläuterung.

55 Insgesamt gesehen geht es hier selbstverständlich nicht allein um materiellrechtliche Fragen, sondern ebenso um verfahrensrechtliche, was aber im folgenden ausgespart bleiben muß.

56 *Kratzsch* (o.Fn. 37), S. 31, 119 f., 202 und passim; dazu *Prittwitz* (o.Fn. 12), S. 347 ff. m.w.N.; krit. auch *Wohlers* (o.Fn. 37), S. 49 f.

57 Eine prominente Rolle bei der "Beherrschung des Zufalls" spielt zudem das Gefährdungsdelikt; auf diese komplexe Spezialmaterie kann an dieser Stelle nicht eingegangen werden; s. dazu z.B. *Kratzsch* (o.Fn. 37), S.277 ff. u. passim; *Wohlers* (o.Fn. 37), insbes. S. 281 ff.

Es gibt heute keine Naturkatastrophe, kein Eisenbahn-, Seilbahn- oder Grubenunglück, keinen Chemieunfall und keine vergebliche Rettungsaktion der Polizei (etwa zur Befreiung von Geiseln), ohne daß reflexhaft nach den dafür Verantwortlichen gefragt würde. Daß es unverschuldete Straßenverkehrsunfälle praktisch "nicht gibt", wird allgemein für selbstverständlich gehalten. Obwohl die Verwendung von Begriffen wie Katastrophe, Unglück und Unfall die Vorstellung impliziert, daß für derartige Ereignisse jedenfalls nicht notwendig menschliche Verantwortlichkeiten bestehen müssen, wird es faktisch nicht als offene Frage betrachtet, *ob* es Verantwortliche gibt; es wird nur noch danach gesucht, *wer* als "Schuldiger" identifiziert werden kann.[58] In einer säkularisierten Gesellschaft, in der Leid (regelmäßig) nicht religiös-metaphysisch verarbeitet werden kann, erhöht es offenbar die Belastung, wenn zu seiner Erklärung noch nicht einmal ein krimineller Sinnbezug herstellbar ist, so daß es sinnlos *und* unvermeidbar erscheint. Die von Fernsehmoderatoren in Sondersendungen über spektakuläre Ereignisse dieser Art stereotyp und suggestiv gestellte Frage: Hätte man das nicht vorhersehen können (oder gar müssen)? verlangt als Antwort ausnahmslos ein Ja, das wortreich auszusprechen auch stets ein "Experte" zur Stelle ist. Zufall in Gestalt einer "verhängnisvollen" Verkettung von Umständen erscheint in einer Welt, die im Zeichen des Anspruchs lückenloser Kontrollierbarkeit aller Fährnisse des Lebens steht, nur noch als Ausrede. Tritt er dennoch in Erscheinung, so nimmt er sogleich die Gestalt von zu verantwortendem Fehlverhalten (vorzugsweise in Form unterlassener Sicherheitsvorkehrungen) an, weil es weder Glück noch Pech, sondern nur Leistung und Fehlleistung geben darf. Die traurige Pointe dabei ist freilich, daß die gesuchte Verantwortlichkeit in aller Regel auf unterster Ebene gefunden wird, nämlich beim Lokführer, Chemiearbeiter, einfachen Polizeibeamten usw., allenfalls beim Techniker, der eine Materialermüdung nicht erkannt, den routinemäßigen vorsorglichen Austausch eines Verschleißteils unterlassen hat o.ä.

So wenig aller Schadenseintritt als Zufall abgetan werden darf,[59] darf davon ausgegangen werden, daß es für jeden Schaden auch einen Verantwortlichen gibt. Die (strafrechtliche) Erfolgszurechnungslehre beruht gerade auf der Prämisse, daß es Handlungsfolgen gibt, die zurechenbar sind und solche die nicht zurechenbar sind, denn sie hat die Entwicklung der dafür maßgeblichen Unterscheidungskriterien zum Gegenstand. Daß das Großsteuerungsstrafrecht eine Zurechnungshypertrophie provoziert, die im Extremfall gewissermaßen die camouflierte (Neu-) Erfindung der strafrechtlichen Zufallshaftung mit sich bringt, ist symptomatisch für

---

[58] Zu den sozialpsychologischen und sonstigen Hintergründen dieses Phänomens informativ *Prittwitz* (o.Fn. 12), S. 107 ff., 360 ff. 378 ff. m.N.

[59] Repräsentativ für den Standpunkt, daß der Erfolg stets bloß als Zufallsprodukt der Handlung zu betrachten sei, *Zielinski*, Handlungs- und Erfolgsunwert im Unrechtsbegriff, 1973, S. 142 u. passim; abl. z.B. *Stratenwerth*, in: Festschr. f. Schaffstein, 1975, S. 177 ff.; *Maiwald*, in: *Schöch* (Hrsg.), Wiedergutmachung und Strafrecht, 1987, S. 67 ff.

seine selbstdestruktive Tendenz.[60] In anderen Worten: mit Strafrecht im traditionellen Sinne des Wortes hat dieses Konzept kaum noch etwas gemein. Es ist treffender als ein "systemtheoretisch 'aufgeklärtes' absolutistisches Polizeistrafrecht"[61] zu bezeichnen.

b) Strafrechtliche Verantwortlichkeit von Kollektiven

Eine andere Möglichkeit, dem Strafrecht zusätzliche Anwendungsbereiche zu erschließen, besteht darin, neue Zurechnungssubjekte ins Auge zu fassen. Unter dem Stichwort der strafrechtlichen Verantwortlichkeit von Kollektiven wird in erster Linie[62] darüber nachgedacht, ob die Defizite des Wirtschaftsstrafrechts durch die Einführung einer Unternehmensstrafbarkeit zu verringern wären. Angeregt insbesondere durch Modelle, die dem eine ganz andere historische Tradition verkörpernden anglo-amerikanischen Rechtskreis entstammen, ist inzwischen eine Reihe von Vorschlägen entwickelt worden, welche die "Entindividualisierung" des Strafrechts in diesem Bereich als zukunftsträchtiges Programm propagieren.

Auf die Spitze getrieben wird diese Sichtweise von *Alwart*, der bereits die Grundfrage umgekehrt stellt: läßt sich der Wellenschlag des Verbrechens überhaupt personifizieren?[63] Die Metapher vom "Wellenschlag des Verbrechens" ist nun allerdings keineswegs ein "neutralesWort",[64] denn sie spricht vom Verbrechen, als handle es sich dabei um ein Naturschauspiel wie die Meeresbrandung. Das ist im "neuzeitlichen Kontext", wie auch *Alwart* nicht entgangen ist,[65] aber kaum vermittelbar. Die Schlußfolgerungen, die er daraus ableitet, sind dann übrigens bemerkenswert zurückhaltend, denn er befürwortet lediglich eine *subsidiäre* strafrechtliche Unternehmenshaftung.[66]

Dem stehen andere Vorstellungen gegenüber, die sogar einer *originären* strafrechtlichen Verantwortlichkeit von Unternehmen das Wort reden. Die Schlüsselfrage ist dabei die, wie bei einer derartigen echten zweiten strafrechtlichen Spur die Zurechnungskriterien lauten sollen. Hier bleiben die meisten Autoren konkrete Antworten schuldig. Besonderen Mut hat insofern *Heine* bewiesen, als er ein

---

60 S. dazu umfassender *Prittwitz* (o.Fn. 12), S. 248 ff.

61 So *Herzog* (o.Fn. 37), S. 39; zust. zitiert bereits von *Prittwitz* (o.Fn. 12), S. 349.

62 Zu weitergehenden Perspektiven s. z.B. *Seelmann*, Kollektive Verantwortung im Strafrecht, 2002, S.13 ff. u. schon *Lampe*, ZStW 106 (1994), S. 716 ff.

63 *Alwart* (o.Fn. 45), S. 17 f.

64 So jedoch *Alwart* (o.Fn. 45), S. 19.

65 *Alwart* (o.Fn. 45), S. 18 f.; es ist sogar noch fundamentaler die aus jüdisch-christlichen und griechisch-römischen Wurzeln stammende "westliche" Weltsicht berührt.

66 *Alwart* (o.Fn. 45), S. 28 ff.; ausf. schon *ders.*, ZStW 105 (1993), S. 768 ff.; vgl. auch bereits *Schünemann*, Unternehmenskriminalität und Strafrecht, 1979, S. 248 ff., 254.

"Zentralmodell" der kollektiven (unter Verzicht auf eine personal vermittelte) Zurechnung vorstellte,[67] welches er gleichwohl prinzipiell analog zum Individualstrafrecht ausgearbeitet hatte.[68] Verräterisch ist aber trotz dieses "einheitsorientierten" Ausgangspunktes der Hinweis, daß das Kollektivstrafrecht im Kontrast zum primär retrospektiv geprägten Individualstrafrecht *prospektiv* ausgerichtet sein müsse.[69]

Nicht ausbleiben kann unter diesen Vorzeichen eine stark normativ objektivierende Sicht auf die subjektiven Zurechnungsvoraussetzungen[70] bis hin zur Befürwortung einer von der Einzeltat gelösten, als Ergebnis betrieblicher Fehlentwicklungen festzustellenden "Betriebsführungsschuld".[71] Der strafrechtlich unentbehrlichen Individualisierung der Zurechnungsmaßstäbe soll dadurch Rechnung getragen werden, daß dieser spezifische Schuldvorwurf in einer entsprechenden "Verbandsmentalität" als "kollektiver Einstellungskomponente" fundiert sei.[72]

Viele der einzelnen Elemente dieses Zentralmodells, die an dieser Stelle nicht zu referieren sind, offenbaren in kritischer Beleuchtung ein gemeinsames hervorstechendes Merkmal: sie tragen generalklauselartigen Charakter wie z.B. ersichtlich an den Formulierungen "fehlerhaftes Risikomanagement", "funktional-systemische Organisationsherrschaft", "betriebstypische Gefahrverwirklichung".[73] All dies sind letztlich Abwägungsformeln, die im Einzelfall nicht etwa ein bestimmtes Ergebnis vorzeichnen, sondern im Verantwortungsdreieck zwischen Unternehmen, Staat und Gesellschaft[74] genügend Spielraum für nahezu jede denkbare Verantwortungsverteilung offen lassen. Man kann deshalb mit guten Gründen sagen: es geht weniger um Strafrecht als um Wirtschaftslenkung.[75] Auch insofern

---

67 *Heine*, Die strafrechtliche Verantwortlichkeit von Unternehmen, 1995, insbes. S. 271 ff., 311 ff., 316.

68 *Heine* (o.Fn. 67), S. 256 f.

69 *Heine* (o.Fn. 67), S. 257, 271.

70 *Heine* (o.Fn. 67), S. 258 ff.

71 *Heine* (o.Fn. 67), S. 265 f. in expliziter Anlehnung an den Begriff der Lebensführungsschuld.

72 *Heine* (o.Fn. 67), S. 267 unter Bezugnahme auf *Schünemann* (o.Fn. 66), S. 22, 28, 253, der dort von "krimineller Verbandsattitüde" spricht.

73 *Heine* (o.Fn. 67), S. 271, 287, 288; in dem beigefügten Muster eines Straftatbestandes (a.a.O., S. 316) ist gar von einer Pflicht, mittels organisatorischer Maßnahmen und innerbetrieblicher Strukturanpassungen, langfristig betriebliche Gefahrenquellen zu sichern, die Rede.

74 Deutlich *Heine* (o.Fn. 67), S. 272 ff.; vgl. dazu auch *Seelmann* (o.Fn. 62), S. 17 ff. unter dem schulfunkhaft biederen Stichwort "soziale Mitverantwortung" (unter dem sogar die sog. Opfer-Mitverantwortung angesprochen wird).

75 Vgl. *Ransiek*, Unternehmensstrafrecht, 1996, S. 333 (zum europäischen Kartellrecht); s. weiterhin *Karsten Schmidt*, wistra 1990, 137 f.; distanziert dazu *Alwart* (o.Fn. 45), S. 32;

bietet das Abschleifen von prägnanten Zurechnungsvoraussetzungen[76] (einschließlich etwaiger Rückkopplungseffekte auf die traditionelle Strafrechtsdogmatik) ein Indiz dafür, daß ein Makrostrafrecht sich nicht einfach als zusätzliche zweite Spur eines übergreifenden strafrechtlichen Gesamtsystems begreifen läßt.

4. Risikostrafrecht als umfassendes Sicherheitsschutzstrafrecht?

Ob sich Mikro- und Makrostrafrecht überhaupt als einander ergänzende Komponenten eines umfassenden einheitlichen Sicherheitsschutzstrafrechts strukturieren lassen, erscheint nach alledem mehr als zweifelhaft. Jedenfalls ist das Strafrecht als ein Haupt-Instrument der Krisenintervention mit Allzuständigkeit bei der Lösung gesellschaftlicher Probleme[77] nur vor dem Hintergrund einer Neubestimmung der Aufgaben des Staates im Sinne eines strukturellen Wandels vom liberalen Rechtsstaat in der Tradition aufgeklärten Denkens hin zu einem „Sicherheitsstaat" legitimierbar.[78] Zwar ist das Sicherheitsstreben der Menschen eine Keimzelle des Staates überhaupt,[79] aber es kommt darauf an, *in welcher Form* der Staat diese legitime Aufgabe zu erfüllen sucht.

Während Sicherheit als Basiswert des liberalen Rechtsstaats Rechtsgüterschutz im klassischen Sinne meint,[80] ist moderne Sicherheitspolitik[81] zunehmend mehrgleisig angelegt, indem sie etwa im Polizeirecht neben die traditionellen Aufgaben der Gefahrenabwehr und der Strafverfolgung als "dritten Pfeiler" die

---

in kaum überbietbarer Klarheit formuliert *Heine* (o.Fn. 67), S. 197: "Mit dem Wandel der Sanktionen zu einer Reaktion staatlicher Wirtschaftslenkung im System finaler Gesetzgebung korrespondiert ein Wandel von personaler Schuld (...) zu personenunabhängiger (...) Verantwortungszuschreibung."

76 *Hassemer*, ZRP 1992, 382; *Volk*, JZ 1993, 435; *Baratta*, in: Festschr. f. Arthur Kaufmann, 1993, S. 401 f.; *Lorenz Schulz*, in: *ders.* (Hrsg.), Verantwortung zwischen materialer und prozeduraler Zurechnung, (ARSP Beiheft 75), 2000, S. 189 ff.; zurückhaltender *Seelmann* (o.Fn. 62), S. 16 f.; keine Bedenken meldet an *Hirsch*, Die Frage der Straffähigkeit von Personenverbänden, 1993, S. 21.

77 So plastisch *Hassemer*, StV 1995, 485.

78 Dazu schon *Prittwitz* (o.Fn. 12), S. 135 ff.; allg. Nachw. außerdem o.Fn. 7; speziell zur Rolle des Strafrechts *Peter-Alexis Albrecht*, KritV 1 (1986), S. 55 ff; *Calliess*, NJW 1989, 1338 ff.; *Naucke*, KritV 76 (1993), S.135 ff.; s. auch *Hans Albrecht Hesse* (o.Fn.7), S. 70 ff., 116 ff. (strafrechtl. AIDS- u. Drogenprävention).

79 Zur ideengeschichtlichen Dimension dieser Thematik eingehend *Robbers*, Sicherheit als Menschenrecht, 1987, S. 27 ff.; eine konzentrierte Darstellung bietet schon *Isensee*, Das recht auf Sicherheit, 1983, S. 3 ff.; s. auch *Franz-Xaver Kaufmann* (o.Fn. 7), S. 20 ff.; *Nitz* (o.Fn. 3), S. 339 ff.

80 In diesem Sinne *Arzt/Weber*, BT, § 1 Rdn. 1.

81 Repräsentativ für unterschiedliche Auffassungen von der Staatsaufgabe "Sicherheit" einerseits *Isensee* (o.Fn. 79), S. 21 ff., andererseits *Ulrich K. Preuß* u. *Grimm* (o.Fn. 12), S. 523 ff., 626 f.

Kriminalprävention treten läßt.[82] Das Strafrecht erscheint in diesem Zusammenhang als *ein* Baustein unter anderen im Gebäude ebendieser Sicherheitspolitik,[83] der demgemäß ganz nach dem aktuellen "Handlungsbedarf" jeweils zugeschnitten wird, wie die hektischen Aktivitäten auf dem Gebiete der Strafgesetzgebung in den letzten Jahrzehnten belegen.[84]

Es spricht viel dafür, auf die Fortsetzung des Experiments einer extensiven Kriminalisierung gesellschaftlicher Konflikte (= Rechtsfriedensstörungen / Sicherheitsverluste) mit dem Ziel einer entsprechenden Homogenisierung der Gesellschaft zu verzichten, und das Strafrecht vor einer Verformung zum totalen Ordnungsmittel[85] zu bewahren. Ein schon traditionsreiches Betätigungsfeld für derartige Neigungen bietet übrigens das politische Strafrecht.[86] Ebensowenig wie der "öffentlichen Sicherheit" oder der "öffentlichen Ordnung" kommt "dem Staat" die Funktion zu, als Kondensat elementarer Freiheitsverbürgung des einzelnen eine kollektiv vermittelte individuelle Entfaltungsdimension zu verkörpern. Hierzu bedarf es zunächst einer Analyse der verschiedenen Facetten dieses "Makrosubjekts", denen dann *selektiv* einzelne strafrechtliche Rechtsgüterschutzaspekte abgewonnen werden können.[87] Die Einsicht, daß Konflikte nicht etwa nur destruktiv gesellschaftliche Relevanz erlangen, sich in ihnen vielmehr auch ein unentbehrliches produktives Bewegungsgesetz der Gesellschaft manifestiert,[88] läßt die Reduktion allzu expansiver Strafrechtskonzepte auf diesem[89] wie auf anderen Gebieten und die Beschränkung des Strafrechts auf einen fragmentarischen Schutz angezeigt erscheinen. Nur auf diese Weise werden hinreichende Gestaltungsspielräume für die Realisierung personaler Freiheit offengehalten, während die Ge-

---

82 S. nur die zahlreichen Beiträge in dem Sammelband von *Pitschas* (Hrsg.), Kriminalprävention und "Neues Polizeirecht", 2002; in dem größeren Rahmen einer Untersuchung der Erweiterung der polizeilichen Aufgaben und Befugnisse dazu auch *Albers*, Die Determination polizeilicher Tätigkeit in den Bereichen der Straftatenverhütung und der Verfolgungsvorsorge, 2001, S. 123 ff. u. passim (die gar ein Aufgabenviereck konstruiert).

83 Deutlich *Kindhäuser*, UNIVERSITAS 47 (1992), S. 227 ff., insbes. S. 229; s. auch *Hettinger*, Entwicklungen im Strafrecht und Strafverfahrensrecht der Gegenwart, 1997, S. 108.

84 Detailliert *Hettinger* (o.Fn. 83), der sich freilich weitgehend auf eine Bestandsaufnahme beschränkt und seine Besorgnis nur sehr behutsam artikuliert.

85 So die treffende Formulierung von *Köhler*, AT, S. 33; vgl. dazu auch *Beck* (o.Fn. 33), S. 22; *Kunz*, ZStW 98 (1986), S. 827 f.

86 S. dazu bereits die Kritik von *Hellmer*, in: Gedächtnisschr. f. Hilde Kaufmann, 1986, S. 747 ff.; instruktiv auch *Müller-Dietz*, in: *Scholler/Philipps* (Hrsg.), Jenseits des Funktionalismus, 1989, S. 95 ff.

87 Näher *Beck* (o.Fn. 33), S. 94 ff.

88 Dazu eingehend *Beck* (o.Fn. 33), S. 156 ff.

89 Im Hinblick auf das politische Strafrecht näher wiederum *Beck* (o.Fn. 33), S. 134 ff., insbes. S. 140 ff., 160 ff.

währleistung maximaler Sicherheit mit deren Verengung bis hin zur Paralysierung bürgerlicher Freiheit erkauft wird. Mag es auch trivial sein, so bleibt es doch eine lapidare Wahrheit, die immer wieder in Erinnerung gerufen zu werden verdient: Freiheit bedeutet Risiko.[90]

Die angesprochene Dialektik von Freiheit und Sicherheit läßt sich auch als interne Dialektik der Freiheit begreifen, nämlich als Grundspannung zwischen der Freiheit, die durch Selbstregulierung (d.h. Autonomie: Selbstgesetzgebung) der Person eröffnet wird, und der Freiheit, die durch Sicherheit, d.h. durch Außenregulierung, vermittelt wird. Jedenfalls ist die Antinomie von Freiheit und Sicherheit keineswegs ein bloßes Cliché,[91] denn die durch Sicherheit vermittelte Freiheit ist eine *fremd*regulierte (d.h. heteronome), wodurch sie an der Ambivalenz des Sicherheitsbegriffs teilhat.[92] Offen tritt dies zutage, sobald eine paternalistische Außenregulierung zur Debatte steht: der Schutz des einzelnen vor sich selbst ist im liberalen Rechtsstaat grundsätzlich[93] eine Aufgabe der Selbstregulierung, während sie im Sicherheitsstaat Gegenstand der Außenregulierung ist,[94] was als partielle Entmündigung begriffen werden kann.

Die Beachtung dieser Zusammenhänge ersparte dem Strafrecht die innere Zerreißprobe, zugleich die elementaren Konstitutionsbedingungen der Freiheit des einzelnen *und* die Gestalt der Gesellschaft im ganzen,[95] in welcher sich Freiheit zu kollektiver Sicherheit entfremdet, gewährleisten zu sollen. Aus diesem Dilemma mag der Gedanke der *Repräsentation*, demzufolge der Wille des einzelnen als

---

90 S. nur *Kunz* (o.Fn. 42), S. 73, der dies als unpopuläre Einsicht bezeichnet; vgl. auch *Frisch* (o.Fn.3), S. 686.

91 So aber *Isensee* (o.Fn.79), S. 1 ff., 21.

92 Bei *Isensee* (o.Fn. 79), S. 21 schrumpft dieser wichtige Gesichtspunkt folgendermaßen zusammen: "Allenfalls ergibt sich eine Spannung im konkreten Fall, die der Gesetzgeber oder der Gesetzesanwender auszugleichen hat." Sicherheit und Freiheit sind schon deswegen nicht einfach zwei Seiten derselben Medaille, weil es zwar keine Freiheit ohne Sicherheit, aber sehr wohl Sicherheit ohne Freiheit gibt.

93 Ausnahmen werden zugelassen, soweit überwiegende Interessen Dritter oder der Allgemeinheit entgegenstehen; s. nur *Hillgruber* (o.Fn. 6), S. 158 ff.; *Kai Fischer* (o.Fn. 11), S. 201 ff.; *Schwabe*, JZ 1998, 70 ff.; unter welchen Voraussetzungen eine Selbstschädigung zusätzlich als mittelbare Fremdschädigung gelten darf, ist eine heikle Frage, denn Dritt-Auswirkungen irgendwelcher Art in Form von seelischem Leid oder die Allgemeinheit treffenden Kosten sind kaum je auszuschließen, was aber nicht dazu führen darf, den Grundsatz leerlaufen zu lassen, daß es keinen staatlichen Schutz vor Selbstschädigung gibt; s. dazu auch *Wohlers* (o.Fn. 37), S. 276.

94 Beispiele bei *Hesse* (o.Fn. 7), S. 118.

95 So z.B. *Müssig* (o.Fn. 31), S. 146 f., 212; drastisch *Amelung*, Rechtsgüterschutz und Schutz der Gesellschaft, 1972, S. 389: das Strafrecht habe die Person nicht um ihrer selbst willen, sondern um der Gesellschaft willen zu schützen; zu Recht krit. *Beck* (o.Fn. 33), S. 48 f.

Staatsbürger im Willen des für die Außenregulierung zuständigen demokratisch legitimierten Gesetzgebers gegenwärtig (eben „präsent“) ist,[96] einen staatstheoretisch eleganten Ausweg bieten; für den einzelnen als Individualperson ist das jedoch ein schwacher Trost.

Ein Strafrecht, das unter Aufgabe der Trennung zwischen Repression und Prävention[97] polizeiliche Aufgaben (gar in der angedeuteten erweiterten Form) miterledigen soll[98] und damit der Sache nach eine Verwaltungsfunktion übernimmt,[99] wird an unaufhebbaren inneren Widersprüchen leiden und bestenfalls symptomatisch kuriert werden können oder in zwei disparate Teile zerfallen, die lediglich durch die gemeinsame Überschrift „Strafrecht“ als Klammer äußerlich zusammengehalten werden. Die Tendenz, die Bemühungen um Ausdifferenzierung einer als Einheit[100] verstandenen Strafrechtsdogmatik einzustellen und *neben* der „Mikrodogmatik“ eine eigenständige „Makrodogmatik“ zu etablieren, ist unübersehbar.

Zudem deuten alle bisherigen Erfahrungen darauf hin, daß ein Makrostrafrecht der geschilderten Art unausweichlich mit strukturbedingten Vollzugsdefiziten zu kämpfen haben wird, so daß es sich, gemessen an seiner Effizienz, dem Gesetz nach dem es angetreten ist, gar nicht bewähren kann.[101]

Mag das, was als "Makrodogmatik" zu bezeichnen wäre, auch bislang allenfalls in verschwommenen Umrissen sichtbar geworden sein, so ist doch bereits ausgemacht, daß sie sich mit der "Mikrodogmatik" nicht unter einem gemeinsamen

---

96 *Böckenförde*, in: HdbStR II, 2.Aufl. 1998, § 30 Rdn. 18 spricht von der *inhaltlichen* Aktualisierung des Volkswillens durch die Leitungsorgane des Staates; s. zum schwierigen Begriff der Repräsentation z.B. auch *Stern*, StaatsR I, 2.Aufl. 1984, S. 959 ff.; *Mantl*, Repräsentation und Identität, 1975; *Kimme*, Das Repräsentativsystem, 1988; *Wefelmeier*, Repräsentation und Abgeordnetenmandat, 1991; *Patzelt*, Abgeordnete und Repräsentation, 1993; für eine Neuorientierung *Bußhoff*, Politische Repräsentation, 2000.

97 Aus öffentlich-rechtlicher Sicht betont *Möstl* (o.Fn. 7), S. 157 f. das rechtsstaatlich zwingende Gebot der Unterscheidung zwischen Prävention und Repression, freilich ohne auf die daraus resultierenden Konsequenzen für das Makrostrafrecht einzugehen.

98 Vgl. *Neumann/Schroth*, Neuere Theorien von Kriminalität und Strafe, 1980, S. 6; *Naucke*, KritV 76 (1993), S. 146 f.; s. auch *Thomas Fischer* (o.Fn. 22), S. 513; konkret im Hinblick auf §§ 129, 129a StGB dazu *Schroeder* (o.Fn. 31), S. 29;.*Beck* (o.Fn. 33), S. 209.

99 *Baratta* (o.Fn. 76), S. 401 spricht von "Administrativierung des Strafrechts".

100 Diese betont sehr zu Recht *Hirsch* (o.Fn. 31), S. 29; demgegenüber bringt *Alwart* (o.Fn. 45), S. 35 bezeichnenderweise den Plural "Strafrechte" ins Spiel.

101 *Isensee* (o.Fn. 79), S. 21 betont ganz zu Recht, daß der Staat seine Sicherheitsaufgabe nicht schon durch den Erlaß von Gesetzen, sondern erst durch deren wirksamen Vollzug erfüllt; zu den Vollzugsdefiziten des "modernen" Strafrechts s. statt vieler nur *Hassemer*, ZRP 1992, 382; *ders.*, StV 1995, 486.

Dach vereinigen lassen wird. Auf der anderen Seite wird das Strafrecht die Wandlungen in Wirtschaft und Gesellschaft nicht schlicht ignorieren können. Es wird vielmehr unter Beachtung seines begrenzten Wirkungsradius seinen Stabilisierungsbeitrag leisten müssen.

So wird ganz unspektakulär ein Weg zwischen den Extremen hindurch einzuschlagen sein. Dabei wird es darauf ankommen, dem Strafrecht weder zuviel noch zuwenig zuzutrauen. Nachdem ihm in den 70er Jahren des 20. Jahrhunderts von manchen Autoren schon pauschal die Existenzberechtigung bestritten wurde,[102] breitet sich neuerlich eine entgegengesetzte Tendenz aus, der eine ungebrochene Zuversicht in seine Möglichkeiten zugrundeliegt. Insofern wird die absehbare Entwicklung des Strafrechts kritisch zu begleiten sein,[103] indem einer rechtsstaatlich zu verantwortenden Fortschreibung seines spezifischen Sicherheits-Programms zwar nichts in den Weg gelegt werden darf, aber einem ausufernden Expansionismus, der quantitative Erweiterungen in qualitative Wandlungen umschlagen läßt, entgegenzutreten ist.

VII. Fazit

Die Möglichkeiten der Gewährleistung von Sicherheit durch Strafrecht sind bereits mit der klassischen Formulierung umrissen, daß das Strafrecht dem *Schutz* von Rechtsgütern diene, d.h. der "relativen" Sicherung der in ihnen verkörperten Daseinsbedingungen und Entfaltungsvoraussetzungen des einzelnen. Damit sind zugleich seine Grenzen abgesteckt, denn *nur* dieses ist Aufgabe des Strafrechts. Das Eintreten für ein Rechtsgüterschutzstrafrecht bedeutet damit ein Plädoyer für ein in diesem Sinne fragmentarisches Strafrecht.

---

102 Ein damals vielbeachtetes Werk war das 1974 erschienene "Plädoyer für die Abschaffung des Strafrechts" von *Plack*; strafrechtlicher Abolitionismus war allerdings auch seinerzeit kein neues Phänomen; s. dazu *Kaiser*, in: Festschr. f. Lackner, 1987, S. 1027 ff; *Lamnek*, Neue Theorien abweichenden Verhaltens, 2.Aufl. 1997, S. 314 ff.

103 S. z.B. auch *Roxin*, AT I, § 2 Rdn.30 f.; *Prittwitz* (o.Fn. 12), S. 374 ff., insbes. S. 383 ff.; *Kindhäuser*, UNIVERSITAS 47 (1992), S. 227 ff.

Die Wiedergutmachung: Strafausschließungsgrund oder neue „Strafobligation"? *

Désirée Fondaroli

Inhalt. - 1. Die Problematik der Wechselbeziehung zwischen Wiedergutmachung und/oder Schadenersatz und Strafe. - 2. Das „Objekt" der Wiedergutmachung. - 3. Strafe als Wiedergutmachung. - 4. Die neue „Strafobligation".

Es ist eine große Ehre für mich, hiermit die Gelegenheit zu haben, Herrn Professor Manfred Maiwald, der mich zusammen mit seiner Frau Ursula von Anfang an wie eine Tochter aufgenommen hat, ein kleines Zeichen meiner Zuneigung und meiner Dankbarkeit für die wertvollen Hinweise und die unverzichtbare, großzügig gewährte Hilfe während der unvergessenen und unvergeßlichen Monate meines Aufenthaltes am Juristischen Seminar der Universität Göttingen zu präsentieren: für diese Möglichkeit danke ich insbesondere den Herausgebern des vorliegenden Werkes.

1. – Die Problematik der Wechselbeziehung zwischen Wiedergutmachung und/oder Schadenersatz und Strafe

Wiedergutmachung und/oder Schadenersatz und Strafe sind Elemente eines Dualismus, der im Zuge der Ermittlung einer effektiven staatlichen Strategie gegenüber einem Straftatbestand auftritt, und die die Tendenz haben, - mehr oder weniger schleichend - durch einen Hagel von gesetzgeberischen Maßnahmen durcheinander gebracht zu werden.
Die Fragestellungen, die durch dieses Begriffspaar aufgeworfen werden, sind vielfältig: Die einen betreffen den „technischen" Charakter dessen, was „Wiedergutmachung und/oder Schadenersatz" einerseits und „Strafe" andererseits bedeu-

* Übersetzt unter Mitarbeit von Dr. Joachim Gerdes, Bologna.

ten; andere richten sich auf die logisch-juristische Legitimität einer Überlagerung der jeweiligen Arbeitsbereiche, mit Bezug auf (mögliche) unterschiedliche Facetten des gesetzwidrigen Tatbestandes. Die Diskussion über die Rolle der Wiedergutmachung und/oder Schadenersatz in Strafsachen hat in unserem Land besondere Aktualität bekommen, seit man die Möglichkeit einer Instrumentalisierung derselben mit dem Ziel der Verringerung des Prozessaufwandes zu wittern begonnen hat, im Sinne einer de facto „Strafreduzierung" der Straftatbestandsvermutung, die in der Praxis schwer durchzuführen ist, auf der Ebene der Notwendigkeit einer Anklageerhebung „auf dem Papier" jedoch „unverzichtbar" ist.
Damit soll nicht behauptet werden, unsere Rechtsordnung kenne bis heute nicht die Bedeutung des Schadenersatzes und/oder der Wiedergutmachung: im Gegenteil; diese wurde jedoch, mit Ausnahme der „Zivilsanktionen" und einiger Formen der „Vollstreckung"[1], auf den Bereich der Zumessung der konkret verhängten Sanktion begrenzt (vgl. Art. 133, Abs. 2 c.p., unter Verweis auf die Straffähigkeit des Beschuldigten, in Gestalt einer Prüfung des auf die Straftat folgenden Verhaltens; gemäß dem mildernden Tatumstand der Schadenersatzes und/oder der Wiedergutmachung der schädlichen oder gefährlichen Auswirkungen der Straftat *gemäß* Art. 62, Nr. 6 c.p.), sowie weiterhin auf den Verzicht auf die Auferlegung einer Strafe in besonderen Fällen, in denen die spezialpräventiven Erfordernisse überwiegen (man denke z.B. an das Jugendstrafrecht sowie die bedingte Strafaussetzung, deren Gewährung – unter anderem – von der Zahlung der zur Erstattung des Schadens aufgewendeten Summe und von der Beseitigung der schädlichen und gefährlichen Auswirkungen der Straftat *gemäß* Art. 165, Abs. 2 c.p. abhängig gemacht werden *können*; dies gilt nicht, wenn das Subjekt bereits in den Genuss einer solchen Vergünstigung gekommen ist), sie betrifft schließlich auch Straftaten von mutmaßlicher geringerer Schwere (gedacht ist an eine Abbüßung der bestraften Rechtswidrigkeiten durch eine andere Strafe als den Freiheitsentzug oder an eine Geldstrafe, die nicht zugestanden werden kann, wenn „schädliche oder gefährliche Auswirkungen der Straftat, die vom Straftäter zu beseitigen sind, fortdauern" – Art. 162-*bis* c.p.).
Der neue „Kurs" stärkt die Bedeutung der Wiedergutmachung, ohne jedoch die undurchsichtigeren Bestandteile des Rechtsgebildes zu beschreiben: Zum Beispiel tritt die ungeklärte Bedeutung des Umfeldes und der Tragweite der „schädlichen und gefährlichen Tatfolgen"[2] wieder zu Tage, die weiterhin Bezugsgröße für die Wiedergutmachungstätigkeit ist.

---

1 Art. 47, Abs. 7 l. Nr. 354/1975.

2 Sind solche Auswirkungen als „Angriff " („offesa": eben gerade im Sinne einer „Verletzung" oder einer „Gefährdung") des Rechtsgutes zu verstehen, oder als (zivilrechtlich zu erstattender) „Schaden"? Zur weiteren Vertiefung dieser Fragestellung erlauben wir uns auf unser Werk Illecito penale e riparazione del danno, Milano, 1999, 256 ff. zu verweisen.

Vor einer Betrachtung der jüngsten Reformen auf diesem Gebiet, sollen zunächst die zu untersuchenden Rechtsgebilde spezifiziert werden. Die irreführende Tendenz, den *„Schaden“* (bzw. die auf zivilem Wege zu erstattende Schädigung)[3] mit dem *„Angriff des Rechtsgutes“* (d.h. Verletzung oder der Bedrohung des von der Rechtsnorm geschützten Rechtsgutes) zu verwechseln, scheint alles andere als überwunden zu sein, und damit ebenso wenig die starre Praxis, den *Geschädigten* (der legitimiert ist, im Strafverfahren als *„parte civile“* aufzutreten *gemäß* Art. 74ff. c.p.p.) nicht vom *durch die Straftat betroffenen Rechtsgutsträger* zu unterscheiden (*„persona offesa“*: Art. 90 c.p.p.), auch wenn als Grundlage einer solchen notwendigen Unterscheidung ein Komplex von Befugnissen und Rechtsmitteln vorliegt, der von allen genannten Subjekten ausdrücklich anerkannt ist.[4] Eine Demarkationslinie ist allerdings nicht ganz mühelos festzulegen, vor allem bei Berücksichtigung von Straftaten, die durch den Angriff mehrfacher Rechtsgüter gekennzeichnet sind (*„reati plurioffensivi“*), über deren Zulässigkeit Rechtslehre und Rechtsprechung unterschiedliche Auffassungen vertreten: Diese erstrecken sich vom Wortlaut des Artikels 62, Nr. 4 StGB über die Vorrangigkeit, die der „Katalogisierung“ der vom Strafgesetzbuch angebotenen Rechtsgüter zugeschrieben wird, bis hin zur Identifizierung des „sekundären“ Rechtsgutes, dessen Beschädigung (häufig) den zu erstattenden Schaden erweitert.[5]

---

3 Eben dieses Konzept des „zu erstattenden Schadens“ erscheint gegenwärtig alles andere als eindeutig definiert, wie die Anerkennung (auch seitens der Rechtsprechung: Cass.civ. 7.6.2000, Nr. 7713, in Danno e responsabilità, 2000, 835 ff.) der Erstattung des so genannten „existenziellen Schadens“ (*danno esistenziale*) beweist, der „einzigen und vereinheitlichten Schadenskategorie der von immateriellen Schäden zu unterscheidenden Schäden, die keine Vermögensschäden sind“, die – so steht zu erwarten – den biologischen Schaden umfasst oder flankiert: zur Vertiefung dieses Aspektes P.G. MONATERI, „Alle soglie“: la prima vittoria in Cassazione del danno esistenziale, ebda., 836 ff.; P. CENDON – P. ZIVIZ, Il danno esistenziale. Una nuova categoria della responsabilità civile, Milano, 2000.

4 Vgl. D. FONDAROLI, Illecito penale e riparazione del danno, a.a.O., 51 ff. Die gegenwärtige Diskussion zum Thema der Strafkompetenz des Friedensrichters („giudice di pace“) bestätigt die Notwendigkeit, die jeweiligen Arbeitsbereiche auseinanderzuhalten: abgesehen davon, inwieweit innerhalb des Textes zum Thema der „Wiedergutmachung“ präzisiert wird, denke man an die wegen des Strafantrages Straftaten verfolgten, für die eine Vorladung vor den Friedensrichter auf Antrag des Rechtsgutsträgers zugelassen wurde (Art. 21, Gesetz vom 28. August 2000, Nr. 274).

5 Die Vielfältigkeit der Ausrichtungen in diesem Punkt wird offensichtlich, wenn man die Spruchsammlungen der Rechtsprechung durchsieht: Die Bedeutsamkeit der Frage wird deutlich, wenn man zum Beispiel bedenkt, dass der Rechtsgutsträger allein (nicht aber der Geschädigte) berechtigt ist, Einspruch gegen das Ersuchen um Einstellung des Verfahrens durch den Staatsanwalt zu erheben. Diskutiert wird ferner die mehrfache Zielrichtung der Verletzung beim Delikt des Amtsmissbrauches (im anerkannten Sinn: Cass. sez. V, 4. Juni 1999, Nr. 2133, in Il Mondo giudiziario, 2000, 365); problematisch ist auch die Anerkennung eines (über das der Justiz hinausgehenden) Privatinteresses beim Straftatbestand der

Zweitens soll die Möglichkeit überprüft werden, die Wiedergutmachung und/oder den Schadenersatz in den Kontext der *Strafe* einzufügen, und zwar nach dem Modell des AE-WGM (1992) der Bundesrepublik Deutschland, der die *Wiedergutmachung* als „dritten Weg" (neben der *Strafe* – im engeren Sinn – und den „Maßregeln der Sicherung und Besserung") festlegt[6].

2. – Das „Objekt" der Wiedergutmachung

Um auf eine Fragestellung zu antworten, die derartig maßgeblich für die Richtung ist, die die Strafrechtswissenschaft ihrer Reflexion aufzuerlegen bestrebt ist, ist es in erster Linie unumgänglich, die Bezugsbegriffe zu verdeutlichen: insbesondere

---

Urkundenfälschung (Positive Bewertung von Cass. sez. VI pen., 21. April 1999, Nr. 1096, ebda., 2000, 35). Auch neuere Tatbestände, darunter zum Beispiel der Straftatbestand des Doping (Art. 9, Gesetz vom 14. Dezember 2000, Nr. 276, enthält die „Regelung des Gesundheitsschutzes bei sportlichen Aktivitäten und des Kampfes gegen das Doping"), weisen interpretatorische Unsicherheiten hinsichtlich der Herausstellung sowohl des geschützten Rechtsgutes auf (Gesundheitsschutz und/oder Schutz der Gleichheit des Wettbewerbs, wie aus dem ersten Absatz des Art. 1 des Gesetzes Nr. 376/2000 hervorgeht, wie auch aus dem dazugehörigen Untertitel), als auch infolge dessen hinsichtlich des durch die Straftat Rechtsgutsträgers (dazu S. BONINI, Doping e diritto penale prima e dopo la legge 14 dicembre 2000, n. 376, in: Nuove esigenze di tutela nel'ambito dei reati contro la persona, hrsg. von S. Canestrari und G. Fornasari, 2001, 255f.).

6 Dazu s. ARBEITSKREIS DEUTSCHER, SCHWEIZERISCHER UND ÖSTERREICHISCHER STRAFRECHTSLEHRER, Alternativ-Entwurf Wiedergutmachung (AE-WGM), München, 1992 (con ampia bibliografia di riferimento anche in ordine ai fondamenti dogmatici del Progetto); A. ESER - G. KAISER - K. MADLENER (Hrsg.), Neue Wege der Wiedergutmachung im Strafrecht, Freiburg, 2. Aufl., 1992; C. ROXIN, Zur Wiedergutmachung als einer "dritten Spur" im Sanktionensystem, in: G. ARZT - G. FEZER - U. WEBER - E. SCHLÜCHTER - D. RÖSSNER (Hrsg.), Festschrift für J. Baumann, Bielefeld, 1992, 243 ss.; K.SESSAR, Wiedergutmachen oder Strafen, Pfaffenweiler, 1992; A. ESER, Rechtsgut und Opfer: zur Überhöhung des einen auf Kosten des anderen, in: U. IMMENGA- W.MÖSCHEL - D. REUTER (Hrsg.), Festschrift für Ernst-Joachim Mestmäcker, Baden-Baden, 1996, 1005 ss., übersetzt von D. Fondaroli, Bene giuridico e vittima del reato: prevalenza dell'uno sull'altra?, in: Rivista italiana di diritto e procedura penale, 1997, 1061 ss.; T. WEIGEND, Täter-Opfer-Ausgleich in den USA, in: MschrKrim, 1992, 105 ss.. Alcune riflessioni critiche sulla proposta dell'Arbeitskreis sono espresse da H-J. HIRSCH Wiedergutmachung des Schadens im Rahmen des materiellen Strafrechts, in ZStW, 1990, 534 ss., übersetzt von G. Fornasari, Il risarcimento del danno nell'ambito del diritto penale sostanziale, in: Studi in memoria di Pietro Nuvolone, Milano, 1991, I, 275 ss.; ID., Zusammenfassung der Ergebnisse des Kolloquiums und Frage weiterer Forschungen, in A.ESER - G.KAISER - K.MADLENER (Hrsg.), Neue Wege der Wiedergutmachung im Strafrecht, a.a.O., 377 ss.; ID., Diskussion - Verhandlungen des 59. Deutschen Juristentages, II, Sitzungsberichte, München, 1992, O 55 ss.

erscheint es lohnenswert, in erster Linie kurz bei dem „Objekt" der „Wiedergutmachung" zu verweilen.
Bezeichnend ist hier ein weiteres Mal die deutsche Erfahrung. Im Bereich des AE-WGM erschien das Objekt der Wiedergutmachung, d.h. „das, was für die Wiedergutmachung erheblich ist", keineswegs eindeutig, wenn man sich das eine Mal auf die „Tatfolgen" bezieht (§ 1 AE-WGM), das andere Mal auf die „Tat" selbst (§ 4 AE-WGM).
Deutlicher ist § 46a StGB, der durch das Gesetz vom 20. Oktober 1994 (Verbrechensbekämpfungsgesetz) im Zuge der durch die „Provokation" des AE-WGM ausgelösten Diskussion eingeführt wurde: Die Bestimmung legt den „Schadenersatz" und die (vollständige oder teilweise) „Wiedergutmachung der Tat" als alternative Vorgehensweisen fest, die der Richter nach eigenem Ermessen zum Zweck der Strafminderung in Betracht ziehen kann (§ 49, Abs. 1 StGB), bzw. im Bereich der Legitimationsprozesse sogar ein Absehen von Strafe, wenn die Freiheitsstrafe ein Jahr nicht überschreitet oder sofern die Geldstrafe nicht über 360 Tagessätze hinausgeht[7].
Die neue Fassung ermöglicht jedoch auch nicht, eine gewisse unüberwindliche „Eigendynamik" der „Spielfiguren" zu unterhöhlen: Kann man davon ausgehen, dass eine vollständig oder teilweise „wiedergutzumachende Tat" existiert? Sind es nicht vielmehr die „Tatfolgen", die das Interesse des Gesetzgebers hervorrufen? Oder ist es der „Angriff des Rechtsgutes" („offesa"), der Objekt der Entschädigungshandlung sein muss?
Weiterhin muss man sich in Form einer unendlichen Kette von Warum-Fragen mit dem Problem auseinandersetzen, worin besagte Wiedergutmachung besteht. Vielleicht in der „Wiederherstellung" des durch die begangene Tat selbst verletzten Rechtsgutes? Oder in der Anwendung einer Art von „Vergeltungsprinzip", dem eine gewisse Ausrichtung der illustren Rechtsprechung der ersten Instanz oder der Berufungsinstanz die Beseitigung der schädlichen oder gefährlichen Tatfolgen zurechnet – von der wiederum die Gewährung eines bedingten Straferlasses abhängt – auf Verhaltensweisen, die denjenigen, die zur Straftat geführt haben, „gleichwertig und entgegengesetzt" sind?[8]

---

7 Dazu - außer A.Schönke-A.Schröder (Hrsg.) Kommentar, und H.J.Rudolphi-E.Horn-E.Samson-H.L. - Günther (Hrsg.) Kommentar - U.BRAUNS, Die Wiedergutmachung der Folgen der Straftat durch der Täter, Berlin, 1996; C.PFEIFFER, Täter-Opfer-Ausgleich in Allgemeinen Strafrecht, 1997; FES-Tagungdokumentation, Der "Täter-Opfer-Ausgleich", 1998; C. LAUE, Symbolische Wiedergutmachung, Berlin, 1999; D. FONDAROLI, Illecito penale e riparazione del danno, a.a.O., 454 ss.

8 Zum Beispiel das Reinigen eines Weges, an dem sich die Sitzbank befindet, die durch eine Beschädigung zerstört wurde (Amtsgericht Genua am 26. November 1986, Saba und andere, in: Rivista penale, 1987, 345); Begleitung eines Stadtreinigungsfahrzeuges während der Frühschicht für einen bestimmten Zeitraum, entsprechend der zuvor begangenen Beschädigung eines Abfallcontainers (s.o., 12. November 1993, Danovaro und andere, in:

Angesichts der Ratlosigkeit in Bezug auf die objektive Gestalt der Fragestellung wird eine gründliche Untersuchung des „systematischen" Kerns der Verortung des Schadenersatzes und/oder der Wiedergutmachung (der Tat?) im Kontext der Strafbarkeit erforderlich.
Die „extreme" These des AE-WGM favorisiert die Einführung einer Pyramiden-Konstruktion der Strafmaßnahmen, als deren Fundament die Wiedergutmachung fungiert (der dritte Weg in chronologischer Ordnung – erst nach der Strafe und den Maßregeln der Sicherung und Besserung entstanden – aber die erste Rechtsfolge, auf die angesichts einer begangenen Straftat zurückgegriffen wird). Es handelte sich um eine autonome Rechtsfolge, die durch die Notwendigkeit gerechtfertigt wäre, den Rechtsfrieden wiederherzustellen, der durch die begangene Straftat gestört wurde (unter Anerkennung der Anforderungen der sogenannten positiven Generalprävention), und die auf die höchste Ebene der (für das Schuldprinzip grundlegenden) „Übernahme von Verantwortung" im Roxinschen Sinne gegründet wäre, oder auf jene freiwillige „Wiedergutmachung" (gegebenenfalls nur symbolisch, wo sie anders nicht möglich ist), die die Anforderungen der so genannten positiven Spezialprävention erfüllt.[9] Eine Rechtsstrafe, insbesondere die hier untersuchte, muss berücksichtigen, dass sich der Täter die Strafe einerseits in dem Moment, in dem er freiwillig und innerhalb bestimmter zeitlicher Fristen die Wiedergutmachung vornimmt, selbst auferlegt und das die Freiheitsstrafe andererseits, wenn sie die Dauer eines Jahres nicht übersteigt, üblicherweise das Ansehen von Strafe seitens des Richters ermöglichen muss („Wiedergutmachung statt Strafe": § 4 AE-WGM): es sei denn, dass die Verhängung der Strafe sich als „unverzichtbar" aufgrund von mit dem Täter oder der Gemeinschaft verbundenen Erfordernissen erweist (auch in diesem Rechtsfall wird die Wiedergutmachung nicht grundsätzlich nutzlos sein, muss sie doch stets als Bedingung für eine Strafminderung herangezogen werden: § 4 AE-WGM).
Das Bindegewebe aus dem dieser Normenkomplex hervorgeht ist das des Täter-Opfer-Ausgleichs (TOA), des Ausgleichs zwischen Täter und Opfer[10], die in un-

---

Giurisprudenza di merito, 1995, II, 105); Durchführung von Hilfsmaßnahmen zugunsten von Ausländern aus Nicht-EU-Staaten seitens desjenigen, der eine Straftat in Form persönlicher vorsätzlicher Schädigung zu deren Schaden begangen hat (s.o., 27. September 1994, Cordisco und andere, in: Giurisprudenza di merito, 1996, 107ff.; vgl. außerdem D. FONDAROLI, Artikel 165-168, in Codice penale ipertestuale, hrsg. von S. Ardizzone und M. Ronco, Torino, erscheint demnächst; hier bietet sich ferner die Gelegenheit, Betroffenheit bezüglich der Regelungen auszudrücken, die „Dringende Maßnahmen auf dem Gebiet der rassischen, ethnischen und religiösen Diskriminierung" enthalten, dargestellt von L. STORTONI, Le nuove norme contro l'intolleranza: legge o proclama?, in Critica del diritto, 1994, 14ff.).

9 Dazu und zur beispielhaften Erläuterung sei verwiesen auf die bibliographischen Angaben, enthalten in FONDAROLI, Illecito penale e riparazione del danno, a.a.O., 328ff.

10 Vieles wäre zum Konzept des „Opfers" noch hinzuzufügen, das sich, obzwar es im soziologisch-kriminologischen Denken unzweideutig erscheinen kann, im Kontext des italieni-

serem System von einem kathartischen „Vermittlungsverfahren" aufgezehrt wird, das je weiter es um sich greift, desto undeutlicher wird und das zur Zeit nicht nur auf dem Gebiet der strafrechtlich relevanten Taten von Interesse ist (hinsichtlich der Beziehungen zwischen Täter und „Opfer"; zwischen Täter und Staat; zwischen Täter und „Gemeinschaft"), sondern für (fast) jeden Bereich des Zivillebens.

Diese Interpretation entfacht die Debatte von Neuem, aber auch der deutsche Gesetzgeber „wagt" nicht, das Projekt aufzunehmen: Man zieht sich auf eine Kompromißlösung zurück, die das Resultat der Ausarbeitung nur teilweise abwandelt, wobei man immerhin zum „Absehen von Strafe" im eigentlichen Sinne gelangt (sofern die Strafe ein Jahr Freiheitsentzug oder eine Geldbuße von 360 Tagessätzen nicht überschreitet), wo die schon aufgeführten Bedingungen gegeben sind; alternativ dazu kann der Richter für eine Bewertung des Schadensersatzes und/oder der Wiedergutmachung zum Zweck der Strafzumessung optieren, oder anderenfalls einer solchen Bewertung jede Relevanz absprechen.

Mehr als fünf Jahre Gültigkeit haben nicht ausgereicht, die Bedenken großer Teile der „juristischen Dienstleister" des deutschen Strafrechtsystems bezüglich der Grundlage des untersuchten Normenkomplexes zu zerstreuen[11].

Wenn die „Wiedergutmachung der Tat" ein unscharfes Konzept darstellt, lastet auf der (alternativen) Option des „Schadenersatzes" kein glücklicheres Wirkungsschicksal.

Nicht überzeugend ist auf der einen Seite die verallgemeinerte Loslösung der Entschädigung in ihrer Funktion als Ausschließungsgrund der Strafbarkeit von ihrem Bezug auf das von der Norm geschützte Rechtsgut, das durch die begangene Straftat verletzt worden ist, und deren Hineinziehung in das Kielwasser eines nicht genauer bestimmten, dem Staat gegenüber verursachten „Schadens".

Auf der anderen Seite bleibt die Rechtsprechung dabei, zumal sie die von der Rechtslehre seit langem geäußerten Vorbehalte teilt, die These von der freiwilligen Wiedergutmachung als Nachfolgerin des Verfahrens der „Verantwortungsübernahme" anzusehen, zumindest für alles, was über die Minderjährigenprozesse hinausgeht: Die wortwörtliche Bestimmung des § 46a StGB scheint in Übereinstimmung mit den oben aufgeführten Bedingungen für das Absehen von Strafe zu bestätigen, dass die Wiedergutmachung und/oder der Schadenersatz nicht etwa eine Strafe darstellen und dass somit jede Prüfung des proportionalen Verhältnisses von Schuld und Strafe weniger zwingend wird.

---

schen Strafrechtssystems als sehr viel weniger fassbar erweist, da dieses nur bestimmte Formen von Subjekten kennt (der Geschädigte; der Rechtsgutsträger („persona offesa": Art. 90 c.p.p.; der "parte civile": Art. 74 ff. c.p.p.); Körperschaften oder Gesellschaften, die durch die Straftat angegriffene Interessen vertreten), die aus unterschiedlichem Anlaß und mit verschiedenen Befugnissen und Rechten im Strafverfahren auftreten.

11 W. STEIN, Täter-Opfer-Ausgleich und Schuldprinzip, in: NStZ, 2000, 393 f.

Andererseits ist es zudem jedoch offensichtlich, dass der Richter bei der Bewertung der vom Täter vorgenommenen, persönlichen Leistung des „Ausgleiches" den Parameter der Schuld kaum außer Acht lassen kann[12].

3. Strafe als Wiedergutmachung

Zur Konzeption der „Strafe als Wiedergutmachung" kommt neuerdings auch die philosophische Auseinandersetzung, die, wie das wissenschaftliche Werk Professor Maiwalds belegt, seit jeher den für das Strafrecht grundlegenden kulturellen Hintergrund bildet. Der Rechtsphilosoph Francesco Cavalla erklärt: „Der Zweck der Strafe ist ihrem Begriffe nach, die Gewaltordnung aufzulösen, indem sie deren Überwindung hervorruft, indem sie *also*, wo diese verweigert wird, die Vermittlung mit demjenigen auferlegt, der sich ihr entgegenstellt"[13] (Kursivschreibung durch die Autorin).

Das Problem liegt grundsätzlich in jenem ätherischen „also", das die Feder des Autors unbekümmert verlässt, nachdem dieser sich darauf beschränkt hat, festzustellen, dass „zwischen demjenigen, der festgeschriebene Regeln befolgt und demjenigen, der sich ihnen entgegenstellt, indem er sie überschreitet, sich immer eine Vermittlung (*„mediazione"*) herstellen lassen kann und muss"[14].

Aber aus welchem Grund sich immer eine Vermittlung zeigen lassen „könne" und „müsse", wird nicht deutlich: *Warum* die Vermittlung schließlich den Zweck der Strafe darstellen soll, ist genau das, was zu beweisen ist.

Beim Vergleich zwischen dem „Willen des Täters" und dem „Willen des Geschädigten" (...) verwirklicht sich die Vermittlung: „Nur durch deren Einsatz wird die Verbrechensordnung überwunden". Es handele sich weder darum, – so fährt der Autor fort – den Angeklagten zu „quälen", um ihn zu bestrafen, noch ihn zu heilen (d.h. ihn zu korrigieren), noch ihn zu disziplinieren (indem sein Verhalten gewissen Verhaltens*standards* angeglichen wird), noch ihn zu instrumentalisieren, um die Gemeinschaft zum Gehorsam zu erziehen: Keine dieser Möglichkeiten „verwirklicht demnach eine Vermittlung zwischen Täter und Angegriffenem und keine gehört somit zur Strafe, weil sie in keiner Weise deren Zweck erzielt"[15].

Aus der Schwäche des Lehrsatzes, von dem ausgegangen wurde (Vermittlung als einziger staatlicher Reaktion auf die Straftat), resultiert die Fragwürdigkeit von

---

12 W. STEIN, Täter-Opfer-Ausgleich und Schuldprinzip, a.a.O., 395 ff.

13 F. CAVALLA, La pena come riparazione. Oltre la concezione liberale dello stato: per una teroia radicale della pena, in: F. Cavalla und F. Todescan (Hrsg.), Pena e riparazione, Padova, 2000, 2 ff., 96.

14 F. CAVALLA, La pena come riparazione, a.a.O., 88.

15 F. CAVALLA, La pena come riparazione, a.a.O., 97.

dessen Zusatz im Hinblick auf die Strafe als juristische Konsequenz der Straftat: „Vom Prinzip her betrachtet, ist die Struktur der Strafe die Wiedergutmachung“[16]. Auffassungen wie die oben aufgezeigte können nicht geteilt werden[17], auch wenn sie einige Anregungen zu einer Rechtslehre hervorgerufen haben, die die Forschung zu Straftheorien vorantreibt, die Alternativen zum Freiheitsentzug suchen und sich auf die präventive Wirkung der Strafe und die Resozialisierung der Täters konzentrieren[18].
Das Verfassungsgericht war jedoch (zumindest bisher) auch nicht geneigt, eine Interpretation der Strafe zu bestätigen, die sich in Forderungen präventiver Art erschöpft, während es grundsätzlich Aussagen vorzieht, die auf der Mehrfunktionalität der Strafe basieren, dabei gibt es „gezielte“ Ausnahmen in sensiblen Bereichen, wie dem Jugendstrafrecht und der Regelung der Strafvollstreckung (beim Freiheitsentzug), die von Natur aus auf präventive Kriterien hin ausgerichtet sind.[19]
Umgekehrt lohnt es sich, im Kontext einer mutmaßlichen Unverzichtbarkeit eines „Vermittlungsverfahrens“ („*processo di mediazione*“) die Frage nach einer Möglichkeit zu stellen, Wiedergutmachungsmechanismen oder Mittel zum Ausgleich des Konfliktes *außerhalb des Bereiches der Bestrafung* aufzusuchen[20].
Ein Überblick über das italienische Gesetzeswerk erweist sich als eher enttäuschend angesichts so provokanter Anregungen. In vollständiger Ermangelung eines allgemeinen Entwurfes für eine Reform des Strafsystems, bleibt man bei der üblichen „Technik“ des „stückwerkartigen“ Eingriffes in unterschiedliche Rechtsgebilde, die schwere Rückwirkungen auf die umfassende Solidität des Systems zeitigen: dies natürlich unter dem Deckmantel einer nicht weiter qualifizierten Notwendigkeit des Schutzes des Opfers der Straftat und zwar leider auch im neuen Jahrtausend, das dazu bestimmt scheint, auf dem Altar der höheren Erfordernisse geopfert zu werden (Verringerung des Prozessaufwandes; Entwertung

16 F. CAVALLA, La pena come riparazione, a.a.O., 97.

17 Dazu M. MAIWALD, Prefazione, in D. FONDAROLI, Illecito penale e riparazione del danno, a.a.O., XVII-XIX.

18 Dazu L. EUSEBI, La pena in crisi, Brescia, 1990; ID., Può nascere dalla crisi della pena una politica criminale?, in: Dei delitti e delle pene, 1995, 83 ff.; ID., Dibattiti sulle teorie della pena e "mediazione", in: Rivista italiana di diritto e procedura penale, 1997, 811 ff.

19 Zur kritischen Analyse der Verfassungsgerichtsbarkeit auf dem Gebiet des Strafrechtes vgl. E.R. BELFIORE, Giurisprudenza costituzionale e materia penale. Il diverso contributo delle Corti costituzionali italiana e tedesca, Torino, 2000 (Provisorische Veröffentlichung). Unterschiedlich ist die Position der so genannten Grosso- Kommission – vgl. dazu weiter unten – die eine ausdrückliche Position formuliert hat, in der sie die Umsetzung der „zum Zweck der speziellen Prävention geeignetste“ Lösung an die Ermessensfreiheit des Richters zurückverweist.

20 A. ESER, Giustizia penale "a misura d'uomo", übersetzt von B. Buhlmann e G. De Simone, in: Rivista italiana di diritto e procedura penale, 1998, 1067.

der Gerichtsverhandlung; Prinzip des „gerechten Prozesses“; Verringerung der Häftlingszahlen etc.).
Versäumt wurde für die nächste Zeit auch die Gelegenheit, einige theoretische Anregungen in konkrete Gesetzesvorlagen umzusetzen – angeboten von der zum wiederholten Male 1998 eingerichteten Ministerialkommission zur Reform des Strafrechtes (die so genannte Grosso-Kommission, benannt nach ihrem Vorsitzenden).
Ein Anzeichen für den Mangel an Homogenität der Auffassungen hinsichtlich des Verhältnisses von Entschädigung und/oder Wiedergutmachung und Strafe ist in der Tat der Kurswechsel, der von der Kommission in den am 12. September 2000[21] verabschiedeten Artikeln im Hinblick auf den eigenen vorhergehenden, am 15. Juli 1999 veröffentlichten Bericht eingeschlagen wurde.
Letzterer widmete einen kompletten Abschnitt (Nr. 13), der einen Teil des (mit dem System der Strafen befaßten) VIII. Kapitels ausmacht, der „Anstoß von Verhaltensweisen zur Wiedergutmachung der Rechtsgutsverletzung“. In der Absicht, auf die Tat folgende Verhaltensweisen des Täters hervorzurufen, die geeignet sind, noch nicht insgesamt „unwiderruflich verletzte“ Rechtsgüter wiederherzustellen, scheint die Kommission an mildernde Tatumstände gedacht zu haben, sowie an Strafausschließungsgründe, die jedoch so beschaffen sind, dass sie ein Gleichgewicht mit den Anforderungen der Generalprävention garantieren, indem Wiedergutmachungsbemühungen für die Rechtsgutsverletzung nahegelegt werden, die allerdings zu einer Reform des Rücktrittes (*„recesso attivo“*) im Sinne einer nicht Strafbarkeit des Täters zwingen.
Auch wenn die im zeitlichen Abstand von einem Jahr vorgelegten Artikel ein besonderes Interesse für die Entziehung (*„confisca“*) erkennen lassen, deren unbestimmte juristische Gestalt die Zweifel an den Osmoseprozessen zwischen Wiedergutmachungs- und/oder Entschädigungsmaßnahmen und Strafe verstärkt, beschränkt sie sich jedoch einerseits darauf, eine allgemeine und unbestimmte (vom Richter gewährte) Möglichkeit vorzulegen, dem Verurteilten (außer in Fällen der Zuständigkeit anderer Autoritäten) Anordnungen aufzuerlegen, die geeignet sind, soweit objektiv möglich und subjektiv forderbar, eventuelle *schädliche oder für das durch die Straftat verletzte öffentliche Interesse gefährliche* Auswirkungen zu beseitigen, die nicht mittels Ersetzung oder Wiedergutmachung zu beheben sind (Art. 122); andererseits, die Inbetrachtziehung von Modalitäten der Wiedergutmachung der Tatfolgen zuzulassen, sowie Initiativen im Bereich der Behandlung schuldfähiger Minderjähriger, die zur Vorantreibung einer Einigung mit der angegriffenen Person führen sollen (Art. 108, Abs. 3).
Die Bezugnahme auf das „durch die Straftat verletzte öffentliche Interesse“ (und zwar durch *jede* Straftat), worauf bald zurückzukommen ist, verdient, deutlich

[21] In: http://www.giustizia.it/studierapporti/riformacp/comm_grosso2.htm.

hervorgehoben zu werden, repräsentiert es doch den roten Faden, der es mit anderen jüngeren normativen Eingriffen verbindet.
Insgesamt erweist sich, was das Thema des Verhältnisses von Strafe und Wiedergutmachung angeht – mit der gebührenden Ausnahme des Jugendstrafrechtes, in dem die Erfordernisse der (Um)erziehung des Minderjährigen Vorrang haben und haben müssen –, ein weiteres Mal die Politik des „wenig, schlecht und schnell" als siegreich, was sich offensichtlich auf die tatsächliche Tragweite des Legalitätsprinzips gegenüber der Einführung von Mechanismen und Einrichtungen, die „Verhandlungslösungen" unter Verzicht auf die Gerichtsverhandlung und auf die gerichtliche Prüfung der verfügbaren Beweise legitimieren, auswirkt[22].

4. – Die neue „Strafobligation"

Emblematisch sind zwei neuere Gesetzesmaßnahmen, deren Grundzüge aufzugreifen opportun erscheint, um zu der untersuchten Fragestellung einige Schlussfolgerungen zu ziehen.
Der Artikel 14 d.lgs. vom 10. März 2000, Nr. 74, mit dem Inhalt einer *„neuen Regelung der Straftaten hinsichtlich der Auflagen auf Einkommen- und Mehrwertsteuer, nach der Norm des Art. 9 des Gesetzes vom 25. Juni 1999, Nr. 205"*, der eine bereits vorher vom so genannten Flick-Projekt[23] aufgezeigte Lösung für

---

[22] Dazu S. Moccia (Hrsg.), La giustizia contrattata. Dalla bottega al mercato globale, Napoli, 1998.

[23] Der Gesetzentwurf Nr. 2968 der XIII. Legislatur, der dem Parlament am 15. Januar 1997 vom (damaligen) Justizminister vorgelegt wurde (vgl. in Documenti Giustizia 1997, 3, 607ff.), sieht die Einführung der Einrichtung einer Verurteilung zur vereinbarten Strafe vor (Art. 445b, Abs. 2 c.p.p.). Dieses zielt darauf ab, die „Zulassung des Tatbestandes" zu erreichen, um dem Richter die zur Ermittlung und zur Begründung notwendigen Mittel an die Hand zu geben (...)", oder, „um sich eine Überzeugung von der Verantwortlichkeit zu bilden, die mit einer Begründung erklärt werden muss, die geeignet ist, einer Legitimitätsprüfung standzuhalten" (Erklärung zum Gesetzesentwurf Nr. 2968, S.4). Wenn ausgeschlossen wird, dass die Einrichtung darauf gerichtet ist, (vor allem) Delikte zu „sühnen", die öffentliche Interessen angreifen, wobei sicherzustellen ist, dass die Maßnahme auf jeden Straftatbestand anwendbar sei, dann wird es erforderlich, das öffentliche Interesse zu bestimmen, das von der Verletzung irgendeiner Norm betroffen ist, und diesem eine Wiedergutmachung zuzuordnen, die der Gesetzentwurf als Geldzahlung definiert. Man denke an die Auswirkungen, die eine solche Einrichtung nicht nur im Hinblick auf Delikte gegen die öffentliche Unverletzlichkeit hat, sondern auch auf Delikte gegen das Leben oder gegen die persönliche Freiheit. Worin besteht ein solches „öffentliches Interesse", das wiedergutgemacht werden muss? Etwa im „allgemeinen objektiven Interesse", das Arturo Rocco in jeder Straftat erkannte?
Die vorgelegte Einrichtung verbirgt eine Art Etikettenschwindel, indem sie eine Erweiterung des Anwendungsbereiches der sogenannten Übereinkunft („patteggiamento": Artt. 444 ff. c.p.p.) auf ansonsten von der gültigen Prozessordnung ausgeschlossene Tatbestände zugesteht – und somit die Skala der Tatbestände mit Strafeinschränkung ausdehnt –,

die spezifische, behandelte Materie wieder aufgreift und anwendet, führt einen Mechanismus der Strafminderung (bis zur Hälfte: Abs. 4) ein, die auf einer Sum-

dies alles auf der Grundlage der bloßen Auszahlung einer als finanzielle Wiedergutmachung definierten Summe (inhaltlich kaum unterscheidbar von einer Geldstrafe), die sozusagen nachgeordnet ist (in diesem Sinne ist auf die Verweise des Art. 445d auf die Art. 133b und 135 c.p. hinzuweisen). Die Maßnahme erscheint tatsächlich als kaum etwas anderes als die Verpflichtung zur Zahlung einer Summe in die Staatskasse, die dem Verurteilten in der deutschen Strafrechtsordnung bei Aufhebung der Strafe auferlegt wird (§ 56b, Abs. 2, Nr. 4 l.p.), deren Gleichsetzung mit der Geldstrafe in der Rechtslehre schon seit der Einführung dieser Einrichtung hervorgehoben wurde (H.-H. JESCHECK, Lehrbuch des Strafrechtes, Berlin, 3. Aufl., 1978, 680). All dies bietet nicht wenige Anregungen zur Diskussion um die Zweckmäßigkeit und Legitimität der Einführung eines Gebildes wie der verallgemeinerten „finanziellen Wiedergutmachung". Anders, wenn auch nicht weniger der Kritik unterworfen, wären die anzustellenden Überlegungen gewesen, wenn die vom Projekt vorgestellte „Wiedergutmachung" nicht als finanziell qualifiziert worden wäre und schlicht als Wiedergutmachung der Tat verstanden worden wäre (anhand der deutschen Wiedergutmachung): Das scheint jedoch ausgeschlossen, und zwar (durch den Textabschnitt des Präsentationsberichtes und außerdem) durch den Inhalt des Gesetzesprojektes, das, wie bereits angedeutet, der der finanziellen Wiedergutmachung entsprechenden Aufwendung den Effekt der Strafmilderung zuschreibt (Art. 445d, Abs. 5 c.p.p.). Und das abgesehen davon, dass in derselben Bestimmung des Art. 445d c.c.p. weitreichende Vorschriften enthalten sind, denen zufolge die oben genannte Wiedergutmachung des „Angriffes des von der verletzten Norm geschützten öffentlichen Interesses" betrifft (445d, Abs. 1 c.p.p.); sie besteht in einer „nach der Schwere der Verletzung bemessenen" Summe, die „ein Drittel der Summe, die aus der Angleichung der Freiheitsstrafe, deren Anwendung in Rede steht, an die Norm des Art. 135 des Strafgesetzbuches resultiert, jedenfalls nicht unterschreiten darf"; sie bewahrt die Möglichkeit, das Höchstmaß in den von Art. 133b, Abs. 2 c.p. (hinsichtlich der Bewertung der Geldstrafe in Relation zu den wirtschaftlichen Verhältnissen des Angeklagten) vorgesehenen Fällen, „oder wenn der Angriff von besonderer Geringfügigkeit ist" (445d, Abs. 2), (bis zu einem Drittel) zu „verringern" (der Begriff wurde aus dem Projekt übernommen); Die Zahlung wird „nur" zugelassen, „wenn der durch die Straftat verursachte Schaden durch Schadenersatz oder durch Rückerstattung vollständig aufgewogen worden ist oder, wenn dies nicht verlangt worden ist, durch Wiedergutmachung" (445d, Abs. 3). Derartige Lösungen stehen, wie aus unserem Werk Illecito penale e riparazione del danno, a.a.O., hervorgeht, in krassem Gegensatz zum Prinzip der substantiellen Gleichheit (das aufgrund von gesetzgeberischen Eingriffen, die durch weniger begüterte Subjekte nur schwerlich zu garantieren sind, beeinträchtigt ist) und überantworten die Prozessmittel auf der einen Seite einer utilitaristischen „Kosten-Nutzen"-Bewertung (teilweise) seitens des Angeklagten und seitens der Gemeinschaft, auf der anderen Seite der Ermessensfreiheit des Richters (P. FERRUA, La giustizia negoziata nel „pacchetto Flick", in: Critica del diritto, 1997, 16). Im zitierten Gesetzesentwurf geht es weiter (an diesem Punkt treten Affinitäten zur Regelung des d. lgs. Nr. 74/2000 zutage): „Dem Angeklagte kann zugestanden werden, eine von ihm festzusetzende Summe zur Wiedergutmachung des Angriffes des von der verletzten Norm geschützten öffentlichen Interesses zu bezahlen" (445d, Abs. 1 c.p.p.); der Minimalsatz einer solchen Aufwendung darf (unter anderem) bis auf ein Drittel gesenkt werden, wenn „die Verletzung von besonderer Geringfügigkeit ist".

me gegründet ist, die „als angemessene Wiedergutmachung der Verletzung auf das von der Norm geschützte, verletzte öffentliche Interesse“ angeboten wird (Abs. 1), die „nach der Schwere der Verletzung“ bemessen ist (Abs. 2), jedoch „nicht niedriger als diejenige ist, die aus der Abgleichung gemäß Art. 135 c.p. mit der Minimalstrafe für das zur Last gelegte Delikt resultiert“ (Abs. 2).
Die Verfügung kommt zur Anwendung, wenn Steuerschulden, die auf die konstitutiven Umstände der Delikte selbst bezogen sind, durch Verjährung oder Verfall erlöschen.
Die Regelung überrascht in mehr als einer Hinsicht.
In gewisser Hinsicht existieren die Voraussetzungen der Legitimität des Fortbestehens der Steuerschuld dort nicht mehr, wo sie kraft des von der staatlichen Ordnung selbst erklärten Regelwerkes wirksam ist: Es handelt sich tatsächlich um durch Vorschrift oder durch Verfall erloschene Schulden oder um Schulden, die vom Staat nicht mehr eingefordert werden können. Nichtsdestotrotz verzichtet letzterer nicht auf einen Anspruch, der mittlerweile illegitim geworden ist und „erpreßt“ Geldsummen, die ihm nicht mehr zustehen, indem er den Mechanismus der doppelten – steuerrechtlichen und strafrechtlichen – Natur mancher Straftatbestände ausnutzt. Die Steuerschuld kann nicht eingefordert werden, aber es ziemt sich für den Angeklagten, eine gewisse Geldsumme „anzubieten“ – „Geldbetrag als Wiedergutmachung“ (*riparazione pecuniaria)*, gestaltet nach dem Muster derjenigen, die von Art. 12 des Pressegesetzes Nr. 47/1948 und von Art. 445d c.p.p. zum oben erwähnten Flick-Projekt vorgesehen ist –, um darauf hoffen zu können, Nutzen aus der vom Regelwerk vorgesehenen Strafpraxis zu ziehen (unberührt bleibt die Rückerstattung von Geld im Falle des Freispruches oder der Einstellung des Verfahrens): Geldsummen zur Tilgung einer ausgebliebenen Eintreibung einer Steuerschuld sind allerdings aufgrund des rechtsstaatlichen Prinzips, das die Einrichtungen des Verfalls und der Verjährung stützt, als erloschen anzusehen.
Auf jeden Fall ist zu beobachten, dass die Summe wie gesagt zur „Wiedergutmachung des *Angriffes* (*offesa*) des durch die verletzte Norm geschützten öffentlichen Interesses“ geopfert wird. Wiedergutmachung des *Angriffes* (*offesa*) also, nicht aber Schadenersatz. Demnach ist es der „ *Angriff*“ (*offesa*), auf die die Aufmerksamkeit gerichtet werden muss, um die Vorschrift anzuwenden. Genauer: auf die Verletzung des durch die Norm geschützten öffentlichen Interesses. Aber welches ist das durch die verletzte Norm geschützte öffentliche Interesse, oder durch eine Norm – das lässt sich aus dem Kontext schließen, in den der Art. 14 im Kommentar eingebettet ist –, die einen fiskalisch-steuerrechtlichen Straftatbestand beschreibt?
Betrachten wir die Tatbestände, die die de facto durch d. lgs. Nr. 74/2000 umgesetzte Strafreduzierung überlebt haben: betrügerische Steuererklärung durch Rechnungen oder andere Urkunden über inexistente Vorgänge (Art. 2); betrügeri-

sche Angabe durch sonstige Fälschungen (Art. 3); untreue Steuererklärung (Art. 4); unterlassene Steuererklärung (Art. 5); und so weiter.
Was ist unter einem „durch die verletzte Norm geschützten öffentlichen Interesse" zu verstehen? Handelt es sich vielleicht um das von der Steuernorm geschützte „Rechtsgut" oder „Rechtsinteresse" – ein Interesse, das die Verordnung als ein „öffentliches" definiert und im Verhältnis zu dem die Wiedergutmachung „angemessen" sein muss?
Eine bejahende Antwort führt die Reflexion zum der Reform vorausgegangenen Lehrstreit, der sich infolge der Identifizierung des von der fiskalischen und steuerlichen Rechtsordnung geschützten Gutes entwickelt hat: Nimmt man Rücksicht auf das Interesse des Staates (Art. 53 Cost.) an der Überwachung der Pflicht der Bürger zur Beteiligung an den öffentlichen Ausgaben auf konstitutioneller Ebene; oder auf das staatliche Vermögensinteresse am Einzug der Steuern?[24]
Dennoch lässt die Tatsache, dass die Bezugnahme auf die Wiedergutmachung der Verletzung des *öffentlichen Interesses* auch in anderen allgemeinen Verordnungen (das so genannte Flick-Projekt; das Projekt der so genannten Grosso-Kommission) auftaucht, die nicht zu diesem (hier untersuchten) Bereich gehören, möglicherweise annehmen, dass dieses nicht so sehr auf Verletzung oder Bedrohung des „spezifischen juristischen Gutes" abzielt, sondern vielmehr auf die Verletzung des „allgemeinen, substanziellen Objektes"[25] der Straftat (des so genannten „sozialen Schadens"), das allen Verbrechenstypologien gemeinsam ist und im Interesse des Staates an seiner eigenen Existenz und der Bewahrung seiner selbst oder auch an der Aufrechterhaltung seiner eigenen Lebensbedingungen besteht.
Man kann also davon ausgehen, dass die Wiedergutmachung des Angriffs eines solchen „Objektes" mit der Wiederherstellung des durch die begangene Straftat erschütterten Vertrauensverhältnisses zusammenfält, auf welche sich der AE-WGM stützt. Hier ist zu fragen, ob es nicht möglich sein wird, eine solche Wiedergutmachung eher als „Strafe" für den Angriff des öffentlichen Interesses anzusehen.
Man kann vielleicht festhalten, dass eine Wiedergutmachung, wie sie von d. lgs. Nr. 74/2000, entsprechend dem oben Dargestellten, aufgefasst wird, eine in ge-

24 G. FLORA, Analisi, in: Legislazione penale, 2001, 19
25 Die Provokation ruft die dreiteilige Konstruktion des von der Strafnorm geschützten Interesses ins Gedächtnis, die aufgezeigt wird in Art. ROCCO, Opere giuridiche, Bd. 1 – L'oggetto del reato e della tutela giuridica penale, Roma, 1932, 227 ff., Nr. 62 ff., insbesondere 553 ff., Nr. 176 ff., demzufolge sich dieses in das formale Objekt-Rechtsgut (bestehend im Recht des Staates auf die Befolgung der Strafvorschriften) und das substantielle Objekt der Straftat aufgliedert, deren letzteres aufzuteilen ist in allgemeines Objekt-Rechtsgut (oder auch das Interesse des Staates an seiner eigenen Existenz und der Bewahrung seiner selbst) und spezifisches Objekt-Rechtsgut (zu einer Einzelperson oder einer Kategorie von Individuen gehörig und im eigentlichen Sinne durch die Straftat angegriffen). Vgl. dazu D. FONDAROLI, Illecito penale e riparazione del danno, a.a.O., 279 ff.

setzmäßiger Hinsicht spezielle und außerhalb der gewöhnlichen Parameter der Artikel 133 und 62 Nr. 6 c.p. zu bewertende Situation voraussetzt, bei der eine bestehende Verminderung des Strafmaßes zu rechtfertigen ist (eine exzellente Beigabe für die *applicazione della pena su richiesta delle parti* – oder *patteggiamento* - gemaß Artt. 444 ff. c.p.p).
Ist es aber möglich, gleichfalls gesetzeskonform zu behaupten, dass diese eher eine Sanktion finanzieller Art darstelle, die unbemerkt den vorgesehenen gesetzlichen Strafen hinzugefügt worden ist? Im Hinblick auf letzteres kann nicht darüber hinweggesehen werden, dass die „angebotene" Summe „entsprechend der Schwere des Angriffes bemessen" werden muss (Art. 14, Abs. 2), und diejenige Summe, die aus der Anwendung der durch Art. 135 c.p. festgelegten Parameter betreffs der Angleichung von *Geldstrafen* und *Freiheitsstrafen* (Art. 14, Abs. 2) hervorgeht, jedenfalls nicht unterschreiten darf (zum Thema der Kriterien der „Modifikation, Anwendung und Vollstreckung der *Strafe*": Titel V des Strafgesetzbuches).

Nur teilweise unterschiedliche Problemstellungen werden von d. lgs. vom 28.8.2000 behandelt, das die dem *Friedensrichter* (*giudice di pace*) zugeschriebene Strafkompetenz regelt, in Form einer Realisierung der Gesetzesvollmacht vom 24. November 1999, Nr. 468.[26]
Von den Fragestellungen, die das Gesetzeswerk aufwirft, beschränken wir uns an dieser Stelle darauf, die Art. 34 (über der Einstellung des Verfahrens in Fällen von besonderer Geringfügigkeit des Tatbestandes) und 35 zu untersuchen, der dem Friedensrichter für die in seiner Kompetenz stehenden Straftatbestände, nachdem er die Prozessparteien und der „eventuelle Rechtsgutträger" gehört hat, ermöglicht, den Straftatbestand für erloschen zu erklären, „wenn der Angeklagte beweist, dass er vor der Erscheinung vor Gericht die Wiedergutmachung des durch die Straftat verursachten Schadens auf sich genommen hat, und zwar mittels Rückerstattung oder Schadenersatz, und dass er die schädlichen und gefährlichen Tatfolgen der Straftat beseitigt hat.[27]

---

26 Die Kompetenz des Friedensrichters (Laienrichter) in Strafverfahren ist gemäß Art. 4 d. lgs. Nr. 274/2000 auf eine Reihe von (als solche angesehenen) Bagatellstraftaten beschränkt, deren bloße Heranziehung als verdeutlichende Beispiele zu mancher Theorie über Schädigung, Beleidigung, „einfache" Verleumdung etc. den Anstoß gegeben hat (M. PAPA, *Giudice di pace*, in: *Diritto penale e processo*, 2001; A. BERNARDI, *Giudice di pace e rati della legislazione speciale*, *ivi*, 2001, 6 ss.; G. ILLUMINATI – G. GIOSTRA (Hrsg.), *Il giudice di pace nella giurisdizione penale*, Torino, 2001).

27 Die Vorschrift„entwickelt" die Weisung weiter, die in Art. 14, Buchst. h) der Gesetzesvollmacht Nr. 468/1999 enthalten ist, derzufolge die „Vermutung der These der Strafaufhebung in der Folge von Wiedergutmachungs- oder Entschädigungsmaßnahmen" anzuwenden ist.

Zunächst lassen sich zwei Beobachtungen anstellen: Auf der einen Seite führt die Tatsache, dass der „Angegriffene Person", im Unterschied zu anderen Verordnungen, die dieser ebenfalls besondere Aufmerksamkeit widmen, als „eventuell" bezeichnet wird, zu nichts anderem als zur Vergrößerung des Zweifels an einer korrekten Kenntnis (seitens des Gesetzgebers) des Konzeptes der „Rechtsgutträger", und zwar des Subjektes, das zur Wahrnehmung des Gutes oder des von der Norm geschützten Interesses berechtigt ist, die durch die begangene Straftat verletzt wurde. Dieses Konzept wird häufig mit dem des „Geschädigten" verwechselt.
Auf der anderen Seite reproduziert die Verordnung einen (der gültigen Verordnung im Hinblick auf den bedingten Straferlaß und die sogenannte freiwillige Ermessenszahlung eigentümlichen) Mechanismus des Begriffspaares „*Wiedergutmachung des durch die Straftat verursachten Schadens* – Beseitigung der schädlichen und gefährlichen Tatfolgen", wobei sie die interpretatorischen Schwierigkeiten als Erbe übernimmt, die in diesem Zusammenhang – wie schon erwähnt – Rechtslehre und Rechtswissenschaft seit langem deutlich gemacht haben.
Zumindest wird die Aufhebungseffektivität der Wiedergutmachung und/oder der Entschädigung nicht auf alle Straftaten und Verbrechenstypologien verallgemeinert, sondern ist auf bestimmte Typologien von Straftaten beschränkt, bzw. auf solche, die *ausschließlich* in den Kompetenzbereich des Friedensrichters fallen.[28]
Der Hinweis auf die „Wiedergutmachung des Schadens" müsste nicht als schwierige Lektüre erscheinen, wenn man sich nicht fragen müsste, warum denn nicht auch die Anhörung des „*parte civile*" (Artt. 74 ff. c.p.p.) *speziell* gefordert wird, der den zu erstattenden Schaden erleidet, und der auch zum Verfahren vor dem Friedensrichter gemäß Art. 23 zugelassen ist: Es scheint jedoch, dass sich der „*parte civile*" als im allgemeinen Konzept der „Prozessparteien" miteinbegriffen verstehen muss. Der zweite Absatz des Art. 35 fügt hinzu, dass der (Friedens-) Richter gehalten ist, die Aufhebung der Straftat „nur" dann zu erklären, wenn er die Entschädigungs- und Wiedergutmachungsmaßnahmen für geeignet hält, die Anforderungen der „Missbilligung der Straftat" und der „Prävention" zu erfüllen.
Ein weiterer Windstoß wirbelt die Karten auf dem Spieltisch durcheinander: Wenn – wie der Gesetzgeber anzunehmen scheint – eine Verbindung zwischen Entschädigungs- und Wiedergutmachungsaktivität einerseits und den Anforderungen der Missbilligung der Straftat und der Prävention andererseits bestehen soll, kann das dann nur so verstanden werden, dass der wieder gutzumachende „Schaden" (gemäß dem ersten Absatz) nicht (so sehr) der zivilrechtlich zu erstattende Schaden ist, sondern vielmehr etwas anderes, in Anbetracht dessen näm-

28 Bezüglich der Notwendigkeit, die Effizienz der Strafaufhebung (und/oder des Ausschlusses der Strafbarkeit) von Entschädigungs- und Wiedergutmachungsmaßnahmen (Schiedsfähigkeit ratione materiae) festzulegen, vgl. D. FONDAROLI, Illecito penale e riparazione del danno, a.a.O., 443 und 555f.

lich, dass Erfordernisse der „Missbilligung der Straftat und der Prävention“ erhoben werden: dass es sich also darum handelt, direkte Aktivitäten zur Wiedergutmachung des „Angriffes“ ins Leben zu rufen, oder die „Tat“ wieder gutzumachen? Oder werden beide Konzepte als koinzident betrachtet? In diesem Sinne würde sich auch die besondere Bedeutsamkeit erklären lassen, die der Verordnung der (Anhörung der) „eventuellen“ Rechtsgutsträger zukommt.
Unleugbar sind die Anklänge an das deutsche System, wenn auch mit deutlichen Abweichungen.
Die vorgesehene gesetzliche Dauer der Strafe erstreckt sich zum Beispiel im gegenwärtigen italienischen System – aufgrund der Ermächtigung zur Strafkompetenz in Verfahren des Friedensrichters gemäß Art. 4 – auf bis zu zwei Jahre (zum Beispiel in den Fällen in Art. 595, Abs. 2 c.p.; 627 c.p.; 632, Abs. 1, außer bei Eintritt des Falles gemäß 639b c.p.) oder sogar auf bis zu drei Jahre (man denke an die Artikel 631 c.p. und 632, außer bei Eintritt des Falles gemäß 369b c.p.), während im deutschen System die Dauer von einem Jahr Freiheitsentzug nicht überschritten wird.
Es kommt noch etwas hinzu. Was versteht der Gesetzgeber unter der besonderen Wendung der (Anforderungen der) „Missbilligung der Straftat“? Muss in das Urteil des Friedensrichters, der ohnehin schon ein Laie und keine Amtsperson „in der Robe“ ist, eine „ethisch-moralische“ Bewertung eingeführt werden, oder erheben sich durch diesen Zwischensatz in arglistiger Weise nie ganz aufgegebene Zahlungsansprüche, die unverzichtbar sind – für eine Sanktion, die trotz der offensichtlichen Phase mitwirkenden Vergessens durch den Siegeszug der Wiedergutmachung eine *Rechtsstrafe* sein soll?
Schließlich hebt das Normenverzeichnis unzweideutig die Effizienz der *Aufhebung* durch Schadenersatz und Wiedergutmachung, mit Bezugnahme auf den Urteilsspruch, hervor.
Aber der Wortlaut der Verordnung scheint die schon andernorts[29] aufgeführte These nicht ausschließen zu können, dass Maßnahmen wie die hier untersuchte (d.h. Schadenersatz und/oder Wiedergutmachung) nichts anderes darstellen als in der Sache mit dem Charakter der Strafe ausgestattete Sanktionen, die allerdings vom Bereich der Anwendung der substantiellen prozessualen Garantien ausgeschlossen sind, die die Strafen flankieren: Das führt dazu, dass das Prinzip *„nullum crimen, nulla poena sine lege“* schwer beschädigt wird, das bereits durch eine Schwemme von reformerischen Eingriffen seitens der geltenden Prozessordnung in Mitleidenschaft gezogen ist, lediglich, um das Instrumentarium zu einer gesetzgeberisch nicht geregelten Strafminderung zu verfeinern[30], und das bei vollständiger Unfähigkeit, eine (wenn auch nicht einfache) ernsthafte Überlegung zur

---

29 D. FONDAROLI, Illecito penale e riparazione, a.a.O. 535 ss.
30 P. TONINI, La nuova competenza penale del giudice di pace: un'alternativa alla depenalizzazione?, in: Diritto penale e processo, 2000, 931 f.

Reduktion der im Sonderteil des Strafgesetzbuches und in den Ergänzungsgesetzen enthaltenen[31], anklagefähigen Tatbestände anzustellen.
Wenn letzteres tatsächlich zum Terrain für eine Entscheidung zur „Trockenlegung" des gesamten Strafrechtssystems und seiner Garantien einschließlich der *Effektivität* und *Effizienz* geworden ist, wird der Straftatbestand weiterhin in vollkommen widersprüchlicher Weise eine ungesunde Anziehungskraft auf den Gesetzgeber ausüben (symptomatisch ist die Niederschrift des Art. 9 der Gesetzes Nr. 376/2000 zum Thema des „Kampfes gegen das *Doping*"), während die Schwärmerei für die goldglänzende Welt der „Wiedergutmachung" (Entschädigung; Vermittlung bzw. *mediazione*; Ausgleich; Einigung etc.) jede gründliche Vertiefung im Sinne der Ermittlung anderer Strafformen als der des Freiheitsentzuges, die in jedem Fall jedoch als Strafen zu verstehen sind (zum Beispiel Verbotsmaßnahmen oder Geldstrafen im eigentlichen Sinne), versperrt[32].
Die Durchsicht der übrigen Darlegungen in unserer Rechtsordnung enthüllt eine gewisse Orientierungslosigkeit und einen Mangel an Bezugspunkten bei den grundsätzlichen politisch-strafrechtlichen Einlassungen: Einerseits liegen Einrichtungen vor, die auf einer Art „strafrechtlicher Wiedergutmachung" basieren, die darauf abzielt, den Angriff des durch die begangene Straftat verletzten „öffentlichen Interesses" zu beheben (siehe zum Beispiel Art. 14 d. lgs. Nr. 74/2000; das so genannte Flick-Projekt; Art. 122 der so genannten Grosso-Kommission); andererseits werden Versuche durchgeführt, verallgemeinerte Theorien der strafrechtlichen Vermittlung einzuführen, und zwar anhand von Experimenten im Bereich des Jugendstrafrechtes (Art. 28 D.P.R. vom 22. September 1988, Nr. 448), die auf die Stärkung der Rolle des „Opfers" und die Mechanismen des Ausgleiches (zwischen dem Täter und dem „Opfer" selbst) konzentriert sind[33], allerdings nicht durch die Bereitstellung geeigneter operativer Justizapparate unterstützt werden.[34]
Auf die aufgeführten Leitlinien gründen sich die substanziellen und prozessualen Profile, wobei sie die Möglichkeiten der „Verhandlungsjustiz", d.h. der zwischen den Parteien vereinbarten Prozesshandlung, vervielfältigen[35].

---

31 Insbesondere M. DONINI, La riforma della legislazione penale complementare: il suo significato "costituente" per la riforma del codice. (Riflessioni a margine di una ricerca), in: Indice penale, 2000, 657 ff.

32 Dazu F. PALAZZO, Introduzione ai principi del diritto penale, Torino, 1999, 90.

33 L.PICOTTI (Hrsg.), Amplius La mediazione nel sistema penale minorile, Padova, 1998.

34 Zum Beispiel beschränkt sich der Art. 29 der Ges. Nr. 274/2000 bei der vom Friedensrichter vorgesehenen Förderung der Schlichtung unter den Prozessparteien, sofern die Straftat per Strafantrag folgt werden kann, darauf, dem Richter selbst einen kurzen Aufschub der Anhörung zu ermöglichen, wobei er außerdem ermächtigt wird, „sich auch der Vermittlungsaktivität" nicht genauer festgelegter „öffentlicher oder privater in der Umgebung vorhandener Zentren oder Einrichtungen zu bedienen".

35 G. SPANGHER, Verso un processo di parti, in: Studium Iuris, 2002, 469 ss.

Das beunruhigende Gefühl, (weiterhin) nach Augenmaß zu verfahren, wird nicht so sehr durch die Existenz einer Vielzahl von Lösungen hervorgerufen, die sich auf Wiedergutmachungsmaßnahmen konzentrieren (auch das französische System sieht hinsichtlich des Inkrafttretens der Gesetze Nr. 93-2 vom 02.02.1993[36] und Nr. 99-515 vom 23.06.1999[37] eine Vielzahl von Rechtsmitteln vor, die sowohl auf die *médiation* als auch auf die *composition pénale* gründen)[38], sondern vielmehr durch jene „Schildbürgerarmee", die Vorhut der Prinzipien unseres strafrechtlichen Systems geworden ist, die durch eine Zusammenlegung von widersprüchlichen Elementen gekennzeichnet sind, die sowohl aus substanziellen als auch aus prozessualen Einrichtungen herrühren, und all das in Ermangelung einer Unterstützung seitens einer soliden Verbrechensbekämpfungspolitik, die das Überleben des im weitesten Sinne verstandenen Prinzips „*nullum crimen, nulla poena sine lege*" und des Legalitätsprinzips in *unserem* System legitimierte.
Das „unbestimmte Strafrecht"[39], das in der Krise der höchsten Gesetzesgewalt begründet liegt, vertraut sich außergesetzlichen Lösungen an und opfert das „Richterrecht", indem es die Verfestigung eines Übereinkunftsrechtes verstärkt.
Umgekehrt erfüllt die (bisweilen auch als symbolische Wiedergutmachung bezeichnete oder in Form von Arbeitsleistung zugunsten der Gemeinschaft durchgeführte) Wiedergutmachungsmaßnahme, auch wenn sie *formal* als Nichtanwendung der Strafe auftritt, *de facto* die Funktionen der Strafe, wobei sie stillschweigend eben gerade in der Verkleidung einer Theorie des „*Absehens von Strafe*" eingeführt wurde.

---

36 In: Recueil Dalloz, 1993, Législation, 135.

37 In: Recueil Dalloz, 1999, Législation, 311.

38 G.M. AIMONETTO, L'archiviazione "semplice" e la "nuova" archiviazione "condizionata" nell'ordinamento francese: riflessioni e spunti per ipotesi di "deprocessualizzazione, in Legislazion penale, 2000, 99 ff.

39 F. SGUBBI, *Il diritto penale incerto ed efficace*, in Rivista italiana di diritto e procedura penale, 2001, 1193 ff., insbesondere 1200.

Die Regelung des Versuchs und des Rücktritts vom Versuch im deutschen und italienischen Strafrecht

Gabriele Fornasari

1.

Gegenstand meines Beitrags ist eine rechtsvergleichende Darstellung der Regelungen des Versuchs und des Rücktritts vom Versuch.
Ich werde mich natürlich auf eine kurze Analyse der Bestimmungen des deutschen und des italienischen Rechtssystems beschränken, erstens wegen der Grenzen meines Wissens, zweitens um die Leser so wenig wie möglich zu langweilen.
Schwerpunkt des Berichts ist also der Vergleich zwischen den gesetzlichen Lösungen des Art. 56 des italienischen Strafgesetzbuches und denjenigen der §§ 22 bis 24 des deutschen StGB.
Will man jedoch dieses Thema behandeln, muß man zuerst ein Wort über die normative Stellung der jeweiligen nationalen Gesetzgebung zur Frage der *Grenzen der Strafbarkeit* des Versuchs sagen.
Denn bereits hieran kann man schon ganz deutlich erkennen, welche Unterschiede zwischen den beiden Systemen bestehen.
Die italienische Lehre behauptet üblicherweise, daß die rein objektive Ausrichtung des Versuchs ein typisches Merkmal der italienischen Strafrechtsordnung sei, während das deutsche Strafrecht einer subjektiven Ausrichtung des Versuchs folge[1].
Dabei bin ich mir bewußt, daß es sich um eine Verallgemeinerung handelt, denn es gibt auch in der Lehre wichtige Ausnahmen davon (z.B. *Spendel* in Deutschland[2], *Morselli* in Italien[3]). Mein Ziel ist es aber, mich auf die Auffassungen der

---

1 Vgl. letztlich MARINUCCI-DOLCINI, Corso di Diritto penale. 1. Le norme penali: fonti e limiti di applicabilità. Il reato: nozione, struttura e sistematica, 3. Aufl., Mailand, 2001, S. 528 ff. und, in der älteren Literatur, SPASARI, Ragione e prevaricazione nella Seconda legge di riforma del Codice penale tedesco, Rivista italiana di diritto e procedura penale, 1979, S. 3 ff.

2 SPENDEL, Kritik der subjektiven Versuchstheorie, ZStW, 1965, S. 1888 ff. und Zur Kritik der subjektiven Versuchs- und Teilnahmetheorie, JuS, 1969, S. 314 ff.

herrschenden Lehre (die die beiden nationalen kulturellen Traditionen widerspiegeln) zu konzentrieren, um meine Überlegungen weiterzuführen.

2.

"Objektiv" und "Subjektiv" sind also die ausschlaggebenden Begriffe.
Zunächst ist daher zu untersuchen, welche Bedeutung sie in diesem Zusammenhang haben, obwohl ich schon hier anmerken möchte, daß diese Terminologie meines Erachtens nicht ganz zutreffend ist.
Die Antwort gewinnen wir aus der Betrachtung der beiden Regelungen.
Nach § 22 des deutschen StGB begeht den Versuch einer Straftat, wer nach seiner Vorstellung von der Tat zur Verwirklichung des Tatbestandes unmittelbar ansetzt.
Nach unserem Art. 56 Abs. 1, der der Tradition der italienischen Gesetzgebungen und den Lehren der großen Kriminalisten des 19. Jahrhunderts, wie Francesco Carrara, folgt, ist der Versuch demjenigen zuzurechnen, der taugliche und eindeutig auf die Begehung einer Straftat gerichtete Einzelakte begangen hat, wenn die Tathandlung nicht zu Ende geführt wird oder der Erfolg nicht eintritt[4].
Allerdings sind die sogenannten Übertretungen hierbei ausgenommen, d.h. eine Versuchsstrafbarkeit ist in solchen Fällen ausgeschlossen.
Dies jedoch nicht aus ontologischen Gründen, sondern weil die Übertretungen fast immer nur auf die Gefährdung (und normalerweise die rein abstrakte Gefährdung) eines Rechtsgutes oder vielmehr auf die Störung einer Funktion der Rechtsordnung abzielen. Deswegen scheint ein so früher Einsatz des Strafrechts, wie er sich aus der Versuchsstrafbarkeit ergibt, überflüssig zu sein[5].

3.

Der grundlegende Unterschied ist sofort zu erkennen:
Das italienische Gesetz sieht ein Versuchsmerkmal vor, das für die deutsche Norm entbehrlich ist, und zwar die Tauglichkeit bzw. die Geeignetheit der Ausführungshandlung des Täters, den Erfolg herbeizuführen oder jedenfalls den vorgestellten Tatbestand zur Vollendung zu bringen. Diese Tauglichkeit muß selbst-

---

3 MORSELLI, Tentativo, Stichwort in Digesto delle Discipline penalistiche, Turin, 1999, S. 185 ff. und Note in tema di delitto tentato, in Studi in memoria di Remo Pannain, Archivio penale, 1987, S. 79 ff.

4 Eine Übersetzung in deutscher Sprache des italienischen Strafgesetzbuches ist verfügbar: RIZ-BOSCH (Hrsg.), Italienisches Strafgesetzbuch - Codice penale italiano, 2. Aufl., Bozen, 1995; die Übersetzung des Art. 56 findet sich auf Seite 65.

5 Vgl. u.a. FIANDACA-MUSCO, Diritto penale. Parte generale, 4. Aufl., Bologna, 2001, S. 433; PAGLIARO, Principi di Diritto penale. Parte generale, 7. Aufl., Mailand, 2000, S. 523 f.; RIZ, Lineamenti di Diritto penale. Parte generale, 3. Aufl., Padua, 2001, S. 349 f.

verständlich aus einer *ex ante* Perspektive und nach dem Maßstab der konkreten Wahrscheinlichkeit beurteilt werden[6].
Der untaugliche Versuch ist daher bei uns nicht strafbar, während er in Deutschland, wie die dortige Lehre betont, grundsätzlich strafbar ist[7].
Ein anderer Unterschied liegt darin, daß die Vorstellung des Täters nach italienischem Recht keine maßgebliche Prämisse im Rahmen der Entscheidung über die Strafbarkeit des Versuchs darstellt.
Außerdem ist in Italien nach Absatz 2 des Art. 56 eine nicht unerhebliche Strafmilderung für den Versuch *obligatorisch* vorgesehen[8], während eine solche nach § 23 Absatz 2 des deutschen StGB nur fakultativ ist ("Der Versuch *kann* milder bestraft werden als die vollendete Tat").
Wenn also von einer objektiven Ausrichtung der italienischen Regelung die Rede ist, heißt das im Grunde, daß bei uns bei der Festlegung der Grenzen und des Maßes der Strafbarkeit des Versuchs der Erfolgsunwert gegenüber dem Handlungsunwert die wichtigere Rolle gespielt hat.
Einerseits soll nur dann bestraft werden, wenn eine Gefahr für das geschützte Rechtsgut *tatsächlich* vom Richter aus einer *ex ante* Perspektive festgestellt werden kann.
Andererseits ist auf jeden Fall milder zu bestrafen, weil der gesetzliche Tatbestand nicht verwirklicht und deshalb das Rechtsgut nicht verletzt, sondern eventuell nur gefährdet worden ist.

4.

Daß für den deutschen Gesetzgeber dagegen der *Handlungsunwert* die wichtigere Rolle gespielt hat, ist offensichtlich.
Der untaugliche Versuch ist strafbar; die Nichtvollendung der Tat führt nur bei der Strafzumessung zu einer Ermessensentscheidung des Richters. Sogar dann, wenn der Täter aus grobem Unverstand verkannt hat, daß der Versuch nach der Art des Gegenstandes, an dem, oder des Mittels, mit dem die Tat begangen werden sollte, überhaupt nicht zur Vollendung führen konnte, ist das Absehen von

---

6 Zu diesen Aspekten siehe jetzt insbesondere GIACONA, Il concetto d'idoneità nella struttura del delitto tentato, Turin, 2000, S. 213 ff.

7 Vgl. z.B. TRÖNDLE-FISCHER, Strafgesetzbuch und Nebengesetze, 49. Aufl., München, 1999, § 22, Rn. 23.

8 Genauer gesagt, wird der Täter eines versuchten Deliktes in folgender Weise bestraft: mit Gefängnisstrafe nicht unter zwölf Jahren, wenn die angedrohte Strafe lebenslange Gefängnisstrafe ist; in den übrigen Fällen mit der für das Delikt angedrohten Strafe, die um ein bis zwei Drittel herabgesetzt wird.
Die italienische Lehre scheint üblicherweise mit dieser Lösung einverstanden zu sein - siehe u.a. RIZ, (Fn. 5), S. 350 -, mit einigen Ausnahmen, wie z.B. ANTOLISEI-CONTI, Manuale di Diritto penale. Parte generale, 15. Aufl., Mailand, 2000, S. 512, wo die Lösung der fakultativen Strafmilderung in der de jure condendo Perspektive bevorzugt wird.

Strafe oder die Milderung der Strafe nur fakultativ (nach § 23 Absatz 3), obwohl man von vornherein behaupten kann, daß kein konkretes oder abstraktes Risiko eingetreten ist (außer im Kopf des Täters).
Das bedeutet, und das möchte ich betonen, daß der Richter in diesem Fall die enorme Macht besitzt, eine gewisse Handlung entweder nicht zu bestrafen oder weniger als die vollendete Tat zu bestrafen oder sogar genauso wie die vollendete Tat zu bestrafen, wobei es sich theoretisch auch um eine lebenslange Freiheitsstrafe handeln könnte. Für mein Verständnis des für Tatbestand und Strafe geltenden verfassungsrechtlichen Bestimmtheitsgebotes (Art. 25 der italienischen sowie Art. 103 der deutschen Verfassung) ist dies schwer zu begreifen[9].

5.

Nach alldem darf man aber nicht ohne weiteres behaupten, daß die italienische Ausrichtung eine rein objektive und die deutsche eine rein subjektive Lösung darstellt, sonst hätte man einerseits die strafrechtliche Irrelevanz des Versuchs, andererseits die absolute Gleichstellung von Versuch und Vollendung.
Ich möchte an dieser Stelle hervorheben, daß ich nicht zum Kreis derjenigen gehöre, die glauben, daß es keine italienische oder deutsche oder spanische oder japanische Dogmatik gibt, sondern nur entweder eine richtige oder falsche Dogmatik[10].
Ich bin im Gegenteil der Ansicht, daß die juristischen und auch die allgemeinkulturellen Traditionen eines Volkes bei den Gesetzgebungsakten respektiert werden müssen, weil wir keine Ontologie brauchen, sondern ein kriminalpolitisch adäquates System zum Schutze der in einer bestimmten Gesellschaft als vorrangig empfundenen Interessen und Werte.
Es ist nun aber eine Tatsache, daß die Rechtsordnungen, die die Strafbarkeit des Versuchs wie Deutschland regeln, in der Mehrheit sind (zumindest in Europa) und daß diejenigen, die an die italienische Vorschrift anknüpfen, sich in der Minderheit befinden[11].

---

9 Ich folge hier der Auffassung meines betrauerten Lehrers: vgl. vor allem BRICOLA, La discrezionalità nel diritto penale. Volume I: Nozione e aspetti costituzionali, Mailand, 1965, S. 323 ff. und Legalità e crisi: l'art. 25, commi 2. e 3. della Costituzione rivisitato alla fine degli anni '70, Questione Criminale, 1980, S. 209 ff. (jetzt auch in BRICOLA, Scritti di Diritto penale, Volume I: Dottrine generali, teoria del reato e sistema sanzionatorio, Tomo II: Dal 1973 al 1993, Mailand, 1997, S. 1308 ff.).

10 Diese Meinung vertritt H.-J. HIRSCH, Gibt es eine national unabhängige Strafrechtswissenschaft?, in Festschrift für Spendel (Hrsg. von Seebode), Berlin-New York, 1992, S. 58.

11 Ich erlaube mir, einen eigenen Aufsatz, der sich noch in Druck befindet und die Ergebnisse einer rechtsvergleichenden Forschung über die verschiedenen Regelungen des Versuchs in den Ländern der EU vorstellt, zu zitieren: FORNASARI, La disciplina del tentativo nel Corpus Juris, im Erscheinen in Diritto penale XXI Secolo, 2002, 2. Heft.

Das bedeutet vielleicht, daß unser Modell nicht besonders für den "Export" geeignet ist (im Gegensatz zum deutschen), nicht aber, daß es aus *unserer* Rechtsordnung verbannt werden sollte!
Außerdem muß ich hinzufügen, daß ich im allgemeinen ein bißchen skeptisch gegenüber manchen Übersetzungen beziehungsweise Übertragungen von Rechtsvorschriften in solche Rechtsordnungen, die ganz anderen Traditionen entstammen, bin.
Daß diese Auffassung unserem Rechtsgefühl entspricht, wird auch dadurch bestätigt, daß die Kommission, die im Jahre 1992 einen Vorentwurf für die Reform des italienischen StGB vorgelegt hat, diese Vorschrift unberührt ließ, obwohl dem vertiefte rechtsvergleichende Vorarbeiten vorausgegangen waren[12].
Aber eine objektive (oder besser ausgedrückt: an dem Erfolgsunwert orientierte) Auffassung der Problematik des Versuchs führt nicht in jeder Beziehung notwendigerweise zu einer günstigeren Stellung des Täters.

6.

Und damit sind wir endlich bei dem Kern dieses Beitrags angelangt.
Es erscheint auf den ersten Blick seltsam, daß eine Rechtsordnung (wie die deutsche), die auch den untauglichen oder sogar den aus grobem Unverstand begangenen Versuch bestraft, sich für die Straflosigkeit aller Fälle des Rücktritts entscheidet, während eine Rechtsordnung (wie die italienische), die nur den tauglichen Versuch bestraft, nur im Fall des Rücktritts vom unbeendeten Versuch den Täter straflos läßt.
Hingegen wird der Täter, dessen Rücktritt nach einem beendeten Versuch stattfindet (aber natürlich vor der Vollendung, die er abwenden muß), mit einer milderen Strafe (im Vergleich zur Versuchsstrafbarkeit) belegt[13].
So ist - je nach Lage des Falles - mal die eine Rechtsordnung, mal die andere härter, aber das muß nicht unbedingt als ein Paradoxon angesehen werden.
Es ist vielmehr eine *konsequente Folge* der jeweiligen allgemeinen strafrechtlichen Lehren.
Nach § 24 Absatz 1 des deutschen StGB (ich will mich hier auf das Thema des Rücktritts des Einzeltäters beschränken), wird "wegen Versuchs ... nicht bestraft,

---

12 Man muß aber betonen, daß, gerade als dieser Aufsatz geschrieben wird, eine neue Kommission des Justizministeriums an einem weiteren Reformentwurf des StGB arbeitet; soweit ich erfahren habe, ist aber bisher noch keine Änderung der Vorschrift über den Versuch geplant worden.

13 Der dritte Absatz des Art. 56 heißt:
"Tritt der Täter freiwillig von der Tat zurück, unterliegt er nur der Strafe für die ausgeführten Handlungen, wenn diese für sich eine strafbare Handlung darstellen".
Der vierte Absatz heißt:
"Verhindert er freiwillig den Erfolg, unterliegt er der für den Versuch des Deliktes angedrohten Strafe, die um ein Drittel bis zur Hälfte herabgesetzt wird".

wer freiwillig die weitere Ausführung der Tat aufgibt oder deren Vollendung verhindert. Wird die Tat ohne Zutun des Zurücktretenden nicht vollendet, so wird er straflos, wenn er sich freiwillig und ernsthaft bemüht, die Vollendung zu verhindern".

Vorgesehen ist also volle Straflosigkeit, eng bezogen auf die vom Täter gezeigten Bemühungen zur Rettung des Rechtguts.

Nach unserem Art. 56 Absatz 3 bzw. Absatz 4 wird der Täter, der freiwillig die Handlung aufgibt, nur wegen der eventuellen Straftaten bestraft, die er inzwischen vollendet hat. Wendet er demgegenüber freiwillig den Erfolg (*rectius*: die Verwirklichung des Tatbestandes) ab, nachdem er die im Tatbestand beschriebene Handlung vollzogen hat, unterliegt er der für den Versuch angedrohten Strafe unter Herabsetzung um ein Drittel bis zur Hälfte.

Die "Philosophie" einer solchen Vorschrift - die auch terminologische Folgen hat, da man von *desistenza volontaria* einerseits und von *recesso attivo* andererseits spricht - ist nicht schwer zu begreifen, besonders wenn man die Diskussion analysiert, die in der Regierungskommission stattgefunden hat, die den Text des aktuellen StGB von 1930 vorbereitet hat.

Kurz gesagt: Wenn die tatbestandsmäßige Handlung noch nicht zu Ende gebracht worden ist (obwohl die Grenzen des Versuchs schon überschritten sind[14]; die gegenteilige Meinung würde die Bestimmung unnötig machen[15]) und der Täter eine Entscheidung zugunsten des noch nicht gefährdeten Rechtguts trifft, gibt es für die Rechtsordnung noch keinen zwingenden Grund zur Bestrafung.

Wenn der Täter aber schon alles getan hat, was notwendig und ausreichend ist für die Verwirklichung des Tatbestandes, und er sich erst dann freiwillig für die Rettung des Rechtsguts entscheidet, ist die Einschätzung der Rechtsordnung eine ganz andere.

Denn in diesem Fall gibt es schon einen so erheblichen Schritt des Täters in Richtung der Verletzung des Rechtsguts, daß es als verfehlt erscheint, dies unberücksichtigt zu lassen. Auch dann, wenn er sich freiwillig und erfolgreich bemüht, die Vollendung der Tat zu verhindern[16].

---

14 FORNASARI, Per un diverso inquadramento delle ipotesi di desistenza e recesso in un nuovo Codice penale, Rivista italiana di Diritto e Procedura penale, 1994, S. 1343 ff.

15 So aber LATAGLIATA, La desistenza volontaria, Neapel, 1964, S. 66 ff. und 157 ff., und auch, ihm folgend, D'ARGENTO, Brevi riflessioni sulla desistenza volontaria, Archivio penale, 1969, S. 246 ff.; diese Meinung wird manchmal auch in der deutschen Lehre vertreten, wie z.B. in von HIPPEL, Untersuchungen über den Rücktritt vom Versuch, Berlin, 1966, S. 62 ff., indem er behauptet, dass der Rücktritt ein negatives Element der Tatbestandsmäßigkeit darstellt.

16 Vgl. PROSDOCIMI, Profili penali del postfatto, Mailand, 1982, S. 127; BETTIOL-PETTOELLO MANTOVANI, Diritto penale, 12. Aufl., Padua, 1986, S. 632, ROMANO, Commentario sistematico del Codice penale, Band I, 2. Aufl., Mailand, 1995, S. 576; die-

7.

Beim Rücktritt vom beendeten Versuch spielt also *noch einmal* der *Erfolgsunwert* die wichtigere Rolle.

Der Täter soll aufgrund der so weitgehend verursachten Gefahr des Erfolgseintritts bestraft werden. Die Tatsache, daß er seine "Rückkehr in die Legalität" bewiesen hat, dient nur als Anlaß einer ausnahmslos obligatorischen Strafmilderung. Die insgesamt rechtskonforme Gesinnung wird von unserer Rechtsordnung nicht soweit honoriert, daß die schon verwirklichte tatbestandsmäßige Handlung außer acht gelassen würde.

Obgleich ein Teil der Lehre, aber insbesondere der älteren Lehre, diese Lösung kritisiert hat[17], hat auch in diesem Bereich die Reformkommission, die den Entwurf 1992 vorgelegt hat, überhaupt keine Änderung vorgeschlagen.

(Im Gegenteil, wird im neuesten Entwurf, der Commissione Grosso 1998-2001, im Art. 44 vorgesehen, daß in beiden Fällen der Täter straflos bleibt, aber nach der Wahl im Jahr 2001 scheint die neue Regierung keine Absicht zu haben, diesen Entwurf noch weiter zu verfolgen.)

Freilich ist zu sagen, daß auch in diesem Fall die traditionelle italienische Lösung allein steht, da es normalerweise keine Unterscheidung mit praktischen Folgen zwischen Rücktritt vom unbeendeten und vom beendeten Versuch gibt und beide gleich geregelt sind.

In den Rechtsordnungen von vielen anderen europäischen Ländern führt der Rücktritt in beiden Fällen dagegen zur Straflosigkeit (wie z. B. in Deutschland, Spanien, Portugal, Frankreich und zuletzt im § 11 bis der zweiten Auflage des Corpus Juris für den Schutz der finanziellen Interessen der Europäischen Union), entweder als Entschuldigungsgrund oder als Strafaufhebungsgrund oder auch, wie zuletzt bei *Wolter*, als "Verantwortungsaufhebungsgrund".

Hiervon bildet allerdings die Regelung in England eine Ausnahme, da sich der Rücktritt des Täters dort nicht zu seinen Gunsten auswirkt[18].

8.

Zusammenfassend betrachtet, sind beide Rechtsordnungen gewissermaßen kohärent und konsequent.

---

se Ansicht, obwohl überwiegend, findet bei manchen Autoren Widerstand: siehe u.A. BOSCARELLI, Compendio di Diritto penale, 7. Aufl., Mailand, 1991, S. 143 f.

17 Ausser den oben zitierten Boscarelli (Fn. 16) und Antolisei-Conti (Fn. 9), vgl. auch DELITALA, Dottrine generali del reato nel Progetto Rocco (1927), jetzt in Raccolta degli scritti, Band I, Mailand, 1976, S. 309 f.; CARNELUTTI, Teoria generale del reato, Padua, 1933, S. 59; in die selbe Richtung auch die neulichere Arbeit von MONACO, Su recesso dal delitto tentato, Studi urbinati, 1978-79, S. 226 ff.

18 VINCIGUERRA, Introduzione allo studio del Diritto penale inglese. I principi, Padua, 1992, S. 262.

Das zeigt sich beispielsweise darin, daß als Schwerpunkt für die Rechtsfolgen sowohl beim Versuch als auch beim Rücktritt aus italienischer Sicht einseitig auf den Grad der Gefahr abgestellt wird, während dafür aus deutscher Sicht die Rechtstreue des Bürgers maßgeblich ist.
Die Kohärenz ist aber nicht der einzige Wert, wenn es um die *Wirksamkeit* von Rechtsbestimmungen geht.
Ich bin vielmehr der Meinung, daß die implizite, die innere Logik, nach der die gesamte Regelung von Versuch und Rücktritt von der Vorherrschaft entweder des Handlungs- oder des Erfolgsunwerts abhängig sein soll, aufgegeben werden kann.
Natürlich will ich mit meinen Überlegungen nicht unbedingt eine allgemeine alternative dogmatische Lösung begründen, sondern nur einen Vorschlag für die italienische Reformbewegung vorbringen, der eventuell als Ausgangspunkt für eine rechtsvergleichende Diskussion dienen kann.
Im Ergebnis bin ich davon überzeugt, daß die sogenannte "objektive" Auffassung des Versuchs und die ebenfalls sogenannte "subjektive" Auffassung des Rücktritts am besten die Anforderungen eines auf der Idee der Freiheit aufgebauten Strafrechts erfüllen.
Außerdem sehe ich kein durchschlagendes Argument dagegen, daß sich beide Auffassungen in derselben Rechtsordnung vereinbaren lassen.
Ich gehe davon aus, daß der Grund und die Richtlinie der gesetzlichen Lösung, die ich befürworte, die Vorstellung von einem funktionalen Einsatz des Strafrechts sein muß.
Daß beim Versuch die Tauglichkeit der Handlung eine unverzichtbare Voraussetzung der Strafbarkeit ist, scheint mir gut begründet.
Das Risiko der gegenteiligen Auffassung besteht zumindest aus italienischer Sicht darin, daß schon eine bloße nicht rechtstreue Gesinnung für die Strafbarkeit genügt, während für ein Tatstrafrecht erst die effektive Gefährdung von Rechtgütern maßgeblich ist.
Ich habe jedoch die Idee, das Strafrecht als Mittel zur Orientierung des Volksbewußtseins einzusetzen, nie als empfehlenswert gefunden.
Sicherlich ist der Vorsatz beim Versuch und bei der Vollendung der gleiche (obwohl in Italien die Vereinbarkeit von Versuch und *dolus eventualis* sehr umstritten ist[19]), aber diese Annahme spielt für die Behandlung der Versuchsstrafbarkeit

---

19 Der Gesichtspunkt der Unvereinbarkeit ist immer in der Lehre bevorzugt worden: vgl. u.A. SINISCALCO, La struttura del delitto tentato, Mailand, 1959, S. 207, DE FRANCESCO, Forme del dolo e principio di colpevolezza nel delitto tentato, Rivista italiana di Diritto e Procedura penale, 1988, S. 982, PROSDOCIMI, Dolus eventualis. Il dolo eventuale nella struttura della fattispecie penali, Mailand, 1993, S. 157, CONTENTO, Corso di Diritto penale, Bari, 1990, S. 639; es gibt aber wichtige Ausnahmen: PETROCELLI, Il delitto tentato. Studi, Padua, 1966, S. 36, MORSELLI, Il dolo eventuale nel delitto tentato, Indice penale, 1978, S. 40, ROMANO (Fn. 16), S. 552.

an sich noch keine Rolle; wäre sie dagegen entscheidend, sollte man auch anerkennen, daß die Fälle des irrealen oder abergläubischen Versuchs strafrechtlich relevant sind[20].
Die großen ökonomischen und moralischen Kosten der Anwendung des Strafrechts sind jedoch nur im Rahmen des *ultima-ratio-Prinzips* gerechtfertigt und nur dann sogar gesellschaftlich unentbehrlich, und eine Handlung, die tatsächlich keine Verletzung von geschützten Interessen verursachen kann (und dies schon aus einer *ex ante* Perspektive), überschreitet wahrscheinlich nicht diese Schwelle.

9.

Man muß aber darauf hinweisen, daß unser Strafrecht (nach Art. 49 Absatz 2 des Codice penale) dem Richter die Möglichkeit einräumt, in Fällen, in denen der Täter durch den untauglichen oder unmöglichen Versuch eine besondere Gefährlichkeit für die Allgemeinheit gezeigt hat, eine Sicherheitsmaßnahme anzuordnen (die im Art. 228 geregelte sogenannte Freiheit unter Aufsicht, die gewissermaßen der Führungsaufsicht der §§ 68 ff. des deutschen StGB entspricht).
Von dieser Norm gibt es mehrere Auslegungen durch die Lehre, aber diejenige, die die größere Überzeugungskraft besitzt, definiert sie als die Regelung für solche Fälle, in denen die Einzelakte des Täters nur *in abstracto*, aber nicht *in concreto* tauglich sind[21].
Man spricht hier von "Quasi-Delikt", um zu erklären, daß in einem solchen Fall *ausnahmsweise* eine Maßnahme auch ohne Vorliegen einer Straftat anwendbar ist. In der Regel setzen die Maßnahmen aber im Gegenteil voraus, daß eine zumindest tatbestandsmäßige und rechtswidrige Handlung verwirklicht worden ist. Auch Schuld ist hierfür eine notwendige Voraussetzung, außer im Fall der Schuldunfähigkeit (z.B. wegen seelischer Störung)[22].
Wenn es gelingt, Strafen und Maßnahmen scharf getrennt zu halten (was in meinem Land nicht immer der Fall ist), ist diese Perspektive vielleicht doch annehmbar. Die neuere Lehre steht der tatsächlichen Möglichkeit, eine solche Trennung zu garantieren, aber so skeptisch gegenüber, daß heute von vielen Autoren[23] und auch von den beiden letzten Kommissionen für die Reform des Strafgesetzbuches die Anwendung von Sicherheitsmaßnahmen nur für die Zurechnungsunfähigen

---

Die Rechtsprechung, die sich früher für die These der Vereinbarkeit äußerte, neigt heute für ihre Ablehnung.

20 Das wird auch in der deutschen Lehre von niemandem angenommen: vgl. für alle BAUMANN-WEBER-MITSCH, Strafrecht Allgemeiner Teil, 10. Aufl., Bielefeld, 1995, S. 548.

21 Vgl. FIANDACA-MUSCO (Fn. 5), S. 443 ff.

22 Zum Thema, für alle, siehe CARACCIOLI, Manuale di Diritto penale. Parte generale, Padua, 1998, S. 804 ff.

23 Vgl. z.B. MANNA, L'imputabilità e i nuovi modelli di sanzione. Dalle "finzioni giuridiche" alla "terapia sociale", Turin, 1997, S. 79 ff.

empfohlen wird, um zu vermeiden, daß die Zurechnungsfähigen praktisch mit einer doppelten Strafe belegt werden.

10.

Ich weiche dagegen grundsätzlich von der italienischen Lösung hinsichtlich der Rücktrittsregelung ab.
Der Grund ist auch hier derselbe.
Da der Täter in beiden Fällen eine kompensatorische Handlung unternommen hat, das Rechtsgut unberührt bleibt und die Strafe in diesem Fall keine general- oder spezialpräventive Funktion mehr hätte, erscheint der Einsatz des Strafrechts auf jeden Fall ungerechtfertigt, auch wenn die Tabestandsmäßigkeit der Versuchshandlung festzustellen ist[24].
Weiterhin kann die durchaus nicht unangreifbare Behauptung, daß beim Rücktritt vom beendeten Versuch die Gefährlichkeit der Handlung erheblich größer sei als beim unbeendeten, höchstens als quantitatives Element betrachtet werden, aber keineswegs als qualitativer Grund für eine schärfere Regelung dienen.
Außerdem würde eine einheitliche Betrachtung der beiden Fälle des Rücktritts die großen Probleme der Abgrenzung entschärfen[25]; diese würden zwar grundsätzlich bestehen bleiben, aber nur als klassifikatorische Fragen, nicht als Voraussetzung für Entscheidungen, die möglicherweise sogar jahrelange Strafen nach sich ziehen.
Meiner Meinung nach ist eine die Straflosigkeit des Rücktritts befürwortende Konzeption ein konsequenter Ausdruck des fragmentarischen Charakters des Strafrechts, das nur in denjenigen Fällen zur Anwendung kommen sollte, in denen der Nutzen seines Einsatzes größer ist als die Kosten.
Und das ist sicher nicht der Fall, wenn sich aus der Gesamttat der Eindruck ergibt, daß der Täter sein Verhalten nach dem Normgebot gesteuert hat.
Dann erscheint die Verhängung einer Strafe (wie es im italienischen Recht der Fall ist) unverhältnismäßig, weil sie das Risiko in sich birgt, einen sozialintegrierten Bürger durch die Strafe zu entsozialisieren.
Daß dies nicht nur eine rein theoretische Perspektive ist, ergibt sich bei der Verhängung einer Freiheitsstrafe ohne Bewährung, wenn man nur ein wenig die aktuelle Lebenssituation im Gefängnis kennt.

---

24 Ich habe mit weiteren Hinweisen vor einigen Jahren diese These begründet: vgl. FORNASARI (Fn. 14), passim.

25 Die praktische Schwere von diesen Problemen wird beispielhaft im Aufsatz von MONACO (Fn. 17) gezeigt.

11.

Zusammenfassend möchte ich noch betonen, daß ein modernes Strafrecht vor allem auf Effektivität unter Berücksichtigung des Verhältnismäßigkeitsgrundsatzes abzielen muß.
Im Rahmen der Betrachtung der gesetzlichen Regelung von Versuch und Rücktritt ist die Bedeutung dieser Forderung besonders klar.
Die strafrechtliche Ahndung ist nur dann annehmbar, wenn für das Rechtsempfinden der Normadressaten die Beeinträchtigung des Rechtsguts schon so erheblich ist, daß ein Präventionseffekt erzielt werden sollte, während jeder rein ethische, symbolische oder abschreckende Zweck abzulehnen ist.
Daher vertrete ich die Ansicht, daß ein adäquates und funktionales Modell für die kommende italienische Gesetzgebung nur die Strafbarkeit des tauglichen Versuchs und die Straflosigkeit beider Erscheinungsformen des Rücktritts vorsehen sollte.

Das „unmittelbare Ansetzen“ als Ausdruck generalpräventiver Strafbedürftigkeit

Dargestellt am Versuch des konkreten Gefährdungsdelikts in Abgrenzung zum untauglichen Versuch des abstrakten Gefährdungsdelikts

Carsten Momsen

I.

Die beiden titelgebenden Themen – der Versuch des konkreten Gefährdungsdelikts und der untaugliche Versuch des abstrakten Gefährdungsdelikts – scheinen im Hinblick auf das jeweils erforderliche objektive Versuchselement, das „unmittelbare Ansetzen“, keine Besonderheiten aufzuweisen. Denn *dass* unmittelbar angesetzt werden muss, um die Schwelle des strafbaren Versuchs zu überschreiten, steht außer Frage.

Gleichwohl sind diese beiden Formen versuchter Gefährdungsdelikte geeignet, Grenzen aufzuzeigen und die Frage nach Grenzüberschreitungen aufzuwerfen. Gemeinsam ist den Gefährdungsdelikten im Verhältnis zu den Verletzungsdelikten, dass die jeweils betroffenen Rechtsgüter in objektiver Hinsicht unbeeinträchtigt bleiben – sie werden nur gefährdet, aber gerade nicht verletzt. Damit ist aber zugleich die Symptomatik des nur versuchten im Verhältnis zum vollendeten Verletzungsdelikt beschrieben. Wenn es nun einen Versuch des Gefährdungsdelikts gibt, so ist dieser notwendigerweise noch einen Schritt weiter von der Verletzung eines Rechtsguts entfernt, als die beiden vorstehend beschriebenen Konstellationen. Im Verhältnis der Gefährdungsdelikte zueinander kennzeichnet das konkrete Gefährdungsdelikt die größte Nähe zur Verletzung eines bestimmten Rechtsguts, das abstrakte Gefährdungsdelikt die größte Verletzungsferne. In ähnlicher Weise lassen sich bei den Versuchsformen der taugliche und der untaugliche Versuch beschreiben. Damit stellt die zweite im Untertitel genannte Fallgruppe, der untaugliche Versuch des abstrakten Gefährdungsdelikts, die denkbar größte Entfernung vom „Normalfall“ eines Delikts dar, der Verletzung eines Rechtsguts.

Damit stellt sich die Frage, wie es um die objektiven Elemente dieser Versuchsformen bestellt ist und, namentlich im zweiten Fall, woran Strafwürdigkeit und –

bedürftigkeit eines solchen Verhaltens anknüpfen oder ob deren Gehalt so schwach ausgeprägt ist, dass man wenn auch nicht von Gesinnungs- so aber doch möglicherweise von symbolischem Strafrecht sprechen muss.

1.

"Konkrete Gefährdungsdelikte" sind Tatbestände, denen die Vorstellung des Gesetzgebers zugrunde liegt, dass die Vornahme generell unvertretbar gefährlicher, - "abstrakt" gefährlicher - Handlungen dann besonders strafwürdig ist, wenn tatsächlich, - "konkret " - bestimmte Rechtsgüter in Gefahr geraten. Dies wird durch die Formulierung: "dadurch (scil. die tatbestandlich beschriebene, abstrakt gefährliche Handlung) ... Leib oder Leben eines Menschen oder fremde Sachen von bedeutendem Wert gefährdet werden"[1], umschrieben. Gesetzlich festgelegt ist in einigen Fällen auch die Strafbarkeit des versuchten konkreten Gefährdungsdelikts, so zum Beispiel in § 312 Abs. 2 und § 315c Abs. 2 StGB[2].
Im folgenden Text wird der Frage nachgegangen, unter welchen Bedingungen das versuchte konkrete Gefährdungsdelikt die oben beschriebene spezifische Strafwürdigkeit aufweist, die es von dem generell straflosen Versuch eines abstrakten Gefährdungsdelikts abhebt und insoweit an die Seite des Verletzungsdelikts stellt.

2.

Die positiv-rechtliche Begriffsbestimmung des versuchten Delikts, genauer gesagt des Versuchsbeginns und damit zugleich der Abgrenzung von der bloßen Vorbereitung einer Tat, enthält § 22 StGB[3]:"Eine Straftat versucht, wer nach seiner Vorstellung von der Tat zur Verwirklichung des Tatbestandes unmittelbar ansetzt".
Diesem Wortlaut zufolge weist der Versuch ebenso wie die vollendete Tat ein objektives und ein subjektives Element auf, welche voneinander abhängig sind. Wie dieses Verhältnis zwischen objektivem und subjektivem Element grundsätzlich strukturiert ist, folgt aus der Natur des Versuchs: Ist ein Versuch eine vollständig gewollte, aber unvollständig gebliebene Tat[4], so muss das subjektive Element dominieren, da es vollständig ausgebildet ist[5]. Das objektive Element

---

1 So die Formulierung in § 315c Abs. 1 vorletzter Halbsatz. In § 312 Abs. 1 Halbsatz 2 heißt es inhaltlich entsprechend:"... und dadurch eine Gefahr ... herbeiführt". Zur Intention des Gesetzgebers vgl. bspw. *Lackner*, Das konkrete Gefährdungsdelikt im Verkehrsstrafrecht, 1967.

2 Weitere Beispiele bei Arzt/*Weber*, BT, § 35 Rn. 117 ff.

3 *Vogler* in LK § 22 Rn. 1; *Eser* in Schönke/Schröder, StGB, § 22 Rn. 1.

4 *Lackner/Kühl*, § 22 Rn. 1.

5 So die h.M, vgl. nur die Nachw. bei *Eser* in Schönke/Schröder, StGB, § 22 Rn. 2 f.; *Lackner/Kühl*, a.a.O.; a.A. *Struensee*, Armin Kaufmann-GS, S. 523. Eine Auseinandersetzung mit dieser Frage kann jedoch vorliegend unterbleiben, da der Beitrag sich mit dem objektiven Versuchselement beschäftigt.

bleibt demgegenüber unvollständig und ist auf die Rolle eines Anknüpfungspunktes der Zurechnung beschränkt ist. Um dieser - gewissermaßen "ergänzenden" - Funktion gerecht werden zu können, muss dieses objektive Element allerdings gewisse Mindestanforderungen erfüllen.

Für diese bestimmend ist zuvorderst die Prämisse, dass zwar ein menschliches Verhalten auch ohne Verletzungserfolg allein aus der Handlungsbetätigung heraus strafwürdig sein kann[6], der Handlungsunwert aber seinerseits nur dann überhaupt normativ erfasst werden kann, wenn vorstellbar ist, in welchen Erfolg die Handlung münden könnte Der Erfolgsunwert ist dabei nicht die Rechtsgutsverletzung selbst, sondern liegt in der Verletzung oder Gefährdung des Handlungsobjekts, in welchem der Achtungsanspruch des jeweils betroffenen Rechtsguts realen Ausdruck findet[7]. Um in der Unrechtsverhaltensweise "ein notwendiges äußeres Realisationsmoment zu haben, das sich vom betätigten Handlungsentschluss abhebt"[8], kommt dem Erfolgsunwert daher sowohl für die Art als auch für die Schwere des verwirkten Unrechts auch beim versuchten Delikt eine Indiz- und Vermittlungsfunktion zu[9]. Das Vorhandensein eines objektiven Elements beim versuchten Delikt ist ungeachtet seiner schwächeren Ausprägung für die Strafbegründung gleichermaßen konstitutiv und unverzichtbar wie beim vollendeten Delikt. Würde das Strafrecht auf das Vorhandensein objektiver Elemente gänzlich verzichten, so gäbe es tatsächlich das vielbeschworene und verteufelte "Gesinnungsstrafrecht". Sieht man auf der anderen Seite die legitimierende Funktion des (Straf-) Rechts in der Gewährleistung individueller Freiheitssphären, so stellt der von dem Erfolgsunwert begrifflich erfasste materiale Inhalt des objektiven Verbrechenselements in der Tat den zumindest als möglich erscheinenden Bezug zur äußeren Freiheitssphäre anderer oder der öffentlichen Sphäre, d.h. der Rechtssphäre der Allgemeinheit dar[10].

Stellt das von § 22 StGB geforderte unmittelbare Ansetzen in der beschriebenen Weise den äußerlich erfahrbaren Bezug der Handlung zu einer fremden Rechtssphäre dar, so muss sich ein Bezug zum Handlungsobjekt und dessen möglicher Gefährdung oder Verletzung in der Außenwelt manifestieren. Mit anderen Worten: Das unmittelbare Ansetzen muss sich nach außen erkennbar auf den als möglich erscheinenden Erfolg konkretisieren. Diese Verengung auf den tatbestandlichen Erfolg führt dazu, dass - ganz ähnlich wie bei der Frage der Zueignungs-

---

6 Zur abweichenden Konzeption des italienischen Strafrechts vgl. den Beitrag von *Fornasari* in diesem Band.

7 *Jescheck* in LK, Vor § 13 Rn. 11.

8 *Köhler*, AT, S. 27.

9 Insoweit völlig zutreffend *Zielinski*, Handlungs- und Erfolgsunwert, S. 209 ff.; vgl. *Roxin*, AT, § 10 Rn. 88 ff., 99; *Lenckner* in Schönke/Schröder, Vorbem. §§ 13 ff. Rn. 57 ff.; *Jescheck* in LK, Vor § 13 Rn. 11.; *Köhler*, AT, S. 27 f.

10 *Köhler*, AT, S. 28 mit Verweis auf *Kant*, Metaphysik der Sitten, Rechtslehre Einleitung § B; zum Ganzen auch *Lackner/Kühl*, § 22 Rn. 11 m.w.N.

handlung im Rahmen der Unterschlagung[11] - mehrdeutige Handlungen, die nicht erkennen lassen, auf welchen Erfolg der mit ihnen in Gang gesetzte Kausalverlauf hinsteuert, kein unmittelbares Ansetzen darstellen können.

Für den Versuch des "normalen" Erfolgsdelikts, d.h. des Verletzungserfolgsdelikts, wird daher zutreffenderweise auf der Grundlage der allein mit dem Wortlaut von § 22 zu vereinbarenden "individuell-objektiven" Theorie[12] gefordert, das Verhalten müsse (nach dem Gesamtplan des Täters) so eng mit der Tatbestandsverwirklichung beziehungsweise -ausführung verknüpft sein, dass es ohne entscheidende Zwischenschritte oder wesentliche Zwischenhandlungen den Erfolg herbeiführen könnte. Nach anderer Auffassung soll entscheidend sein, ob das betroffene Rechtsgut (aus der Sicht des Täters) unmittelbar gefährdet[13] ist. Schließlich wird vertreten, der Täter müsse sein Angriffsmittel bereits in eine "tätige Beziehung" zu dem vermeintlich in den Angriffsbereich eingetretenen Opfer gebracht haben[14].

3.

Ausgehend von der Systematik des Strafgesetzbuchs müssten sich diese, hier zunächst nur stellvertretend für weitere genannten, Kriterien gleichermaßen auf die konkreten Gefährdungsdelikte übertragen lassen. Denn die konkreten Gefährdungsdelikte stellen nach allgemeiner Ansicht eine Untergruppe der Erfolgsdelikte dar[15]. Sie stehen in diesem Ordnungsmodell neben den Verletzungserfolgsdelikten als der insoweit idealtypischen Form des Erfolgsdelikts und im Gegensatz zu den abstrakten Gefährdungsdelikten. Letztere sind reine Tätigkeitsdelikte und mit den konkreten Gefährdungsdelikten scheinbar nur infolge eines gemeinsamen Familiennamens verwandt.

Die hier aufgeworfene Frage des unmittelbaren Ansetzens ist im übrigen keineswegs in ihrer Reichweite auf die konkreten Gefährdungsdelikte beschränkt, letzten Endes steht natürlich zur Diskussion, ob eine abstrakte Definition des unmittelbaren Ansetzens vorgenommen werden kann, ohne zuvor die erforderlichen Implikationen aus dem jeweils betroffenen Tatbestand des Besonderen Teils er-

---

11 Vgl. *Kindhäuser* in NK, § 246 Rn. 26 ff. (28); *Mitsch*, Strafrecht BT 2 / 1, § 2 Rn. 36 jeweils mit weiteren Nachweisen zum Meinungsstand.

12 Dazu nur *Jescheck/Weigend*, S. 518 mit zahlreichen weiteren Nachweisen.

13 Vgl. dazu bspw. *Kühl*, AT, § 15 Rn. 81 ff.

14 *Kühl*, AT, § 15 Rn. 72 ff.; *Lackner/Kühl*, § 22 Rn. 7.

15 *Arzt/Weber*, LH 2, Rn. 61 ff.; Baumann/*Weber*/Mitsch, AT, § 8 Rn. 41 ff.; ausführlich: *Demuth*, Der normative Gefahrbegriff, S. 16 ff.; *Gallas*, Heinitz-FS, S.175 ff.; *Geppert*, NStZ 1985, 264; *Horn*, Konkrete Gefährdungsdelikte, S. 11 ff.; *Jakobs*, AT, 6 / 78 f.; *Jescheck/Weigend*, AT, S. 263 ff.; *Kindhäuser*, Gefährdung als Straftat, S. 53 ff., 60 ff., 190 ff. (differenzierend); *Lackner*, Das konkrete Gefährdungsdelikt, S. 8; *Roxin*, AT, 10 / 54; *Schmidhäuser*, AT(Lehrbuch), 8 / 43; *Schroeder*, ZStW-Beiheft Caracas (1982), S. 2 ff.; *Schünemann*, JA 1975, 793;

halten zu haben. Es geht also auch darum, ob und wie weit Allgemeiner und Besonderer Teil des Strafgesetzbuchs tatsächlich nach dem Prinzip des "Vor-die-Klammer-Ziehens" aufgebaut sind, beziehungsweise in welchem Umfang und auf welcher Systemebene die beiden Teile gleichgeordnet miteinander verschränkt sind.
Die Gruppe der konkreten Gefährdungsdelikte stellt vor diesem Hintergrund zwar nur einen kleinen Ausschnitt dar, hat jedoch als Untersuchungsgruppe den Vorteil des gemeinsamen Spezifikums der "konkreten Gefahr" und ist damit zur exemplarischen Betrachtung prädestiniert.

II.

1.

Als Ausgangspunkt, um die Frage des Versuchsbeginns bei den konkreten Gefährdungsdelikten zu beleuchten, bieten sich folgende Fallgestaltungen an:

(1a) Ein fahruntüchtig Betrunkener setzt sich in seinen auf dem Parkplatz einer Gaststätte abgestellten PKW und startet den Motor, der Wagen rollt an. Bevor der Fahrzeugführer sich entscheidet, ob er nach rechts aus der Hofeinfahrt auf eine belebte Straße oder nach links auf einen zwar öffentlichen, aber kaum befahrenen Feldweg einbiegen soll, gelingt es dem herbeigeeilten Wirt, die Fahrertür zu öffnen und den Zündschlüssel an sich zu nehmen. Liegt bereits jetzt der Versuch einer Straßenverkehrsgefährdung gem. § 315c I Nr. 1, II StGB durch den Betrunkenen vor?
(1b) Angenommen, der Fahrer hatte sich bereits entschieden, auf die von ihm als stark befahren erkannte Straße einzubiegen. Liegt jetzt ein unmittelbares Ansetzen vor?
(1c) Oder beginnt der Versuch erst dann, wenn der betrunkene Fahrer auf der Straße nur noch durch das Ausweichen eines entgegenkommenden Fahrzeugs vor einem Zusammenstoß mit diesem bewahrt wird?

Ein ganz anderer Fall:
(2a) Ein Konstrukteur entwirft unter bewusster Außerachtlassung bestimmter teurer Sicherheitsvorkehrungen gegen eine Überhitzung einen, auf einem völlig neuen Konzept basierenden, im Ergebnis konkurrenzlos günstigen Kernreaktor und legt den Entwurf einem Energieerzeugungsunternehmen vor. Das Unternehmen zeigt jedoch kein Interesse - Versuch der fehlerhaften Herstellung einer kerntechnischen Anlage gem. § 312 I, II StGB?
(2b) Angenommen, der vorstehend beschriebene Reaktor wird, nachdem einige Jahre später eine Genehmigung erteilt worden ist, auf der Grundlage des Entwurfs und unter Leitung des Ingenieurs gebaut und geht in die Montage - nunmehr Versuch des § 312 I, II StGB?

(2c) Oder wäre es richtiger, den Versuch, eine Gefahr für Leib oder Leben anderer Menschen oder fremde Sachen von bedeutendem Wert herbeizuführen, erst mit dem "Anfahren" des Reaktors zu bejahen?

Die vorstehenden Beispiele stellen die Frage nach dem Beginn des Versuchsstadiums bei den sog. "konkreten Gefährdungsdelikten". In den Fällen 2b und 2c erscheint allerdings auch schon die Frage des Verlassens des Versuchstadiums - hin zur Vollendung - am Horizont. Die Tatbestände der Verkehrsgefährdung (§ 315c I Nr. 1, II StGB) sowie der fehlerhaften Herstellung einer kerntechnischen Anlage (§ 312 I, II StGB i.d. Fassung des 6. StrRG) sind hier nur beispielhaft gewählt, spiegeln aber die Bandbreite der in dieser Deliktsgruppe auftretenden Probleme beim Versuch wieder[16].
Folgt man der ganz überwiegend vertretenen Ansicht, so soll der Versuch eines konkreten Gefährdungsdelikts vorliegen, wenn der Täter zur Handlung unmittelbar ansetzt und den Erfolgseintritt, d.h. die Herbeiführung der konkreten Gefahr, (zumindest) als Möglichkeitsvorstellung in seinen Tatentschluss aufgenommen hat[17]. Zwar liegt der Akzent der Stellungnahmen in aller Regel bei der Frage des Gefährdungsvorsatzes. Gleichwohl ist bei genauerem Hinsehen die eigentliche Schwierigkeit, den Versuchsbeginn dieser Delikte zu beschreiben, weniger im subjektiven Bereich der Erfordernisse des Tatentschlusses zu suchen, als vielmehr im objektiven Bereich, also bei der Frage des unmittelbaren Ansetzens. Denn das zumeist in den Vordergrund gestellte Problem des Gefährdungsvorsatzes ist ganz überwiegend ein prozessuales, genauer gesagt ein Problem der Beweisbarkeit[18].

2.

Beschränkt man sich aber auf die materiell-rechtliche Perspektive, so stößt man in der Hauptsache auf zwei Probleme, die beide den objektiven Versuchstatbestand betreffen:
Das erste ist gewissermaßen altbekannt und betrifft den Beginn der Ausführung zum Handlungsteil des Delikts; ob bereits das Anlassen des PKW's, das Losrollen, oder gar erst die Teilnahme am fließenden -(öffentlichen) Straßenverkehr den Versuchsbeginn markiert. Diese Frage ist nicht unbekannt, wurde lange Zeit im

---

16 Vgl. nur *Demuth*, Der normative Gefahrbegriff, 1980; *Gallas*, Heinitz-FS, S.171 ff.; *Horn*, Konkrete Gefährdungsdelikte, 1973; *Kindhäuser*, Gefährdung als Straftat, 1989; *Lackner*, Das konkrete Gefährdungsdelikt im Verkehrsstrafrecht, 1967; *Lagodny*, Strafrecht vor den Schranken der Grundrechte, 1996, *Schroeder*, ZStW-Beiheft Caracas 1982, 1 ff.; *Schröder*, ZStW 81, 7 ff.

17 OLG Düsseldorf, NZV 1992 und NJW 1955, 1043; VRS 35, 29; *Tröndle/Fischer*, § 315c Rn. 18; *Cramer/Sternberg-Lieben* in Schönke/Schröder, StGB, § 315c Rn. 46; *Lackner/Kühl*, § 315c Rn. 33; Arzt/*Weber*, BT, § 35 Rn. 119 jew. m.w.N.

18 Vgl. nur Arzt/*Weber*, BT, § 35 Rn. 119.

allgemeinen im ersteren Sinne beantwortet[19], bis es durch die Rechtsprechung des Bundesgerichtshofs zu einer begrüßenswerten Rückverlagerung der Strafbarkeitsgrenze kam[20]. Das Problem wird bei § 312 teilweise durch den Begriff des "Herstellens" der fehlerhaften Anlage entschärft, der einer unbegrenzten Vorverlagerung der Strafbarkeit eine Grenze zieht[21]. Es besteht jedoch dem Grunde nach in gleicher Weise, wenn es um die Definition des "Herstellungsbeginns" geht. Sie dürfte sich zudem um so nachdrücklicher stellen, je mehr bei zunehmender Komplexität und Automatisierung der eigentliche, der Vorstellung des Gesetzgebers zugrundeliegende, mechanische Herstellungsvorgang durch die weit früher erfolgende computergestützte Entwurfs- und Produktionsplanung determiniert wird. Denn damit einhergehend verlagert sich auch die Verantwortung für das Produkt - die Anlage - weit ins Vorfeld der eigentlichen "mechanischen" Herstellung. Jedoch ist diese Fragestellung kein Spezifikum des konkreten Gefährdungsdelikts und soll deshalb auch nicht im Mittelpunkt dieser Untersuchung stehen.

3.

Vielleicht aber gerade weil bereits an jener Stelle für ausreichenden Diskussionsstoff gesorgt ist, gerät daneben die zweite Fragestellung geradezu auf einen "Nebenkriegsschauplatz". Es geht um die Erwägung, ob die Voraussetzung des unmittelbaren Ansetzens zu einem konkreten Gefährdungsdelikt nicht weitergehend auch eines Bezugspunktes zu dem Tatbestandsmerkmal der konkreten Gefahr bedarf. Sie wird vielfach gar nicht angestellt[22], man beschäftigt sich - wie erwähnt - lediglich mit dem möglichen Bezugspunkt im Tatentschluss[23]. Die Verankerung des Merkmals der "konkreten Gefahr", als Ausdruck des Erfolgscharakters dieser Delikte im objektiven Versuchstatbestand ist jedoch von keineswegs geringerer Bedeutung als der vorgenannte Gesichtspunkt des Handlungsbeginns. Schließlich besteht ein unmittelbarer Zusammenhang zur systematischen Stellung der konkre-

---

19 *Tröndle/Fischer*, § 315c Rn. 18; *Cramer/Sternberg-Lieben* in Schönke/Schröder; StGB, § 315c Rn. 46; *Horn* in SK-StGB, § 315c Rn. 23 (Anstalten zum Wegfahren getroffen); BGHSt 7, 317; OLG Köln NJW 1964, 2026 (Platznehmen auf dem Fahrersitz).

20 BGHSt 35, 390; vgl. auch *Rengier*, BT II, § 43 Rn. 3.

21 Vgl. *Steindorf* in LK, § 311e Rn. 7 f.; *Lackner/Kühl*, § 311c Rn. 3; *Horn* in SK-StGB, § 311c Rn. 4 ff.

22 So bspw. *Lackner/Kühl*, § 315c Rn. 33; *Cramer/Sternberg-Lieben* a.a.O.; *Rüth* in LK, § 315c Rn. 69 (" ... der Beginn der Ausführungshandlung also nicht nur auf die Durchführung der Trunkenheitsfahrt beschränkt bleibt, sondern sich der Vorsatz des Täters sich darüber hinaus darauf erstreckt, auf der durchzuführenden Fahrt einen anderen oder eine fremde Sache von bedeutendem Wert in Gefahr zu bringen"); differenzierter für § 311c (a.F.) *Steindorf* in LK, § 311c Rn. 17.

23 OLG Düsseldorf VRS 35, 29; *Horn* in SK-StGB, § 315c Rn. 23; *Lackner/Kühl*, § 315c Rn. 33; *Tröndle/Fischer*, § 315c Rn. 18.

ten Gefährdungsdelikte[24] und deren Auswirkung auf die Annahme, dass der Versuch des konkreten Gefährdungsdelikts überhaupt ein strafbares Verhalten darstellen kann.
Hält man nämlich einen solchen Bezugspunkt der konkreten Gefahr zum unmittelbaren Ansetzen beim versuchten konkreten Gefährdungsdelikt für entbehrlich, mithin das Anrollen des PKW's auf geeignetem Gelände oder das Einreichen der fehlerhaften Konstruktionspläne für ausreichend, so wird es notwendig, sich Gedanken über die Konkretheit der konkreten Gefährdungsdelikte zu machen. Denn auf dieser Grundlage wäre nicht allein die Einordnung der Vorschrift des § 312 als konkretes Gefährdungsdelikt kaum noch zu begründen. Vor allem wäre die dogmatisch notwendige strukturelle Differenz zwischen § 315c und § 316 im Bereich des objektiven Tatbestandes, dessen Heimat die konkrete Gefahr unstreitig ist[25], nicht mehr zu erkennen.

4.

Bevor diesen Fragen nachgegangen wird, ist jedoch ein naheliegender Einwand zu entkräften: So könnte man gerade angesichts des eingangs gezeichneten Bildes meinen, entscheidend für den Versuch sei nun einmal der Tatentschluss und eben nicht der objektive Tatbestand. Jedoch ist vor solch vorschnellem Urteil zu warnen: Denn eine konkrete Gefahr liegt nicht schon dann vor, wenn die allgemeine Möglichkeit besteht, dass Personen oder Sachen in den Gefahrenbereich kommen werden. Dieses Stadium ist vielmehr erst dann erreicht, wenn der Täter durch seine Handlung, also beispielsweise für den Fall des § 315c StGB durch seine Fahrt in fahruntüchtigem Zustand, eine Lage schafft, in der die Schädigung *bestimmter* Menschen oder *bestimmter* Sachwerte wahrscheinlich ist[26].
Mit anderen Worten: Zur Verwirklichung des objektiven Tatbestandes muss "zunächst einmal ein *Tatobjekt* vorhanden und *in den Wirkungsbereich des Gefährdenden eingetreten sein,* und es muss zweitens die inkriminierte Handlung die naheliegende Gefahr einer Verletzung *dieses* Tatobjekts geschaffen haben"[27]. Versteht man nun die Formel des "unmittelbaren Ansetzens" als echtes objektives Element in § 22 StGB, welches einerseits eine Manifestation des deliktischen Vorhabens durch dem Täter zurechenbares Verhalten erfordert und andererseits, dass eine bestimmte kritische Situation für das geschützte Rechtsgut objektiv eingetreten ist[28], so wird die Problematik der Annahme, der Versuch des konkreten

24 *Lackner*, Das konkrete Gefährdungsdelikt, S. 8 ff.

25 Vgl. nur *Roxin*, AT, § 11 Rn. 114; *Tröndle/Fischer*, Vor § 13 Rn. 13a jeweils m. w. N.

26 *Rüth* in LK, § 315c Rn. 69.

27 *Roxin*, AT, § 11 Rn. 115 zu den "allgemein anerkannten Voraussetzungen einer konkreten Gefahr" in der Rechtsprechung; vgl. aber OLG Frankfurt NJW 1975, 840; *Wolter*, JuS 1978, 748 ff.

28 *Krack*, ZStW 110 (1998), 638 m.w.N. zur Kontroverse um die tatsächliche Vornahme des unmittelbaren Ansetzens.

Gefährdungsdelikts zeichne sich allein im subjektiven Bereich dadurch aus, dass der Täter die konkrete Gefahr in seinen Vorsatz aufgenommen haben müsse, unschwer deutlich. Vieles spricht also dafür, dass auch der objektive Versuchstatbestand eine Relation zum Tatbestandsmerkmal der konkreten Gefahr aufweisen muss[29].

III.

Wie ein solcher Bezugspunkt zur "konkreten Gefahr" als Spezifikum der Deliktsgruppe im Bereich des unmittelbaren Ansetzens aussehen muss, hängt maßgeblich von der Natur dieses Rechtsbegriffs selbst ab. Daher scheint es erforderlich zu sein, zunächst den Meinungsstand zu der Frage der "konkreten Gefahr" in der gebotenen Kürze zu analysieren:

1.

In der Natur der Sache liegt es, dass der Begriff der "konkreten Gefahr" keinen festen Zustand am Ende einer Kausalreihe beschreibt, sondern eine gewissermaßen künstlich fixierte Episode eines in fließender Entwicklung befindlichen Geschehensverlaufs[30] Insoweit offenkundig sind die Grenzen der konkreten Gefahr in diesem Bereich des Begrifflichen: Eine konkrete Gefahr ist qua Systematik der Deliktskategorien weder "nur" eine lediglich abstrakte Gefahr noch "schon" der eingetretene Verletzungserfolg[31]. Wird die begriffliche gegen eine temporale Perspektive ausgewechselt, so stellt sich die konkrete Gefahr demgemäss als das Zwischenstadium[32] dar, welches einerseits ein vollständiges Durchlaufen des Stadiums der abstrakten Gefahr bedingt und andererseits selbst vollständig durchlaufen werden muss, bevor eine Rechtsgutsverletzung eintreten kann[33].

---

29 Dem steht auch nicht die Strafbarkeit des untauglichen Versuchs entgegen. Zwar wird hier ein Verhalten unter Strafe gestellt, welches objektiv zu keiner Rechtsgutsverletzung oder -gefährdung führen kann. Der untaugliche Versuch ist aber gerade dadurch gekennzeichnet, dass das Täterverhalten den Eindruck einer Rechtsgutsgefährdung sehr wohl hervorruft und dieser Eindruck einen entsprechenden Deliktsverwirklichungswillen des Täters in der Außenwelt manifestiert. Fehlt es selbst an diesem Eindruck einer möglichen Rechtsgutsgefährdung liegt ein irrealer oder abergläubischer, zumindest aber ein grob unverständiger Versuch vor, für den gem. § 23 Abs. 3 StGB kein oder lediglich ein stark gemindertes Strafbedürfnis besteht. Vgl. auch *Lackner/Kühl*, § 22 Rn. 11 ff.

30 Vgl. *Schünemann*, JA 1975, 793; dazu näher im folgenden Text.

31 Es ist also zu unterscheiden: Die konkrete Gefahr ist selbst zwar Erfolg in dem Sinne, dass das konkrete Gefährdungsdelikt Erfolgsdelikt ist, aber nicht Verletzung(-serfolg) in dem Sinne, dass die Rechtsgutsintegrität verletzt wird; vgl. *Horn* in SK-StGB, Vor § 306 Rn. 5.

32 Vgl. bspw. *Freund*, AT, § 8 Rn. 18.

33 Vgl. auch *Schmidhäuser*, AT (Lehrbuch), 8 / 41 ff.

Geht man nun zum nächsten der klassischen Auslegungskanons, der teleologischen Interpretation, über, so ist nach der Aufgabe zu fragen, welche der Deliktskategorie zugemessen wird beziehungsweise gesetzgeberischerseits zugedacht wurde. Hier zeigt sich, dass zwar bei den abstrakten Gefährdungsdelikten die an sich naheliegende Verhütung konkreter Rechtsgutsverletzungen oder Rechtsgutsgefährdungen ein Motiv der Gesetzgebung war, aber im wesentlichen auch auf diesen Deliktstypus beschränkt geblieben ist[34]. Die insoweit angestrebte präventive Wirkung soll durch die Pönalisierung generell unvertretbar riskanter Handlungen, d.h. der Tätigkeiten selbst, erreicht werden, demgemäss setzt die Strafbarkeit weit im Vorfeld einer konkretisierbaren Rechtsgutsverletzung an. Dagegen soll im Bereich des konkreten Gefährdungsdelikts diese weit vorgeschobene Strafbarkeitsgrenze zurückgenommen werden, indem zusätzlich ein *Erfolg* der generell gefährlichen Handlung eintreten muss - die konkrete Rechtsgutsgefährdung[35]. Dieser *Gefährdungs*erfolg muss aufgrund der systematischen Stellung des Gefährdungsdelikts als Erfolgsdelikt, dem *Verletzungs*erfolg - jedenfalls normativ - gleichstehen[36]. So auch im Hinblick auf den Konkretisierungsgrad.

2.

Die notwendige Konkretisierung wird damit zum Kernproblem dieser Deliktsgruppe. Eine gewisse Entsprechung findet sich allgemein für die vorsätzlichen Delikte der Sache nach bei der Frage der Konkretisierung des Vorsatzes im Hinblick auf den vorgestellten - im Vergleich zum tatsächlich eingetretenen Verletzungserfolg[37]. Ein weiteres Konkretisierungsbedürfnis besteht natürlich im Rahmen des Versuchs selbst, wenn festzustellen ist, ob der Täter bereits einen strafwürdigen Tatentschluss gefasst hat oder aber lediglich allgemeine und damit strafrechtlich nicht erfassbare Tatgeneigtheit vorliegt. Die Besonderheit der konkreten Gefährdungsdelikte liegt in diesem Zusammenhang darin, dass bereits im objektiven Tatbestand die Feststellung des Taterfolgs eo ipso eine Konkretisierung voraussetzt, nämlich hinsichtlich derjenigen Gefährlichkeit, welche der Tathandlung zunächst nur abstrakt anhaftet. Die vorstehend beschriebenen Konkretisierungsnotwendigkeiten im subjektiven (Versuchs-) Tatbestand können dessen ungeachtet kumulativ hinzutreten.

Diese Häufung von Konkretisierungserfordernissen dokumentiert eine eigenartige *Verdoppelungstendenz*, welche dem versuchten konkreten Gefährdungsdelikt zwangsläufig anhaftet: Innerhalb der Struktur des Allgemeinen Teils ist es grundsätzlich bereits die Versuchsstrafbarkeit selbst, welche die Aufgabe hat, bloße

---

34 *Arzt/Weber*, BT, § 35 Rn. 56 ff.

35 *Schünemann*, JA 1975, 793.

36 Vgl. *Kindhäuser*, Gefährdung als Straftat, S. 189 f.

37 Vgl. nur *Cramer-Sternberg-Lieben* in Schönke/Schröder, StGB, § 15 Rn. 16; *Rudolphi* in SK-StGB, § 15 Rn. 7 ff., 20 ff.

Rechtsgutsgefährdungen zu erfassen[38], da die Handlung nicht in einen Erfolgseintritt gemündet hat, der eigentlich - auf der Grundlage der Tätervorstellung (§ 22 StGB!) - hätte eintreten müssen. Dasselbe Motiv liegt aber auch den Gefährdungsdelikten, insbesondere den konkreten Gefährdungsdelikten zugrunde[39]. Ihren Kulminationspunkt findet diese Entwicklung zwangsläufig in dem Typus des versuchten konkreten Gefährdungsdelikts, welches überspitzt gesagt die "Gefahr einer Rechtsgutsgefährdung" unter Strafe stellt. In Erkenntnis dieses exponierten systematischen Standpunkts, welchen das versuchte konkrete Gefährdungsdelikt einnimmt, wird verständlich, warum man sich nicht allein mit der für den Versuch allgemein üblichen Konkretisierung innerhalb des Tatentschlusses begnügen kann, sondern darüber hinaus eine weitere Konkretisierung innerhalb des unmittelbaren Ansetzens erfolgen muss[40]. Würde man darauf verzichten, geriete man in den strafrechtssystematischen Einzugsbereich des abstrakten Gefährdungsdelikts und würde damit zugleich die Schwelle vom Erfolgsdelikt zum reinen Tätigkeitsdelikt überschreiten.

3.

Betrachtet man die Lage nicht vom systematischen Standort der Gefährdung, sondern aus einem "versuchsinternen" Blickwinkel, so stellt sich die Frage der Grenzüberschreitung zur bloßen - straflosen - Vorbereitungshandlung. Denn diese ist letztendlich nichts anderes als eine straflose, objektiv nur abstrakt gefährliche Handlung außerhalb des Schutzbereichs eines abstrakten Gefährdungstatbestands[41].

Diese Situation vergegenwärtigend ist *Schünemann* zuzustimmen, wenn er als die besondere Schwierigkeit der konkreten Gefährdungsdelikte verzeichnet, "dass es bei der konkreten Gefährdung um eine Momentaufnahme aus einem fließenden Geschehen geht, das seinen natürlichen Abschluss eigentlich erst mit der Rechtsgutsverletzung oder mit dem Verlassen des Gefahrenbereichs durch das Rechtsgutsobjekt findet"[42]. Dies gilt erst recht für das Versuchsstadium, wenn selbst diese Momentaufnahme noch nicht sicher möglich ist, weil das versuchte Delikt gewissermaßen ganz am Anfang dieses fließenden Geschehens steht, an einem Punkt, an dem nur die Aussage getroffen werden kann: "Es besteht die Gefahr, dass sich das Geschehen bis zu dem von *Schünemann* beschriebenen Moment entwickeln wird".

---

38 Arzt/*Weber*, BT, § 35 Rn. 18 ff.

39 Siehe oben.

40 Dies gilt erwähntermassen nur für den Versuch des konkreten Gefährdungsdelikts!

41 Vgl. die Erwägungen bei Arzt/*Weber*, BT, § 35 Rn. 17 ff. sowie bei *Kratzsch*, Verhaltenssteuerung und Organisation im Strafrecht, S. 63, 430; weitere Nachweise bei *Lackner/Kühl*, § 22 Rn. 11.

42 *Schünemann*, JA 1975, 793 f., ähnlich auch *Freund*, AT, § 8 Rn. 18.

4.

Soll das Tatbestandsmerkmal der konkreten Gefahr gleichwohl seiner Aufgabe gerecht werden, die Zufälligkeit, ob ein solcher, erst am Beginn stehender, jedenfalls aber noch in der Entwicklung befindlicher Kausalverlauf sich hin zu einer Rechtsgutsverletzung oder aber zu deren Ausbleiben entwickelt, in ihrer Bedeutung als entscheidendes Kriterium der Strafwürdigkeit generell gefährlichen Verhaltens zu reduzieren, im Idealfall zu eliminieren[43], so kann, jedenfalls ontologisch betrachtet, die Gefahr nur als die Wahrscheinlichkeit eines Schadens, also des Eintretens einer Rechtsgutsverletzung, gedeutet werden[44]. Hieraus, aus der Einordnung des konkreten Gefährdungsdelikts als Erfolgsdelikt sowie aus der Verankerung der "konkreten Gefahr" innerhalb des objektiven Tatbestands ergibt sich, dass die Beurteilung dieser Wahrscheinlichkeit ex post und von einer optimierten Urteilsperspektive aus zu erfolgen hat[45]. Eine ex-ante-Beurteilung verbietet sich, sofern die Gefahr - wie hier - als Taterfolg ein- und damit dem objektiven Tatbestand zugeordnet wird. Denn auch bei der anderen Untergruppe, den Verletzungserfolgsdelikten, werden im Bereich des objektiven Tatbestands ebenso selbstverständlich die erst nachträglich zutage getretenen Naturgesetzlichkeiten und Kausalverläufe berücksichtigt[46]. Die Vorstellung, die Existenz eines tatsächlich eingetretenen Verletzungserfolgs aus einer ex-ante, vor dem Eintrittszeitpunkt liegenden Perspektive feststellen zu wollen, ist schlicht widersinnig[47]. Das Gegenargument, jedes Gefahrenurteil sei zwingend, eben weil ein prognostisches, nur aus der ex-ante-Perspektive zu fällen, verkennt sowohl den Gegenstand des Urteils als auch die Person des Urteilenden[48]. Denn es geht bei der Frage des Erfolgseintritts keineswegs darum, zu ermitteln, ob der Täter hätte eine Gefahr erkennen können, sondern allein darum, ob - in den Kategorien und Maßstäben des objektiven Tatbestands - der Nichteintritt des Verletzungserfolgs eine, mit aller Vorsicht hier so ausgedrückt, inadäquate Weiterentwicklung des vom Täter durch die generell gefährliche Handlung in Gang gesetzten Kausalverlaufs war. Diese Beurteilung trifft aber nicht der Täter bei Vornahme der Handlung, sondern ein objektiver Betrachter in Kenntnis aller für diesen Kausalverlauf relevanten tatsächlichen Umstände. Die Frage des - tatsächlichen oder möglichen - Täterwis-

---

43 *Geppert*, NStZ 1985, 266; *Schünemann*, JA 1975, 794.

44 BGHSt 18, 271(272); *Lackner*, Das konkrete Gefährdungsdelikt, S.16; *Renzikowski*, JR 1997, 118; *Schröder*, ZStW 81(1969), 8; *Schünemann*, JA 1975, 794; vgl. auch *Horn*, Konkrete Gefährdungsdelikte, S. 31 ff.; Arzt/*Weber*, BT LH 2, Rn. 56 ff.

45 *Schünemann*, JA 1975, 794; *Geppert*, NStZ 1985, 266; ausf. *Demuth*, Der normative Gefahrbegriff, S. 95 ff.

46 *Schünemann*, JA 1975, 794; *Schröder*, ZStW 81(1969), 13; *Demuth*, Der normative Gefahrbegriff, S. 95 ff.; *Gallas*, Heinitz-FS, S. 177 f; a.A. *A.H. Meyer*, Die Gefährlichkeitsdelikte, S. 187 ff, 207.

47 Vgl. zum Ganzen auch *Spendel*, Stock-FS, S.104 ff.

48 Arzt/*Weber*, BT, § 35 Rn. 76.

sens gehört demgegenüber, wie auch bei den vorsätzlichen Verletzungserfolgsdelikten in den subjektiven Tatbestand oder gegebenenfalls in die Ebene der Schuld. Das Missverständnis, welches der Gegenauffassung zugrunde liegt, beruht möglicherweise auf dem Umstand, dass vergleichbare Wahrscheinlichkeits- und Gefahrenprognosen üblicherweise im Rahmen der Fahrlässigkeitsdelikte vorgenommen werden oder innerhalb der objektiven Zurechnung[49]. In beiden Fällen betreffen sie aber weder die Frage, *ob* ein Erfolg eingetreten ist noch die, wie weitgehend sich ein in Gang gesetzter Kausalverlauf bereits zu einem bestimmten Erfolg hin konkretisiert beziehungsweise "verdichtet" hat. Es geht jeweils vielmehr allein darum, ob der Täter den Erfolg, welcher ganz selbstverständlich aus der ex-post-Perspektive als eingetreten ermittelt wurde, als Folge seiner Handlung objektiv einkalkulieren musste. Schwenkt man den Blick nun wieder auf die konkreten Gefährdungsdelikte, so ist zu erkennen, dass beide prognostischen Elemente auch bei diesen Delikten vorhanden sind und zwar in identischer Form und Bedeutung. Sie werden weder ersetzt noch verdrängt dadurch, dass es hier zusätzlich erforderlich ist, den Eintritt einer konkreten Gefahr prognostisch als wahrscheinlich festzustellen.

Sind die konkreten Gefährdungsdelikte insoweit typische oder "normale" Erfolgsdelikte, so ist aber gerade dieses zusätzliche spezifisch-prognostische Tatbestandselement Ausdruck, jedenfalls Rudiment einer Zwitterstellung zwischen Erfolgs- und Tätigkeitsdelikt. Denn das konkrete Gefährdungsdelikt ist zwar, wie erwähnt, gegenüber dem abstrakten Gefährdungsdelikt mit einer Zurücknahme der Strafbarkeitsgrenze verbunden, im Verhältnis zum Verletzungserfolgsdelikt stellt sich derselbe Sachverhalt aber immer noch als deutliche Vorverlagerung dieser Grenze dar.

5.

Die "konkrete Gefahr" hat damit eine doppelte Bedeutung: Einerseits ermöglicht es dieses Tatbestandsmerkmal, die konkreten Gefährdungsdelikte als Erfolgsdelikte zu bezeichnen; und es ist allein die "konkrete Gefahr", welche diese Zuordnung überhaupt möglich macht - andere Tatbestandmerkmale spielen insoweit, da ausschließlich auf die Tathandlung als Tätigkeit bezogen, keinerlei Rolle. Andererseits führt die Ausgestaltung des Erfolgs als "konkrete Gefahr" zu einer strukturellen Parallelität mit den abstrakten Gefährdungsdelikten als reinen Tätigkeitsdelikten, da sich hier wie dort das Erfolgsmoment auf eine bloße Möglichkeitsvorstellung von einem ontologisch fassbaren Erfolg auf der Grundlage der Tathandlung reduziert.

---

49 Weiterführend dazu jüngst *Hirsch*, Lenckner-FS, S. 119 ff., der mit überzeugender Begründung die Berechtigung und Sinnfälligkeit einer solchen Prognose für die objektive Zurechnung bei vorsätzlichen Erfolgsdelikten bezweifelt.

Soll diese Möglichkeitsvorstellung nicht nur auf einen Reflex der Tathandlung beschränkt bleiben, wie bei den abstrakten Gefährdungsdelikten, sondern einen eigenen, über den der Tätigkeit hinausgehenden Unwertgehalt aufweisen[50], so muss die Möglichkeitsvorstellung an ein von der Tathandlung unabhängiges, in der Außenwelt existentes Moment anknüpfen können. Dieses Moment ist nichts anderes als die "störende Manifestation des Verhaltensnormbruchs in der Außenwelt"[51], bezogen auf den Erfolg und damit der notwendige Anknüpfungspunkt der Strafbedürftigkeit über die reine Tätigkeit hinaus. Von einem solchen Moment kann man gewiss nur dann sprechen, wenn es gegenüber vergleichbaren Phänomenen der Außenwelt abgrenzbar ist. Voraussetzung dieser Abgrenzbarkeit ist die Verstofflichung der abstrakten Hypothese in dem Sinne, dass die Möglichkeit zur alleinigen Wahrscheinlichkeit wird, eben eine objektive Konkretisierung. Elemente der so verstandenen Konkretisierung sind die Verengung der möglichen gefährdenden Kausalreihen auf ein bestimmtes Gefahrobjekt, beziehungsweise eine Mehrheit bestimmter Gefahrobjekte[52] (und damit auf eine einzige bestimmte Kausalreihe) sowie der Aufbau einer raum-zeitlichen Beziehung zwischen dem Handelnden als Verursacher der Gefahr als Gefahrensubjekt und dem Träger des betroffenen Rechtsguts als Gefahrenobjekt. Man könnte insoweit auch von einer in der Außenwelt manifest werdenden, erfahrbaren Berührung der Rechts- oder Individualsphären sprechen[53]. Insoweit schließt sich ein Kreis, denn hier kommt der Erfolgsunwert des konkreten Gefährdungsdelikts zum Ausdruck.
Daraus erhellt, dass es für die Frage des Versuchsbeginns weniger auf die exakte Definition der konkreten Gefahr als Endpunkt der Entwicklung zum Erfolg hin ankommen kann, als vielmehr auf den äußeren Sachverhalt, gewissermaßen den Rahmen, innerhalb dessen ein Gefahrerfolg überhaupt eintreten kann.

IV.

1.

An diesem Punkt stellt sich sodann die weitere Frage, ob und wenn ja, wie sich der Versuchsbeginn bei den konkreten Gefährdungsdelikten von dem Versuchs-

---

50 "Erfolgsunwert" ist hier und folgend demgemäss im engeren, technischen Sinne als der des "tatbestandlichen Erfolgs" gemeint (vgl. bspw. *Jescheck/Weigend*, S. 238 ff.; *Lackner/Kühl*, Vor § 13 Rn. 20, jew. m.w.N., näher auch *Wolter*, Objektive und personale Zurechnung, S. 113 ff.) und nicht in dem von *Lenckner* in Schönke/Schröder, StGB, Vorbem §§ 13 ff. Rn. 57) verwendeten weiteren Sinne der Qualität und Quantität des "Nicht-Sein-Sollens" des äußeren Sachverhalts selbst.

51 *Freund*, AT, § 2 Rn. 46 ff., 52 ff., § 8 Rn. 12.

52 Als Gefahrobjekte sollen hier Träger von Rechtsgütern bezeichnet werden; entsprechend etwa der von *Jescheck* (in LK, Vor § 13 Rn. 11) verwendete Begriff des Handlungsobjekts.

53 *Köhler*, AT, S. 28.

beginn der Verletzungserfolgsdelikte unterscheidet. Denn allein aus dem Umstand, dass der Erfolg beim konkreten Gefährdungsdelikt raum-zeitlich vor demjenigen des Verletzungsdelikts eintritt, folgt nicht notwendigerweise, dass der strafrechtlich relevante Kausalverlauf gewissermaßen "phasenverschoben" auch entsprechend unterschiedlich, d.h. beim konkreten Gefährdungsdelikt früher als beim Verletzungsdelikt, beginnt.
Es könnte sich schließlich auch durchaus so verhalten, dass dieser notwendige äußere Kausalverlauf bei den konkreten Gefährdungsdelikten lediglich in der Weise verkürzt wird, dass bei gleichem Beginn das Ende - der Erfolg[54] - näher an den Beginn herangeschoben wird - also keine "Phasenverschiebung", sondern eine "Phasenverkürzung" erfolgt.

2.

Was spricht gegen die These von der Phasenverschiebung, was dafür? Gegen die Annahme, beim konkreten Gefährdungsdelikt rückten lediglich Versuchsbeginn und Erfolgseintritt näher zusammen als beim Verletzungsdelikt, scheint zuvorderst die konsensuale Ansicht zu streiten, es sei gerade das gesetzgeberisch verfolgte Ziel, die strafrechtliche "Verteidigungslinie"[55] gegenüber derjenigen, welche von Verletzungserfolgsdelikten aufgerichtet wird, vorzuverlegen[56]. Läge demgegenüber der strukturelle Unterschied von Verletzungserfolgs- und konkreten Gefährdungsdelikten lediglich in der Vorverlegung des Erfolgs (-stadiums) begründet, so hätte eine echte Vorverlagerung des Strafrechtsschutzes gerade nicht stattgefunden, sondern nur eine teilweise Aufwertung des Unrechtsgehalts des versuchten (Verletzungserfolgs-) Delikts zum vollendeten (konkreten Gefährdungs-) Delikt.
Denn folgt man der oben skizzierten Ansicht, dass das - wie auch immer zu definierende - Stadium der "*konkreten Gefahr*" per definitionem ein Durchgangsstadium auf dem Weg zu dem empirisch als erwartbar einzustufenden Eintritt des Verletzungserfolgs ist, so liegt bei Eintritt der konkreten Gefahr in objektivtatbestandlicher Hinsicht nichts anderes vor, als das *Stadium des versuchten Verletzungserfolgsdelikts*[57]. Ob sich diese beiden Stadien auch vollständig decken, ist an späterer Stelle genauer in Augenschein zu nehmen. Allerdings, soviel sei vorweggenommen, wäre dann die Existenzberechtigung des Deliktstypus´ der konkreten Gefährdungsdelikte ernsthaft in Zweifel zu ziehen[58].

---

54 Weil der Erfolg "Gefährdung" raum-zeitlich vor dem Erfolg "Verletzung" angesiedelt ist, wie oben ausgeführt wurde.

55 *Wolter*, Objektive und personale Zurechnung, S. 206.

56 Baumann/*Weber*/Mitsch, AT, § 8 Rn. 41; *Demuth*, Der normative Gefahrbegriff, S. 191 ff.; *Horn*, Konkrete Gefährdungsdelikte, S. 1ff., 213 ff.; *Lackner*, Das konkrete Gefährdungsdelikt, S.10 ff., 14.

57 Dazu kritisch *Köhler*, AT, S. 452 ff.

58 Siehe unten; vgl. auch *Köhler*, AT, S.453 ff.

Nun mag man sich darüber streiten, ob eine derartige Aufwertung des Versuchs- zum Vollendungsstadium tatsächlich eine Vorverlegung der strafrechtlichen Verteidigungslinie darstellt, sie tut es aber unzweifelhaft dann, wenn der Versuch des betreffenden Verletzungserfolgsdelikts nicht mit Strafe bedroht ist. Zudem könnte diese Zustandsbeschreibung nur dann zu einem anderen Ergebnis gelangen, wenn Gefährdung und Erfolg nicht "bloß" verschiedene Stadien derselben Entwicklungsreihe von Veränderungen in der Außenwelt wären, sondern alternative Entwicklungsmöglichkeiten beinhalten würden. Dies aber wiederum würde aus den oben dargelegten Gründen zumindest dazu nötigen, die Einordnung der konkreten Gefährdungsdelikte als Erfolgsdelikte vollständig aufzugeben. Gleiches hätte für die Differenzierung zwischen abstrakten und konkreten Gefährdungsdelikten zu gelten.
Sollen aber demgegenüber beide Prämissen richtigerweise beibehalten werden, so ist die Kongruenz zwischen dem Stadium des versuchten Verletzungserfolgsdelikts und dem des vollendeten konkreten Gefährdungsdelikts zwingend. Die Frage reduziert sich folglich zunächst auf die kriminalpolitische Intention: Soll die Strafbarkeitsgrenze noch vor das Stadium des versuchten Verletzungserfolgsdelikts vorgeschoben werden - und desweiteren, wie steht es um die dogmatische Begründbarkeit einer solchen Absicht?

3.

Der zweite Punkt soll folgend zuerst aufgegriffen werden, da insoweit eine eindeutige Antwort möglich ist, wohingegen die kriminalpolitische Hypothese eo ipso weder falsifiziert noch verifiziert werden kann, sondern den Charakter eines Glaubenssatzes trägt.
Ist es also dogmatisch begründ- und vertretbar, das strafrechtlich irrelevante Vorbereitungsstadium des Verletzungserfolgsdelikts im Rahmen der konkreten Gefährdungsdelikte zum strafbaren Versuchsstadium aufzuwerten?
Blickt man aus dieser Perspektive wiederum auf die Abgrenzungskriterien zwischen Versuch und Vorbereitungshandlung, so zeigt sich folgendes Bild: Die Frage danach, ob die Handlung der Erfüllung eines Tatbestandsmerkmals unmittelbar vorgelagert ist[59] beziehungsweise ohne weitere Ausführungshandlung in die Tatbestandsverwirklichung einmündet, wie auch das Kriterium des "jetzt-geht es los"[60] beleuchten allein den Handlungsteil des Erfolgsdelikts und vermögen deshalb - ohne Zuhilfenahme der Tätervorstellung - keine brauchbare Unterscheidungshilfe zum Vorbereitungsstadium zu liefern[61]. Sie interpretieren, gerade für den Bereich der konkreten Gefährdungsdelikte den konkreten Erfolg von der abstrakten Handlung(-sintention) her und vermögen daher nicht die konkrete Ge-

59 *Ebert*, AT, S. 110.
60 BGHSt 28, 164; 36, 250;*Wessels/Beulke*, AT, Rn. 601 ff.
61 Vgl. zu den subjektiven Versuchstheorien insbesondere *Köhler*, AT, S. 452 ff.

fährdung als Spezifikum zwischen abstrakter Gefahr und Verletzungserfolgseintritt zu erfassen. Den rein subjektiven Theorien entgeht darüberhinaus die notwendige "Objektivation des vollständigen deliktischen Willens in einer (entsprechenden) Verletzung äußerer Freiheit", sie befinden sich der pronconcierten Kritik *Köhlers* zufolge ständig in Gefahr, den Versuch in den Bereich des "Gesinnungsstrafrechts" hinein auszudehnen, letztlich also "Moralität und Recht zu verwechseln"[62]

Auf den Versuch des konkreten Gefährdungsdelikts übertragen wird die Argumentation aus der Tätervorstellung heraus ohnehin zirkulär, da sie selbst nicht ohne den zu erklärenden Begriff der "konkreten Gefahr" auskommen kann. So findet man im Rahmen der Abgrenzung von Vorbereitung und unmittelbarem Ansetzen gewissermaßen erwartungsgemäß die Aussage: "Indiz für jene enge Verknüpfung und Unmittelbarkeit ist eine *konkrete Gefährdung des Angriffs-Objekts* aus Tätersicht"[63].

Um diesem Zirkelschluss zu entgehen ist daher auch die Einbeziehung der Taterfolgskomponente in die Definition des unmittelbaren Ansetzens in der Weise notwendig, dass entsprechende Veränderungen in der Außenwelt manifest geworden sein müssen, die es ermöglichen, den relevanten Kausalverlauf als konkreten zu selektieren. Nur dieser konkrete Kausalverlauf, dessen Beginn bereits in der Außenwelt erfahrbar geworden ist, kann als Bezugsrahmen für die Tätervorstellung dienen. Der Fixierung eines solchen Anfangspunktes bedarf es im übrigen auch deshalb, weil anderenfalls der Tatentschluss nicht ohne Verstoß gegen das Simultaneitätsprinzip[64] einer strafrechtlichen Bewertung unterzogen werden kann.

4.

Dem Anspruch wird jedoch die weithin akzeptierte Formel gerecht, der zufolge ein "unmittelbares Ansetzen" dann zu bejahen ist, wenn "der Täter räumlich die Sphäre des Opfers berührt und ein zeitlicher Zusammenhang mit der tatbestandlichen Ausführungshandlung vorliegt"[65]. Diese Formel scheint die aufgeworfene Frage zwar bereits dahingehend zu beantworten, dass eine phasenverschiebende Vorverlagerung der Strafbarkeitsgrenze allein schon deshalb ausscheidet, weil für alle Erfolgsdelikte, d.h. Verletzungs- und konkrete Gefährdungsdelikte, dasselbe Minimum an Konkretisierung erforderlich ist. Wenn nämlich die betroffenen Rechtssphären sich als raum-zeitliche Entitäten - und nicht nur als virtuelle Gebilde in der Tätervorstellung - berühren müssen, so scheidet eine Vorverlegung der Strafbarkeitsgrenze ohne Bezug zum objektiven Versuchstatbestand aus. Al-

---

62 AT, S. 452 ff.

63 *Gropp*, AT, § 9 Rn. 36.

64 *Hruschka*, AT, S.1 ff.; *Freund*, AT,4/34 ff. spricht vom "Koinzidenzprinzip"

65 So auch BGHSt 26, 201; 28, 162; *Ebert*, AT, S. 110.

lein der Vorsatz hinsichtlich des Eintritts einer konkreten Gefahr kann für die Annahme eines versuchten konkreten Gefährdungsdelikts nicht ausreichen.

V.

Gleichwohl ist nicht jeder Versuch eines Verletzungserfolgsdelikts strukturell ein konkretes Gefährdungsdelikt, nicht jedes konkrete Gefährdungsdelikt strukturell ein solcher Versuch.

1.

Der erste Teil der Aussage lässt sich formal bereits damit begründen, dass es ja de lege lata den Versuch des konkreten Gefährdungsdelikts gibt, dieser also eine selbständige Bedeutung haben muss. Dass aber die Schwelle des unmittelbaren Ansetzens für das Verletzungserfolgsdelikt raum-zeitlich noch *vor* der entsprechenden Schwelle für das konkrete Gefährdungsdelikt liegen könnte, hat noch niemand behauptet und kann auch nicht ernsthaft diskutiert werden. Die Vorstellung von der Vorverlegung der Grenze des Strafrechtsschutzes durch die Schaffung konkreter Gefahrentatbestände wäre dann jedenfalls widersinnig.
Es gibt jedoch auch eine dogmatische Erklärung dieses Phänomens: Das vollendete konkrete Gefährdungsdelikt stellt in objektiv-tatbestandlicher Hinsicht lediglich einen Ausschnitt des versuchten Verletzungserfolgsdelikts dar. Nach Eintritt des Gefährdungserfolgs kommt es regelmäßig nicht sofort zur Verletzung. Vielmehr verdichtet sich die konkrete Gefahr in aller Regel zunächst weiter, beispielsweise durch das Weiterfahren des Fahruntüchtigen, dem Gefahrobjekt entgegen. Es mag sich dabei lediglich um eine "logische Sekunde" handeln, bevor die Gefahr in die Verletzung umschlägt. Gerade für den anderen Beispielsfall, die fehlerhafte Herstellung kerntechnischer Anlagen, bedarf es jedoch nur geringer Vorstellungskraft, um zu erkennen, dass es selbst nach dem Anfahren des schadhaften Reaktors möglicherweise einer längeren Einwirkung der schädlichen Strahlen auf die bereits von der Gefahr betroffenen Opfer beziehungsweise Gefahrobjekte bedarf, bevor Verletzungen, also Körperverletzung oder gar der Tod eintreten werden. Das Versuchsstadium des Verletzungserfolgsdelikts endet also nicht automatisch mit dem Eintritt einer entsprechenden konkreten Gefahr[66]. Das (vollendete) konkrete Gefährdungsdelikt kann insoweit - bildlich gesprochen - sowohl vorn als auch hinten vom versuchten Verletzungserfolgsdelikt umfasst, gewissermaßen in jenes "eingebettet" sein.

2.

Auf der anderen Seite markiert der Eintritt des konkreten Gefahrerfolgs auch nicht den Beginn des Versuchsstadiums. Dem zweiten Teil der Eingangsaussage

---

[66] Diese Feststellung lässt sich treffen, ohne zuvor eine abschließende Definition der "konkreten Gefahr" gefunden zu haben.

entsprechend, ist also ein konkretes Gefährdungsdelikt nicht automatisch zugleich ein versuchtes Verletzungserfolgsdelikt. Nach den subjektiven Versuchstheorien läge ein solcher Befund auf der Hand, da die Tätervorstellung das Vorhandensein einer konkreten Gefahr in der obigen Definition nicht zwingend umfassen muss, sofern das voluntative Element des Tatentschlusses entsprechend stärker als das kognitive ausgeprägt ist. Zwar sind diese Theorien vor dem Hintergrund des § 22 StGB nicht mehr haltbar, gleichwohl ist der Blick auf den subjektiven Tatbestand des Versuchs, den Tatentschluss, entscheidend. Der Täter muss sich mit unbedingtem Handlungswillen zur Tat entschlossen haben, den Erfolgseintritt wenigstens billigend in Kauf nehmend. Hat er hierfür das Tatobjekt und die Tathandlung hinreichend konkretisiert, so reicht es aus, wenn sein Handeln als "wirkmächtige" Betätigung dieses Entschlusses in die Außenwelt tritt, ohne dass das Tatobjekt bereits einer konkreten Gefahr ausgesetzt wäre[67].

Grundsätzlich bleibt in diesem Kontinuum damit auch Raum für den Versuch des konkreten Gefährdungsdelikts. Das Problem, welches sich stellt, ist jedoch, dass der Täter des versuchten konkreten Gefährdungsdelikts keinen gleichgearteten Tatentschluss hinsichtlich der Herbeiführung des Gefahrerfolgs haben kann.

Denn nach allen Definitionen der "konkreten Gefahr" impliziert dies zugleich den Tatentschluss bezüglich der Rechtsgutsverletzung und indiziert damit ein versuchtes Verletzungserfolgsdelikt. Ein Tatentschluss im engeren Sinn würde die Position des versuchten konkreten Gefährdungsdelikts vollständig untergraben:

Soll dieses auch im Versuchsstadium ein echtes Gefährdungsdelikt bleiben, so kann für den Tatentschluss nicht mehr zu fordern sein, als das Bewusstsein der Gefährlichkeit der Handlung. Zwar gleicht der subjektive Versuchstatbestand insoweit dem des vollendeten abstrakten Gefährdungsdelikts, es bestehen jedoch Unterschiede. Das konkrete Gefährdungsdelikt bleibt nämlich nur dann auch im Versuchsstadium konkret, wenn der Tatentschluss das Bewusstsein einschließt, dass die als abstrakt gefährlich erkannte Handlung in der konkreten Situation dazu geeignet ist, typischerweise betroffene Rechtsgüter tatsächlich zu verletzen. Da weitere Konkretisierungen der Tätervorstellung nicht möglich sind, ohne zugleich die Schwelle zum Verletzungsvorsatz zu überschreiten, weist der subjektive Tatbestand der versuchten konkreten Gefährdungsdelikte eine deutliche Affinität zur sogenannten "allgemeinen Tatgeneigtheit" auf.

3.

Auf den Fall des Autofahrers übertragen, wird man einen Versuch der Straßenverkehrsgefährdung nur dann bejahen können, wenn der Fahrer sich bewusst ist, dass auf der von ihm in Aussicht genommenen Straße andere Verkehrsteilnehmer fahren werden. Eine weitergehende - für den Versuch des Verletzungsdelikts erforderliche - Vorstellung dahin, welche oder wie viele Gefahrobjekte betroffen

67 Überzeugend: *Köhler*, AT, S. 453 ff.

sein werden (einzelner PKW oder vollbesetzter Reisebus), wo und in welcher Form ein Erfolg eintreten kann (Tötung, Körperverletzung oder Sachschaden) ist der Natur der Sache nach nicht vorauszusetzen. Denn wäre der Tatentschluss an so weitgehende Vorstellungen gebunden, so würde das versuchte konkrete Gefährdungsdelikt strukturell vollständig vom versuchten Verletzungsdelikt absorbiert. Die Folge wäre mithin, dass es hier genau so wenig eine Versuchsstrafbarkeit geben könnte, wie beim abstrakten Gefährdungsdelikt. Auch gibt es hinsichtlich des hinter der konkreten Gefahr positionierten Verletzungserfolgs seit dem 6. StrRG keine Strafbarkeitslücken mehr, da nunmehr jegliche versuchte Herbeiführung einer Gefahr für Leib, Leben oder Sachen von bedeutendem Wert strafbar ist[68].

4.

Lässt sich das Spezifikum der "konkreten Gefahr" aus den genannten Gründen nicht im subjektiven Versuchstatbestand verankern, so hat dies notwendigerweise innerhalb des objektiven Versuchstatbestands zu geschehen. Anderenfalls wäre das konkrete und erst recht das abstrakte Gefährdungsdelikt als Versuchstatbestand nicht sinnvoll denkbar. Es würde entweder - wie aufgezeigt - vom mitverwirklichten versuchten Verletzungserfolgsdelikt absorbiert oder des zur Abgrenzung vom abstrakten Gefährdungsdelikt notwendigen Bezugspunkts zum Gefahrerfolg ermangeln. Daraus wiederum folgt, dass es im objektiven Versuchstatbestand einen Raum vor dem Eintritt der konkreten Gefahr geben muss, ohne dass es zu dessen Bestimmung eines Rückgriffs auf den Tatentschluss bedürfte.
Da nach den vorstehenden Erwägungen der Tatentschluss beim versuchten konkreten Gefährdungsdelikt in bezug auf den Gefahrerfolg, genauer gesagt in bezug auf die Konkretisierung des Gefahrobjekts hinter dem des versuchten Verletzungserfolgsdelikts zurückbleiben muss, sofern auch im Versuch die Natur des Gefährdungsdelikts erhalten bleiben soll, verschiebt sich die Grenze zwischen unmittelbarem Ansetzen und strafloser Vorbereitung. Sie verschiebt sich - scheinbar wider Erwarten - nach hinten.
Denn diejenigen Konstellationen eines unmittelbaren Ansetzens allein durch die Tathandlung beziehungsweise unmittelbar davor liegende Ausführungsakte, ohne dass das Tatobjekt bereits in raum-zeitliche Nähe der Wirkmacht dieses Täterverhaltens gekommen ist, können anders als beim Verletzungserfolgsdelikt, keine strafrechtliche Relevanz entfalten. So wie man bei jener Deliktsgruppe argumentieren kann, dass die Vornahme bestimmter Handlungen ohne objektiven Erfolgsbezug dann eine strafrechtliche (Präventiv-)Reaktion erfordert oder zumindest rechtfertigt, wenn diese Handlung in - unbedingtem - Erfolgsherbeiführungswillen erfolgt und sich damit als Manifestation dieses Willens objektiv darstellt, ist das bei den konkreten Gefährdungsdelikten naturgemäß nicht möglich. Wird nämlich

---

68 § 223 Abs. 2, § 303 Abs. 2 StGB (sogar für alle Sachen).

die vorstehend beschriebene Handlung vorgenommen, ohne dass ihr ein entsprechender Entschluss, die konkrete Verletzungsfolge herbeizuführen, zugrunde liegt, so fehlt ihr der materiale Gehalt, als dessen Manifestation sie allein strafrechtlich relevant ist. Derartige Handlungen manifestieren für sich genommen eben nichts, was hinreichend konkret auf einen drohenden Verletzungserfolg hindeutet. Da sich aber andererseits, sofern das oben skizzierte Modell der homogenen Entwicklung eines Kausalverlaufs von der Gefährdung zur Verletzung aufrechterhalten werden soll, der Tatentschluss als unbedingter Handlungswille, nur auf die Herbeiführung der Verletzung, nicht aber auch ausschließlich auf die Herführung der konkreten Gefahr richten kann, bedarf es dann für das unmittelbare Ansetzen eines Mindestmaßes an objektiver Konkretisierung des Erfolgs.

5.

Dieses Mindestmaß an objektiver Konkretisierung muss sich aber auch tatsächlich auf den Erfolg als erfahrbares Ereignis beziehen und demgemäss unabhängig von der Handlung, insbesondere von deren Intention sein. Dies bedeutet nichts anderes, als dass die Erfolgsmöglichkeit selbst erfahrbar geworden sein muss, dass für den objektiven Beobachter das Gefahrobjekt bereits als solches zu identifizieren sein muss, weil es bereits in eine äußerliche, d. h. raum-zeitliche Beziehung zum Gefahrensubjekt getreten ist. Um von einem unmittelbaren Ansetzen zum konkreten Gefährdungsdelikt sprechen zu können, muss demnach das Gefahrenobjekt in den Wirkungsbereich des Täterhandelns getreten sein, es muss, um eine andere Formulierung zu verwenden, bereits zu einer Berührung der verschiedenen Rechtssphären gekommen sein[69]. Der Kausalverlauf, der zum Vollendungszeitpunkt die Stufe einer mit bestimmter Wahrscheinlichkeit in eine Verletzung umschlagenden Gefahr erreicht, muss zum Zeitpunkt des unmittelbaren Ansetzens als Subjekt-Objekt-Beziehung in der Außenwelt existieren.
Für die konkrete Rechtsanwendung bedeutet dies, dass der Versuch des konkreten Gefährdungsdelikts nur dort angenommen werden kann, wo der Täter bereits mit einer nicht nur vorgelagerten Handlung begonnen hat und sich der Kausalverlauf von der Objektseite so zugespitzt hat, dass vom Standpunkt eines objektiven Beobachters bereits sicher feststeht, welche Rechtsgüter im weiteren Verlauf einer - mindestens der Verletzungsart nach spezifizierbaren - konkreten Gefahr ausgesetzt sein werden.

6.

Es genügt im ersten Beispielsfall also nicht, wenn der Betrunkene seinen PKW auf dem Parkplatz in Bewegung setzt und objektiv lediglich erkennbar ist, dass er auf eine stark befahrene Straßen einbiegen wird. Vielmehr muss es bereits für

---

69 Vgl. *Kühl*, AT, § 15 Rn. 72 ff.; *Lackner/Kühl*, § 22 Rn. 7 zum unmittelbaren Ansetzen einerseits und *Roxin*, AT, § 11 Rn. 115 andererseits zum Begriff der "konkreten Gefahr".

einen objektiven Beobachter mit der für die konkrete Gefahr erforderlichen Wahrscheinlichkeit feststehen, welchen der auf der Straße fahrenden Autofahrer der Zusammenstoß treffen wird. Die Zeit zwischen unmittelbarem Ansetzen und Vollendung ist dann die, die verstreichen muss, bis der Punkt erreicht ist, an dem sich das Nichteintreten der Rechtsgutsverletzung sich als bloßer Zufall darstellten würde. Gleiches gilt im zweiten Beispielsfall für den Hersteller der fehlerhaften kerntechnischen Anlage. Hier kann ein unmittelbares Ansetzen erst dann bejaht werden, wenn die Herstellung so weit gediehen ist, dass objektiv feststeht, wer im Emissionsbereich lebt und wie genau sich der Fehler für die Strahlenbelastung auswirken wird, so dass genau abzuschätzen ist, welche bestimmten oder bestimmbaren Personen in konkrete Gefahr geraten werden. Hier dürfte dann ein vergleichsweise längerer Zeitraum bis zum Erfolgseintritt verstreichen, da die konkrete Gefahr kaum vor der Grundsatzentscheidung, ob und wann die Anlage tatsächlich in Betrieb gehen soll, zu bejahen sein wird.

Es verbleibt damit zugegebenermaßen nur ein recht schmaler Raum für den Versuch des konkreten Gefährdungsdelikts. Dessen Breite wird jedoch durch die besondere Deliktsform strukturell vorgegeben. Einerseits sorgt die Vorverlagerung des Erfolgseintritts gegenüber den Verletzungsdelikten für eine Verengung des Versuchsstadiums und andererseits führt die Nichteinbeziehung der konkreten Erfolgsherbeiführung in den Tatenschluss dazu, dass bestimmte vorgelagerte Handlungen noch nicht strafrechtlich relevant sind, da der fehlende objektive Bezug zum Handlungs- oder Gefahrobjekt nicht durch einen entsprechenden Tatentschluss kompensiert werden kann, sich folglich keine beabsichtigte Bedrohung fremder Rechtssphären äußerlich manifestieren kann.

Eine Ausdehnung des Versuchsstadiums könnte normlogisch nur in die letztgenannte Richtung, nach "vorn", erfolgen, da der Erfolgseintritt eo ipso das Ende des Versuchs nach "hinten" markiert. Dem aber steht die Einordnung der Deliktsgruppe als konkrete Gefährdungs- und Erfolgsdelikte entgegen. Hier grundsätzlich einen Versuch allein an die gefährliche Handlung knüpfen zu wollen, hieße die Versuchsstrafbarkeit als abstraktes Gefährdungsdelikt einzuführen.

Hinzuweisen ist allerdings darauf, dass die Begrenzung des Versuchsstadiums nach "vorn" überall dort keinerlei Auswirkungen haben kann, wo es an einem entsprechendem Verletzungserfolgsdelikt fehlt, beziehungsweise dessen Strafrahmen geringer ist oder aber das spezifische Unrecht nur unvollkommen erfasst (so sind beispielsweise die Strafrahmen der Verletzungserfolgsdelikte §§ 223 Abs. 2, 303 Abs. 2 i.V. §§ 22, 23 Abs. 2, 49 Abs.1 StGB geringer als der des § 312 Abs. 1, 2, anders aber § 315c Abs.1 Nr. 1, Abs.2). Diese Fragen sind jeweils auf der Konkurrenzebene zu klären.

7.

Für das Stadium des versuchten konkreten Gefährdungsdelikts ist daher notwendigerweise zu entscheiden, ob die Parallele entweder zwischen den Gefährdungs-

delikten, also hin zum abstrakten Gefährdungsdelikt zu ziehen ist oder das unmittelbare Ansetzen an der gegenüberliegenden Linie, den Verletzungserfolgsdelikten ausgerichtet werden soll.
Im ersten Fall wäre dann allerdings de lege ferenda zwingend von einer Versuchsstrafbarkeit abzusehen, da auch die konkrete Gefahr lediglich auf einen Reflex der abstrakt gefährlichen Handlung reduziert wäre. Auch das konkrete Gefährdungsdelikt wäre demnach de facto ein Tätigkeitsdelikt. Unrechtssteigernd würde sich gegenüber den abstrakten Gefährdungsdelikten nicht das Hinzutreten eines Erfolgsmoments auswirken, sondern allein die - immer noch abstrakt - intensivere Gefahrgeneigtheit beziehungsweise Verletzungsgefährlichkeit der Tathandlung. Das entscheidende Argument gegen diesen Lösungsweg ist freilich, dass das vollendete konkrete Gefährdungsdelikt durch das Hinzutreten einer sich in der Außenwelt manifestierenden auf ein ganz bestimmtes Gefahrenobjekt konkretisierten Gefahr der Rechtsgutsverletzung gekennzeichnet sein muss, soll ein qualitativer Unterschied zum abstrakten Gefährdungsdelikt bestehen und eine Differenzierung nach Deliktstypen möglich sein. Der erste Lösungsweg erfüllt diese Voraussetzungen jedoch nicht. Das Resultat wäre demnach eine Veränderung des Deliktstypus´ auf dem Weg vom Versuchs- zum Vollendungsstadium. Die bereits erwähnte zwingende Folge eine Straflosigkeit des versuchten konkreten Gefährdungsdelikts mangels dogmatischer Begründbarkeit.
Vorzuziehen und richtig ist daher der zweite Lösungsweg, die Anlehnung an das Verletzungserfolgsdelikt. Für beide Deliktsformen beginnt demnach das unmittelbare Ansetzen an grundsätzlich exakt derselben raum-zeitlich gedachten Schwelle. Für das Verletzungsdelikt kann dieser Zeitpunkt jedoch in den geschilderten Ausnahmefällen eines vorhandenen Willens, eine Verletzung herbeizuführen, früher liegen. Insbesondere muss nach den eingangs erwähnten - allgemeinen - Kriterien für das unmittelbare Ansetzen eine Rechtsgutsbeeinträchtigung unmittelbar, ohne weitere Zwischenschritte bevorstehen, also eine in der Außenwelt erfahrbare Konkretisierung raum-zeitlicher Art auf das Gefährdungsobjekt stattgefunden haben. Das Kriterium der "unmittelbaren Gefährdung des Rechtsguts"[70] ist hier wie dort anwendbar. Gleichermaßen bei den konkreten Gefährdungsdelikten wie bei den Verletzungsdelikten muss der Täter seine Angriffsmittel in eine "tätige Beziehung" zum Rechtskreis des Opfers gebracht haben[71].
Gleichwohl überlappen sich versuchtes Gefährdungsdelikt und versuchtes Verletzungsdelikt nicht vollständig. Nur besteht der entscheidende und in der Tat bedeutsame Unterschied eben nicht auf der Seite des objektiven sondern auf der des subjektiven Tatbestandes. Hier muss das Bewusstsein des Täters ausreichen, seine Handlung könne - gewissermaßen abstrakt - eine konkrete Gefahr zur Folge haben. Eine weitergehende Konkretisierung auf das Gefährdungsobjekt und den

---

70 *Kühl*, AT, § 15 Rn. 81 ff.
71 *Lackner/Kühl*, § 22 Rn. 7.

genauen Kausalverlauf kann selbstverständlich nicht verlangt werden, ansonsten läge bereits der Versuch des Verletzungsdelikts vor. Der mit dem Begriff der "konkreten Gefahr" bezweckte Ausschluss der Verantwortlichkeit für sich unabsehbar zufällig entwickelnde Kausalverläufe findet, jedenfalls für das versuchte Delikt, allein über den objektiven Tatbestand statt.
Dieser Lösungsweg hat überdies den Vorteil, sich mit den Strukturprinzipien des Strafgesetzbuchs, insbesondere dem Prinzip des "Vor-die-Klammer-Ziehens", problemlos zu vertragen. Denn die allgemeinen Kriterien für das unmittelbare Ansetzen gelten uneingeschränkt auch für den Versuch des konkreten Gefährdungsdelikts.

VI.

1.

Demnach liegt ein unmittelbares Ansetzen zum Versuch des konkreten Gefährdungsdelikts vor, wenn der Täter mit einer tatbestandlichen (beziehungsweise unmittelbar vorgelagerten) Handlung beginnt und *der solchermaßen in Gang gesetzte Kausalverlauf bei dem als objektiv überwiegend wahrscheinlich erkennbaren Fortgang zur der Gefährdung eines bestimmten Rechtsguts führen wird.*
Hinzukommen muss auf der vorgelagerten Ebene des Tatentschlusses selbstverständlich ein mindestens bedingter Vorsatz auch hinsichtlich der Gefährlichkeit der Handlung in der konkreten Situation[72].

Betrachtet man nun abschließend den zutage getretenen Charakter der Deliktsgruppe, so zeigt sich, dass das spezifische Element in der Vorverlagerung des tatbestandlichen Erfolgs liegt. Die Parallele zu den übrigen Erfolgsdelikten, also den Verletzungsdelikten ist wesentlich ausgeprägter, als die zu den abstrakten Gefährdungsdelikten. Sprachlich wäre es daher genauer, nicht von konkreten Gefährdungsdelikten sondern von *erfolgsantizipierenden Delikten* zu sprechen.

2.

Diese Verletzungsnähe des konkreten Gefährdungsdelikts spiegelt sich auch in der Struktur des unmittelbaren Ansetzens wieder. Denn hier wie dort wird ein bestimmtes Rechtsgut in eine unmittelbare Gefahr gebracht. Zwar kann das Täterverhalten auch dann tatbestandsmäßig sein, wenn eine Rechtsgutsverletzung aufgrund der Ausgestaltung des konkreten Kausalverlaufs nicht eintreten wird, aber der Versuch erweckt durch das unmittelbare Ansetzen den Eindruck, ein an-

---

72 Die Aussage, es bedürfe mindestens eines bedingten Vorsatzes hinsichtlich der konkreten Gefährdung (ganz h.M., vgl. bspw. *Lackner/Kühl*, § 315c Rn. 33; *Cramer/Sternberg-Lieben* in Schönke/Schröder, StGB, § 315c Rn. 46; *Tröndle/Fischer*, § 315c Rn. 18) ist demnach zumindest ungenau.

deres Rechtsgut könne verletzt werden. Dieser Eindruck entsteht dadurch, dass das nach außen in Erscheinung tretende gefährliche Verhalten in einer raumzeitlichen Nähe oder Unmittelbarkeit zu einer anderen Rechtssphäre erfolgt.

VII.

Eine weitere Gegenüberstellung ist allerdings erforderlich: Zugleich als Kontrolle der aufgestellten These ist die Sonderform des versuchten Verletzungserfolgsdelikts zu betrachten - der untaugliche Versuch.
Dieser ist dadurch gekennzeichnet, dass es aufgrund der objektiven Ungeeignetheit von Tatmittel, -objekt oder -subjekt nie zu einem Erfolgseintritt im tatbestandlichen Sinne kommen kann. Der untaugliche Versuch ist für ein konkretes Rechtsgut noch weniger gefährlich als das abstrakte Gefährdungsdelikt. Gleichwohl ist er als Begehungsform des Verletzungserfolgsdelikts unter Strafe gestellt. Die Rechtsfigur des untauglichen Versuchs eignet sich deshalb zur Überprüfung der These, dass zwischen konkreten und abstrakten Gefährdungsdelikte die entscheidende Grenze verläuft und nicht zwischen konkreten Gefährdungs- und Erfolgsdelikten. Denn bei dieser Form des versuchten Delikts ist letztendlich allein die Vorstellung des Täters der Strafgrund. Eine objektive Gefährlichkeit fehlt hingegen unter Umständen völlig. Demzufolge kann sich hier auch der in Gang gesetzte Kausalverlauf nicht zu einer Gefahr für ein bestimmtes Rechtsgut fortentwickeln.
Ist es unter diesen Bedingungen denkbar, dass es den „untauglichen Versuch des Verletzungserfolgsdelikts" oder den „untauglichen Versuch des konkreten Gefährdungsdelikts" gibt? Oder sind beide Konstellationen mangels jeglicher konkreter Gefahrenpotentialität lediglich Unterformen des abstrakten Gefährdungsdelikts[73]?

1.

Gegen die zuletzt genannte Erwägung spricht mindestens der Wortlaut des § 22[74], der allein auf die Vorstellung des Täters von seiner Tat abhebt und damit den untauglichen Versuch einschließt. Gemäß § 23 III sind nur ganz besonders extreme Formen eines objektiv untauglichen Versuchs von der Strafbarkeit ausgenommen. Die Anwendbarkeit beider Normen ist für die Delikte des Besonderen Teils in keiner Weise eingeschränkt. Überdies ist der untaugliche Versuch strukturell eine Irrtumsform, wohingegen abstrakte Gefährdungsdelikte eine zutreffende Vorstellung des Täters von seinem Tun voraussetzen. Es ist nicht etwa so, dass jedes abstrakte Gefährdungsdelikt eine Fehlvorstellung des Täters über die tatsächlich nicht vorhandene konkrete Gefährlichkeit seines Verhaltens beinhaltet.

---

73 Vgl. die Überlegungen von *Fornasari* in diesem Band.

74 Zur Ableitung der Strafbarkeit aus §§ 22, 23 vgl. *Lackner/Kühl*, § 22 Rn. 12 m.w.N.

Es müsste also auch beim abstrakten Gefährdungsdelikt Raum für einen untauglichen Versuch bestehen. Betrachtet man die Palette dieser Deliktsgruppe[75] dann gibt nur wenige Tatbestände[76], bei denen eine Versuchsstrafbarkeit möglich ist. So die §§ 84 I (Fortführung einer für verfassungswidrig erklärten Partei), 154 (Meineid), 176 (sexueller Missbrauch - der Tatbestand wird jedoch zutreffend nur insoweit als abstraktes Gefährdungsdelikt angesehen, als eine konkrete Gefahr für die physische oder psychische Gesundheit des Kindes nicht eintreten muss[77]) und § 314 (gemeingefährliche Vergiftung).
Wie würde ein untauglicher Versuch des Meineids beispielsweise aussehen können? - Wie der einer gemeingefährlichen Vergiftung? Beide Fälle sind vorstellbar. Der Versuch des Täters beispielsweise zu einem falschen Zeitpunkt oder vor einer unzuständigen Stelle einen Eid abzulegen. Der Versuch, dem Wasser eines Brunnens, welcher nicht mehr benutzt wird, gesundheitsschädliche Stoffe beizumischen käme in Betracht wie auch der Versuch, zum öffentlichen Verkauf bestimmte Gegenstände, etwa Lebensmittel, zu vergiften - wobei das vermeintliche Gift völlig ungefährlich ist.
Die Rechtsfigur des untauglichen Versuchs ist damit - als typische Regelung des Allgemeinen Teils - auch für abstrakte Gefährdungsdelikte anwendbar. Der untaugliche Versuch ist kein „Spezialfall“ der abstrakten Gefährdungsdelikte. Genau sowenig wie andersherum die abstrakten Gefährdungsdelikte spezialgesetzliche Ausprägungen der allgemeineren Rechtsfigur „untauglicher Versuch“ sind.

2.

Wie aber verhält es sich mit dem untauglichen Versuch eines Erfolgs- bzw. eines konkreten Gefährdungsdelikts - liegen hier im Ergebnis nicht lediglich abstrakte Gefährdungen vor? Ist also der untaugliche Versuch strukturell immer ein (untauglicher Versuch eines) abstraktes Gefährdungsdelikt(-s)?
Abstrakten Gefährdungsdelikten liegen Verhaltensweisen zugrunde, denen „typischerweise die Herbeiführung einer konkreten Gefahr eigen ist“, die „generell gefährlich“ sind[78]. Sofort zeigt sich der grundlegende Unterschied zwischen untauglichem Versuch und abstrakter Gefährdung: Der untaugliche Versuch kann objektiv nicht in den tatbestandsmäßigen Erfolg oder die tatbestandlich erforderliche Gefährdung münden. Das abstrakte Gefährdungsdelikt ist demgegenüber ein lediglich zeitlich vorverlagertes Stadium auf dem Weg zur Herbeiführung eines Erfolgs. Dies jedenfalls dann, wenn man mit dem Definitionsansatz der „typi-

---

75 Vgl. *Tröndle/Fischer*, Vor § 13 Rn. 13a.

76 Dieser Befund ändert sich dann, wenn man den Kreis der abstrakten Gefährdungsdelikte weiter zieht, wie dies in der neueren Literatur gelegentlich geschieht. Dazu jüngst *Stratenwerth*, S. 373 ff. in Lüderssen-FS; sowie bereits *Hassemer*, ZRP 1992, 378 ff.

77 *Tröndle/Fischer*, § 176 Rn. 1a.

78 *Jescheck/Weigend*, AT, § 26 II 2.

schen“ Eignung operiert. Ob die Handlung tauglich ist, in einen (konkreten Gefahren-) Erfolg zu münden, ist für die rechtliche Bewertung im Rahmen des Tatbestands irrelevant.
Demnach kann es durchaus eine Fallkonstellation geben, in welcher der untaugliche Versuch eines entsprechenden Erfolgsdelikts, bzw. eines konkreten Gefährdungsdelikts, den Tatbestand eines abstrakten Gefährdungsdelikts erfüllt. Vorauszusetzen ist allerdings, dass sowohl abstrakte als auch konkrete Gefährdung bzw. Verletzung desselben Rechtsguts durch unter Strafe gestellt sind - und dass ein Verhaltensablauf alle dieser Tatbestände zu verwirklichen geeignet ist.
Fährt beispielsweise ein relativ fahruntauglicher Täter mit entsprechenden Ausfallerscheinungen und hat dabei den Vorsatz eine bestimmte Person anzufahren und zu verletzen, so ist der Tatbestand eines abstrakten Gefährdungsdelikts (§ 316) verwirklicht. Befindet sich diese Person nun gar nicht in der Nähe der Fahrtroute und ist auch die Gefährdung anderer Menschen oder Sachen von bedeutendem Wert nach den Umständen nicht zu erwarten, so liegt der untaugliche Versuch eines konkreten Erfolgsdelikts (§ 315c) sowie der eines Verletzungserfolgsdelikts (§ 223) vor.
Es gibt also Überschneidungen, jedoch bei Weitem keine Deckungsgleichheit zwischen untauglichem Versuch des Erfolgsdelikts (Verletzung oder konkrete Gefährdung) und abstraktem Gefährdungsdelikt.

3.

Für das unmittelbare Ansetzen zum Versuch des konkreten Gefährdungsdelikts ist vorauszusetzen, dass der Täter mit einer tatbestandlichen (beziehungsweise unmittelbar vorgelagerten) Handlung beginnt und *der solchermaßen in Gang gesetzte Kausalverlauf bei dem als objektiv überwiegend wahrscheinlich erkennbaren Fortgang zur der Gefährdung eines bestimmten Rechtsguts führen wird.* Wie verhält sich demgegenüber das unmittelbare Ansetzen zu einem untauglichen Versuch?
In objektiver Hinsicht ist er für das anvisierte Rechtsgut (völlig) ungefährlich. Die Wahrscheinlichkeit, dass der in Gang gesetzte Kausalverlauf zur Gefährdung des Rechtsguts führen wird, geht gegen Null. Die Formel muss demzufolge ganz wesentlich verändert werden.
Der Strafgrund für den untauglichen Versuch ist wesentlich in dem, auf den Normbruch bezogenen (subjektiven) Willen[79] zu sehen. Will man gleichwohl mit der überwiegend vertretenen Ansicht eine gemischt objektiv-subjektive und mit § 22 zu vereinbarende Versuchstheorie anwenden, dann darf sich der Strafgrund aber nicht auf den subjektiven Aspekt beschränken. Dementsprechend wird nach der sogenannten „Eindruckstheorie“, die hier nur stellvertretend erörtert wird, auf den auch durch einen untauglichen Versuch hervorgerufenen Eindruck einer

[79] *Jescheck/Weigend*, AT, 50 I 4; *Lackner/Kühl*, § 22, Rn. 11 f.

rechtsfeindlichen Gesinnung bzw. den erkennbaren Willen, diese umzusetzen, auch ein objektives Moment gefordert. Je mehr das objektive Versuchselement betont wird, um so eher neigt man dazu, den untauglichen Versuch entsprechend zum Wahndelikt für nicht strafwürdig zu halten[80].

4.

Muss man aber nicht mit dem hier vertretenen Ansatz auch zu einer Straflosigkeit des untauglichen Versuchs gelangen? Eine rein subjektive Begründung der Strafbarkeit scheidet neben ihrer mangelnden Vereinbarkeit mit dem Gesetzeswortlaut auch dann aus, wenn - wie hier - eine mangelnde Konkretisierung im subjektiven Bereich durch erhöhte Gefährlichkeit im objektiven Bereich und umgekehrt konkretisiert werden muss, um insgesamt ein Verhalten von strafwürdigem Niveau darzustellen. Eine Gefährlichkeit im objektiven Bereich fehlt dem untauglichen Versuch, wie schon mehrfach betont, nahezu völlig[81]. Um ein solches Element zu konstruieren, muss man neben dem Irrtum des Täters selbst auch einen Irrtum der Rechtsgemeinschaft über die tatsächlich nicht vorhandene Gefährlichkeit der Verhaltensweise unterstellen. Nichts anderes meint die sog. „Eindruckstheorie“, wenn von dem erschütterten Vertrauen der Allgemeinheit in die Geltung der Rechtsnormen die Rede ist[82].
Man muss demzufolge am Verständnis des „objektiven“ Elements ansetzen: Für den untauglichen Versuch kann „objektiv“ nur so verstanden werden, wie die sog. „Putativgefahr“ im öffentlichen Recht. Als eine Sachlage, bei der für den Durchschnittsmenschen die (irrtümliche) Annahme zumindest nahe liegt, dass die Verhaltensweise eine Gefahr für das betroffene Rechtsgut herbeizuführen geeignet ist.

5.

Betrachtet man noch einmal den extremen Fall des untauglichen Versuchs eines abstrakten Gefährdungsdelikts, dann scheinen selbst die hier entwickelten Kriterien zu versagen, da die Subsumtion unter den Begriff der scheinbar naheliegenden Gefahr nur unter Vorwegnahme des Ergebnisses zum Ziel führen kann. Jedoch darf man das „Naheliegen“ nicht in einem rein naturalistischen Sinne verstehen. Denn auch für den Normalfall des (vollendeten) abstrakten Gefährdungsdelikts lässt sich eine Gefährdung nur insoweit feststellen, als dass das inkriminierte Verhalten deshalb gefährlich zu werden geeignet ist, weil es in unmittelbarer Nähe fremder Rechtssphären vorgenommen wird. Meineid und gemeingefährliche Vergiftung können nur deshalb gefährlich werden, weil das Verhalten in

---

80 Dazu *Köhler*, AT, S. 456 ff.

81 Eine zufällige objektive Gefährlichkeit mag auch dem untauglichen Versuch in Einzelfällen eigen sein, der theoretischen Konstruktion nach fehlt sie jedoch.

82 *Lackner/Kühl*, § 22, Rn. 11.

unmittelbarer Nähe fremder Individualrechtsphären sowie in Mitten der öffentlichen Rechtssphäre erfolgt. Der Meineid wird in der öffentlichen Hauptverhandlung geleistet, aus dem vergifteten Brunnen können andere Personen jederzeit Wasser entnehmen, die vergifteten Waren können jederzeit zum unmittelbaren Verzehr verkauft werden. In Anwendung der Kriterien unmittelbaren Ansetzens muss daher auch beim Versuch des abstrakten Gefährdungsdelikts eine raumzeitliche Unmittelbarkeitsbeziehung – allerdings in der beschriebenen und hier allein möglichen normativen Form - zu anderen Rechtssphären bestehen. Auf den untauglichen Versuch übertragen bedeutet dies, dass er allein dann strafwürdig sein kann, wenn der Versuch in einer solchen Unmittelbarkeitsbeziehung zu fremden Rechtssphären erfolgt oder zumindest diesen „Eindruck“ erweckt. Liegt der Brunnen auf dem für Dritte unzugänglichen Privatgelände des Täters oder werden die Waren in einem auf Dauer verschlossenen Verkaufsgeschäft des Täters selbst vergiftet, so fehlt der Bezug zu täterfremden Rechtssphären. Da das Verhalten objektiv und schon nach seinem äußeren Eindruck ausschließlich in der Tätersphäre verbleibt, ist keine, auch nur abstrakte Gefährdung und auch nicht der Eindruck einer solchen denkbar. Der strukturell untaugliche Versuch ruft nicht einmal den – unzutreffenden – Eindruck einer abstrakten Gefährdung hervor, *deshalb* ist er nicht strafbedürftig. Obwohl er im Vergleich zu dem „nur“ mit einem völlig untauglichen Tatmittel begangenem Versuch keine objektiv verringerte Gefahr für fremde Rechtssphären beinhaltet, denn auch der normale“ untaugliche Versuch ist objektiv völlig ungefährlich[83].

6.

Damit wird das objektive Versuchselement zu einem generalpräventiven Element. Diese Funktion macht den eigentlichen Charakter dieses Elements aus. Ob die generalpräventive Funktion aufgrund objektiv „wirkmächtiger“ Tatsachen aktiviert wird oder aufgrund eines allgemeinen, gleichwohl subjektiven Eindrucks, ist letztendlich von nachrangiger Bedeutung.

VIII.

Als Fazit ist festzuhalten, dass das „unmittelbare Ansetzen“ unzutreffend als „objektiver Versuchstatbestand“ verallgemeinert wird. Das „unmittelbare Ansetzen“ ist zwar eine notwendige Ergänzung zum Tatentschluss des Täters als im engeren Sinne „subjektivem Element“, da anderenfalls allein die unrechte Gesinnung des Täters der Grund für die Strafbarkeit des Versuchs wäre. Jedoch bleibt von dem vermeintlich objektiven Versuchselement letztendlich nur übrig, dass der Versuch den objektiven Eindruck erwecken muss, in einer unmittelbaren Nähebeziehung zu fremden Rechtssphären zu stehen.

---

[83] So im Ergebnis auch *Fornasari* in diesem Band.

Das „unmittelbare Ansetzen“ ist daher in erster Linie ein Ausdruck der generalpräventiv begründeten Strafbedürftigkeit des reinen Handlungsunrechts. Im Bereich der Gefährdungsdelikte entsteht diese generalpräventive Strafbedürftigkeit erst dann, wenn das Verhalten für jedermann erkennbar die Gefahr einer Rechtsgutsverletzung in sich trägt. Entweder, weil ein bestimmbares und bestimmtes Schutzgut in den durch das nicht notwendig typisch gefährliche Verhalten im konkreten Fall geschaffenen Gefahrenbereich gerät (konkrete Gefährdungsdelikte) oder weil das Verhalten nach bereits allgemeinen Erfahrungsregeln höchstwahrscheinlich in eine solche Situation münden wird (abstrakte Gefährdungsdelikte). Im Fall des untauglichen Versuchs entsteht zwar keine reale Gefahr, jedoch entsteht der allgemeine Eindruck, das Verhalten sei konkret zumindest geeignet, eine der dargelegten Gefährdungen oder sogar eine Rechtsgutsverletzung unmittelbar herbeizuführen. Wenn und soweit dieser Eindruck nicht nur bei dem Täter sondern für den Fall der Kenntnisnahme des Täterverhaltens auch bei der Allgemeinheit entsteht, liegen aus generalpräventiver Sicht Strafbedürftigkeit und -würdigkeit vor.
Entsteht nicht einmal der – möglicherweise objektiv sogar unzutreffende - Eindruck, eine fremde Sphäre könne unmittelbar beeinträchtigt werden, dann hat das Strafrecht, das auch in einem übergreifenden Sinn als nur eines von vielen *Fragmenten* der Gesamtheit der Regelungsmechanismen zur Aufrechterhaltung der gesellschaftlichen Ordnung verstanden werden kann[84], sich auf den ihm zukommenden Bereich zu beschränken.[85] Ungeachtet des Umstands, dass sehr wohl „objektiv“ etwas geschieht, erreicht ein solches Verhalten nicht die Schwelle strafrechtlicher Regelungsbedürtigkeit.

---

84 Von einer anderen, tatbestandsbezogenen Facette des „fragmentarischen Charakters des Strafrechts“ ausgehend, zieht auch *Maiwald* (in FS für *Maurach*, S.23) das Fazit: „Aber das oberste Ziel besteht darin, solche im Einzelfall verdienten Eingriffe möglichst gering zu halten, sie nur in einem solchen Umfang einzusetzen, wie es die Aufrechterhaltung der sozialen Ordnung verlangt“.

85 Daher kann der Feststellung *Fornasaris* (in diesem Band) auch in diesem Zusammenhang nur zugestimmt werden, dass dieses Ergebnis ein „konsequenter Ausdruck des fragmentarischen Charakters des Strafrechts (ist), das nur in denjenigen Fällen zur Anwendung kommen sollte, in denen der Nutzen seines Einsatzes größer ist als die Kosten“.

Rechtfertigung und Entschuldigung – Verbrechensaufbau im japanischen Strafrecht

Akihiro Onagi

I. Vorbemerkungen

1. Allgemeines

Das im Jahre 1907 entstandene japanische Strafgesetzbuch geht hauptsächlich auf das deutsche Strafrecht zurück. Das bedeutet, dass man die gemeinsamen Konturen des kontinental-europäischen Strafrechts auch im japanischen Strafrecht finden kann. Dass eine Straftat vorliegt, wenn Tatbestandsmäßigkeit, Rechtswidrigkeit und Schuld gegeben sind, ist zumindest in der Wissenschaft anerkannt. Hier in diesem kleinen Beitrag möchte der Autor versuchen, den Verbrechensaufbau im japanischen Strafrecht in bezug auf die Rechtfertigung und die Entschuldigung zu vermitteln.

2. Geschichtliche Entwicklung des jap. Strafgesetzbuches[1]

Nach seiner Entwicklungsgeschichte ist das japanische Rechtssystem ein gemischtes System. Die moderne Rechtsgeschichte in Japan stellt gleichzeitig eine Geschichte der Modernisierung dar, die erst vor ca. 130 Jahren begann. Es handelte sich um einen großen Wendepunkt in der japanischen Geschichte, der nicht nur die Zukunft des japanischen Rechts maßgeblich geprägt hat. Seit der Wieder-

---

1 Zur japanischen Rechtsgeschichte siehe *v. Otto*, Geschichte des japanischen Strafrechts; *Tjong*, ZStW 84 (1972), S. 1088 ff. ; *Dando*, GA 1959, 357; *Miyazawa*, ZStW 88 (1976), S. 813, 815 ff.; *Nishihara*, Die Rezeption des deutschen Strafrechts durch Japan in historischer Sicht, in: Hans Joachim Hirsch und Thomas Weigend (Hrsg.), Strafrecht und Kriminalpolitik in Japan und Deutschland, 1989, S. 13 ff.; *Onagi*, Die Notstandsregelung im japanischen und deutschen Strafrecht im Vergleich, 1993, S. 24 ff.; *Lenz*, Strafrechtsentwicklung in Japan und der Volksrepublik China, 1995, S. 12 ff., 55 ff. Zum alten jap. StGB siehe auch *Berner*, GS, 1881, 381, 383; *Mayer*, GA 1882, 30 ff.; *Loenholm*, Japan, in: v. Liszt u.a., Die Strafgesetzgebung der Gegenwart, II. Band, 1899, S. 355.

öffnung nach außen im Jahre 1854 hat sich Japan von Europa und Amerika in vielen Bereichen - sowohl in technischer als auch kultureller Hinsicht - beeinflussen lassen, um sich vom Entwicklungsland zur Industrienation zu entwickeln. Vor diesem Hintergrund kam es zu einer Rezeption des europäischen Rechtssystems und der europäischen Rechtswissenschaft.

Im Bereich des Strafrechts hat Japan zunächst das französische Rechtssystem, also hauptsächlich den Code pénal Napoléon (1810), unter der Initiative von Gustave Emile Boissonade aus Frankreich übernommen. Unter diesem Einfluss entstand im Jahr 1880 das alte japanische Strafgesetzbuch. Damit wandte sich das japanische Strafrechtssystem, das seit dem Jahr 701 ständig unter chinesischem Einfluss gestanden hatte, dem europäischen Rechtskreis zu. Im Jahre 1889 trat die alte japanische Verfassung in Kraft, deren Vorbild die damalige preußische Verfassung war. Aus diesem Anlass musste das schon in Kraft getretene Strafgesetzbuch abgeändert werden. Dafür gab es zahlreiche Gründe. Zum einen machte die über den Gesetzen stehende Verfassung eine Anpassung des französisch geprägten Strafrechts erforderlich, zum anderen rührte die Veränderung von dem Umstand her, dass die damals häufig vertretene positivistische Methodenlehre die Rechtswissenschaft stark beeinflusste. Seit ca. 1878 richteten sich die Politik und allmählich auch die Rechtswissenschaft ständig an Deutschland aus, obwohl das alte Strafgesetzbuch, das von Frankreich beeinflusst worden ist, 1880 entstand. Deshalb gab es bereits kurz nach der Einführung dieses Gesetzes Reformvorschlage im Bereich des Strafrechts. Im Jahr 1907 ist das neue, hauptsächlich vom deutschen StGB von 1871 beeinflusste japanische Strafgesetzbuch veröffentlicht worden und im darauffolgenden Jahr, also im Jahre 1908, in Kraft getreten[2]. Es gilt, abgesehen von einigen fragmentarischen und formellen Änderungen, bis heute.

3. Systematik des Verbrechensaufbaus

Als der japanische Gesetzgeber das Strafrecht ursprünglich kodifiziert hatte, wurde die Auffassung des dreistufigen Verbrechensaufbaus von *Franz von Liszt* noch nicht vertreten. Das Strafrecht kennt keine Unterscheidung zwischen schon gerechtfertigter Tat und nur schuldhafter Tat und verwendet deshalb lediglich die Terminologie „Nichtzustandekommen eines Verbrechens, Milderung und Erlaß der Strafe“. In einzelnen Tatbeständen wird die Formulierung „nicht strafbar“ verwendet. Also ist die Notwehrhandlung „nicht strafbar“, die Notstandshandlung

---

2 Zur historischen Entwicklung des Einflusses der deutschen Strafrechtswissenschaft in Japan siehe *Nishihara*, aaO (Fn. 1) S. 13; *Fukuda*, Die Beziehungen zwischen der deutschen und japanischen Strafrechtswissenschaft, in: Hans Joachim Hirsch und Thomas Weigend (Hrsg.), Strafrecht und Kriminalpolitik in Japan und Deutschland, 1989, S. 58.

„nicht strafbar“ und die Handlung eines Schuldunfähigen auch „nicht strafbar“. Dies ist ähnlich wie in § 33 dt. StGB. Auch im Entwurf für ein neues jap. StGB von 1974 wird die Systematik des dreistufigen Verbrechensaufbaus nicht angenommen. Dies gilt auch für die Rechtsprechung. Die Rechtsprechung legt sich nicht fest, ob der Täter durch Notwehr gerechtfertigt oder seine Schuld wegen der Schuldunfähigkeit ausgeschlossen ist. Dagegen ist der dreistufige Verbrechensaufbau von *Franz von Liszt* in der Wissenschaft sehr verbreitet. In der Wissenschaft bezweifelt fast niemand dieses System. Der Vorteil dieses Systems besteht darin, dass es systematisches juristisches Denken ermöglicht.

II. Problematik im Bereich des Unrechts[3]

1. Notwehr

Als typischer Rechtfertigungsgrund wird die Notwehr in § 36 jap. StGB geregelt. Er lautet:

> „Eine Handlung, die unvermeidlich ist, um das eigene oder ein fremdes Recht gegen eine unmittelbar drohende unberechtigte Schädigung zu schützen, ist nicht strafbar. Bei Begehung einer das Maß der Abwehr überschreitenden Handlung kann nach den Umständen des Falles Strafmilderung oder Straffreiheit eintreten.“[4]

Anders als im westlichen Staaten wurde diese Vorschrift in der Rechtsprechung traditionell nicht häufig angewandt. Dies bedeutet nicht unbedingt, dass die Rechtsfigur der Notwehr in der Praxis schwerlich angenommen werden könnte. Vielmehr liegt der Grund darin, dass das Opportunitätsprinzip die Staatsanwalt dazu zwingt, dass nur die bedeutenden Straftaten durch die Staatsanwaltschaft angeklagt werden[5]. Mit anderen Worten kann der Fall, in dem man die Rechtfertigung durch Notwehr einfach erkennen kann, in der Regel nicht angeklagt werden und in der Rechtsprechung nicht auftauchen. Es wird den problematischen

---

3 Im ganzen Bereich der Unrechtslehre ist *Ida*, Die heutige japanische Diskussion über das Straftatsystem, 1991, sehr lehrreich. Siehe auch die mehreren Literaturangaben bei *Lenz*, aaO (Fn. 1), S. 118.

4 Nach der Übersetzung in *Saito/Nishihara*, Das abgeänderte Japanische Strafgesetzbuch vom 10. August, 1953, Sammlung außerdeutscher Strafgesetzbücher in deutscher Übersetzung Nr. 65, 1954, S. 8.

5 § 248 jap. StPO lautet: „Wird die Erhebung einer Anklage nach Berücksichtigung des Charakters, des Alters und der Verhältnisse des Täters, der Schwere und der Umstände der Straftat und der Verhältnisse nach der Straftat unnötig, so kann von der Erhebung der Anklage abgesehen werden.“ (Nach der Übersetzung in *Nakamura*, Die japanische Strafprozessordnung vom 10. Juli, 1948, Sammlung außerdeutscher Strafgesetzbücher in deutscher Übersetzung Nr. 91, 1970, S. 63)

Fall vor Gericht kaum geben, weil die hochqualifizierte Staatsanwaltschaft ihn schon sehr intensiv geprüft hatte. Wenn sie etwa Bedenken in bezug auf die Strafbarkeit hätte oder nur eine geringe Wahrscheinlichkeit der Nachweisbarkeit gesehen hätte, hätte sie den Täter nicht angeklagt. Also zusammengefasst ist zu erwähnen, dass die Rechtfertigung durch die Notwehr in der Realität häufiger vorkommen wird als in der forensischen Praxis, und die Fälle in der Rechtsprechung fast nur solche Fälle sind, in denen die Rechtfertigung durch Notwehr deutlich verneint ist. Dies gilt nicht nur für die Notwehr, sondern auch für die anderen Rechtfertigungs- und Entschuldigungsgründe.

Es ist in Japan umstritten, ob man den Gesichtspunkt der Angemessenheit der Notwehrhandlung berücksichtigen darf. Die h. M. meint, dass die Angemessenheit relevant für die Rechtfertigung durch Notwehr ist. Demnach ist die Tat nicht mehr zu rechtfertigen, wenn die betroffene Handlung nicht angemessen ist. Dies ist der Fall, wenn der Täter deutlich großen Schaden verwirklicht. Dies ist keine Notwehr mehr, sondern nur eine Notwehrüberschreitung. Die Rechtsprechung folgt diesem Standpunkt[6]. Auch die Art. 32 schw. StGB und Art.122-5 franz. StGB regeln eine solche Proportionalität bei der Notwehr. Dagegen gehört das deutsche StGB zu den Ländern, deren Strafrecht keine Proportionalität regelt.

In bezug auf die Notwehr ist sehr umstritten in Japan, ob man den Verteidigungswillen als ein subjektives Rechtfertigungselement verlangen darf. Nach dem Wortlaut „um das eigene oder ein fremdes Recht ... zu schützen“ sollte der Verteidigungswille verlangt werden[7]. Diese Frage wird bedeutsam bei der sog. Zufallnotwehr. A hat mit Tötungsvorsatz auf den B geschossen; aber danach stellt sich heraus, dass B beinahe die Bombe gezündet und den A getötet hätte. Wenn A noch einige Sekunden mit seiner Tat gezögert hätte, wäre er selbst durch die Explosion getötet worden. Hier fehlt die subjektive Seite der Notwehrhandlung. Die h. M. in Japan bejaht die Bestrafung des Täters A wegen vorsätzlicher Tötung. Er handelte nach dieser Meinung ohne Verteidigungswillen und damit nicht in Notwehr. Eine Mindermeinung vertritt, dass das Vorliegen der objektiven Voraussetzungen für die Annahme der Notwehr genügt. Sie möchte das subjektive Moment aus dem Bereich des Strafrechts möglichst ausschließen. Die Betonung

6 Entscheidung des jap. Obersten Gerichtshofs vom 4. Dez. 1969, Keishu Bd. 23, Nr. 12, 1573, Entscheidung des jap. Obersten Gerichtshofs vom 16, Juni 1997, Keishu Bd. 51, Nr. 5, 435.

7 Die Rspr. verlangt den Verteidigungswillen für die Notwehr. Dabei ist der Verteidigungswille auch dann nicht auszuschließen, solange der positiv aggressive Wille nicht vorhanden ist. Mit anderen Worten schließt die Rspr. den Verteidigungswillen dann aus, wenn der Täter aggressiv angreift, um das Opfer zu schädigen. Entscheidung des jap. Obersten Gerichtshofs vom 16. Nov. 1969, Keishu Bd. 25, Nr. 8, 996, Entscheidung des jap. Obersten Gerichtshofs vom 21. Juli 1977, Keishu Bd. 31, Nr. 4, 747.

der subjektiven Seite des Täters würde nach dieser Meinung zur subjektiven Strafrechtslehre führen und somit mit dem Rechtsstaatsprinzip in Widerspruch stehen. Diese Auseinandersetzung zwischen der personalen Unrechtslehre und dem Objektivismus[8] spielt eine sehr große Rolle in der gesamten Strafrechtsdogmatik in Japan.

2. *Notstand*[9]

Den Notstand regelt § 37 jap. StGB.

> „Eine Handlung, die unvermeidlich ist, um eine gegenwärtige Gefahr für Leben, Leib, persönliche Freiheit oder Vermögen von sich oder einem anderen abzuwenden, ist nur dann nicht strafbar, wenn der aus der Handlung entstehende Schaden das Maß des abzuwendenden Schadens nicht überschreitet; bei Begehung einer das Maß überschreitenden Handlung kann jedoch nach den Umständen des Falles Strafmilderung oder Straffreiheit eintreten.
> Die Bestimmung des obigen Absatzes findet keine Anwendung auf denjenigen, dem eine besondere Berufspflicht obliegt."[10]

Hier geht es um eine einheitliche Regelung, wohingegen neuerdings viele Staaten den Notstand differenzierend im Sinne der Rechtfertigung und im Sinne der Entschuldigung regeln. Nach der h. M. ist der Notstand ein Rechtfertigungsgrund, weil er erstens die Abwägung beinhaltet und zweitens keine Beschränkung auf zu schützende Rechtsgüter regelt und drittens keine Beschränkung auf bestimmte zu rettende Personen regelt. Wenn es sich bei dieser Vorschrift um eine bloße Entschuldigungsregelung handelte, hätte der Gesetzgeber keine Güterabwägung geregelt, die zu schützenden Rechtsgüter auf die gewichtige beschränkt und diese Rechtsfigur nur zugunsten des Handelnden oder einer Sympathieperson anerkannt. Doch hat der Gesetzgeber dies nicht getan, so dass man im Notstand einen Rechtfertigungsgrund sieht.

Die neuerdings stark vertretene Meinung ist dagegen die Differenzierungstheorie, die in Deutschland der gesetzlichen Regelung gemäß vorherrschend ist. Demnach ist der Notstand teils Rechtfertigungsgrund, teils Entschuldigungsgrund. Rechtfertigend wirkt der Notstand, wenn das geschützte das zu opfernde Interesse überwiegt. Demgegenüber ist entschuldigender Notstand anzunehmen, wenn der Täter

---

8 Sie nennt sich die Lehre vom Erfolgsunwert. Siehe dazu *Ida*, aaO (Fn. 3), S. 66 ff.

9 Zur Gesamtproblematik der Notstandsregelung in Japan siehe *Onagi*, aaO (Fn. 1).

10 Nach der Übersetzung in *Saito/Nishihara*, Das abgeänderte Japanische Strafgesetzbuch vom 10. August, 1953, Sammlung außerdeutscher Strafgesetzbücher in deutscher Übersetzung Nr. 65, 1954, S. 8.

ein Interesse opfert, um ein anderes gleichwertiges Interesse zu retten. Hierbei geht es um die Unzumutbarkeit. Anders als in Deutschland stellt die jap. Notstandsvorschrift § 37 eine einheitliche Regelung dar und umfasst auch den Fall, in dem zwei gleichwertige Interessen kollidieren. Die Problematik liegt also darin, ob man auch bei der Kollision von zwei gleichwertigen Interessen die Notstandshandlung rechtfertigen kann. Wenn man auch für diesen Fall die Rechtfertigung annimmt, steht dem vom Notstandshandelnden Angegriffenen keine Notwehr zur Verfügung. Demnach sollte sogar der Flugzeugabschuß gerechtfertigt sein, um die riesige Katastrophe zu vermeiden, wenn ein von Terroristen entführtes und von ihnen kontrolliertes vollbesetztes Flugzeug Tokio gefährdet. Sachgemäß ist vielmehr die Differenzierungstheorie, die bei dem oben genannten Fall nur die Entschuldigung annimmt. Demnach kann der Angegriffene Notwehr üben. Diese Ansicht wird - wie schon gesagt – in Japan neuerdings häufig vertreten.

Anders als das dt. Strafrecht regelt das jap. Strafrecht keine Vorschrift über die selbstverursachte Notstandslage. Dies ist zwar für die Gerichtspraxis sehr relevant, aber in der Wissenschaft bis heute noch nicht genügend diskutiert. Die h.M. der Einheitstheorie nimmt die Rechtfertigung an, wenn die Notstandshandlung sozial angemessen ist.

3. Allgemeines rechtmäßiges Handeln

Das jap. Strafrecht beinhaltet eine Vorschrift eigener Art in bezug auf die Rechtfertigung. Es ist § 35 jap. StGB:

> „Eine Handlung, die auf Grund eines Gesetzes oder einer Verordnung oder in Ausübung eines berechtigten Berufsgeschäfts vorgenommen wird, ist nicht strafbar."

Art. 32 schweiz. StGB und Art. 49 türk. StGB[11] regeln eine ähnliche Bestimmung. In der Schweiz ist diese Vorschrift kritisiert worden und hat nur eine rein deklaratorische Bedeutung[12]. Ob eine solche Vorschrift sinnvoll ist, ist in Japan umstritten. Aber die h. M. sieht in ihr einen allgemeinen Rechtfertigungsgrund.

Nach der h. M. ist für diese Vorschrift dreierlei zu unterscheiden. Es geht erstens um die Befolgung gesetzlicher Bestimmungen, zweitens um die Ausübung eines Berufsgeschäfts und drittens um eine andere gerechtfertigte Handlung. In der ers-

---

[11] Art. 49 türk. StGB lautet: „Der Täter kann nicht bestraft werden, wenn er die Tat begangen hat in Befolgung einer gesetzlichen Bestimmung oder einer von ihm pflichtgemäß auszuführenden Anordnung der zuständigen Behörde." (Nach der Übersetzung in *Tellenbach*, Das türkische Strafgesetzbuch vom 1. März 1926, Sammlung außerdeutscher Strafgesetzbücher in deutscher Übersetzung Nr. 110, 1998, S. 29)

[12] *Seelmann*, Strafrecht Allgemeiner Teil, 1999, S. 59.

ten Tatbestandsmodalität wird z. B. die Handlung eines Beamten (etwa Vollstreckung der Todesstrafe, polizeiliche Festnahme usw.), eine Rechtsausübung (etwa Züchtigungsrecht der Eltern, Festnahme auf frischer Tat) oder der Schwangerschaftsabbruch nach dem Mutterleibschutzgesetz usw. geregelt. Hier gibt es kaum eine dogmatische Problematik. Auch bzgl. der zweiten Alternative wird wenig diskutiert (Es sei denn, dass man die Heilbehandlung nicht in diese zweite Kategorie einordnet.). Demgegenüber macht die dritte Gruppe erhebliche Probleme. Besonders umstritten sind Einwilligung, Heilbehandlung und Euthanasie. Die Heilbehandlung bezieht sich auf die medizinische Behandlung und in diesem Sinne ist sie von der Einwilligung zu unterscheiden.

4. Einwilligung

Es gibt einen lateinischen Ausdruck „volenti fit non injuria" (Dem Einwilligenden geschieht kein Unrecht). Was bedeutet es strafrechtlich? Die h. M. interpretiert die Einwilligung als einen Rechtfertigungsgrund im Sinne des § 35 jap. StGB. Dagegen vertritt die Mindermeinung, dass es im Fall der Einwilligung schon an der Tatbestandsmäßigkeit fehlt. Die Terminologie „Einverständnis" und „Einwilligung" wird im Hinblick auf diese Unterscheidung verwendet.

Noch problematischer sind die Voraussetzungen der Rechtfertigung durch die Einwilligung. Insbesondere geht es um die ethische Einschränkung der Rechtfertigung. Die Yakuza, die japanische Mafia, hat eine eigene Sitte. Man haut den kleinen Finger ab, um das „Problem" zu lösen. Der Mafioso willigt dabei ein, aber nach dem Gesichtspunkt der guten Sitten ist die Einwilligung unwirksam. Die h. M. und Rspr.[13] sind damit der Ansicht, dass die Einwilligung nichtig und die Tat nicht gerechtfertigt ist. Die andere Ansicht vertritt, dass das Strafrecht deutlich von der Ethik zu unterscheiden ist. Demnach ist die Einwilligung gültig und die Tat gerechtfertigt.

5. Euthanasie

Die Euthanasie hat geschichtlich eine große Bedeutung in bezug auf die NS-Verbrechen. Aus diesem Grund wird in Deutschland einhellig die Meinung vertreten, dass die Euthanasie keinen Rechtfertigungsgrund bildet. Die Tötung eines fremden Menschen ist demnach unter diesem Gesichtspunkt nie zu rechtfertigen. Dagegen wird in Japan vertreten, dass die Euthanasie unter bestimmten Voraussetzungen rechtfertigend wirkt.[14] Die Voraussetzungen sind: (1) Todesnähe, (2)

---

13 Beschluß des LG Sendai vom 18. Feb. 1987, Hanrei Jiho, Nr. 1249, S. 145.

14 Zur Gesamtproblematik der Euthanasie in Japan siehe *Ueda*, Die Sterbehilfe in Japan als Beispiel der Japanisierung westlicher Rechtskultur, in: *Heinrich Scholler* und *Silvia Tel-*

erheblicher Schmerz, (3) zum Zweck der Milderung des Schmerzes des Todes, (4) ernsthafte Einwilligung, (5) vom Arzt selbst durchgeführt und (6) durch sozial angemessene Methode. Dies sind die Kriterien, die ein Oberlandesgericht in der Rechtsprechung genannt hat[15]. Die h. M. folgt dieser Meinung und rechtfertigt die Tötungshandlung durch die Euthanasie unter solchen Bedingungen.

III. Problematik im Bereich der Schuld[16]

1. Allgemeines

Auch im Bereich der Schuld kann man die Spuren der deutschen Strafrechtswissenschaft leicht erkennen. Im Vergleich zu den anderen verbrechenselementaren Wertungsstufen, d. h. Tatbestandsmäßigkeit und Rechtswidrigkeit, finden sich jedoch in diesem Gebiet noch mehrere alte Spuren der deutschen Strafrechtswissenschaft. Eine eigenständige japanische Diskussion gibt es dagegen leider kaum.

Einen deutlichen Unterschied zwischen der japanischen und der deutschen Strafrechtswissenschaft in diesem Bereich erkennt man, wenn man von der begrifflichen Unterscheidung zwischen Schuldausschließungsgründen und Entschuldigungsgründen spricht. Die Unterscheidung zwischen beiden Begriffen wird in Deutschland weitgehend anerkannt, wohingegen sie in Japan unter *Schuld*ausschließungsgründen erfaßt werden. Entsprechend der Mindermeinung in Deutschland werden hierbei die Schuldfähigkeit, die Unzumutbarkeit und der Verbotsirrtum[17] einheitlich unter dieser Kategorie behandelt.

Gegenüber der traditionellen Schuldlehre hat *Roxin* schon vor über 10 Jahren in der Festschrift für *Henkel* die Ansicht vertreten[18], dass es hierbei lediglich um die

---

lenbach (Hrsg.), Die Bedeutung der Lehre vom Rechtskreis und der Rechtskultur, 2001, S. 105 ff.

15 Entscheidung des OLG Nagoya vom 22. Dez. 1962, Kokeishu Bd. 15, Nr. 9, 674. Kürzlich auch Entscheidung des LG Yokohama vom 28. Feb. 1994, Hanrei Jiho, Nr. 1530, S. 28. Im Ergebnis verneinen die beiden Entscheidungen jedoch die Rechtfertigung der Euthanasie im fraglichen Fall. Vgl. auch *Lenz*, aaO (Fn.1), S. 69 f.; *Ueda*, aaO (Fn. 14), S. 106 f.

16 Zum Bereich der Schuldlehre in Japan siehe auch *Ohno*, Entwicklung der Schuldlehre in Japan, in: Hans Joachim Hirsch und Thomas Weigend (Hrsg.), Strafrecht und Kriminalpolitik in Japan und Deutschland, 1989, S. 131.

17 Die Problematik des Verbotsirrtums ist jedenfalls in Japan immer noch sehr umstritten. Siehe unten.

18 *Roxin*, Schuld und Verantwortlichkeit als strafrechtliche Systemkategorien, in: Festschrift für Heinrich Henkel zum 70. Geburtstag, 1974, S. 171 ff. Auch *ders.*, Zur jüngsten Diskussion über Schuld, Prävention und Verantwortlichkeit im Strafrecht, in: Festschrift für Paul Bockelmann zum 70. Geburtstag, 1979, S. 279 ff.

Prävention gehe, was jedoch gegenüber der traditionellen Dogmatik nicht durchgesetzt werden konnte. Der Standpunkt von *Roxin* wird auch von einigen japanischen Wissenschaftlern ohne weiteres übernommen. So meint *Naito* dementsprechend, dass bei der Schuldfrage immer der präventive Standpunkt berücksichtigt werden soll. Die These von *Roxin* betrifft hauptsächlich die Kategorie der Entschuldigung im technischen Sinne. Wie bereits oben erwähnt ist, gibt es in Japan jedoch keine begriffliche Unterscheidung zwischen Schuldausschließungsgründen und Entschuldigungsgründen, so dass es in Japan weniger nahe liegt, *Roxin*s Standpunkt zu vertreten.

2. Unzumutbarkeit

In bezug auf die Unzumutbarkeit wird in Japan eine ganz andere Perspektive als in Deutschland eingenommen. Während in Deutschland die Unzumutbarkeit im Bereich der Unterlassungsdelikte und Fahrlässigkeitsdelikte als ein unabhängiger Entschuldigungsgrund und dagegen im Bereich der Vorsatzdelikte lediglich als ein regulatives Prinzip bezeichnet wird, wird sie im japanischen Schrifttum ohne weiteres als ein übergesetzlicher Schuldausschließungsgrund anerkannt. Die Rechtsprechung zögert jedoch vor der Einführung dieses Begriffes mit der Begründung, dass dieser Begriff immer noch zu weit und unklar ist. Sie schließt jedoch die Verwendung dieses Begriffes in der Praxis in der Zukunft nicht aus und nimmt lediglich an, dass die Zeit noch nicht reif ist, diesen Begriff jetzt unmittelbar in der Praxis zu verwenden.

Hinsichtlich des entschuldigenden Notstands hat der japanische Gesetzgeber keine klare Vorschrift geregelt. Wie schon oben erläutert, ist der Notstand lediglich durch eine einheitliche Regelung definiert, so dass die h. M. den Notstand als Rechtfertigungsgrund ansehen kann und die Differenzierungstheorie bis jetzt immer noch die Mindermeinung ist. Des weiteren gibt es keine Regelung der Notwehrüberschreitung aus Verwirrung, Furcht oder Schrecken wie § 33 dt. StGB. Anders als das dt. StGB regeln die § 36 Abs. 2 und § 37 Abs. 2 jap. StGB eine einfache Notwehr- und Notstandsüberschreitung mit der Rechtsfolge der fakultativen Strafmilderung bzw. Straffreiheit. Daraus ergibt sich, dass das jap. StGB keine ausdrückliche Regelung in bezug auf die Unzumutbarkeit im allgemeinen Teil enthält. Die h. M. sieht deswegen die Unzumutbarkeit als einen übergesetzlichen Schuldausschließungsgrund an[19].

---

[19] Im Allgemeinen wird damit der Anwendungsbereich der Entschuldigung der Tat beim Notstand weiter gefasst als in Deutschland. Offengeblieben ist jedoch die Behandlung der Notstandshandlung beim Vorliegen sog. gleichwertiger Interessen, was § 37 jap. StGB ausdrücklich regelt. Darüber hinaus ist umstritten, was für einen Rechtscharakter das Euthanasieproblem hat. Die h. M. in Japan nimmt im Gegensatz zu Deutschland eine Rechtfertigung auch bei der Euthanasie an. Dazu siehe oben.

Des weiteren wird in bezug auf die Unzumutbarkeit in Japan diskutiert, nach welchem Kriterium die Unzumutbarkeit zu beurteilen ist[20]. Eine Ansicht behauptet, dass die Unzumutbarkeit vom Gesichtspunkt des durchschnittlichen Bürgers zu beurteilen sei. Die zweite Ansicht behauptet, dass der Gesichtspunkt des Staats entscheidend sei. Die dritte vertritt die Ansicht, dass zu prüfen sei, ob die Handlung nach den Umständen des Täters selbst zumutbar oder unzumutbar war. Die erste und zweite Ansicht weisen materiell keinen Unterschied auf. Die dritte entspricht der subjektiven Notstandslehre, die nach dem zweiten Weltkrieg *Radbruch* und heute *Schmidhäuser* vertreten[21]. Die h. M. in Japan nimmt den ersten und zweiten Standpunkt ein.

3. Vorsatz und Unrechtsbewußtsein

Die systematische Stellung des Vorsatzes ist weiterhin auch in Japan sehr umstritten. Entsprechend der klassischen Auffassung findet sich im Schrifttum noch verbreitet die Ansicht, dass der Vorsatz und die Fahrlässigkeit als ein Schuldelement nur im Rahmen der Schuld zu berücksichtigen sei. Diese Ansicht wird hauptsächlich durch diejenigen vertreten, die aus der Strafrechtsdogmatik das subjektive Element ausschließen und sie lediglich objektiv begründen möchten. Demgegenüber wird es in Japan häufiger als in Deutschland vertreten, dass der Vorsatz ausschließlich ein Tatbestandselement sei[22]. Die auch in Deutschland zunehmend vertretene Ansicht, dass der Vorsatz auch in der Schuldebene als Vorsatzschuld zu berücksichtigen sei, kommt ebenfalls in Japan vor. Ebenso wie in Deutschland bleibt die theoretisch-konsequente Begründung für diese Lösung immer noch offen.

In bezug auf das Unrechtsbewußtsein hat in Japan die Vorsatztheorie noch mehrere Anhänger, welche annehmen, dass das Unrechtsbewußtsein ein Element des Vorsatzes bilde. Innerhalb dieser Theorie vertreten einige, dass der Vorsatz nur in der Schuld zu berücksichtigen sei, und andere, dass der Vorsatz sowohl in der Tatbestandsmäßigkeit als auch in der Schuld zu prüfen sei. Eine eigentümliche Ansicht vertritt dagegen *Dando* (eingeschränkte Vorsatztheorie). Nach ihm ist der Vorsatz anzunehmen, wenn es die *Möglichkeit des Unrechtsbewußtseins* für den Täter gegeben hat. Mit anderen Worten wird der Vorsatz immer angenommen, falls es nach den Umständen dem Täter möglich war, Unrechtseinsicht zu besit-

---

20 Näheres siehe *Onagi*, aaO (Fn. 1), S. 81 ff.

21 *Radbruch*, Zur Systematik der Verbrechenslehre, in: Festgabe für Reinhard von Frank zum 70. Geburtstag, Bd. I, 1930 (Nachdruck: 1969), S. 158, 166; *Schmidhäuser*, Strafrecht Allgemeiner Teil, Studienbuch, 2. Auflage, 1984, S. 240 f., 244, 248 f.

22 Somit hat die strenge Schuldtheorie mehrere Anhänger. Darüber hinaus wird heutzutage immer seltener die Lehre von der negativen Tatbestandsmerkmalen vertreten.

zen[23]. Im Ergebnis vertritt diese Ansicht denselben Standpunkt wie die Schuldtheorie[24]. Neuerdings wird die Schuldtheorie wieder häufiger vertreten. Über die Stellung des Vorsatzes wird jedoch - wie schon oben erläutert - heftig diskutiert. Der klassische Gedanke der ignorantia juris nocet wird in der Rechtsprechung weiter anerkannt[25].

4. Actio libera in causa

Mit dem Problem der Lehre von der actio libera in causa hat auch die japanische Wissenschaft Schwierigkeiten. Die h. M. vertritt die Ansicht des sog. Tatbestandsmodells und gerät somit in dogmatische Schwierigkeiten bei den Vorsatzdelikten. Um diese Schwierigkeiten zu bewältigen, vertreten einige Wissenschaftler eine Variante dieser Meinung. Aber es gibt immer noch keine entscheidende Lösung. Das sog. Ausnahmemodell hat dagegen im Hinblick auf das Schuldprinzip nur wenige Anhänger[26].

Insgesamt folgt die japanische Strafrechtswissenschaft sowohl im Bereich Rechtfertigung als auch im Bereich der Schuld lediglich den „Ruinen" der deutschen Strafrechtswissenschaft.

---

23 Zu beachten ist, dass dies keinesfalls dolus eventualis bedeutet, wobei der Täter die Möglichkeit erkennt (Erkennen der Möglichkeit), wohingegen in *Dandos* Lehre dem Täter das Erkennen des Unrechts möglich ist (Möglichkeit des Erkennens).

24 Kritisiert wird, dass nach dieser Auffassung trotzdem der Vorsatz angenommen wird, auch wenn der Täter die Unrechtseinsicht in Wirklichkeit nicht gehabt hat, es ihm jedoch möglich war, sie zu erkennen: Der Täter hat nicht erkannt, aber der Vorsatz wird angenommen. Der Vorsatz soll nach *Dando* über das Erkennen des Täters hinaus angenommen werden. Was bedeutet dann der "Vorsatz" überhaupt?

25 Der Oberste Gerichtshof hat jedoch in seinen neueren Entscheidung nicht ausgeschlossen, seine Meinung zu diesem Problem möglicherweise in Zukunft zu ändern. Entscheidung des Obersten Gerichtshofs vom 29. Juni 1978, Keishu Bd. 32, Nr. 4, 967, Entscheidung des Obersten Gerichtshofs vom 16. Juli 1985, Keishu Bd. 41, Nr. 5, 237. Vgl. *Lenz*, aaO (Fn. 1), S. 73.

26 Jedoch regelt § 17 jap. StGB-Entwurf von 1974 die selbst herbeigeführte Geistesstörung als Ausnahme gegenüber der Schuldunfähigkeit in § 16 jap. StGB-Entwurf. Er lautet: „(1) Die Vorschrift des § 16 findet keine Anwendung auf denjenigen, der vorsätzlich eine Geistesstörung bei sich selbst herbeigeführt und in diesem Zustand eine strafbare Handlung begangen hat. (2) Absatz 1 gilt auch für denjenigen, der fahrlässig eine Geistesstörung bei sich selbst herbeigeführt und in diesem Zustand eine strafbare Handlung begangen hat." (Nach der Übersetzung in *Nishihara*, Entwurf zu einem Japanischen Strafgesetzbuch vom 29. Mai 1974, Sammlung außerdeutscher Strafgesetzbücher in deutscher Übersetzung Nr. 102, 1986, S. 20)

Am Göttinger Lehrstuhl des hier Geehrten habe ich einen insgesamt zweijährigen Forschungsaufenthalt verbracht. Seine attraktiven und herzhaften Vorlesungen habe ich des Öfteren besucht und aus ihnen Vieles gelernt. Es ist mir eine besonders grosse Ehre, bei dieser Gelegenheit einen kleinen Beitrag leisten zu können.

Subjektive Tatbestandsmerkmale zwischen Unrecht und Schuld*

Dinah Stollwerck

I. Einleitung

Die heute allgemein als herrschend angesehene personale Unrechtslehre ordnet die subjektiven Momente der Tatbegehung dem Unrechtstatbestand zu und untersucht in der Schuld lediglich die weiteren Schuldmerkmale (individuelle Verantwortlichkeit)[1]. Der Vorsatz und die sonstigen subjektiven Tatbestandsmerkmale (wie z.B. die Zueignungsabsicht beim Diebstahl gem. § 242 StGB) werden im Tatbestand geprüft und beschreiben somit das Unrecht der Tat. Diese dogmatische Konzeption ist jedoch problematischer als der erste Blick vermuten lässt.
Das Unrecht soll die Unwertigkeit der Tat beschreiben und zwar als das objektiv feststehende Faktum, welches dann als ein „Dafür-Können" des Täters im Rahmen der Schuld subjektiv bewertet werden soll[2]. Hier findet sich die Gegenüberstellung von Unrecht und Schuld zum einen und zum anderen von objektiv und subjektiv wieder. Ist dadurch die personale Unrechtslehre, die den subjektiven Tatbestand zum Unrecht zieht und deshalb scheinbar die Gegenüberstellung objektiv-subjektiv vermengt, „auf dem Holzweg"? Oder anders gefragt, wie konnte es seit der Entdeckung der subjektiven Unrechtselemente u.a. durch Mezger[3] zu der überwiegenden Anerkennung der personalen Unrechtslehre kommen? Und weiter bleibt zu überlegen, ob die personale Unrechtslehre tatsächlich so unumstößlich ist und Detailfragen standhält.
Diese Fragen sollen im Mittelpunkt der anschließenden Bearbeitung stehen. Dabei soll versucht werden, einen Überblick über die Entwicklung der subjektiven

---

* Die Arbeit war der schriftliche Teil eines Referats im Rahmen des Seminars „Die Merkmale des Tatbestandes" bei Prof. Dr. Manfred Maiwald im Sommersemester 1999 an der Universität Göttingen.

1 Ebert/Kühl, Jura 1981, S. 225 (228).

2 Ebert/Kühl, Jura 1981, S. 225 (130).

3 Mezger, Der Gerichtssaal 89 (1924), S. 207 (259ff.).

Tatbestandsmerkmale und deren Einordnung zu geben, wobei an geeigneter Stelle auch Detailfragen angesprochen werden sollen.
Ausgangspunkt für die hier angestellten Überlegungen ist die Konzeption Welzels, der als „Begründer des Finalismus“ gilt und dessen Idee grundlegend für die darauf folgende dogmatische Bewertung ist[4]. Zeitlich ist die Diskussion dieses Themas deshalb in der Nachkriegszeit einzuordnen.

II. Übersicht über die Entwicklung der Unrechtslehre

Mit der Problematik der subjektiven Tatbestandsmerkmale eng verbunden ist die Bedeutung des Handlungs- und Erfolgsunwerts. Es wird sich noch zeigen, dass die Frage, was der Handlungs- bzw. Erfolgsunwert beinhaltet und wo diese beiden „Unrechtskomponenten“ einzuordnen sind, unmittelbare Bedeutung für die Platzierung und den Stellenwert der subjektiven Tatbestandsmerkmale hat. Daher sollen auch hier einige Grundüberlegungen vorangestellt werden.

In der klassischen Dogmatik umfasste das Unrecht nur das objektiv Feststellbare, während die subjektive Seite einer Tat gänzlich der Schuld zugeschrieben wurde. Der Erfolgsunwert fand damit seinen Niederschlag im Unrecht, und zwar ausschließlich dort, während der Handlungsunwert ebenso abschließend in der Schuld untersucht wurde (Grundgedanke der „kausalen Handlungslehre“). Alles Äußere gehörte nach diesem klassischen Verbrechenssystem[5] zum Objektiven und alles Innere zum Subjektiven.

Beispiel[6]: Bei der Beurteilung der Handlung eines tödlichen Schusses wird unter dem Gesichtspunkt des Unrechts lediglich festgestellt, dass ein „willensgetragenes“ Verhalten vorgelegen hat. Ob dieser Wille sich auch auf den Taterfolg (die Tötung eines Menschen) bezog, ist erst eine Frage der Schuld.

(1) Durch die Entdeckung der subjektiven Unrechtselemente (1. Phase) vollzog sich ein bedeutender Wechsel in der Strafrechtsdogmatik. Indem man erkannte, dass zumindest in bestimmten Tatbeständen das Unrecht nicht ausschließlich durch objektive, sondern auch durch subjektive Merkmale konstituiert wird, wurde wenigstens eine Ausnahme von der Regel „alles Subjektive gehört zur Schuld“ gemacht.

(2) Diese eingeschränkt objektivistische Unrechtslehre wurde völlig haltlos, als entdeckt wurde, dass auch der Vorsatz ein subjektives Unrechtselement sein

---

[4] Mir Puig, Armin-Kaufmann-GS (1989), S. 253.
[5] Vertreten von: v. List, Beling, Radbruch.
[6] Jescheck/Weigend, AT, § 23 II 1.

kann, zumindest beim Versuch. Damit rückte der Handlungsunwert zum Erfolgsunwert, so dass danach beide zusammen das Unrecht bildeten und in der Schuld lediglich die sonstigen Schuldmerkmale ohne Vorsatz verblieben (2. Phase).

(3) Die Konsequenz aus dieser Entdeckung zog Welzel ausgehend von dem durch ihn entwickelten Finalismus[7]. Er zählte auch beim vollendeten Delikt den Vorsatz bereits zum Unrechtstatbestand (3. Phase).
Dies war die Konsequenz daraus, dass der Willensinhalt in den Handlungsbegriff mit einbezogen wurde, und man daher den Vorsatz aus der Schuld in den Handlungs- und Unrechtsbereich vorverlagert hat[8]. Die finale Handlungslehre, die somit den Wechsel des Handlungsunwerts aus der Schuld in den Unrechtstatbestand bewirkte, bildet damit sozusagen das Fundament für die darauf folgende Einordnung der subjektiven Tatbestandsmerkmale in den Unrechtstatbestand.

Aus diesem Grund soll zunächst die finale Handlungslehre näher untersucht werden.

III. Die Konzeption Welzels

1. Die finale Handlungslehre

In den ersten zwei Nachkriegsjahrzehnten wurde die Strafrechtsdogmatik durch die Diskussion um die finale Handlungslehre bestimmt[9]. Welzel wollte das wirkliche Sein der menschlichen Handlung zum Zentralbegriff der Verbrechenslehre machen (ontologische Betrachtungsweise)[10]. Für diese Handlung ist typisch, dass sie eine finale Struktur aufweist[11], d.h. eine Steuerung des kausalen Geschehens auf eine vorgestellte Umweltveränderung. Finalität bedeutet nach den Worten Welzels die Fähigkeit des Menschen, ein kausales Geschehen gedanklich vorwegzudenken und dann sein Eingreifen in die Welt zu steuern[12]. Damit stellt Welzel bei der Unrechtsbegründung auf den Handlungsunwert ab, weil nur dieser Träger des sozialethischen Unwerturteils sein kann[13].
Begründet hat Welzel dies durch eine Analyse von Aufgaben und Intrumenten des Strafrechts. Dies ziele darauf ab, durch Ge- und Verbote bestimmte Rechtsgüter zu schützen. Daher ist die in der Finalstruktur angelegte Fähigkeit des Menschen, Erfolge zweckgerichtet herbeizuführen oder zu vermeiden, konstitutiv für die

7 Welzel, Dt. Strafrecht, S. 33ff.
8 Gallas, ZStW 67, S. 1 (5).
9 Schünemann in „Grundfragen des modernen Strafrechtssystems", S. 1 (34).
10 Hirsch, ZStW 93, S. 831 (836f.).
11 Schünemann in „Grundfragen", S. 1 (34).
12 Welzel, Das neue Bild des Strafrechtssystems, S. 1.
13 Welzel, FS-Gierke (1948), S. 290 (292 f.).

strafrechtlichen Normen[14], und deshalb ist die Finalität der Handlung grundlegende sachlogische Struktur für das Strafrecht[15].

Da der nach Welzel unrechtsbegründende Handlungsunwert aus subjektiven und aus objektiven Elementen besteht[16], wird deshalb das Handlungsunrecht sowohl durch die äußere Begehungsweise als auch durch den Willen und die Zielsetzung, die die Handlung tragen, konstituiert[17]. Folge dessen ist, dass der Vorsatz und die Absicht als die steuernden, intentionalen und finalen Elemente der Handlung Bestandteile des Unrechts sind. Diese final-kausale Struktur ist maßgeblich für die Konzeption Welzels. Handlung ist finales und nicht lediglich kausales Geschehen.

2. Die personale Unrechtslehre

Auf der Grundlage der finalen Handlungslehre wurde somit auch die Bedeutung der subjektiven Unrechtselemente umgedeutet. Sie wurde fortan zum Unrechtstatbestand gezählt. Diese – auch heute noch bestehende – Zuordnung verdeutlichte, dass über das Unrecht nicht bloß ein vom Täter ausgelöster Taterfolg und die objektive Handlungsmodalität entscheidet, sondern das Unrecht vielmehr täterbezogen sein sollte. Damit war der Grundstein gelegt für ein personales Unrecht und somit die personale Unrechtslehre[18], die quasi eine Gegenposition zu den objektiven Lehren der klassischen Strafrechtsdogmatik bezog[19].
Die personale Unrechtslehre wird in der modernen Strafrechtsdogmatik in zahlreichen Varianten vertreten[20]. Allgemeines Merkmal der personalen Unrechtslehre ist jedoch, dass sie den Schwerpunkt der Rechtnormen in ihrer Funktion als Bestimmungsnormen sieht und deshalb das Unrecht hauptsächlich im menschlichen Verhalten sucht, sofern dieses den Imperativen des Rechts widerspricht[21].
Da die subjektiven Tatbestandsmerkmale nach der personalen Unrechtslehre auf Grund ihrer Finalstruktur bereits zum Unrechtstatbestand gezählt werden, bedeutet dies für das Unrecht, dass subjektive Elemente stärker zum Tragen kommen, während die Schuld zunehmende Entsubjektivierung erfährt[22].
Letztlich bestand der Forschritt von Welzels Ansicht gegenüber den bisherigen Vertretern des subjektiv-personalen Unrechts darin, dass er nicht die Persönlichkeit des Normadressaten (des Täters) für den Charakter der Norm als maßgeblich

---

14 Welzel, Das neue Bild, S. 4.
15 Welzel, Dt. Strafrecht, S. 2f.; ders., Das neue Bild, S. 4.
16 Welzel, Dt. Strafrecht, S. 62; ders., ZStW 58, S. 491 (500 f.).
17 Vgl. Gallas, Bockelmann-FS (1979), S. 155 (161).
18 Ebert/Kühl, Jura 1981, S. 232.
19 Otto, ZStW 87, S. 539 (542); ders., Grundkurs AT, S. 81.
20 Gallas, Bockelmann-FS (1979), S. 155 ff.
21 Lackner/Kühl, StGB, vor § 13, Rdn. 20.
22 Roxin, AT/1, § 7 III 3c, Rdn. 16.

bewertet, sondern ausschließlich die Struktur der Täterhandlung[23]. Indem diese Tathandlung objektive und subjektive Elemente beinhaltet[24], ist Unrecht täterbezogenes personales Handlungsunrecht[25].

Zusammenfassend lässt sich die Konzeption Welzels wie folgt beschreiben: Das Unrecht gliedert sich zunächst in Erfolgs- und Handlungsunrecht. Letzteres besteht zum einen aus äußeren Handlungsmodalitäten und aus personalen Komponenten, die in der Person des Täters begründet sind (personales Unrecht). Dieses personale Unrecht gliedert sich in objektiv täterschaftliche Merkmale und subjektive Unrechtsmerkmale, zu denen in anerkannter Weise die Absicht zählt (z.B. Zueignungsabsicht). Ob es sich beim Vorsatz auch um ein im subjektiven Unrechtstatbestand einzuordnendes Element handelt, ist, wie noch zu zeigen sein wird, umstritten[26].

IV. Die Vereinbarkeit der personalen Unrechtslehre mit der Unterscheidung zwischen Unrecht und Schuld

Wie bereits erwähnt wurde, geht die klassische Dogmatik von der Unterscheidung des Unrechts als dem objektiven Element und der Schuld als dem subjektiven Element der Tat aus. Bei der Bewertung der personalen Unrechtslehre stellt sich daher zunächst die Frage, wie sich die subjektiven Unrechtselemente (insbes. Vorsatz und Absicht) mit dem klassischen System von Unrecht und Schuld vertragen bzw. ob durch die personale Unrechtslehre diese grundlegende Unterscheidung (Unrecht und Schuld) beibehalten werden kann.
Die Lösung dieses Problems ist jedoch möglich, wenn man neben dem einen Begriffspaar objektiv-subjektiv ein anderes akzeptiert, nämlich das Begriffspaar generell-individuell. Ordnet man in das letztere Paar die Begriffe Unrecht und Schuld ein, so ergibt sich folgende Unterscheidung. Das Unrecht beschreibt die generelle Missbilligung einer Tat, während die Schuld die individuelle Vorwerfbarkeit bewertet[27]. Diese Unterscheidung wird auch durch die personale Unrechtslehre gewahrt, die zwar die subjektiven Tatbestandsmerkmale zum Unrecht zählt, jedoch der Schuld das „Dafür-Können“ des Täters überlässt. Zunächst wird also ein generelles Urteil über die Tatbestandsverwirklichung einschließlich der subjektiven Komponenten getroffen, worauf dann ein individuelles Urteil in der Schuld

---

23 Lampe, Das personale Unrecht, S. 42.
24 Welzel, Der AT des dt. Strafrechts in seinen Grundzügen, S. 29; grundlegend dazu Welzel, ZStW 58, S. 491 (500 f.).
25 Welzel, Dt. Strafrecht, S. 62.
26 Vgl. Ebert/Kühl, Jura 1981, S. 225 (233).
27 Zum Ganzen Ebert/Kühl, Jura 1981, S. 225 (230).

folgt[28]. Im Ergebnis lässt sich daher feststellen, dass die personale Unrechtslehre nicht im Widerspruch zur Unterscheidung zwischen Unrecht und Schuld steht.

V. Die Erfolge der personalen Unrechtslehre im geltenden Recht

Die personale Unrechtslehre hat sich im Wesentlichen an vier Stellen im geltenden Strafrecht durchgesetzt, die hier erwähnt werden sollen.

(a) In einer Entscheidung aus dem Jahre 1952 verwarf der Große Senat des BGH für Strafsachen die Vorsatztheorie[29], nach der das Bewusstsein der Rechtswidrigkeit als Bestandteil des Vorsatzes eingeordnet wurde und deshalb der Vorsatz auch bei vermeidbarem Verbotsirrtum entfiel. In der Entscheidung BGHSt 2, 194 bekannte sich der BGH zur Schuldtheorie, die auf der finalen Handlungslehre (personale Unrechtslehre) basiert. Danach soll fortan der Verbotsirrtum den Vorsatz unberührt lassen und lediglich dann, wenn er unvermeidbar war, einen Schuldausschließungsgrund darstellen[30]. Diese Lösung ist vom Gesetzgeber 1975 im Rahmen der Strafrechtsreform in § 17 StGB direkt übernommen worden.

(b) Weiterhin hat der Gesetzgeber in den §§ 26, 27 StGB die von der personalen Unrechtslehre erhobene Forderung, dass es nur eine Teilname an der vorsätzlichen Tat geben kann, umgesetzt.

(c) Schließlich sei hier noch auf die Neubestimmungen des Fahrlässigkeitsunrechts durch die objektive Sorgfaltswidrigkeit hingewiesen. Dies wurde sogar vom Großen Senat für Zivilsachen in einer Entscheidung aus dem Jahre 1957 übernommen[31].

(d) Außerdem hat sich der 5. Senat des BGH für Strafsachen zur Einordnung des Vorsatzes in den Unrechtstatbestand bekannt[32] und damit von Seiten der Rechtsprechung einen Schlusspunkt für den noch zu erläuternden Streit um die Einordnung des Vorsatzes gesetzt.

---

28 Maurach/Zipf, AT/1, § 14 II, Rdn. 22f.
29 BGHSt 2, S. 194 (208ff.).
30 BGHSt 2, S. 194 (208).
31 BGHZ 24, S. 21ff.
32 BGHSt 4, S. 76 (78).

VI. Die umstrittenen Punkte der personalen Unrechtslehre

Obwohl die personale Unrechtslehre als Konsequenz der finalen Handlungslehre heute weitgehend Einzug in die Strafrechtsdogmatik gefunden hat[33], sind einige Punkte umstritten. Herausgegriffen werden sollen hier insbesondere die Frage nach der Einordnung des Vorsatzes, die Behandlung fahrlässiger Delikte und der Inhalt des Handlungs- und Erfolgsunwerts als einige zentrale und immer wiederkehrende Probleme.

1. Die Einordnung der sonstigen subjektiven Tatbestandsmerkmale in den Unrechtstatbestand

(a) Auf die Geschichte der subjektiven Tatbestandsmerkmale wird hier nicht eingegangen. Es sollen nur noch einmal die letzten Kritiker der Lehre von den subjektiven Tatbestandsmerkmalen Gehör finden, um etwaige Zweifel an der Einordnung der subjektiven Tatbestandsmerkmale in den Unrechtstatbestand zu beseitigen und den Abschluss der Entwicklung darzustellen, bevor dann noch einmal die Diskussion um den Vorsatz vertieft wird.
Nachdem Mezger[34] die Entwicklung der Lehre von den subjektiven Unrechtselementen zu einem Abschluss gebracht hatte, ist sie insbesondere von der sog. österreichischen Schule[35] und in Deutschland zuletzt durch Oehler entschieden kritisiert worden.

(b) Die österreichische Schule beharrte lange Zeit am konsequentesten auf einem objektivistischen Standpunkt, so dass Engisch sich sogar veranlasst sah, von einer „objektivistischen österreichischen Schule" zu sprechen[36]. Neben Rittler, Kadecka und Malaniuk ist vor allem Nowakowski als Vertreter dieser Schule zu nennen, der auch versuchte, mit seiner Ansicht in das deutsche Strafrecht einzugreifen. Daher soll diese im Folgenden stellvertretend für die anderen erläutert werden.
Nowakowski erkannte bereits die von Beling und Sievert benannte Konsequenz, dass man nicht einfach die angeblich subjektiven Unrechtselemente ins Objektive umdeuten könne, da dies keine dogmatisch saubere Lösung sei. Vielmehr könnte nur eine grundlegende Grenzverschiebung zwischen Unrechts- und Schuldvoraussetzungen „den subjektiven Unrechtselementen eine gerade in ihrer Subjektivität unrechtsbegründende Bedeutung" zuerkennen[37]. Für Nowakowski, der darauf

---

33 Vgl. Schönke/Schröder/Lenckner, StGB, vor § 13, Rdn. 52.
34 Mezger, Moderne Wege der Strafrechtsdogmatik, S. 22 f.
35 Nowakowski, Kadecka und Rittler sind hier als wesentliche Kritiker zu nennen.
36 So Engisch in Rittler-FS (1957), S. 165 (170, Anm. 5).
37 Zielinski, Handlungs- und Erfolgsunwert im Unrechtsbegriff, S. 41.

beharrte, dass Unrecht nur die äußere Verletzung eines Rechtsgutes sei, gab es nur zwei Möglichkeiten, das Unrecht zu konstituieren. Entweder bestimmt man die Rechtswidrigkeit rein objektiv und beseitigt damit alle subjektiven Elemente aus dem Unrecht oder man ordnet auch alle als Eigenschaft der Angriffshandlung gedachten subjektiven Elemente zum Unrecht, wodurch sowohl Gesinnung und Motive als auch Vorsatz und Fahrlässigkeit unrechtserheblich werden[38].
Deshalb sei es z.B. nicht möglich, beim Versuch die Möglichkeit ins Auge zu fassen, die subjektive Seite gehöre zum Unrechtstatbestand, während man dies aber beim vollendeten Delikt bestreite[39]. Es könne nicht sein, dass durch die Vollendung des Delikts, also durch das Hinzutreten des objektiven Unrechts, das subjektive Element um einen Unwertakzent reduziert werde[40]. Die Konsequenz hieraus sei, dass bei vorsätzlicher Vollendung des Delikts ein subjektives und ein objektives Unrechtselement nebeneinander anzunehmen seien[41].
Nowakowski bricht allerdings mit einem allgemeinen Grundsatz, dass Schuld nur dort bestehen könne, wo auch Unrecht zu finden sei[42]. Er geht vom Schutzobjekt des Rechts aus, dass er außerhalb der Täterpsyche ansiedelt. Einzig und allein dadurch, dass die Täterpsyche nach außen wirksam wird, kann sie in die Außenwelt eingreifen. Allerdings ist nur die Täterpsyche selbst das entscheidende Kriterium für die Ursache der Rechtswidrigkeit. Deshalb ist es möglich, Schuld ohne Unrecht zu begründen, selbst wenn die objektive Rechtsgutsverletzung ausbleibt[43]. Denn der eigentliche Gegenstand strafrechtlicher Beurteilung (nämlich die Einschätzung einer vom Menschen ausgehenden Beeinträchtigung der sozialen Wirklichkeit) wird einzig und allein vom Schuldvorwurf erfasst. Dieser enthält nicht nur den Vorwurf, sondern gleichzeitig das Vorgeworfene[44]. Weil das Unrecht deshalb auch fehlen kann, ist für das Verbrechen nur die Schuld notwendig. Diese besteht aus einer unrechtsbezogenen Willensbetätigung und der Vorwerfbarkeit dieses Willens[45].
Hierdurch kann Nowakowski dem Täter beim versuchten Delikt dessen Schuld vorwerfen, ohne dass es zur Unrechtsbegehung gekommen ist, denn der Schuldvorwurf begnügt sich ja mit einem Urteil über die innere Beziehung des Täters zur Tat und lässt die Realität der Tat unbeachtet[46].
Gegen diese Vorstellung von Schuld ohne Unrecht wurde jedoch von E.-J. Lampe eingewandt, dass „der Täter beim Versuch nicht im Denken des Unrechts stehen

38 Nowakowski, ZStW 63, S. 287 (313).
39 Nowakowski, ZStW 63, S. 287 (314).
40 Nowakowski, ZStW 63, S. 287 (314).
41 Nowakowski, ZStW 63, S. 287 (314).
42 E.-J. Lampe, Das personale Unrecht, S. 57.
43 Nowakowski, ZStW 63, S. 287 (312 f.).
44 Vgl. Zielinski, Handlungs- und Erfolgsunwert, S. 42.
45 Zielinski, Handlungs- und Erfolgsunwert, S. 42.
46 E.-J. Lampe, Das personale Unrecht, S. 58.

geblieben ist", sondern seinen Entschluss durch den Beginn der (Ausführungs-) Handlung betätigt hat (§ 43 I StGB a.F.[47])[48]. Wenn man die Ansicht Nowakowskis für richtig hält, ist jede objektive Begründung der Versuchsstrafbarkeit ausgeschlossen. Zumindest für den tauglichen Versuch trifft dies jedoch nicht zu[49].

Noch schärfer formuliert Zielinski seine Kritik, indem er Nowakowskis Theorie eine Scheinlösung nennt, die durch „bloße psychologische Manipulation" den Eindruck erwecken möchte, das Problem der subjektiven Unrechtselemente umgehen zu können[50]. Da Nowakowskis Unrechtsbegriff nur eine dem Unrecht vorgelagerte Wertungsebene (in der Täterpsyche) erreiche, versäume dieser es, die notwendigen Verbindungen zum menschlichen Handeln zu ziehen[51]. Denn dieses menschliche Handeln könne allein rechtliche Ursache der Rechtsgutsverletzung sein und daher den Gegenstand des Schuldbegriffs bilden. Daher erscheint Nowakowskis Konzeption in der Tat als ein rein gedankliches Gebilde und findet somit keine Zustimmung.

(c) Als letzter Gegner der Lehre von den subjektiven Unrechtselementen ist Oehler zu nennen, der die Ansicht vertrat, die subjektiven Unrechtselemente seien in Wirklichkeit Schuldelemente[52].

Zielinski konnte auch diese Ansicht zutreffend widerlegen. Er bezeichnete Oehlers Argumentation als „einen Streit um Worte", da er die Rechtswidrigkeit zwar ausschließlich auf Grund der nach außen erkennbaren Tendenz der Ausführungshandlung begreifen will, diese aber nur dann annimmt, wenn der erforderliche Entschluss vorliegt[53]. Die subjektive Tendenz müsse also zwingend für die Unrechtsbegründung vorliegen, obwohl ihr die Unrechtsqualität verwehrt bliebe. Hier hat Zielinski zutreffend herausgearbeitet, dass ein Merkmal unrechtsbegründend sein muss, wenn durch sein Ausbleiben das Unrecht ausgeschlossen wird[54]. Somit vermag auch die Ansicht Oehlers nicht zu überzeugen und es kann an dieser Stelle zumindest für die besonderen subjektiven Tatbestandsmerkmale ange-

---

47 § 43 I StGB a.F.: "Wer den Entschluss, ein Verbrechen oder Vergehen zu verüben, durch Handlungen, welche einen Anfang der Ausführung dieses Verbrechens oder Vergehens enthalten, betätigt hat, ist, wenn das beabsichtigte Verbrechen oder Vergehen nicht zur Vollendung gekommen ist, wegen Versuchs zu bestrafen."

48 E.-J. Lampe, Das personale Unrecht, S. 58.

49 E.-J. Lampe, Das personale Unrecht, S. 58.

50 Zielinski, Handlungs- und Erfolgsunwert, S. 45.

51 Zielinski, Handlungs- und Erfolgsunwert, S. 45.

52 Oehler, Das objektive Zweckmoment, S. 65 ff.

53 Zielinski, Handlungs- und Erfolgsunwert, S. 39.

54 Zielinski, Handlungs- und Erfolgsunwert, S. 40.

nommen werden, dass sie sich (seit etwa den 30er Jahren), trotz einiger vereinzelter Kritiker, als Bestandteil des Unrechtstatbestandes durchgesetzt haben[55].

2. Anwendung der Ergebnisse auf Einzelbeispiele der besonderen subjektiven Tatbestandsmerkmale

Die vorangehende Darstellung zeigt, dass das Problem der subjektiven Tatbestandsmerkmale heute also nicht mehr in ihrer Existenz, sondern in ihrer Abgrenzung von den subjektiven Schuldmerkmalen besteht[56]. Eine solche Abgrenzung ist folgendermaßen vorzunehmen:
Subjektive Tatbestandsmerkmale liegen dann vor, wenn durch sie der Handlungswille eines Täters charakterisiert wird[57], indem sie sich auf den Deliktstyp beziehen[58]. Sie müssen sich also auf die Begehungsweise der Tat, das durch den Tatbestand geschützte Handlungsobjekt oder das Rechtsgut beziehen[59].
Subjektive Schuldmerkmale beschreiben dagegen die Umstände, die sich auf die Willensbildung des Täters auswirken[60], also die Motive, Gefühle und die Gesinnung[61], und beziehen sich daher weniger auf den Deliktstyp.
Dies soll nun im Folgenden anhand einiger Beispiele verdeutlicht werden:

Beispiel: „Zueignungsabsicht“ in § 242 StGB
Bei der Absicht rechtswidriger Zueignung geht es dem Täter darum, dem anderen rechtswidrig dessen Eigentum zu entziehen und sich dieses selbst zuzueignen. Die Enteignungskomponente bezieht sich auf das Eigentum als das geschützte Rechtsgut. Die Zueignungskomponente ist dagegen auf die Absicht gerichtet, sich das Vermögen selbst zuzueignen. Die beiden Komponenten beziehen sich demnach beide auf den Deliktstyp. Damit ist das Beispiel der „Zueignungsabsicht“ als subjektives Tatbestandsmerkmal zu identifizieren.

Beispiel: „Bereicherungsabsicht“ in § 263 StGB
Ein weiteres Beispiel für ein subjektives Tatbestandsmerkmal ist die „Bereicherungsabsicht“ in § 263 StGB. Die Bereicherung des Täters ist das Gegenstück zur Entreicherung des Opfers. Hierdurch entsteht ein Zusammenhang zwischen der Bereicherungsabsicht des Täters und dem Vermögen des Geschädigten als dem geschützten Rechtsgut. Die Bereicherungsabsicht als typisches Merkmal des De-

---

55 So auch Roxin, AT/1, § 10 II e, Rdn. 8.
56 Jescheck/Weigend, AT, § 30 II; Roxin, AT/1, § 10 VI 2b, Rdn. 70.
57 Jescheck/Weigend, AT, § 30 I 3.
58 Roxin, AT/1, § 10 VI 2b, Rdn. 71.
59 Jescheck/Weigend, AT, § 30 I 3.
60 Jescheck/Weigend, AT, § 30 I 3.
61 Roxin, AT/1, § 10 VI 2b, Rdn. 71.

liktstyps des Betruges. Damit liegt auch hier ein subjektives Tatbestandsmerkmal vor.

Beispiel: Mordmerkmal „Habgier" in § 211 StGB
Dagegen bietet die „Habgier" in § 211 StGB (wie auch alle sonstigen niedrigen Beweggründe) ein Beispiel für ein subjektives Schuldmerkmal. Die „Habgier" des Täters ist nicht bloß bezogen auf das jeweilige Vermögen des Opfers. Wenn man Habgier als „Gewinnsucht" übersetzt, wird deutlich, dass es ein generelles Streben des Täters darstellt und unabhängig vom geschützten Rechtsgut des Mordes (dem „menschlichen Leben") besteht. Mit der Habgier wird keine Verbindung zum Deliktstypus des Mordes hergestellt, denn dieser ist kein Bereicherungsdelikt. Die Habgier klassifiziert auch nicht die Angriffsart des Täters (wie dies z.B. bei der heimtückischen Begehung der Fall ist). Das Merkmal der Habgier beschreibt vielmehr das Motiv des Täters und erhöht damit seine Schuld. Folglich ist die Habgier kein subjektives Tatbestandsmerkmal, sondern ein Schuldmerkmal.

Ergebnis für die Abgrenzungskriterien:
Wenn man sich vor Augen führt, dass die Habgier in § 211 StGB die gesteigerte Form der Bereichungsabsicht in § 263 StGB darstellt, dann wird deutlich, dass es nicht möglich ist, die subjektiven Merkmale einer Tat pauschal entweder als Schuld- oder als Unrechtselemente zu klassifizieren. Es ist vielmehr erforderlich, dies für jedes Delikt einzeln zu entscheiden.
Dies wird an dem Beispiel „der Absicht, eine rassische, religiöse oder durch ihr Volkstum bestimmte Gruppe zu zerstören" in § 220 a StGB (Völkermord) deutlich. Diese Absicht ist im Rahmen des § 220 a StGB ein subjektives Tatbestandsmerkmal, da sie in Beziehung zum geschützten Rechtsgut steht und das Wesen des Deliktstyps bestimmt. Anders wäre eine solche Absicht allerdings im Rahmen des § 211 StGB zu bewerten, da sie dort als niedriger Beweggrund und damit als Schuldmerkmal eingeordnet werden müsste.
Des Weiteren bleibt festzuhalten, dass die vor allem von Dreher getroffene Abgrenzung, subjektive Tatbestandsmerkmale lägen immer dann vor, wenn sie einen Erfolg in der Außenwelt zum Ziel hätten, subjektive Schuldmerkmale seien dagegen dann anzunehmen, wenn sie rein innerlich seien [62], zu knapp ist. Es kommt, wie gezeigt wurde, bei der Annahme von Unrechtselementen nicht auf einen Erfolg in der Außenwelt an, sondern auf die Beziehung zum Deliktstyp. Genauso ist für die Schuldelemente nicht bloß entscheidend, dass sie von innen her kommen, sondern vielmehr, dass sie (in der Regel strafverschärfend) vom Deliktstyp *unabhängige* Motive, Gesinnungen und Gefühle ausdrücken.

---

[62] Dreher, JR 1970, S. 146 (147).

Im Ergebnis bleibt somit festzuhalten, dass das wesentliche Kriterium für die Abgrenzung von subjektiven Tatbestandsmerkmalen zu den Schuldmerkmalen die Beziehung zum Deliktstyp ist.
Entscheidend ist diese Abgrenzung vor allem für die Teilnahmelehre. Die subjektiven Unrechtsmerkmale sind keine besonderen persönlichen Merkmale i.S.d. § 28 StGB, die Schuldmerkmale dagegen schon.

3. Die systematische Stellung des Vorsatzes

Der Handlungsunwert wird konstituiert durch die äußere Begehungsweise, aber auch durch den Willen und die Zielsetzung, die der Handlung den Charakter geben[63]. Danach müssten Vorsatz und weitere subjektive Tatbestandsmerkmale bereits zum Unrechtsurteil gehören. Wie gezeigt wurde, wird dies für die sonstigen subjektiven Tatbestandsmerkmale als Ausfluss der personalen Unrechtslehre nicht mehr bestritten[64].

Anders ist es jedoch beim Vorsatz, dessen Zugehörigkeit zum Unrechtstatbestand umstritten ist und für den teilweise heute noch angenommen wird, dass er nur als Schuldmerkmal in Betracht kommt[65].

(a) Für die Finalisten ergibt sich die Einordnung des Vorsatzes in den Unrechtstatbestand quasi von selbst[66]. Da die Handlung nur als finale Einheit aufgefasst werden kann, muss auch der Tatbestand, der ein finales auf eine Rechtsgutsverletzung gerichtetes Handeln verbietet, alle finalen Elemente erfassen. Aus der Finalstruktur der tatbestandsmäßigen Handlung ergibt sich somit die Folge, dass auch der Vorsatz neben den anderen subjektiven Unrechtselementen zum Tatbestand gehören muss[67].
Pflichtnormen sollen den Menschen zu einem richtigen Verhalten (= richtiges Wollen) anleiten. Aus der Norm ergibt sich folglich, dass nicht nur die subjektiven Unrechtselemente Bestandteil des Handlungsunrechts sind, sondern auch der Wille zur Tatbestandsverwirklichung. Im Ergebnis kann man sagen, dass der Vorsatz, der gegen den Normbefehl gerichtet ist, das Kernstück des personalen Unrechts ist[68].
Weiterhin ist für die Einordnung des Vorsatzes in den Unrechtstatbestand anzuführen, dass der Gesetzgeber in den meisten Tatbeständen finale Verben zur Tat-

63 Gallas, Bockelmann-FS (1979), S. 155 (161).
64 Jescheck/Weigend, AT, § 24 III 4.
65 Baumann/Weber/Mitsch, AT, § 12, Rdn. 5ff.; vgl. dazu auch Schönke/Schröder/Lenckner, StGB, vor § 13, Rdn. 55.
66 Wessels/Beulke, AT, § 55 III 4; Jescheck/Weigend, AT, § 24 III 4c.
67 Jescheck/Weigend, AT, § 22 V 1.
68 Hirsch, ZStW 93, S. 831 (837); Krauß, ZStW 76, S. 19 (56).

bestandsbeschreibung verwendet hat[69]. Am Wortlaut vieler Vorsatztatbestände ist zu erkennen, dass der Tatbestand nicht erfüllt wird, wenn ein bestimmtes inneres Moment nicht besteht, z. B. „täuschen“ in § 263 StGB, „wegnehmen“ in § 242 StGB oder „sich zueignen“ in § 246 StGB.

Besonders deutlich wird das Erfordernis der Einordnung des Vorsatzes in den Unrechtstatbestand jedoch beim Versuch. Dann nämlich liegt genau der Fall vor, dass ein vorsätzlich handelnder Täter zwar einen Deliktserfolg anstrebt, diesen aber nicht verwirklicht bzw. nach objektiver Sachlage gar nicht verwirklichen konnte (untauglicher Versuch). Aus der zwingenden Zugehörigkeit des Vorsatzes zum Unrecht des versuchten Delikts ergibt sich die Konsequenz, dass für das vollendete Delikt nichts anderes gelten kann[70].

(b) Trotz dieser überzeugenden Argumentation lassen sich immer noch einige Autoren finden, die – wie die klassische Lehre – den Vorsatz weiterhin als Schuldelement ansehen. Hervorzuheben sind dabei vor allem die Einzeldarstellungen von Engisch und Sax sowie das Lehrbuch von Baumann, Weber und Mitsch. Alle Autoren gehen vehement gegen die Annahme der Zugehörigkeit des Vorsatzes zum Unrechtstatbestand an.
Die Argumente, die für die Einordnung des Vorsatzes in die Schuld aufgeführt wurden, sind indes wenig überzeugend. So hat sich vor allem Engisch, der die sonstigen subjektiven Tatbestandsmerkmale im Übrigen anerkennt, für eine Beibehaltung des Vorsatzes in der Schuld ausgesprochen[71].
Er wandte gegen eine Einordnung des Vorsatzes in den Unrechtstatbestand ein, dass in § 16 StGB dem Vorsatz der Vorsatzgegenstand gegenübergestellt werde[72]. Der Vorsatz sei in allen seinen Formen ein intentionales Gebilde. Er richte sich auf die Verwirklichung des Unrechtstatbestandes. Der Vorsatz als das Intendierende stehe insofern außerhalb des Intendierten[73]. D. h., das Bestreben des Täters richtet sich auf die Verwirklichung des Unrechtstatbestandes und steht daher außerhalb des vom Täter verfolgten Zwecks. Da deshalb der Unrechtstatbestand mit seinen objektiven und subjektiven Elementen dem intendierenden Vorsatz vorgelagert ist[74], plädiert Engisch dafür, den Vorsatz in der Schuld zu belassen.
Gegen diese These hat Lenckner jedoch zutreffend eingewandt, dass gerade das Intendierende mit dem Intendierten zusammen den sozialen Gesamtsinn des Ge-

---

69 Gallas, ZStW 67, S. 1 (33).
70 Schönke/Schröder/Lenckner, StGB, vor § 13, Rdn. 55.
71 Engisch, DJT-FS (1960), S. 401 (427).
72 Engisch, DJT-FS (1960), S. 401 (427).
73 Engisch, DJT-FS (1960), S. 401 (428).
74 Engisch, DJT-FS (1960), S. 401 (428).

schehens ausmacht und dass dieser gerade das typische Unrecht des vorsätzlichen Delikts bestimmt[75].

Beispiel[76]: Ein Beamter stellt in der von ihm geführten Kasse einen Fehlbetrag fest. Um diesen auszugleichen eignet er sich daraufhin Geldbeträge, die er in amtlicher Eigenschaft empfangen hat, dadurch zu, dass er die Zahlungseingänge nicht verbucht. Damit will er zunächst einmal die Verfügungsgewalt des Dienstherrn (Eigentümer) über diese Geldbeträge beseitigen und eine eigene eigentümergleiche Verfügungsmacht errichten. Er ist also bestrebt, diese Verfügungsgewalt zu erlangen. Denn allein hierdurch kann er den von ihm verfolgten Zweck erreichen, die Meldung und den Ersatz von Kassenfehlbeträgen aus eigenen Mitteln zu vermeiden, wozu er eigentlich in Erfüllung der ihm gegenüber seinem Dienstherrn obliegenden Schuldverpflichtung angehalten ist.

An diesem Beispiel wird deutlich, dass eine einheitliche Handlungsweise nicht sinnwidrig in zwei ganz verschiedene Vorgänge zerlegt werden darf. Vielmehr bedarf es für eine rechtliche Würdigung einer den sozialen Gesamtsinn des Geschehens erfassenden Betrachtung[77]. Daher ist mit Lenckner die Ansicht Engischs abzulehnen.

Schließlich wurde auch von den Anhängern des herkömmlichen Aufbaus festgestellt, dass der Vorsatz beim Versuch ein Element des subjektiven Unrechtstatbestandes darstellt. Er ist nicht etwa ein Schuldelement, da es wesentlich von ihm abhängt, welcher Unrechtstatbestand überhaupt denkbar ist[78]. Es ist nicht nachvollziehbar, warum sich an der Stellung des Vorsatzes etwas ändern sollte, wenn das Delikt aus dem Versuchsstadium in das Vollendungsstadium übergeht.

Es ist nach dem zuvor Gesagten abzulehnen, den Vorsatz ausschließlich in der Schuld einzuordnen. Seine Zugehörigkeit zum Unrechtstatbestand kann heute als gefestigte Meinung angesehen werden[79]. Davon soll auch hier nicht abgewichen werden.

4. Die Fahrlässigkeitsproblematik

Die Entscheidung für eine Einordnung der subjektiven Tatbestandsmerkmale in den Unrechtstatbestand hat auch bedeutende Folgen für die Fahrlässigkeit. Die

---

75 Schönke/Schröder/Lenckner, StGB, vor § 13, Rdn. 55.

76 BGHSt 24, S. 115 (120).

77 Schönke/Schröder/Lenckner, StGB, vor § 13, Rdn. 55.

78 Baumann/Weber/Mitsch, AT, § 26, Rdn. 24, 40; Wessels/Beulke, AT, Rdn. 139.

79 Vgl. Schönke/Schröder/Lenckner, StGB, vor § 13, Rdn. 53.

Einordnung von Vorsatz und Fahrlässigkeit in den Unrechtstatbestand bedeutete gleichzeitig eine Verschiebung der Unterscheidungskriterien dieser beiden Begehungsformen.
Nach dem klassischen Fahrlässigkeitsbegriff beinhaltete der Tatbestand des Fahrlässigkeitsdelikts nur die Kausalität zwischen Handlung und Erfolg[80].Vorsatz und Fahrlässigkeit unterschieden sich daher früher nur in der Schuld. Durch die Einordnung der subjektiven Tatbestandsmerkmale in den Unrechtstatbestand findet jedoch bereits dort eine Unterscheidung statt.

Diese Einordnung lässt sich auch mit der Funktion des Vorsatzes begründen. Wer einen strafrechtlich sanktionierten Tatbestand bewusst und gewollt verletzt, greift in die angegriffene Norm krasser ein, als wenn er sie nur aus Versehen verletzt[81]. Dies ist der Grund, weshalb sich vorsätzliche und fahrlässige Tat bereits im Unrechtstatbestand unterscheiden und daher auch dort anzusiedeln sind.

Vorsätzliches Handeln wird demzufolge härter pönalisiert als fahrlässiges Handeln. Um diesen Unterschied zu begründen, musste wiederum geklärt werden, was eigentlich der zu sanktionierende Inhalt von Vorsatz und Fahrlässigkeit ist. Damit entbrannte eine Diskussion um die Reichweite der finalen Handlung oder anders gesagt, um die Frage, ob Vorsatz und Fahrlässigkeit überhaupt vergleichbare finale Handlungen sind. Dieses Problem soll hier nicht näher vertieft werden, da es ausschließlich eine Frage der finalen Handlungslehre ist und nur am Rande die subjektiven Tatbestandsmerkmale betrifft. An dieser Stelle ist nur auf Folgendes hinzuweisen:
Die Diskussion drehte sich bei den Fahrlässigkeitsdelikten zunächst um die Frage, ob fahrlässige Taten von der finalen Handlungslehre erfasst waren, oder anders gesagt, ob die fahrlässige Handlung final ist.
Von Arthur Kaufmann wurde dagegen eingewandt, dass die Fahrlässigkeitsdelikte ihrem Sinngehalt nach gerade nicht final seien. Vielmehr läge bei Ihnen eine Handlung vor, die sich gerade dadurch auszeichne, dass sie nicht vom Willen gelenkt und gesteuert sei[82].

Die Finalisten bejahten dagegen eine Finalität der Fahrlässigkeit[83]. Wie oben bereits erwähnt wurde, richtet sich die Rechtsnorm gegen die bewusste Gefährdung von Rechtsgütern. Sie richtet sich aber auch dagegen, dass ein Rechtsgut unbewusst durch Außerachtlassen der im Verkehr erforderlichen Sorgfalt (Fahrlässigkeit) verletzt wird. Für die Erfassung der fahrlässigen Delikte ist daher nicht nur

---

80 Schönke/Schröder/Cramer, StGB, § 15, Rdn. 111.
81 Stratenwerth, AT, Rdn. 247.
82 Arthur Kaufmann, JuS 1967, S. 145 (149).
83 Welzel, Dt. Strafrecht, § 8 II 8.

der erfolgsverursachende Willkürakt, sondern die konkrete Steuerung der finalen Handlung entscheidend, die verglichen wird mit einem maßstäblichen Sozialverhalten, das nicht gewollte Erfolge verhindern soll[84]. Damit ist für die Finalisten auch die Fahrlässigkeit Bestandteil des personalen Handlungsunrechts.

Dieser Streit kann und soll im Rahmen dieser Untersuchung nicht näher vertieft werden. Entscheidend ist lediglich der Hinweis darauf, dass Vorsatz und Fahrlässigkeit sich bereits im Unrechtstatbestand unterscheiden. Ob die fahrlässige Handlung final determiniert ist, bleibt ein Problem der Handlungslehre und geht hier zu weit. Auf den subjektiven Gehalt der (objektiven) Sorgfaltspflichtverletzung soll hingegen erst an späterer Stelle eingegangen werden.

5. Die Doppelfunktion des Vorsatzes

Auch wenn der Finalismus heute weitgehend abgelehnt wird, so ist doch die personale Unrechtslehre zwar umstrittene, aber dennoch h. M. geworden[85]. Als wichtigste Errungenschaft wird meistens die Einordnung des Vorsatzes in den Unrechtstatbestand angesehen[86].
Dabei stellt sich die Frage, ob der Vorsatz seine Funktion in der Schuld gänzlich eingebüßt hat oder ob ihm darüber hinaus noch zusätzliche schuldspezifische Gesichtspunkte zukommen.
Von den Anhängern des Finalismus wird dies mit der Begründung verneint, dass der Vorsatz bereits voll im subjektiven Tatbestand aufginge und ihm kein zusätzliches Deliktserfordernis auf der Schuldebene zukomme[87]. Dagegen spricht jedoch, dass ein Deliktsmerkmal nicht schon durch die Einordnung an einer Stelle im Deliktssystem verbraucht sein muss, da in jeder Verbrechenskategorie ein anderer Blickwinkel maßgeblich ist[88].
Deshalb wird dem Vorsatz heute eine Doppelfunktion im Deliktssystem als Verhaltensform und als Schuldform zugesprochen[89]. Im Unrechtstatbestand ist der Vorsatz (als Verhaltensform) Träger des rechtlich-sozialen Handlungssinns, der eine Beziehung zwischen dem äußeren Tatgeschehen und der Psyche des Täters herstellt[90]. Dagegen ist der Vorsatz (als Schuldform) im Schuldbereich Träger des Gesinnungsunwertes, in dem sich die mangelnde Einstellung zur Rechtsordnung

---

84 Welzel, Dt. Strafrecht, § 18, 4.
85 Schönke/Schröder/Lenckner, StGB, vor § 13, Rdn. 53.
86 Maurach/Zipf, AT/1, § 16 II, Rdn. 46.
87 Welzel, Dt. Strafrecht, § 22 II; Freund, AT, § 7, Rdn. 31.
88 Roxin, Kriminalpolitik und Strafrechtssystem, S. 42f.
89 Wessels/Beulke, AT, § 5 III 5; Gallas, ZStW 67, S. 1 (46); ders., Bockelmann-FS (1979), S. 155 (170).
90 Schönke/Schröder/Lenckner, StGB, vor § 13, Rdn. 120; Wessels/Beulke, AT, § 5 III 5a.

offenbart[91]. Im Unrechtstatbestand geht es demnach darum, ob ein Täter etwas vorsätzlich getan hat, während es im Schuldtatbestand darum geht, weshalb er vorsätzlich gehandelt hat und ob dieser Vorsatz auf Grund einer rechtlich zu missbilligenden Einstellung bestand. Diese Rolle in der Schuld bezeichnet man allgemein als Vorsatzschuld. Sie ist dabei ein Korrelat zum subjektiven Unrechtstatbestand[92], so dass diese Seite des Vorsatzes nicht mit seiner von der herkömmlichen Lehre vorgenommenen Einordnung in den Schuldtatbestand verglichen werden darf.

VII. Schmidhäusers differenzierte Betrachtung der Unrechtslehre (Teleologisches System der Strafrechtsmerkmale)

Nachdem die subjektiven Tatbestandsmerkmale als Unrechtsmerkmale weitgehend Anerkennung gefunden haben, drehte sich der Streit, wie gezeigt wurde, um die Einordnung des Vorsatzes in den Unrechtstatbestand. Hinsichtlich dieser Problematik vertrat Schmidhäuser eine differenzierte Auffassung. Sein Ziel war es, eine Synthese aus der objektivistischen klassischen Unrechtslehre und der personalen Unrechtslehre zu ziehen (kausale und finale Handlungslehre), indem er den „partiellen Wahrheitsgehalt" aus beiden Ansichten herauslösen wollte[93].
Das voluntative Element des Vorsatzes ist nach Schmidhäuser Bestandteil des Unrechtstatbestandes, während das intellektuelle Element in der Schuld anzusiedeln ist[94].
Dieser Ansicht Schmidhäusers liegt das Verständnis eines Strafrechts zu Grunde, welches in seinen Normen sozialethisch-verwerfliches Verhalten verbietet[95].

(a) Unrecht ist nach Schmidhäuser dasjenige Geschehen, das als sozialethisch-wertwidriges Willensverhalten eines Menschen den Beschreibungen des Strafgesetzes derart widerspricht, dass man es als einem staatlichen Verbot oder Gebot zuwiderlaufend ansehen kann[96], kurz: Unrecht ist Willensverhalten[97].
Unter Willensverhalten versteht Schmidhäuser nicht bloß den verwirklichten Willensentschluss (jemand will etwas tun und führt dies auch aus), sondern auch das Ausbleiben eines Willensentschlusses, den er aber hätte erbringen müssen (jemand wollte in einer bestimmten Situation handeln, unterlässt dies aber)[98].

---

91 grundlegend dazu Gallas, ZStW 67 S. 1 (44ff.).
92 Wessels/Beulke, AT, Rdn. 425.
93 Schmidhäuser, AT, § 7/38, S. 179.
94 Schmidhäuser, AT, § 6/25, S. 155.
95 Schmidhäuser, Gesinnungsmerkmale im Strafrecht, S. 161.
96 Schmidhäuser, Gesinnungsmerkmale, S. 168.
97 Schmidhäuser, AT, § 6/7, S. 143.
98 Schmidhäuser, AT, § 6/9, S. 144.

Für den Unrechtstatbestand lässt sich daher zusammenfassend feststellen, dass nach Schmidhäuser nur das voluntative Element ausschlaggebend ist (Willensverhalten), also das Wollen einer Handlung.

(b) In der Schuld muss dann zu diesem sittlichen Unwert des Willensverhaltens noch ein sittlich verwerfliches geistiges Verhalten hinzukommen[99] Schuld bedeutet daher nach Schmidhäuser die unrechtliche Gesinnung des Täters[100]. Das hinzukommende geistige Verhalten des Täters meine quasi seine Fähigkeit, ein Verhalten zu verstehen. Der Täter müsse also Kenntnis von seiner Tat haben und wissen, dass diese unerlaubt sei, bzw. hätte er diese Tatsachen bei einer Prüfung seines Gewissens bemerken können. Während das Unrecht rechtsgutsverletzendes Willensverhalten ist, versteht man also unter der Schuld rechtsgutsverletzendes geistiges Verhalten[101], sozusagen das Wissen der tatbestandlichen Begehung. Die Momente des geistigen Erfassens versteht Schmidhäuser letztlich als Momente von Vorsatz und Fahrlässigkeit[102], die ausschließlich Elemente der Schuld sind. Hierher rührt die Trennung von Willensverhalten (als Unrechtselement) und Vorsätzlichkeit (als Schuldelement), die Schmidhäusers Konzeption zu Grunde liegt. Die Grundaussage Schmidhäusers besteht demzufolge in der Trennung von Wille (Unrecht) und Vorsätzlichkeit (Schuld)[103].

(c) Die Auffassung von Schmidhäuser konnte sich nicht durchsetzen. Ihr wurde – insbesondere von Roxin – angelastet, dass sie ein Rückschritt in Richtung der klassischen (überholten) Konzeption sei[104]. Roxin wies insbesondere darauf hin, dass eine strikte Trennung von voluntativen und intellektuellen Bewusstseinselementen, wie sie für Schmidhäusers System erforderlich wäre, kaum durchführbar sei[105].
Eine derartige Zerteilung des Vorsatzbegriffes führe in vielen Bereichen zu erheblichen Schwierigkeiten. Dies zeige sich vor allem dadurch, dass eine Abgrenzung zwischen Vorsatz (Eventualvorsatz) und bewusster Fahrlässigkeit nicht mehr möglich sei[106]. Es ist durchaus denkbar, dass sich ein Mensch die Schädigung als Folge seines Handelns vorstellen kann, sie aber trotzdem nicht will. Dies sind die Fälle, in denen jemand darauf vertraut, dass die Schädigung vermieden werden kann und dieses dann trotzdem eintritt, obwohl er sie nicht will[107]. Derartige Fälle

99 Schmidhäuser, AT, § 6/2, S. 146.
100 Schmidhäuser, AT, § 6/22, S. 152f. und § 6/23, S. 154.
101 Schmidhäuser, AT, § 6/22, S. 153.
102 Schmidhäuser, AT, § 6/25, S. 155.
103 Schmidhäuser, AT, § 7/42, S. 182.
104 Roxin, ZStW 83, S. 369 (380).
105 Roxin, ZStW 83, S. 369 (404).
106 Wessels/Beulke, AT, § 7 I, Rdn. 205; Roxin, ZStW 83, S. 369 (390f.).
107 Wessels/Beulke, AT, § 7 I, Rdn. 205; Roxin, ZStW 83, S. 369 (391).

können von der Konzeption Schmidhäusers nicht erfasst werden, da es sich um „seelische Einstellungen" handelt, die weder in die von Schmidhäuser geprägte Vorsätzlichkeit (Schuld) noch in seine Willentlichkeit passen. Er müsste daher eine solche Einstellung entweder unberücksichtigt lassen und (Eventual-) Vorsatz annehmen oder sie in ein „Nicht-für-möglich-halten" umdeuten. Letzteres würde aber dazu führen, dass damit der Unterschied zur h. M. aufgegeben wird[108].
Beispiel: Ein Dachdecker arbeitet auf einem Dach mit Ziegelsteinen. Er legt seine Ziegelsteine auf ein am Dachfirst angebrachtes Brett, obwohl er weiß, dass dieses sehr wackelig ist. Weil er allerdings seit Jahren diese Technik anwendet, vertraut er auch diesmal darauf, dass das Brett mit den Ziegelsteinen hält. Da er aber etwas unvorsichtig ist, fallen einige Ziegelsteine herunter und verletzen einen Passanten.
Nach der h. M. würde man dieses Verhalten als fahrlässig einordnen, da der Täter bei sorgfältigem Handeln erkannt hätte, dass dieses Verhalten zu einer Gefährdung des Passanten führen konnte. Er hat die Verletzung aber dennoch nicht gewollt. Daher würde man nach der h. M. bewusste Fahrlässigkeit annehmen.
Dies ist nach Schmidhäuser nicht möglich, da es die Konstellation der bewussten Fahrlässigkeit, soweit sie die h. M. vertritt, nicht gibt. Für Schmidhäuser ist bewusste Fahrlässigkeit eine Farce, weil der Täter etwas weiß, aber auf das Ausbleiben vertraut – das Vertrauen auf das Ausbleiben ist dann nur ein Vabanque-Spiel[109]. Er müsste hier vorsätzliches Handeln annehmen, da es nur darum geht, dass der Täter etwas gewollt hat (hier mit den Dachziegeln zu arbeiten), was die Gesundheit des Opfers gefährden konnte. Dieses Ergebnis bereitet dem heutigen Verständnis jedoch Schwierigkeiten.

Das Beispiel zeigt, dass die Trennung von voluntativen und intellektuellen Bewusstseinselementen nicht immer sauber durchführbar ist. Aus diesem Grund ist der Zerteilung des Vorsatzbegriffes, wie sie Schmidhäuser vornimmt, nicht zuzustimmen. Folglich ist auch nach dieser Ansicht kein überzeugendes Argument gefunden, den Vorsatz in der Schuld anzuordnen.

VIII. Weiterentwicklung der personalen Unrechtslehren (Subjektivierung des Unrechtstatbestandes)

Nachdem die subjektiven Tatbestandsmerkmale Anerkennung als Bestandteil des Unrechtstatbestandes gefunden haben, drehte sich die Fragestellung in der weiteren Entwicklung insbesondere um die Ausgestaltung und den Stellenwert des Handlungsunwerts. Da der Handlungsunwert die Art und Weise der Erfolgsherbeiführung eines Delikts beschreibt, also die subjektive Begehungsweise der Tat

108 Roxin, ZStW 83, S. 369 (391).
109 Schmidhäuser, AT, § 10/95, S. 438f.; ders., GA 1957, S. 305 (306).

charakterisiert, ist die Entwicklung für den Charakter der subjektiven Tatbestandsmerkmale maßgeblich. Anders gesagt geht es hierbei um die Frage, wie das Unrecht gebildet und ausgestaltet wird.
Wie Gallas feststellte[110], lassen sich die diesbezüglich vertretenen Ansichten in zwei Gruppen einteilen, die sich dadurch unterscheiden, *dass sie objektive Pflichtmerkmale unterschiedlich einbeziehen und so Handlungs- und Erfolgsunwert gegeneinander abgrenzen*. Der Handlungsunwert setzt sich aus Vorsatz und den sonstigen subjektiven Tatbestandsmerkmalen zusammen[111]. Je mehr Gewicht der Handlungsunwert für den Unrechtsbegriff bekommt, desto stärker führt dies demnach zu einer Subjektivierung des Unrechts.

1. Die Bonner Schule (Reduzierung des Unrechts auf das Handlungsunrecht)

Die sog. Bonner Schule, die insbesondere vom Armin Kaufmann, Horn und Zielinski vertreten wird, hat versucht, den Finalismus Welzels zu Ende zu führen[112]. So wie es in der klassischen Unrechtsauffassung auf das Objektive ankam, steht dem mit der Bonner Schule eine deutliche Tendenz zum Subjektivismus entgegen[113]. Das Unrecht wird danach auf das Handlungsunrecht reduziert, wodurch der tatbestandliche Erfolg seine unrechtsbegründende und unrechtserhöhende Funktion einbüßt[114]. Ihm kommt lediglich noch Bedeutung als objektive Strafbarkeitsbedingung zu[115].
Die Vertreter dieser Ansicht führen dafür im Wesentlichen zwei entscheidende Argumente an. Zum einen könne, so Armin Kaufmann, nur eine Handlung, nicht aber der Erfolg Gegenstand eines Verbotes sein[116]. Dies beruht laut Horn auf der Vorstellung, dass Gebote und Verbote sich an die Stelle richten, die die Handlung plant und steuert, an die Entschlusskraft des handlungsfähigen Menschen[117]. Der Erfolg stehe dagegen außerhalb der finalen Macht des Menschen und könne daher nicht Inhalt eines Ver- oder Gebots sein[118]. Zum anderen dürfe der Erfolg allein schon deshalb nicht unrechtsbegründend sein, weil sein Eintreten oder Ausbleiben - wie Zielinski bemerkte – weitgehend vom Zufall abhinge[119]. Hinter die-

---

110 Gallas, Bockelmann-FS (1979), S. 155 f.

111 Roxin, AT/1, § 10 VII, Rdn. 101.

112 Schünemann in „Grundfragen", S. 1 (43).

113 Hirsch, Univ.-Köln-FS (1988), S. 399 (409).

114 Vgl. Zielinski, Handlungs- und Erfolgsunwert, S. 121 ff., 128 ff., 135 ff.

115 Horn, Konkrete Gefährdungsdelikte, S. 98 ff.; Zielinski, Handlungs- und Erfolgsunwert, S. 205 ff.

116 Armin Kaufmann, Lebendiges und Totes in Bindings Normentheorie, S. 107.

117 Horn, Konkrete Gefährdungsdelikte, S. 98 ff.; Zielinski, Handlungs- und Erfolgsunwert, S. 205 ff.

118 Zielinski, Handlungs- und Erfolgsunwert, S. 13; Mir Puig, Armin-Kaufmann-GS (1989), S. 253 (264).

119 Zielinski, Handlungs- und Erfolgsunwert, S. 135ff.

ser Unrechtskonzeption steht der Grundgedanke, dass ein strafrechtliches Verbot nur das Unterlassen einer Handlung zum Inhalt haben kann. Damit gilt es nur der Handlung und der dahinter stehenden Intention des Täters[120]. Im Ergebnis ist strafrechtliches Unrecht daher ausschließlich Handlungsunrecht, das in einem pflichtwidrigen finalen Akt besteht[121]. Der Vorsatz allein ist also unrechtskonstitutiv. Das bedeutet, dass sich das Unrecht im Handlungsunrecht erschöpft, also im beendeten Versuch[122].
Nach der Bonner Schule reicht demnach für die Pflichtwidrigkeit die Übertretung der Versuchsnorm aus. Der Versuchstäter verstößt gegen die gleiche Norm wie der Vollendungstäter, denn Inhalt der Norm ist nach dem oben Gesagten nur der finale Akt[123]. Dem Erfolg wird nur noch die Rolle als sog. objektive Bedingung der Strafbarkeit zuerkannt[124].

Eine solche Unrechtskonzeption brächte entscheidende Konsequenzen mit sich. Zum einen wäre dann schon eine vollendete Tat mit einem vollendeten Versuch gleichzusetzen, was § 23 StGB entgegensteht. Zum anderen würde die Fahrlässigkeit dann nicht am Erfolg, sondern an der Sorgfaltswidrigkeit ansetzen, selbst wenn keine Rechtsgutsverletzung vorläge[125]. Der Erfolg hat nur noch eine Funktion als objektive Bedingung der Strafbarkeit, jedoch keine Rolle im Rahmen der Unrechtsbegründung.

Beispiel[126]: Zwei Menschen schießen auf eine dritte Person. Die Kugel des ersten trifft den Dritten tödlich, während die Kugel des zweiten ihr Ziel verfehlt.
Die Lösung, zu der die Bonner Schule hier konsequenterweise gelangen muss, ist, dass beide Personen das gleiche Unrecht verwirklicht und auch die gleiche Schuld auf sich geladen haben. Der Handlungsunwert ist bei beiden Personen gleich, denn sie haben beide geschossen. Dass bei dem einen die Kugel ihr Ziel verfehlt und bei dem anderen trifft, soll ja gerade nicht unrechtsbegründend hinzutreten[127]. Ob dieses Ergebnis zufriedenstellend ist, soll in einer anschließenden Bewertung der genannten Auffassung der Bonner Schule dargestellt werden.

---

120 Armin Kaufmann, Bindings Normentheorie, S. 72, 105.

121 Vgl. Horn, Konkrete Gefährdungsdelikte, S. 82; Zielinski, Handlungs- und Erfolgsunwert, S. 121 ff., 127; Mir Puig, Armin-Kaufmann-GS (1989), S. 253 (264).

122 Armin Kaufmann, Welzel-FS (1974), S. 393 (403); Horn, Konkrete Gefährdungsdelikte, S. 81 f.; Zielinski, Handlungs- und Erfolgsunwert, S. 55, 152.

123 Zielinski, Handlungs- und Erfolgsunwert, S. 137, 141 f.

124 Mir Puig, Armin-Kaufmann-GS (1989), S. 253 (264).

125 Vgl. dazu Zielinski, Handlungs- und Erfolgsunwert, S. 191.

126 Roxin, AT/1, § 10 VII, Rdn. 94.

127 Roxin, AT/1, § 10 VII, Rdn. 95.

Bei der Bewertung dieser Unrechtskonzeption ist zunächst hervorzuheben, dass sie den Nachweis der Unrechtsentbehrlichkeit des Handlungsunwertes für die Unrechtsbegründung erbringt. Außerdem stellt sie klar heraus, dass es nur möglich ist, die Handlung und nicht den Erfolg einer Tat zu verbieten[128].
Es ist jedoch abzulehnen, den Erfolg aus dem Unrechtstatbestand auszukoppeln[129]. Taten werden nicht nur an ihrer Handlung gemessen, sondern vor allem auch hinsichtlich der Wirkungen, die durch sie eintreten, bewertet[130]. Außerdem bestraft der Gesetzgeber den vollendeten Versuch milder als das erfolgreiche Delikt[131]. Und schließlich wird bei den Delikten, deren Versuch nicht strafbar ist, erst durch den Erfolgseintritt Unrecht begründet[132].
Abzulehnen ist darüber hinaus die These, das Unrecht sei einzig auf die Intention des Handelnden zu stützen, weil der Erfolgseintritt vom Zufall abhinge. Bei genauerer Betrachtung wird deutlich, dass der Versuch selbst auch schon ein Erfolg ist, nämlich der Beginn der Tatausführung (andernfalls bleibt es bei der straflosen Vorbereitungshandlung), der genauso zufällig ausbleiben kann. Beispielsweise ist es durchaus denkbar, dass die Tat durch unvorhergesehene Umstände in der Vorbereitungshandlung stecken bleibt[133]. Wenn man allerdings diesen Zwischenerfolg akzeptiert, obwohl auch dieser zufällig ausbleiben könnte, ist nicht zu erklären, warum man den Enderfolg anders bewerten sollte[134]. In letzter Konsequenz müsste diese – den Schwerpunkt allein auf dem subjektiven Intentionsunwert stützende – Lehre strafrechtliches Unrecht bereits dann annehmen, wenn ein der Norm zuwiderlaufender Handlungsentschluss vorläge. Denn sogar der untaugliche Versuch beinhaltet nach dem oben Gesagten noch einen strafrechtlich relevanten Erfolg[135]. Dieses Ergebnis würde allerdings auf ein „Gesinnungsstrafrecht" hinauslaufen[136], das gerade in der heutigen Konzeption des Strafrechts vermieden werden soll[137].
Im Übrigen ist es nicht vertretbar, den Erfolg lediglich als objektive Bedingung der Strafbarkeit anzunehmen, denn das Strafbedürfnis einer Tat steht außerhalb von Tatbestand und Schuld. Es richtet sich vielmehr nach Umständen, die an den Gesetzgeber auf Grund gesellschaftspolitischer Situationen herantreten.

---

128 Ebert/Kühl, Jura 1981, S. 225 (234).
129 Mylonopoulos, Über das Verhältnis von Handlungs- und Erfolgsunwert im Strafrecht, S. 129.
130 Gallas, FS-Bockelmann (1979), S. 155 (165).
131 Lackner/Kühl, StGB, vor § 13, Rdn. 21.
132 Ebert/Kühl, Jura 1981, S. 225 (235).
133 Vgl. Maiwald in „Wiedergutmachung und Strafrecht", S. 64 (68).
134 Roxin, AT/1, § 10 VII, Rdn. 99.
135 Roxin, AT/1, § 10 VII, Rdn. 99.
136 Roxin, AT/1, § 10 VII, Rdn. 99.
137 Vgl. Maiwald in „Wiedergutmachung und Strafrecht", S. 64 (71 f.).

Im Ergebnis bleibt festzuhalten, dass die Auffassung der Bonner Schule zu diesem Problem einer näheren Betrachtung nicht standhält und daher abzulehnen ist. Die Ausführungen zeigen, dass auf einen Erfolgsunwert nicht verzichtet werden kann. Die subjektive Entwicklung der personalen Unrechtslehre stößt hier an ihre Grenzen.

2. Die Subjektivierung der Fahrlässigkeitsdelikte nach Jakobs und Stratenwerth

Eine weitere Differenzierung nehmen *Jakobs*[138] und *Stratenwerth*[139] vor, die beim Fahrlässigkeitsunrecht den Unrechtsbegriff stärker subjektivieren. Sie differenzieren nicht zwischen einer im Unrecht zu prüfenden objektiven Sorgfaltswidrigkeit und einem in der Schuld zu berücksichtigenden individuellen „Voraussehen-Können" des tatbestandlichen Erfolges. Vielmehr soll nur demjenigen das Verhaltensunrecht (dass der Erfolg nicht vermieden wurde) angelastet werden, der selbst in der Lage ist, die Verhaltensvorschriften einer Norm einzuhalten[140].
Diese Ansicht ist jedoch mit dem Hinweis darauf abzulehnen, dass die Sorgfaltspflichten generelle Anweisungen sind[141]. Zwar ist durchaus anerkannt, dass sich die Verhaltensnormen hinsichtlich ihrer bestimmten Verkehrs- und Funktionskreise unterscheiden, z.B. in Bezug auf Verkehrsteilnehmer im Straßenverkehr oder hinsichtlich verschiedener Berufsgruppen, wie z.B. Zahnärzten, Internisten und Chirurgen. Allerdings müssen innerhalb dieser Verkehrskreise die objektiv bestimmbaren Sorgfaltspflichten eingehalten werden, um nicht ein völliges Durcheinander hervorzurufen[142].
So muss ein Autofahrer genauso die Sorgfaltspflicht wahren wie ein Fußgänger und kann sich nicht darauf berufen, dass seine Fahrkunst es nicht zulasse, besser Auto zu fahren. Die anderen Verkehrsteilnehmer müssen sich aber darauf verlassen können, dass jeder eine eben objektive, d.h. gegenüber jedermann geltende, Sorgfaltspflicht wahrt – im Verkehr einfach dadurch, dass jeder die Verkehrsregeln einhält. Alles andere würde zu dem bereits genannten Chaos führen.
Zudem wird an dieser Ansicht kritisiert, dass sich das Handeln nicht mehr an einem objektiven Wertmaß orientiere, sondern die individuellen Fähigkeiten entscheidend seien. Je mehr Talent jemand besäße, desto höhere Sorgfaltsanforderungen seien an ihn zu stellen. Dies würde im Widerspruch zum zivilrechtlichen rein objektiven Sorgfaltsmaßstab stehen, was zur Folge hätte, dass die strafrechtliche Inpflichtnahme weiter ginge als die des Deliktsunrechts im Zivilrecht[143].

---

138 Jakobs, AT, S. 320 f.

139 Stratenwerth, AT, Rdn. 1096 ff.; ders. in Jescheck-FS (1985), S. 285 ff.

140 Jakobs, AT, S. 323.

141 Schünemann, JA 1975, S. 511 (513 f.); ders. in Schaffstein-FS (1975), S. 159 (174 f.).

142 Hirsch, Univ.-Köln-FS (1988), S. 399 (419).

143 Hirsch, ZStW 94, S. 239 (266 ff.); vgl. hierzu auch Schmidhäuser in Schaffstein-FS (1975), S. 129 (151).

Festzuhalten bleibt also, dass auch hinsichtlich der Fahrlässigkeitsdelikte zwischen der objektiven Sorgfaltswidrigkeit (die in das Unrecht gehört) und der individuellen Sorgfaltspflichtverletzung (als Bestandteil der Schuld) zu differenzieren ist. Nur auf diesem Wege können gegenüber jedermann geltende Sorgfaltsregeln begründet werden. Auch hier geht eine weitere Subjektivierung der personalen Unrechtslehre zu weit.

3. Zwischenergebnis

Die hier angeführten Theorien zeigen, dass die subjektivistischen Tendenzen nicht zu überzeugen vermögen. Mit der personalen Unrechtslehre soll gerade nicht die früher vertretene objektivistische Unrechtsauffassung durch eine extrem subjektivistische abgelöst werden[144]. Die personale Unrechtslehre soll vielmehr einen Ausgleich zwischen den objektiven und subjektiven Elementen der Tat finden. Die subjektivistischen Theorien sind daher abzulehnen.

IX. Gesamtergebnis

Die subjektiven Tatbestandsmerkmale sind heute generell als Unrechtselemente anerkannt. Ihre eigentliche Schwierigkeit besteht daher in ihrer Abgrenzung von den subjektiven Schuldmerkmalen.
Der Vorsatz als Bestandteil der subjektiven Tatbestandsmerkmale wird ebenfalls als Bestandteil des Unrechtstatbestandes angesehen. Die früheren Ansichten der klassischen Lehre finden heute kaum noch Anklang. Die Tendenz geht eher dahin, den Unrechtstatbestand zu subjektivieren, da dem Erfolgsunwert nur noch eine Rolle als objektive Bedingung der Strafbarkeit zukommen soll. Diese Entwicklung ist allerdings abzulehnen, da sie sich zu sehr in Richtung eines Gesinnungsstrafrechts bewegt.
Im Ergebnis bleibt festzuhalten, dass sowohl der Vorsatz als auch die sonstigen subjektiven Tatbestandsmerkmale Elemente des Unrechtstatbestandes sind.

---

[144] So auch Hirsch, Univ.-Köln-FS (1988), S. 399 (411).

Der Geldwäschetatbestand gem. § 261 StGB einschließlich der Probleme seiner Anwendung

Torsten Bauer

1. Entstehung des Tatbestandes

Der Tatbestand der Geldwäsche wurde durch das „Gesetz zur Bekämpfung des illegalen Rauschgifthandels und anderer Erscheinungsformen der Organisierten Kriminalität (OrgKG)" vom 15.7.1992[1] in das Strafgesetzbuch eingefügt. Damit wurde den Vorgaben der Europäischen Union und der Vereinten Nationen Rechnung getragen. Die sog. Geldwäscherichtlinie des Rates der Europäischen Gemeinschaften von 1991[2] verpflichtete die Mitgliedstaaten, die Geldwäsche zu untersagen und den Kredit- und Finanzinstituten eine Reihe von im Einzelnen aufgezählten Mitwirkungs- und Kontrollpflichten aufzuerlegen. Das Wiener Übereinkommen der Vereinten Nationen vom 20.12.1988[3] begründete für die Mitgliedstaaten die im Gegensatz dazu engere Verpflichtung, Geldwäsche unter Strafe zu stellen, soweit das Geld aus Rauschgiftdelikten als Vortat stammt.

Inzwischen wurde der Tatbestand der Geldwäsche durch weitere Gesetze erheblich verändert.[4] Darüber hinaus ist die Geldwäscherichtlinie des Rates der Europäischen Gemeinschaften von 1991 novelliert worden[5], was den deutschen Gesetzgeber zur Änderung des den § 261 StGB ergänzenden „Gesetzes über das Aufspüren von Gewinnen aus schweren Straftaten (Geldwäschegesetz – GWG)"[6] veranlasst hat[7].

---

1 BGBl. I, S. 1302.

2 Richtlinie 91/308 EWG – ABl. L 166/77 v. 10.6.1991.

3 BT-Drs. 12/3346, S. 6 ff., 11 ff.

4 Zuletzt durch das 34. StÄndG v. 22.8.2002 (BGBl. I, S. 3390).

5 Vgl. dazu Richtlinie 2001/97/EG – ABl. L 344/76 v. 28.12.2001.

6 GWG v. 25.10.1993 (BGBl. I, S. 1770).

7 Vgl. dazu das „Gesetz zur Verbesserung der Bekämpfung der Geldwäsche und der Bekämpfung der Finanzierung des Terrorismus (GeldwBekG)" v. 8.8.2002 (BGBl. I, S. 3105).

Sowohl die Einführung des Tatbestandes durch das OrgKG als auch die entsprechende Gesetzesbegründung[8] weisen darauf hin, ihn als Mittel der Bekämpfung des Organisierten Verbrechens zu begreifen. Bei Betrachtung der Aufzählung der Vortaten in § 261 Abs. 1 StGB fällt allerdings auf, dass der Tatbestand ursprünglich zum Teil enger gefasst war – es fehlte z. B. die Steuerhinterziehung[9] –, zum Teil aber viele Vortaten beinhaltet, die außerhalb des Organisierten Verbrechens verwirklicht werden – z. B. §§ 242, 263 StGB.

2. Rechtsgut

Aus § 261 Abs. 1 StGB geht hervor, dass eine tatbestandsmäßige Geldwäschehandlung eine sog. Anschlusstat darstellt, die eine bestimmte Vortat des Täters selbst oder eines anderen voraussetzt. Aus einer solchen Vortat „herrührende" Gegenstände müssen dann zur Erfüllung des Tatbestandes gegenüber staatlichen Ermittlungen verborgen oder bezüglich ihrer Herkunft verschleiert werden.

Daraus könnte man auf eine Schutzrichtung wie bei der Begünstigung (§ 257 StGB) schließen.[10] Bei der Begünstigung kommt es aber auf die Absicht an, dem Vortäter die Vorteile seiner Tat zu sichern. Diese Absicht spielt für § 261 StGB jedoch keine Rolle, zumal der Geldwäscher auch selbst Vortäter sein kann. Darüber hinaus enthält § 261 Abs. 2 StGB auch die Alternativen, dass der (Anschluss-) Täter die Gegenstände sich oder einem Dritten verschafft oder dass er sie für sich oder einen Dritten verwendet.

Gegen die Annahme einer Schutzrichtung wie bei der Strafvereitelung (§ 258 StGB) sprechen im Bereich des subjektiven Tatbestandes dieselben Gründe wie bei der Begünstigung. Außerdem ist die Subsumtion der Geldwäsche unter den Strafvereitelungstatbestand bei im Ausland begangenen Vortaten problematisch, da wie bei der Begünstigung nur die inländische Rechtspflege geschütztes Rechtsgut ist.[11]

Obwohl die Hehlerei (§ 259 StGB) in den Vortatenkatalog des § 261 Abs. 1 StGB aufgenommen wurde, ist bei der Schutzrichtung des Geldwäschetatbestandes nicht allein auf dieses Delikt abzustellen. Die Vortaten der Geldwäsche müssen nämlich – wie z. B. bei einem Drogengeschäft – keineswegs „gegen fremdes Vermögen gerichtete Delikte" sein, was bei der Hehlerei aber Voraussetzung ist.

---

8 Vgl. dazu BT-Drs. 13/8651.

9 Die gewerbs- und bandenmäßige Steuerhinterziehung wurde erst durch das „Steuerverkürzungsbekämpfungsgesetz (StVBG)" v. 19.12.2001 (BGBl. I, S. 3922) in den § 261 StGB eingefügt.

10 Vgl.: BT-Drs. 12/989, S. 27; BT-Drs. 12/3533, S. 13.

11 Vgl. dazu Spiske, Pecunia olet?, 1998, S. 74 f.

Der Gesetzgeber sieht als geschütztes Rechtsgut des § 261 StGB die staatliche Rechtspflege an, wobei zusätzlich das durch die Vortat verletzte Rechtsgut geschützt ist.[12]

Dazu ist anzumerken, dass mit § 261 StGB verhindert werden soll, dass der Täter den durch die Straftat erworbenen Gewinn anschließend wie legalen Erwerb verwerten kann, insbesondere dadurch, dass er ihn in den „normalen“ Wirtschaftskreislauf (Anlage bei Banken, Investitionen in Wertpapieren usw.) gelangen lässt. Offensichtlicher und spezieller Zweck dieser Vorschrift ist also die Verhütung von Straftaten und die Durchsetzung von Strafdrohungen, der aber hinter dem allgemeinen Schutzobjekt Rechtspflege verschwindet. Deshalb sollte der Geldwäschetatbestand vom Rechtsgüterschutz her in die Delikte gegen die Durchsetzung des Strafrechts eingeordnet werden.[13]

3. Die Elemente des Tatbestandes

Nach der Definition der EG-Richtlinie[14], die zur Schaffung des § 261 StGB geführt hat, geht es bei der Geldwäsche um die Verheimlichung von Vermögensgegenständen, die aus einer kriminellen Tätigkeit stammen, und um den Erwerb, den Besitz und die Verwendung solcher Vermögensgegenstände. Dieses Ziel wurde mit dem Wortlaut des § 261 StGB nur sehr bedingt erreicht, der außerdem zu erheblichen Auslegungsschwierigkeiten führt.

a) Mögliche Vortaten

Die Vortaten, aus denen der Gegenstand der Geldwäsche „herrühren“ muss, sind im Katalog des § 261 Abs. 1 Satz 2 StGB aufgeführt und in fünf Kategorien unterteilt. Der Katalog nennt in § 261 Abs. 1 Satz 2 Nr. 1 StGB zunächst Verbrechen. Da die Unterscheidung zwischen Verbrechen und Vergehen einem juristischen Laien kaum begreiflich sein wird, wird man das Erfordernis des Vorsatzes oder der Leichtfertigkeit gem. § 261 Abs. 5 StGB nicht auf die formale Einteilung nach § 12 StGB beziehen dürfen, sondern man wird – entsprechend der Rechtsprechung des BGH[15] – für Vorsatz oder Leichtfertigkeit genügen lassen müssen, dass der Täter eine Vortat annimmt oder leichtfertig verkennt, die der Gesetzgeber als Verbrechen einstuft.[16] Selbst bei diesem Verzicht auf einen Bezug von

12 BT-Drs. 12/989, S. 26 f.

13 Vgl. dazu Maurach/Schroeder/Maiwald, Strafrecht – Besonderer Teil 2, 8. Aufl. 1999, § 101 Rdnr. 18.

14 Vgl. o. Fn. 2.

15 BGHSt 17, S. 307 ff.

16 Schönke/Schröder/Stree, StGB, 26. Aufl. 2001, § 261 Rdnr. 18.

Vorsatz oder Leichtfertigkeit auf die formale Einteilung wird das Abstellen auf „Verbrechen" als Vortat durch den Richter nicht leicht zu handhaben sein.

Als weitere Vortaten werden in § 261 Abs. 1 Satz 2 Nr. 2 a StGB die Vergehen der Bestechlichkeit (§ 332 StGB) und der Bestechung (§ 334 StGB) genannt. Dadurch soll die Korruption, ein „Herzstück" der Organisierten Kriminalität, effektiver bekämpft und das „Gesetz zur Bekämpfung der Korruption" vom 13.8.1997[17] ergänzt werden.
Unter § 261 Abs. 1 Satz 2 Nr. 2 b StGB sind als Vortaten die Vergehen gem. § 29 Abs. 1 Satz 1 Nr. 1 BtMG[18] und die Vergehen gem. § 29 Abs. 1 Nr. 1 GÜG[19] aufgenommen worden. Durch die Verweisung auf § 29 Abs. 1 Satz 1 Nr. 1 BtMG sind insbesondere der Handel, die Veräußerung, der Erwerb und die Ein- und Ausfuhr von Rauschgift mit einbezogen. Soweit es sich um Rauschgift von nicht geringer Menge handelt, greift der Verbrechenstatbestand des § 29 a BtMG ein, so dass in diesem Fall die Vortat schon durch § 261 Abs. 1 Satz 2 Nr. 1 StGB erfasst ist. Die Verweisung auf das Grundstoffüberwachungsgesetz[20] bezieht als Vortaten den Verkehr mit solchen Stoffen und Zubereitungen ein, die zur unerlaubten Herstellung von Betäubungsmitteln verwendet werden sollen.

In § 261 Abs. 1 Satz 2 Nr. 3 StGB sind mit dem gewerbsmäßigen, gewaltsamen und bandenmäßigen Schmuggel (§ 373 AO[21]) und der gewerbsmäßigen Steuerhehlerei (§ 374 AO) zwei schwere Fiskaldelikte in den Vortatenkatalog aufgenommen worden. Soweit sich diese Regelung auf schwere Betrugsfälle erstreckt, fällt hierunter aufgrund des weiten Betrugsbegriffs des Übereinkommens über den Schutz der finanziellen Interessen der Europäischen Gemeinschaften (EG-FinSchG) vom 26.7.1995[22] auch die Marktordnungsabgabenhinterziehung. Dementsprechend wird in § 261 Abs. 1 Nr. 3 StGB klarstellend auf § 12 des Gesetzes zur Durchführung der Gemeinsamen Marktorganisation (MOG)[23] Bezug genommen. Diese Norm wiederum verweist auf die Vorschriften der Abgabenordnung. Mit § 261 Abs. 1 Satz 3 StGB wird schließlich sichergestellt, dass auch Schmuggelgut selbst durch Geldwäschehandlungen erfasst wird, denn dieses rührt nicht aus einer Straftat nach § 373 AO her.
Durch Art. 2 Nr. 3 des Steuerverkürzungsbekämpfungsgesetzes (StVBG) vom 19.12.2001[24] wurde in die Abgabenordnung mit § 370 a ein Verbrechenstatbe-

---

17 BGBl. I, S. 2038.
18 Gesetz über den Verkehr mit Betäubungsmitteln (BtMG) v. 1.3.1994 (BGBl. I, S. 358).
19 Vgl. u. Fn. 20.
20 Grundstoffüberwachungsgesetz (GÜG) v. 7.10.1994 (BGBl. I, S. 2835).
21 Abgabenordnung (AO) v. 16.3.1976 (BGBl. I, S. 613; ber. BGBl. I / 1977, S. 269).
22 Abl. C 316/48 v. 27.11.1995.
23 MOG v. 27.8.1986 (BGBl. I, S. 1397).
24 BGBl. I, S. 3922.

stand der gewerbs- oder bandenmäßigen Steuerhinterziehung eingefügt, um den auch der Vortatenkatalog des § 261 StGB in Abs. 3 Satz 3 ergänzt[25] worden ist. Erstmals wird damit auf materiellrechtlicher Ebene das Steuerstrafrecht mit der Geldwäsche umfassend verknüpft, was nach dem Willen des Gesetzgebers zu einer entscheidenden Schwächung der Organisierten Kriminalität führen soll.[26]

Taugliche Vortaten der Geldwäsche sind gem. § 261 Abs. 1 Satz 2 Nr. 4a, b StGB die Tatbestände des Menschenhandels (§ 180 b StGB), der Zuhälterei (§ 181 a StGB), des Diebstahls (§ 242 StGB), der Unterschlagung (§ 246 StGB), der Erpressung (§ 253 StGB), der Hehlerei (§ 259 StGB), des Betruges (§ 263 StGB), des Computerbetruges (§ 263 a StGB), des Subventionsbetruges (§ 264 StGB), der Untreue (§ 266 StGB), der Urkundenfälschung (§ 267 StGB), der Fälschung beweiserheblicher Daten (§ 269 StGB) und der unerlaubten Veranstaltung eines Glücksspiels (§ 284 StGB) sowie die Tatbestände der vorsätzlichen umweltgefährdenden Abfallbeseitigung (§ 326 Abs. 1, 2 und 4 StGB), des vorsätzlichen umweltgefährdenden Umgangs mit radioaktiven Stoffen und Gütern (§ 328 Abs. 1, 2 und 4 StGB), des Einschleusens von Ausländern (§ 92 a AuslG[27])[28] und des Verleitens zur missbräuchlichen Asylantragstellung (§ 84 AsylVfG[29]). Dabei wird das ebenfalls in § 261 Abs. 1 Satz 2 Nr. 4 StGB enthaltene Zusatzerfordernis der banden- und gewerbsmäßigen Tatbegehung, das den Bezug zur Organisierten Kriminalität gewährleisten soll, *alternativ* gefasst. Die genannten Straftaten müssen also *entweder* von einem Mitglied einer Bande – Zusammenschluss von mindestens zwei Personen –, die sich zur fortgesetzten Begehung solcher Straftaten verbunden hat, *oder* gewerbsmäßig begangen worden sein. Dieses nur alternative und nicht kumulative Vorliegen erleichtert den Tatnachweis.

Als weitere Vortaten waren in der ursprünglichen Fassung des § 261 Abs. 1 Satz 2 Nr. 5 StGB Vergehen jeder Art enthalten, die von einem Mitglied einer kriminellen Vereinigung (§ 129 StGB) begangen worden sind. Eine Beschränkung der Vorschrift des § 129 StGB auf politische oder politisch motivierte Vereinigungen wird durch die Entstehungsgeschichte zwar nahegelegt, findet im Gesetz aber keine Stütze.[30] Zutreffend ist allerdings, dass § 129 StGB auf solche „unpoliti-

25 Art. 4 StVBG.

26 Vgl. dazu Burger, wistra 2002, S. 1 f.

27 Ausländergesetz (AuslG) v. 9.7.1990 (BGBl. I, S. 1354).

28 Durch Art. 11 Nr. 13 Ziff. 1, Art. 15 Abs. 3 des Zuwanderungsgesetzes (ZuwandG) v. 20.6.2002 (BGBl. I, S. 1946, 1996, 1999) wird § 261 Abs. 1 Satz 2 Nr. 4 b dergestalt geändert, dass § 92 a AuslG mit Wirkung vom 1.1.2003 durch § 96 AufenthG – Einführung des Aufenthaltsgesetzes durch Art. 1 ZuwandG v. 20.6.2002 (BGBl. I, S. 1946) – ersetzt wird.

29 Asylverfahrensgesetz (AsylVfG) v. 27.7.1993 (BGBl. I, S. 1361).

30 Vgl. Lackner/Kühl, StGB, 24. Aufl. 2001, § 129 Rdnr. 2.

schen“ Vereinigungen nicht zugeschnitten und deshalb auf sie wohl nur ausnahmsweise anzuwenden ist. Begeht also ein Mitglied einer Vereinigung, die auf Begehung politischer Straftaten gerichtet ist, auch einmal einen Ladendiebstahl, so ist der aus dem Ladendiebstahl stammende Gegenstand ein tauglicher Gegenstand der Geldwäsche. Dies dürfte für den Gesetzgeber aber kaum ein Grund zur Schaffung des Geldwäschetatbestandes gewesen sein.
Nunmehr ist § 261 Abs. 1 Satz 2 Nr. 5 StGB dahingehend erweitert worden, dass auch Vergehen, die von einem Mitglied einer terroristischen Vereinigung (§ 129 a StGB) begangen wurden, als Vortaten anzusehen sind.[31] Die Erweiterung des Vortatenkataloges erfasst darüber hinaus Vergehen nach § 129 StGB (Bildung krimineller Vereinigungen) und 129 a Abs. 3 StGB (Unterstützung oder Werbung für eine terroristische Vereinigung).[32] Beide Tatbestandserweiterungen gelten auch in Verbindung mit dem neu ins Strafgesetzbuch eingefügten § 129 b StGB (Kriminelle und terroristische Vereinigungen im Ausland).[33] Hinsichtlich der Bekämpfung der Finanzierung des Terrorismus[34] erscheinen die entsprechenden Gesetzesänderungen sinnvoll.

§ 261 StGB Abs. 8 soll sicherstellen, dass auch aus Auslandstaten herrührende Gegenstände Objekte einer im Inland begangenen Geldwäsche sein können. Die Vorschrift trägt insbesondere der internationalen Verflechtung der Finanzmärkte Rechnung. Gleichwohl soll auch hier nur eine Katalogtat im Sinne des § 261 Abs. 1 StGB taugliche Vortat einer Geldwäsche sein.

b) Das Tatobjekt der Geldwäsche

Entgegen der mit dem Begriff „Geldwäsche“ verbundenen Vorstellung ist taugliches Tatobjekt des § 261 StGB nicht nur Geld, sondern jeder Gegenstand. Und außer der weiteren Überschrift des § 261 StGB „Verschleierung unrechtmäßig erlangter Vermögenswerte“ enthält der Wortlaut des Tatbestandes auch keinen Hinweis darauf, dass das Tatobjekt nur ein Vermögensgegenstand sein kann. Legt man den Wortlaut zugrunde, so kann das Delikt der Geldwäsche demgemäß auch dadurch begangen werden, dass jemand eine Leiche oder Leichenteile, die aus einem Mord „herrühren“, verbirgt. Hier ist eine teleologische Reduktion des Tatbestandes angebracht, die auch unter Berücksichtigung der Deliktsüberschrift vorzunehmen ist: Als Gegenstände der Geldwäsche im Sinne des § 261 Abs. 1 StGB sind nur solche Gegenstände anzusehen, die einen Vermögenswert darstel-

---

[31] Vgl. dazu o. Fn. 4.
[32] Vgl. dazu o. Fn. 4.
[33] Vgl. dazu o. Fn. 4.
[34] Vgl. o. Fn. 7.

len.[35] In Betracht kommen körperliche und unkörperliche Gegenstände, also außer Geld z. B. Wertpapiere, Forderungen (etwa Bankguthaben), Gesellschaftsanteile, Rechte an Grundstücken, Gold oder Edelsteine.

c) Das Herrühren aus der Vortat

Für den Tatbestand der Hehlerei ist heute weitgehend unbestritten, dass die sog. Ersatzhehlerei straflos ist. Umgekehrt gilt für den Begriff des „Herrührens" in § 261 StGB, dass er nicht auf solche Gegenstände zu beschränken ist, die unmittelbar aus der Vortat stammen. Daher ist auch das „Waschen" von Ersatzgegenständen strafbar, wie sich bereits aus der Gesetzesbegründung ergibt.[36] Außerdem liegt dies schon deshalb nahe, weil auch Forderungen taugliche Gegenstände einer Geldwäsche sein können und Forderungen nicht nach denselben Kriterien als identisch angesehen werden können, die für Sachen gelten.

Von diesem Vergleich mit der Hehlerei ausgehend, gelangt man zu einem der Hauptprobleme des Geldwäschetatbestandes, nämlich zu der Frage, was eigentlich unter dem Wort „herrühren" zu verstehen ist. Unter welchen Voraussetzungen ein Gegenstand aus einer rechtswidrigen Tat herrührt, ist im Gesetzgebungsverfahren nur unzureichend geklärt worden und wegen der Unbestimmtheit des Begriffs auch schwer eingrenzbar.[37]

Das Herrühren aus einer Straftat im Sinne des § 261 StGB wird denn auch besonders problematisch, wenn die Gewinne, soweit sie in Form von Bankguthaben existieren, auf Bankkonten eingezahlt werden, die schon vor der Einzahlung ein Guthaben von legal erworbenen Geldsummen aufweisen.[38] Enthält das Konto die Summe von 20 000 Euro legal erworbenen Geldes und zahlt der Täter weitere 20 000 Euro aus einer Katalogtat gem. § 261 Abs. 1 StGB ein, so fragt sich, ob ein Dritter das Delikt der Geldwäsche begeht, wenn er dann die Summe von 10 000 Euro oder die Summe von 30 000 Euro überwiesen bekommt.

Das hängt zunächst davon ab, ob etwa die Ausschlussregelung des Abs. 6 eingreift, wenn die Bank bei der Einziehung der illegalen Gelder ihrerseits nicht einmal leichtfertig gehandelt hat. Diese Ausschlussregelung besagt, dass die Tat nicht nach Abs. 2 – der die Varianten des Sich-Verschaffens, des Verwahrens und des Verwendens für sich oder einen Dritten enthält – strafbar ist, wenn zuvor

---

35 Lampe, JZ 1994, S. 123 ff., 126; Tröndle/Fischer, StGB, 50. Aufl. 2001, § 261 Rdnr. 6.

36 BT-Drs. 12/3533, S. 12.

37 Vgl. dazu Lackner/Kühl (Fn. 30), § 261 Rdnr. 5; Schönke/Schröder/Stree (Fn. 16), § 261 Rdnr. 7; Tröndle/Fischer (Fn. 35), § 261 Rdnr. 7; Maiwald, H. J. Hirsch-FS, 1999, S. 631 ff., 636.

38 Vgl. Lampe (Fn. 35), S. 127.

ein Dritter den Gegenstand erlangt hat, ohne hierdurch eine Straftat zu begehen. Würde man nun sagen, die Bank habe, ohne eine Straftat zu begehen, den „Gegenstand" durch die Einzahlung erlangt, so würde auch ein späterer bösgläubiger Empfänger, an den aus dem Konto eine Summe überwiesen wird, straflos bleiben müssen. Andererseits wäre die Strafbarkeit dieses bösgläubigen Empfängers unzweifelhaft gegeben, wenn die ursprünglichen Geldscheine der Bank nur zur Aufbewahrung übergeben worden wären und der spätere bösgläubige Empfänger einen Teil der ursprünglichen Geldscheine erhalten würde.
Maßgebend bei dieser Fallgestaltung dürfte folgende, an den Gesetzeszweck anknüpfende Erwägung sein. Die in § 261 StGB umschriebenen Tathandlungen einschließlich des Verbergens und des Verschleierns der Herkunft eines Gegenstandes haben nach der Gesetzesgeschichte wesentlich auch die Geldinstitute als Adressaten im Auge.[39] Würde man nun gerade deren Verhalten nicht in Betracht ziehen, wenn es um die Frage geht, ob die Kette von Straftaten durch einen gutgläubigen Zwischenerwerb unterbrochen ist, so würde man den Sinn des Gesetzes nahezu umkehren.[40]
Im Hinblick auf den Zweck des § 261 StGB liegt es also nahe, die Ersteinzahlung des „schmutzigen" Geldes bei der straflos handelnden Bank gewissermaßen als „Parken" dieses Betrages anzusehen und damit ein Erlangen durch die Bank im Sinne des Abs. 6 auszuschließen. Somit ist ein die Kette der strafbaren Handlung durchbrechender straffreier Zwischenerwerb gem. Abs. 6 abzulehnen.

Aber auch unter dieser Voraussetzung bleibt es zweifelhaft, ob der bösgläubige Dritte, der sich später den eingezahlten Geldbetrag verschafft, den Gegenstand erhält, der aus der Vortat herrührt, wenn er gemäß dem oben genannten Beispiel 10 000 Euro oder 30 000 Euro erhält. Bekommt er 10 000 Euro von einem Konto überwiesen, das im Übrigen noch 20 000 Euro an „sauberem" Geld enthält, so lässt sich jedenfalls kaum begründen, dass der Betrag von 10 000 Euro aus einer Vortat im Sinne des Abs. 1 herrührt, es sei denn, man nimmt infolge des bloßen Summencharakters eines Kontos gleichsam eine Kontamination der gesamten Kontosumme an, so dass nunmehr die gesamte Kontosumme aus der Vortat herrührt.[41] Diese Kontamination würde praktisch zu einer vollkommenen Sperre für das Vermögen dessen führen, der auch nur einen geringen Geldbetrag aus einer Vortat gem. § 261 StGB erworben hat; würde jemand trotzdem von diesem Geldbeträge erwerben, so würde sich dieser „Makel" bis ins Unendliche fortsetzen. Für Strafverteidiger würde dies beispielsweise bedeuten, dass sie sich jeden-

---

39 Vgl. dazu die in Fn. 6 u. 7 genannten Gesetze.

40 Vgl. Maiwald (Fn. 37), S. 637 ff.

41 Schönke/Schröder/Stree (Fn. 16), § 261 Rdnr. 9; vgl. auch: Lampe (Fn. 35), S. 127; Burr, Geldwäsche, 1995, S. 76 f.; Leip, Der Straftatbestand der Geldwäsche, 2. Aufl. 1999, S. 105 ff.

falls im Falle der Verurteilung eines Mandanten, den sie wegen einer Katalogtat des § 261 Abs. 1 StGB verteidigt haben, von dessen Konto kein Geld überweisen lassen dürften, weil sie andernfalls wegen Geldwäsche strafbar wären.[42] Diese letztere Möglichkeit dürfte deshalb wiederum mit Blick auf den Zweck des § 261 StGB ausscheiden. Bekommt der bösgläubige Dritte aber 30 000 Euro von einem Konto überwiesen, auf das 20 000 Euro legal und ein „schmutziger" Betrag von ebenfalls 20 000 Euro eingezahlt wurden, so sollen nach der Gesetzesbegründung[43] die vom BGH zur Hehlerei vermischten Geldes entwickelten Grundsätze[44] gelten.

Danach würde sich der bösgläubige Dritte gem. § 261 StGB strafbar machen, da im Überweisungsbetrag über den „sauberen" Betrag hinaus notwendig „schmutziges" Geld in Höhe von 10 000 Euro enthalten sein muss. Das könnte der Täter allerdings dadurch umgehen, dass er von vornherein mehrere Konten eröffnet und die Beträge der verschiedenen Konten so lange und in einer Weise hin- und herschiebt, dass schließlich die „Identität" einer bestimmten Summe gar nicht mehr zu ermitteln ist.

Mit der genannten Anwendung der Grundsätze zur Hehlerei vermischten Geldes ist aber der Möglichkeit strafbarkeitsvermeidender Manipulationen breiter Raum gelassen[45]: Würde beispielsweise der Kontoinhaber – auf dessen Konto sich 50 000 Euro befinden, davon 15 000 Euro „schmutziges" Geld – an zwei Personen jeweils 25 000 Euro überweisen oder auszahlen lassen, so müsste in Anwendung des Satzes „in dubio pro reo" angenommen werden, dass die jeweils andere Person denjenigen Betrag erhalten hat, der die 15 000 Euro an „schmutzigem" Geld enthält, so dass keiner der beiden Erwerber aus § 261 Abs. 2 StGB bestraft werden könnte.
An diesen Beispielen wird deutlich, dass im Bereich von Forderungen der Gedanke einer „Identität" generell nicht sachgerecht ist.[46] Wenn § 261 StGB also die Tatmodalität enthält, dass ein Gegenstand aus einem bestimmten Delikt „herrührt", ohne dass diese wie bei der Hehlerei auf die Identität von Sachen beschränkt wäre, so muss dies als gesetzgeberische Fehleinschätzung bezeichnet werden.

---

42 Vgl. dazu: BGH v. 4.7.2001 – 2 StR 513/00, wistra 2001, S. 379; Gotzens/Schneider, wistra 2002, S. 121.
43 BT-Drs. 12/3533, S. 12.
44 BGH, NJW 1958, S. 1244 f.
45 Maiwald (Fn. 37), S. 641.
46 Lampe (Fn. 35), S. 127.

d) Die Tathandlungen

Die Tathandlungen der Geldwäsche können in zwei Gruppen eingeteilt werden. In der ersten Gruppe, die in § 261 Abs. 1 StGB enthalten ist, geht es um die Sicherung des Verbrechensgegenstandes gem. Abs. 1 Satz 2: Bestraft wird, wer einen solchen Gegenstand verbirgt, dessen Herkunft verschleiert oder die Ermittlung der Herkunft, das Auffinden, den Verfall, die Einziehung oder die Sicherstellung vereitelt oder gefährdet. Die zweite Gruppe der Tathandlungen findet sich in § 261 Abs. 2 StGB. Hier geht es um einige besondere Formen der Verfügungserlangung. Danach wird bestraft, wer einen der obigen Verbrechensgegenstände sich oder einem Dritten verschafft, wer ihn verwahrt oder für sich oder einen Dritten verwendet.

Die erste dieser beiden Gruppen weist eine gewisse Nähe zur Begünstigung (§ 257 StGB) auf. Jedoch ist neben dem Verbergen usw. nicht wie bei der Begünstigung die Absicht vorausgesetzt, dem Vortäter die Vorteile der Tat zu sichern, und auch sonst fordert der Tatbestand neben Vorsatz und – bezogen auf die wahre Herkunft des Gegenstandes – Leichtfertigkeit keinerlei subjektives Element. Das Wort „verschleiern" setzt offenbar keinen Verschleierungserfolg voraus[47], vielmehr genügt eine auf Verschleierung gerichtete Tätigkeit. Auch hinsichtlich der Ermittlung der Herkunft usw. wird praktisch die Gefährdungsalternative die entscheidende Rolle spielen. Ist die Ermittlung der Herkunft einer Geldsumme erst einmal völlig vereitelt, wird es kaum möglich sein, eine Verurteilung wegen Geldwäsche zu erreichen, da dann nach dem Gesetzeswortlaut (und unter Anwendung des Satzes „in dubio pro reo") ihre gem. Abs. 1 strafbare Herkunft gerade nicht ermittelt werden kann.

Die zweite Gruppe der Tathandlungen ist in ihrer ersten Alternative gem. § 261 Abs. 2 Nr. 1 StGB – sich oder einem Dritten verschaffen – identisch mit einer der Tathandlungen der Hehlerei. Dort kann die Tathandlung jedoch nur auf eine Sache bezogen werden, während bei der Geldwäsche z. B. auch Forderungen in Betracht kommen.[48]
Dagegen lässt sich hinsichtlich der zweiten Alternative (§ 261 Abs. 2 Nr.2 StGB) – des Verwahrens – ein Verwahren vom Forderungen kaum vorstellen. Durch die Erstreckung des Tatbestandes auf Ersatzsachen geht hier die Strafbarkeit recht weit. Kauft sich z. B. ein Drogendealer vom Ertrag seiner Geschäfte ein Auto, das er in einem Parkhaus verwahren lässt, so macht sich der Parkhauswächter nach dem Wortlaut des § 261 StGB strafbar, wenn er den Drogendealer als solchen kennt und ihm deshalb wenigstens Leichtfertigkeit bezüglich der Herkunft

---

[47] Vgl. LG Essen, ZIP 1994, S. 1766.
[48] Vgl. o. Fn. 35.

des Autos vorzuwerfen ist. In Bezug auf Geschäfte des täglichen Lebens scheint auch hier eine durch den Gesetzeszweck begründete Einschränkung der Strafbarkeit angebracht.[49]
Die dritte Alternative gem. § 261 Abs. 2 Nr. 2 StGB – das Verwenden für sich oder einen anderen – erfasst solche Vorgänge des bestimmungsgemäßen Gebrauchs, die nicht in der Erlangung eigener Verfügungsgewalt bestehen, denn dafür ist das Merkmal „Verschaffen" gedacht.[50] Für das Verwenden von Forderungen ist aber die Definition eines bestimmungsgemäßen Gebrauchs kaum hilfreich, so dass das Verwenden sicher in erster Linie für Sachen in Frage kommt, die direkt oder als Ersatzsachen aus Vortaten gem. § 261 Abs. 1 StGB stammen. Auch in dieser Beziehung ist der Tatbestand aber außerordentlich weit gefasst[51], so dass sich nach dem Wortlaut auch derjenige strafbar macht, der sich eine beliebige Sache ausleiht und dabei deren Anschaffung durch Geld, das aus einer Vortat gem. § 261 Abs. 1 StGB herrührt, für möglich hält. Insoweit werden durch die in § 261 StGB genannten Tathandlungen Sachverhalte erfasst, die weit über das hinausgehen, was unter kriminalpolitischem Verständnis als „Geldwäsche, Verschleierung unrechtmäßig erlangter Vermögenswerte" unter Strafe zu stellen ist.

e) Die Unterbrechung der Kette möglicher Strafbarkeiten

§ 261 Abs. 6 StGB sieht vor, dass eine Straftat gem. Abs. 2 ausscheidet, wenn zuvor ein Dritter den Gegenstand erlangt hat, ohne hierdurch eine Straftat zu begehen. Der Gesetzgeber will durch diese Regelung die Entwicklung unangemessen langer Ketten von Straftaten verhindern, die sich bei dauerndem Weiterwandern „schmutziger" Gegenstände von Hand zu Hand ergeben können.[52] Die Unterbrechungsmöglichkeit für die Kettenstrafbarkeit bezieht sich nur auf Abs. 2: Bei straflosem Zwischenerwerb ist lediglich das dort genannte Sich-Verschaffen, Verwahren usw. straflos, während trotz straflosen Zwischenerwerbs das Verbergen, die Gefährdung der Ermittlung der Herkunft usw. gem. Abs. 1 strafbar bleibt. Dies führt wiederum zu Wertungswidersprüchen.[53] Wer sich nach straflosem Zwischenerwerb einen „schmutzigen" Gegenstand in Kenntnis seiner ursprünglich bemakelten Herkunft verschafft, bleibt straflos. Nimmt diese Person diesen Gegenstand aber ins Ausland mit, so macht sie sich strafbar, da auf diese Weise dessen Auffinden gefährdet wird und somit dem Anwendungsbereich des Abs. 1 unterfällt.

---

[49] Schönke/Schröder/Stree (Fn. 16), § 261 Rdnr. 17.
[50] Vgl. Leip (Fn. 41), S. 142.
[51] Schönke/Schröder/Stree (Fn. 16), § 261 Rdnr. 13.
[52] BT-Drs. 12/989, S. 28.
[53] Tröndle/Fischer (Fn. 35), § 261 Rdnr. 27 f.

Es ist daher fraglich, ob die mit dem Sich-Verschaffen regelmäßig verbundene Gefährdung des Auffindens des Katalogtat-Gegenstandes so viel an eigenständigem Unrecht darstellt, dass es angemessen ist, die Straflosigkeit wegen eines inzwischen erfolgten straflosen Zwischenerwerbs gem. Abs. 6 nicht eintreten zu lassen. Ein solches eigenständiges Unrecht ist allerdings nicht anzunehmen.[54] Gerade weil die Gefährdung oder die Vereitelung des Auffindens in Abs. 1 des Gesetzes als Tathandlungen enthalten sind, die nicht als zielgerichtete Akte zu verstehen sind, fügen sie dem Sich-Verschaffen keinen eigenständigen Unwert hinzu. Wenn sich der Gesetzgeber in Abs. 6 dafür entschieden hat, das Weiterwandern von Hand zu Hand im Sinne des Sich-Verschaffens straflos zu lassen, sofern zuvor ein strafloser Zwischenerwerb stattgefunden hat, so ist es kaum sinnvoll, dieses Weiterwandern dann doch zu bestrafen, weil es ja ebenfalls unter dem Blickwinkel der Gefährdung des Auffindens des Katalogtat-Gegenstandes relevant ist. Wenn also die Bestrafung einer Tathandlung gem. Abs. 2 wegen eines straflosen Zwischenerwerbs ausscheidet, so sollte auch eine durch dieselbe Tathandlung gegebene Verwirklichung des Abs. 1 straflos bleiben.

f) Vorsatz und Leichtfertigkeit

Die Verwirklichung der Geldwäsche setzt in § 261 Abs. 1 und 2 StGB gem. § 15 StGB zumindest bedingten Vorsatz hinsichtlich sämtlicher objektiver Tatbestandsmerkmale voraus.[55] Dagegen macht sich nach § 261 Abs. 5 StGB auch derjenige strafbar, der bei vorsätzlicher Verwirklichung der übrigen Tatbestandsmerkmale die Herkunft des Tatobjektes aus einer Katalogtat leichtfertig nicht erkennt. Leichtfertig in Bezug auf eine Katalogtat handelt derjenige, der die sich ihm aufdrängende Möglichkeit einer bemakelten Herkunft gem. Abs. 1 aus besonderem Leichtsinn oder besonderer Gleichgültigkeit verkannt hat.[56] Zweck der Regelung des Abs. 5 ist nach Auffassung des Gesetzgebers zum einen die effektive Strafverfolgung von Geldwäschern[57], zum anderen die Vermeidung von Beweisschwierigkeiten, die sich ergeben würden, wenn man im Hinblick auf die Vortat Vorsatz fordern würde[58]. Das ist verfassungsrechtlich nicht zu beanstanden, da in diesem Bereich auch leichtfertiges Handeln strafwürdig ist.[59]

Ein besonderes subjektives Erfordernis bestimmt § 261 Abs. 2 Nr. 2 StGB. Danach setzt eine strafbare Geldwäsche in dieser Tatmodalität die Kenntnis bzw. die

---

54 Maiwald (Fn. 37), S. 645; vgl. dazu: Schönke/Schröder/Stree (Fn. 16), § 261 Rdnr. 14; Tröndle/Fischer (Fn. 35), § 261 Rdnr. 28.

55 Vgl. Körner/Dach, Geldwäsche, 1994, S. 34 f.

56 BGHSt 43, S. 158 ff., 168; Lackner/Kühl (Fn. 30), § 261 Rdnr. 13.

57 BT-Drs. 12/3533, S. 14.

58 BT-Drs. 12/989, S. 27.

59 Lampe (Fn. 35), S. 129.

leichtfertige Nichtkenntnis der bemakelten Herkunft des Gegenstandes zum Zeitpunkt seiner Erlangung voraus. Hierdurch könnte z. B. für Mitarbeiter von öffentlich-rechtlichen Kreditinstituten, die nach § 11 Abs. 1 Satz 1 GWG zur Anzeige von entsprechenden Verdachtsfällen verpflichtet sind, durch die Strafdrohung bei leichtfertiger Nichtkenntnis der bemakelten Herkunft des Gegenstandes eine schwierige Situation entstehen. Erstattet der Bankangestellte keine Anzeige, so könnte er sich nach § 261 Abs. 5 StGB strafbar machen. Entschließt er sich andererseits zur Anzeigeerstattung, so könnte er sich zivilrechtlich schadensersatzpflichtig und wegen der Verletzung eines Privatgeheimnisses nach § 203 Abs. 2 Nr. 1 StGB strafbar machen. Es ist zwar zutreffend, dass Bankangestellte durch die gesetzlichen Vorschriften zur Bekämpfung der Geldwäsche[60] besonders in die Pflicht genommen und damit auch in höherem Maße als vorher zivil-, ordnungs- und strafrechtlichen (vgl. §§ 164, 145 d StGB) Risiken ausgesetzt werden. Nach der weit auszulegenden Vorschrift des § 12 GWG[61] kann jedoch derjenige, der eine Anzeige wegen des Verdachts der Geldwäsche erstattet, dafür nicht verantwortlich gemacht werden, sofern er nicht vorsätzlich oder grob fahrlässig handelt.

4. Versuch und Rücktritt

Die Strafbarkeit des Versuchs ergibt sich aus § 261 Abs. 3 StGB, wobei dies gem. §§ 22, 23 Abs. 3 StGB auch für den untauglichen Versuch gilt. Da außerdem für die Annahme eines Versuchs dolus eventualis genügt, führt die Versuchsstrafbarkeit hier zu einer kaum vorstellbaren Weite der Kriminalisierung[62]: Strafbares Verhalten liegt schon dann vor, wenn jemand einen bestimmten Gegenstand erwirbt, bei dem er das Herrühren aus einer Vortat gem. § 261 StGB für möglich hält. Dies gilt selbst in dem Fall, dass sich sein Verdacht später als nicht zutreffend herausstellt.

Eine Rücktrittsvorschrift beinhaltet Abs. 9 Satz 1, und zwar in drei Formen. Die erste Form ist in Abs. 9 Satz 1 Nr. 1 enthalten und teilweise der Selbstanzeige bei der Steuerhinterziehung (§ 371 AO) nachgebildet.[63] Es handelt sich hierbei um einen persönlichen Strafaufhebungsgrund, der denjenigen straflos stellt, der die Tat freiwillig bei der zuständigen Behörde anzeigt, wenn nicht die Tat in diesem Zeitpunkt ganz oder zum Teil bereits entdeckt war und der Täter dies wusste oder bei verständiger Würdigung der Sachlage damit rechnen musste. Das Abstellen auf die Tat – wobei die Geldwäsche gemeint ist – stellt klar, dass hier auch ein Rücktritt vom vollendeten Delikt möglich ist, nicht nur ein Rücktritt vom Ver-

---

60 Vgl. dazu die in Fn. 6 u. 7 genannten Gesetze.
61 Vgl. Fülbier/Aepfelbach, GWG, 4. Aufl. 1999, § 12 Rdnr. 3 ff.
62 Lampe (Fn. 35), S. 131.
63 BT-Drs. 12/989, S. 28.

such. Unklar ist, ob durch diese Regelung die allgemeine Regelung des Rücktritts vom Versuch gem. § 24 StGB ausgeschlossen sein soll, die ihrerseits für die Straflosigkeit keine Selbstanzeige voraussetzt.[64] Man wird § 261 Abs. 9 Satz 1 StGB als Erweiterung der allgemeinen Rücktrittsregelung auffassen müssen, da der Rechtsgedanke dieser Vorschrift, einen Anreiz für die Nichtvollendung von Delikten zu schaffen, wohl allgemeine Bedeutung hat. Ein solcher Anreiz sollte für die Geldwäsche nicht dadurch zunichte gemacht werden, dass man im Versuchsstadium des Delikts die Anzeige bei einer Behörde und das Bewirken der Sicherstellung des Geldwäschegegenstandes zur zusätzlichen Voraussetzung für die Straflosigkeit erhebt.

Die zweite Form des Rücktritts gem. Abs. 9 ist in Satz 1 Nr. 2 enthalten und betrifft infolge ihrer Verweisung auf die Absätze 1 und 2 nur die vorsätzliche Tatbegehung. Ist der Tatbestand des § 261 StGB vorsätzlich verwirklicht, so ist für die Straflosigkeit zusätzlich zu den in Nr. 1 genannten Voraussetzungen (Nichtentdeckung, Anzeige bei der Behörde, Freiwilligkeit usw.) auch noch erforderlich, dass der Täter die Sicherstellung des Gegenstandes bewirkt, auf den sich die Straftat bezieht. Das freiwillige und ernsthafte Bemühen im Sinne von § 24 Abs. 1 Satz 2 StGB, die Sicherstellung des Gegenstandes zu bewirken, genügt demgemäß nicht.

Im oben beschriebenen Fall der Strafbarkeit des untauglichen Versuchs könnte die Frage, ob der Strafaufhebungsgrund des Rücktritts eingreift, nach § 261 Abs. 9 Satz 1 StGB zu beurteilen sein.[65] Dann müsste der Täter Anzeige erstatten und die Sicherstellung des Gegenstandes bewirken. Da der Gegenstand aber – wie oben vorausgesetzt – gar nicht aus einer Straftat herrührt, was der Täter auch weiß, ist unklar, warum er einen Gegenstand sicherstellen lassen muss, an dessen Sicherstellung gar kein öffentliches Interesse besteht. Die Anwendung des § 261 Abs. 9 Satz 1 StGB würde hier also keinen Sinn machen.

Mit § 261 Abs. 9 Satz 2 StGB, der auf dem Gedanken der mitbestraften Nachtat beruht, ist außerdem ein persönlicher Strafausschließungsgrund normiert, der an § 257 Abs. 3 Satz 1 StGB angelehnt ist.[66] Demzufolge wird wegen Geldwäsche nicht bestraft, wer wegen Beteiligung (d. h. Täterschaft oder Teilnahme) an der Vortat strafbar ist. Damit wird dem Grundsatz der Straffreiheit von Selbstbegünstigungshandlungen entsprochen und eine Doppelbestrafung in den Fällen verhindert, in denen der Vortäter Geldwäschehandlungen vornimmt.

---

64 Fabel, Geldwäsche und tätige Reue, 1997, S. 85 f.

65 Vgl. Maiwald (Fn. 37), S. 648.

66 BT-Drs. 13/8651, S. 11.

5. Kronzeugenregelung

Tritt der Täter nicht strafbefreiend zurück, kann er sich dennoch gem. § 261 Abs. 10 StGB eine Strafmilderung verschaffen bzw. kann auch in diesem Fall ganz von Strafe abgesehen werden, wenn er nach der Tat durch die freiwillige Offenbarung seines Wissens dazu beiträgt, dass die Tat über seinen eigenen Tatbeitrag hinaus oder eine in Abs. 1 genannte rechtswidrige Tat eines anderen aufgedeckt werden kann. Es handelt sich um eine Kronzeugenregelung, die der des § 31 BtMG nachgebildet ist.[67] Die Formulierung „eine in Absatz 1 genannte rechtswidrige Tat eines anderen" ist unklar. Richtigerweise wird man sie ihrem Zusammenhang nach so verstehen müssen, dass der Täter des § 261 StGB, um die Vorteile des Abs. 10 zu erhalten, eine Tat aufklären hilft, die mit seiner Tat in Verbindung steht.[68] Anderenfalls würde diese Kronzeugenregelung z. B. dann eingreifen, wenn der Täter einer Geldwäsche dazu beiträgt, einen Raub (Verbrechen) aufzuklären, deren Zeuge er irgendwann zufällig gewesen ist.

6. Rechtsfolgen der Tat

Der Regelstrafrahmen des § 261 StGB ist bei vorsätzlicher Begehung Freiheitsstrafe von drei Monaten bis zu fünf Jahren (Abs. 1). Handelt der Täter leichtfertig bezüglich der Herkunft des Deliktsgegenstandes, so ist der Strafrahmen Geldstrafe oder Freiheitsstrafe bis zu zwei Jahren (Abs. 5). Für besonders schwere Fälle ist gem. Abs. 4 ein Strafrahmen von sechs Monaten bis zu zehn Jahren Freiheitsstrafe vorgesehen. Ein besonders schwerer Fall liegt in der Regel vor, wenn der Täter gewerbsmäßig oder als Mitglied einer Bande handelt, die sich zur fortgesetzten Begehung einer Geldwäsche verbunden hat. Die Modalität „fortgesetzte Begehung" ist nicht als Erfordernis eines Fortsetzungszusammenhanges zu verstehen, wie er vom BGH[69] bis auf nicht näher bezeichnete denkbare Ausnahmefälle als Rechtsfigur abgelehnt worden ist. Vielmehr ist dies der Hinweis auf mehrere selbstständige, im Einzelnen noch ungewisse Taten.[70]

Gegenstände, auf die sich die Tat bezieht, können gem. § 261 Abs. 7 StGB eingezogen werden. Die erweiterten Voraussetzungen der Einziehung gem. § 74 a StGB werden danach für anwendbar erklärt. Handelt der Täter gewerbsmäßig oder als Mitglied einer Bande, die sich zur fortgesetzten Begehung einer Geldwäsche verbunden hat, so kann der erweiterte Verfall gem. § 73 d StGB angeordnet werden.

---

67 BT-Drs. 12/989, S. 28.

68 Fabel (Fn. 64), S. 185 f.

69 BGHSt 40, S. 138 ff.

70 Vgl. BGH, NStZ 1986, S. 408.

In seiner ursprünglichen Fassung bot § 261 Abs. 7 StGB darüber hinaus die Möglichkeit, hinsichtlich des Täters im Falle seiner Mitgliedschaft in einer Bande, die sich zur fortgesetzten Begehung einer Geldwäsche verbunden hat, eine Vermögensstrafe gem. § 43 a StGB zu verhängen. § 43 a StGB ist jedoch vom Bundesverfassungsgericht wegen seines ungenauen Regelungscharakters und der fehlenden gesetzlichen Voraussetzungen für Auswahl und Bemessung der Strafe für verfassungswidrig erklärt worden.[71]

Gem. § 262 StGB kann unter den Voraussetzungen des § 68 Abs. 1 StGB Führungsaufsicht angeordnet werden.

7. Konkurrenzen

Bei Zusammentreffen mehrerer Handlungen jeweils innerhalb der Abs. 1, 2 oder 5 liegt nur eine Gesetzesverletzung vor.[72] Sind zugleich die Abs. 1 und 2 verwirklicht, so geht Abs. 2 als die leichtere Begehungsform in Abs. 1 auf.[73] Können die Voraussetzungen des Abs. 1 nicht nachgewiesen werden, dann kommt Abs. 2 als Auffangtatbestand in Betracht.[74] Entsprechendes gilt für Abs. 5 im Verhältnis zu Abs. 2.
Tateinheit ist nach der Rechtsprechung[75] unter anderem zwischen Geldwäsche in Form des Verbergens gem. § 261 Abs. 1 Satz 1 StGB und Begünstigung (§ 257 StGB) möglich.
Demgegenüber handelt es sich nach Ansicht des BGH[76] grundsätzlich um Tatmehrheit, wenn sich der Täter bei verschiedenen Gelegenheiten Geldbeträge verschafft (§ 261 Abs. 2 Nr. 1 StGB). Dies soll auch dann gelten, wenn die jeweiligen Beträge aus einer Vortat stammten oder die jeweiligen Erwerbsakte einem einheitlichen Ziel dienten. Hiermit zieht der BGH eine erste Konsequenz aus seinem Anerkenntnis eines eigenständigen Unrechtsgehaltes der Geldwäsche gegenüber der jeweiligen Vortat und verhindert gleichzeitig eine geldwäschespezifische Wiederbelebung des Fortsetzungszusammenhanges unter dem Etikett der natürlichen Handlungseinheit bereits im Ansatz.

---

71 Entscheidung des BVerfG v. 20.3.2002 – 2 BvR 794/95 (BGBl. I, S. 1340), wistra 2002, S. 175 ff.
72 Lackner/Kühl (Fn. 30), § 261 Rdnr. 19.
73 Tröndle/Fischer (Fn. 35), § 261 Rdnr. 44.
74 BT-Drs. 12/989, S. 27 f.
75 BGH, wistra 1998, S. 25 f.
76 BGH, NJW 1997, S. 3322 f.

8. Fazit

Mit der jetzigen Fassung des Vortatenkataloges des § 261 Abs. 1 Satz 2 StGB ist das „Kardinalproblem" der Geldwäsche nicht gelöst. Denn tatsächliche und zureichende Anhaltspunkte für die Strafverfolgung müssen sich nicht nur auf die Geldwäschehandlungen, sondern auch auf die Vortaten der Geldwäsche beziehen. Die geringe praktische Wirksamkeit des Geldwäschestraftatbestandes[77] liegt somit in der Schwierigkeit des Nachweises der verbrecherischen Herkunft des Geldes begründet. Es muss sich aus den Akten ergeben, dass das Geld einem konkreten Verbrechen oder einer sonstigen Vortat entstammt. Die bloße Vermutung, dass bestimmte Vermögenswerte aus der Organisierten Kriminalität - und nicht „lediglich" aus Betrug, Untreue oder einem Diebstahl - herrühren, genügt nicht. Deshalb haben Ermittlungsrichter beantragte Durchsuchungs- und Beschlagnahmebeschlüsse häufig nicht gefasst. In Verbindung mit der in § 11 Abs. 1 Satz 2 GWG Anhaltefrist von nur zwei Tagen für die Überprüfung, ob das eingezahlte Geld für eine vorzunehmende finanzielle Transaktion aus einer Katalogtat des § 261 Abs. 1 StGB herrührt, wird ein Hauptzweck des Geldwäschegesetzes vereitelt: die Entziehung der inkriminierten Gelder, die Haupttriebfeder und Betriebskapital der Organisierten Kriminalität sind, im Wege der Beschlagnahme.

Andererseits wird die uferlose Weite des Tatbestandes des § 261 StGB die Frage auf, ob aus diesem Tatbestand nicht bestimmte Verhaltensweisen auszuscheiden sind, die vom Wortlaut her von ihm erfasst werden. Maßgebend dürfte hierfür der Gedanke der Sozialadäquanz sein, der dazu führt, sozial übliche Geschäftstätigkeiten des täglichen Lebens unter dem Gesichtspunkt der teleologischen Reduktion aus dem Tatbestand des § 261 StGB herauszunehmen.

---

77 § 261 StGB kommt bislang nur selten zur Anwendung; von seiner Einführung im Jahre 1992 bis einschließlich 1998 wurden 1814 Verdachtsfälle registriert, bis einschließlich 1997 wurden insgesamt 75 Personen verurteilt (vgl. dazu: Tröndle/Fischer (Fn. 35), § 261 Rdnr. 4a; Kaiser, wistra 2000, S. 121 f.).

Der Tatbestand des räuberischen Diebstahls als Beispiel für die fragmentarische Natur des Strafrechts

Volker Haas

I.

Maiwald kommt das Verdienst zu, in einem frühen Beitrag die von *Binding* stammende Redeweise von der fragmentarischen Natur des Strafrechts genauer auf ihren normativen Gehalt untersucht zu haben[1]. Für *Binding* stellte noch, wie *Maiwald* zutreffend hervorhebt, die Lückenhaftigkeit des Strafgesetzes ein ernstzunehmender Nachteil dar, die er auf unmethodisches und unsystematisches Vorgehen der Gesetzgebungsgewalt zurückführt: "Von den Wellen des täglichen Lebens läßt sich ihr Urheber die Handlungen vor die Füße spülen, die er dann lässig aufgreift, um sie wegen ihrer Unerträglichkeit zu Verbrechenstatbeständen zu erheben. Faßbar ist ihm ursprünglich nur die gröbere Form [...]. Das Feinere und Seltenere [...] nimmt er nicht wahr oder weiß es nicht zu packen. Und doch wiegt vielleicht dessen Unrechtsgehalt schwerer wie der des sanktionierten Deliktes!"[2] Dieses auch von *Maiwald* seinerzeit an den Anfang gestellte Zitat wäre nur noch durch die von *Bindung* gezogenen und angesichts seines Befundes ausdrücklich von ihm gutgeheißenen Konsequenzen zu ergänzen: "Dieser fragmentarische Charakter des strafgesetzlichen Stoffes aber löst selbstverständlich bei der Praxis, die ihn anzuwenden, und bei der Wissenschaft, die ihn zu durchleuchten hat, eine durchaus gesunde Neigung aus: grade jenen Mangel des Gesetzes durch Auslegung zu mindern, ganz besonders aber durch Analogie zu heben. Kein Gesetzesstoff bedarf der Ausrundung durch diese Mittel mehr als dieser! Eine Verblendung höchsten Grades muß es deshalb genannt werden, wenn dasselbe Gesetz in seinem größten Mangel seine größte Vollkommenheit sieht, grade ihn für sakrosankt erklärt und jenen gesunden Drang durch brutalen Machtspruch gegen die

---

1 *Maiwald*, Zum fragmentarischen Charakter des Strafrechts, in: Festschrift für Reinhart Maurach zum 70. Geburtstag, 1972, S. 9 ff.; *Binding*, Lehrbuch des gemeinen deutschen Strafrechts, Besonderer Teil, Band 1, 2. Auflage 1902, Neudruck 1969, § 6, S. 20.

2 *Binding*, (Fn. 1), § 6, S. 20.

analoge Anwendung unterbindet."[3] Ob *Binding* diesen Standpunkt vertreten hat, um bewusst in Opposition zu seinem geistigen Antipoden *von Liszt* treten zu können, wird wohl heute kaum noch zu klären sein. Gleichwie: Nicht die von ihm gezogenen Schlußfolgerungen, sondern *von Liszts* berühmtes und überspitztes Diktum vom Strafgesetzbuch als magna charta des Verbrechers hat die gegenwärtige Verfassungslage antizipiert. Und inzwischen hat die postulierte fragmentarische Natur des Strafrechts im Rahmen des verfassungsrechtlichen Ultima-ratio-Grundsatzes einen geradezu programmatischen Charakter gewonnen[4].

Maiwald hingegen beschreitet in der Begründung einen eigenen Weg: Die konstatierte Lückenhaftigkeit des Strafrechts besteht seines Erachtens in dreierlei Hinsicht: erstens in bezug auf die gesamte Sozialmoral, zweitens in bezug auf die gesamte Rechtsordnung und drittens in bezug auf die einzelnen Tatbestände selbst, so dass sich seiner Ansicht nach gleichermaßen der Richter vor die Frage gestellt sieht, entweder vom Schutz des Rechtsguts her argumentierend den Straftatbestand extensiv oder den Satz "nullum crimen sine lege" betonend restriktiv auszulegen[5].

Maiwald sieht die Gefahr, dass auf jeder dieser Ebenen die Lückenhaftigkeit des Strafgesetzes im Hinblick auf den Strafzweck der Generalprävention eher kontraproduktiv sein könne: Die Strafe wirke demoralisierend, wenn die im fragmentarischen Charakter liegende Ungleichheit im Sozialleben fühlbar werde. Lediglich in Anbetracht der Tatsache, dass die Gesetzgebung an historisch gewachsene, empirisch besonders häufig zu beobachtende Phänotypen menschlichen Verhaltens anknüpfe, könne eine gelegentliche Lückenhaftigkeit in Kauf genommen werden; eine Forderung, nur selektiv zu strafen, ergebe sich gleichwohl aus generalpräventiver Sicht nicht[6]. Hinsichtlich des Strafzwecks der Spezialprävention gelangt *Maiwald* zu derselben Einschätzung: Die Resozialisierung, die zum Ziel habe, das Handeln des Täters umfassend den Wertvorstellungen der Gesellschaft anzupassen, soll funktional betrachtet der unvollständigen Umschreibung deliktischen Verhaltens durch die Straftatbestände widerstreiten.

Es ist schließlich der Schuldgedanke, in dem *Maiwald* zufolge der fragmentarische Charakter des Strafrechts seine Heimstatt findet. Angesichts des Unvermögens des Staates, jeden Verstoß gegen die Sozialmoral zu sanktionieren und den

---

3 *Binding*, (Fn. 1), S. 21; vgl. auch *Maiwald*, (Fn. 1), S. 15, der ebenfalls die Tendenz der Rechtsprechung feststellt, bei besonders hochrangigen Rechtsgütern durch extensive Auslegung einen umfassenden Schutz durch das Strafrecht zu gewährleisten.

4 Siehe dazu pars pro toto *Roxin*, Strafrecht Allgemeiner Teil Band 1, 3. Auflage, 1997, § 2 Rn.38.

5 *Maiwald*, (Fn. 1), S. 9 ff.

6 *Maiwald*, (Fn. 1), S. 13 ff.

Rechtsunterworfenen als sittliche Person "in den Griff zu bekommen", dürfe dieser sich auch nicht die Berechtigung anmaßen, bei Vorliegen von Schuld stets zu strafen[7]. Es ergebe sich "das sittliche Postulat, dass der Staat die Menschenwürde gerade dadurch zu achten hat, dass er nicht gerecht sein darf im Sinne der Bestrafung wertwidrigen Verhaltens nach Verdienst. Er hat die Summe seiner strafenden Eingriffe gering zu halten und auf das unbedingt Notwendige zu beschränken, wobei das unbedingt Notwendige sich aus dem Erfordernis ergibt, den sozialen Organismus funktionsfähig zu erhalten."[8] Da es *Maiwald* zufolge also nicht Aufgabe des Staates ist, durch das Strafrecht Gerechtigkeit zu verwirklichen, besitzt für ihn auch das Postulat, gleich Unwertiges stets gleich zu bestrafen, keine Geltung. Der Gesetzgeber soll sich bei der Aufstellung von Straftatbeständen vielmehr an der empirischen Häufigkeit, an der Gefährlichkeit des Verhaltens sowie an der Bedeutung des Rechtsguts im Sozialleben zu orientieren haben[9].

So bedenkenswert diese grundsätzlichen Überlegungen sind: Es fragt sich, ob sie zwingend der Diagnose *Bindings* widersprechen. Gibt es nicht dennoch genügend Fälle, in denen der Gesetzgeber im Gesetzgebungsverfahren einseitig nur bestimmte Begehungsweisen in Erwägung zieht, ohne andere bewusst ausschließen zu wollen, an deren Strafwürdigkeit und Strafbedürftigkeit aber angesichts der von *Maiwald* genannten Parameter nicht zu zweifeln wäre? Und stellt sich damit nicht in der Tat das Problem, wie die Rechtsprechung mit dieser Unvollkommenheit der Tatbestandsbildung umzugehen hat? Ein guter Kandidat, um das Phänomen (willkürlicher) Lückenhaftigkeit des Strafgesetzes (und die Strategien der Praxis zu seiner Bewältigung) zu studieren, könnte der räuberische Diebstahl gemäß § 252 StGB, genauer: das Merkmal "betreffen" und mittelbar auch das Merkmal "auf frischer Tat" darstellen, denen sich die Untersuchung nunmehr zuwenden möchte.

II.

Anlaß zur Diskussion bieten ein in der Nachkriegszeit und zwei in den 70iger Jahren spielende Fälle, die der Bundesgerichtshof zu entscheiden hatte, und die hier noch einmal in Erinnerung gerufen werden sollen. Dem ersten Fall lagen folgende Feststellungen zugrunde:

> Die beiden Angeklagten waren durch Übersteigen einer Mauer auf das Grundstück eines Lebensmittelhändlers gelangt, hatten die Tür zum Laderaum aufgebrochen aus diesem und einem Nebenraum Rohkaffee und Tabakwaren im Wert von 6 000 bis

7 *Maiwald*, (Fn. 1), S. 21 f.
8 *Maiwald*, (Fn. 1), S. 21.
9 *Maiwald*, (Fn. 1), S. 22.

7000 DM gestohlen. Dieses Diebesgut brachten sie zusammen in mehreren Gängen zu einem Personenkraftwagen, den sie in der Nähe des Anwesens des Bestohlenen abgestellt hatten. Um dorthin zu gelangen, mussten sie vom Hof aus wieder die Mauern überklettern, auf einem Nachbargrundstück einen Privatweg bis zur P.-Straße benutzen und auf dieser bis zu ihrer Einmündung in die B.-Straße gehen. Während die Angeklagten ihre Beute zum Kraftwagen schafften, suchten die Schlosser T. und der Schreiner L. ein in dieser Gegend kurz zuvor abhanden gekommenes Fahrrad. Als sie sich der B.-Straße näherten, standen die beiden Angeklagten an der Ecke in der Nähe des Kraftwagens. Da sie irrigerweise glaubten, entdeckt worden zu sein, schoss einer von ihnen dreimal in die Richtung der beiden Männer, als diese auf seine mehrfache Aufforderung nicht stehenblieben. Danach sprang er in den schon von dem Mittäter besetzten Kraftwagen, der dann mit abgeschaltetem Licht abfuhr[10].

Der 2. Senat des Bundesgerichtshofs hält in seiner Entscheidung vom 8. Juni 1956 das Merkmal der frischen Tat für erfüllt. Es gebe keinen Grund, die Anwendung der Vorschrift auf den Fall zu beschränken, dass der Dieb schon unmittelbar am Tatort, beispielsweise auf dem Gelände des betroffenen Eigentümers, wahrgenommen werde. Es genüge vielmehr, dass die Person, gegen die der Dieb seinen Besitz durch Gewalt oder Drohungen verteidige, ihn noch in der Nähe des Tatortes und alsbald nach der Tatausführung wahrgenommen habe, sofern bei der Wahrnehmung ein enger räumlicher und zeitlicher Zusammenhang mit der Tat gegeben sei. Eine abstrakte Regel, wann noch ein derartiger Zusammenhang vorliege, könne nicht aufgestellt werden; es kommt auf die konkreten Umstände des Einzelfalls an. Im zu entscheidenden Fall sei der Gewahrsam noch nicht gesichert gewesen. Auf die hier in erster Linie interessierende Frage, ob der Umstand, dass die Gewaltopfer die Tat noch nicht entdeckt hatten, das Betreffen auf frischer Tat ausschließt, musste der Bundesgerichtshof nicht eingehen, weil die Strafkammer ohnehin nur ein versuchtes Verbrechen angenommen hatte[11]. Dies änderte sich in einem weiteren Fall, den der Bundesgerichtshof 19 Jahre später zu entscheiden hatte, und in dem er von folgendem Sachverhalt ausgegangen ist:

Der Angeklagte drang mit einem Schlüssel, den er angeblich in seinem Wagen gefunden hatte, in die Wohnung der Frau C. während ihrer Abwesenheit in diebischer Absicht ein. Er durchsuchte die Wohnung, nahm Schmuck, einen Fotoapparat sowie Scheckformulare weg und steckte diese in eine Aktentasche, die er mitgebracht hatte. In dieser Aktentasche befand ein 30 bis 40 cm langer Holzknüppel, den er nach seiner unwiderlegten Einlassung stets bei sich führte. Als er im Begriff war, die Wohnung zu verlassen, hörte er, wie die Wohnungstür aufgeschlossen wurde. Er

10 BGHSt 9, 255, 256.
11 BGHSt 9, 255, 257 f.

versteckte sich hinter einer Zimmertür und nahm den Knüppel in die Hand. Als Frau C. die Wohnung betrat, versetzte er ihr mit dem Knüppel mehrere Schläge auf den Kopf, bis sie zu Boden ging. Dann verließ er fluchtartig die Wohnung. Aus Angst vor Entdeckung entledigte er sich später in einem Park der Beute[12].

Der 4. Senat weicht in seiner Entscheidung vom 27. Februar 1975 von der ständigen Rechtsprechung ab, die bis dato für das Merkmal "betreffen" gefordert hatte, dass der Täter seitens des Diebstahlsopfers oder eines Dritten (nicht notwendigerweise in seiner Eigenschaft als Dieb) habe wahrgenommen oder bemerkt werden müssen[13].

Der Wortlaut nötige keineswegs zu dieser Einschränkung. Die Worte "auf frischer Tat betreffen" bedeuteten in dem gegebenen rechtlichen Zusammenhang nicht mehr als das bewusste oder unbewusste, geplante oder zufällige raumzeitliche Zusammentreffen einer Person mit dem Dieb alsbald nach Vollendung des Diebstahls. Jemand könne, so fährt der Senat fort, einen Dieb im reinen Wortsinne betreffen, ohne ihn bemerkt zu haben. Die Berechtigung für diese Auslegung ergibt sich seiner Auffassung nach aus dem Sinn der Vorschrift: Der Senat zitiert die Motive zum Entwurf eines Strafgesetzbuchs für den Norddeutschen Bund von 1869, denen zufolge die Gleichstellung mit der Strafbarkeit des Raubes deswegen gerechtfertig sein soll, weil die Gewaltanwendung und die Drohung in einer ursächlichen Beziehung mit der Vollendung oder Ausnutzung des Diebstahls stünden[14]. Der Dieb, der nach Vollendung des Diebstahls und in unmittelbaren Zusammenhang mit ihm gegen eine Person Gewalt anwende, um seinen unrechtmäßigen Gewahrsam zu sichern, werde gleich einem Räuber bestraft, weil es nahe liege, dass er dieselbe Gewalt angewendet hätte, wenn er vor Vollendung des Diebstahls betroffen worden wäre[15]. Der Senat schlussfolgert daraus, dass es mit diesem Sinn des § 252 StGB nicht zu vereinbaren sei, dass der Angeklagte bloß deshalb nicht als Räuber behandelt werden könne, weil er dem Bemerktwerden durch schnelles Zuschlagen zuvor gekommen sei.

Die nunmehr ganz herrschende Meinung im strafrechtlichen Schrifttum hat sich im Ergebnis dieser Judikatur angeschlossen[16]. Das Merkmal "betreffen" wird

---

12 BGHSt 26, 95.

13 RGSt 73, 343 ff.; BGH, JZ 1951, S. 376; NJW 1958, S. 1548; NJW 1968, S. 2368; GA 1968, S. 304.

14 Motive zum Entwurf eines Strafgesetzbuchs für den Norddeutschen Bund, 1869, S. 168.

15 So schon das RGSt, 73, 343, 345; BGHSt 9, 255, 257; BGH, NJW 1958, S. 1547; NJW 1968, S. 2386.

16 *Herdegen*, in: LK, § 252 Rn. 12; *Günther*, in: SK, § 252 Rn. 12; *Eser*, in: Sch/Sch, § 252 Rn. 4; *Fischer/Tröndle*, StGB, § 252 Rn. 8; *Lackner/Kühl*, StGB § 252 Rn. 4; *Schünemann*, JA 1980, S. 393, 398; *Perron*, GA 1989, S. 145, 163; *Geilen*, Jura 1980, S. 43;

nicht nur aus der Perspektive des Diebstahlsopfers oder des Dritten als betroffen*werden*, sondern auch aus der Perspektive des Täters als betroffen*sein* interpretiert: Es soll somit auch auf den Dieb zutreffen, sofern dieser aus einem raumzeitlichen Zusammentreffen folgert, als Tatverdächtiger wahrgenommen worden zu sein oder wahrgenommen zu werden[17]. Ein denkbarer Verstoß dieser extensiven Auslegung gegen das Analogieverbot des Art. 103 II GG wird verworfen[18].

Der letzte, hier zu dokumentierende Fall ist vom Bundesgerichtshof wenige Jahre später zu entscheiden gewesen. Folgendes Geschehen ist vom Tatgericht festgestellt worden:

> Der Angeklagte, der keine Fahrerlaubnis besaß, fuhr am Tattage gegen 13.00 Uhr mit dem Schweizer Staatsbürger B. in einem Kraftwagen vom Stuttgarter Hauptbahnhof ab, um den Zeugen gegen ein vorher empfangenes Entgelt nach Hamm zu bringen. Er beabsichtigte aufgrund einer Verabredung mit dem Ägypter A. und dem Jugoslawen St., mit denen zusammen er B. in einem illegalen Spielclub beobachtet hatte, diesem sein Geld wegzunehmen. An einer Tankstelle an der Autobahn nach Heilbronn gelang es ihm, B. unbemerkt die Brieftasche mit 15 500 DM und persönlichen Papieren aus der Jackentasche zu entwenden und in seiner Gesäßtasche zu verwahren. Sein Ziel war es nun, "B. so schnell wie möglich aus dem Wagen zu bekommen." Am der Autobahnausfahrt Wiesloch-Rauenberg, also etwa 50 km über Heilbronn hinaus, verließ er die Autobahn und suchte "in einem Rebengelände immer einsamere Wege." Als der ängstlich werdende B. ihn fragte, ob er ihn töten wolle, fürchtete der Angeklagte, der Bestohlene werde nun sogleich den Verlust des Geldes bemerken. Um zu verhindern, dass B. ihn "zur Rede stelle bzw. Hilfe herbeihole", schlug er deshalb auf ihn ein, würgte ihn und stieß ihn aus dem Wagen. Nachdem er sein um Hilfe rufendes Opfer zu Boden geschlagen und ihm unter Beschimpfungen bedeutet hatte, er könne ihm auch noch das in der Hemdbrusttasche verwahrte weitere Geld nehmen, fuhr er davon. B. wurde kurze Zeit darauf von einem Mann bemerkt und zur Polizei gebracht[19].

Rengier, Strafrecht Besonder Teil I, 3. Auflage, 1999, § 10 Rn. 6; einschränkend *Fezer*, JZ 1975, S.608, 610 und *Arzt/Weber*, Strafrecht Besonderer Teil, 2000, § 17 Rn. 19, die zusätzlich verlangen, dass der Täter tatsächlich dem Bemerktwerden zuvorgekommen ist; abschwächend *Kindhäuser*, in: NK, § 252 Rn. 14, der lediglich verlangt, dass der Dieb bei Passivität aller Wahrscheinlichkeit nach entdeckt worden wäre.

17 Grundlegend insoweit *Herdegen*, in: LK, § 252, Rn.12; vgl. auch *Eser*, in: Sch/Sch, § 252, Rn. 4, der die zu weitgehenden und teilweise mißverständlichen Äußerungen der zitierten Entscheidung rügt.

18 *Günther*, in: SK, § 252, Rn. 13.

19 BGHSt 28, 224 f.

Der 3. Senat hat in seinem Urteil vom 13. Dezember 1978 offengelassen, ob der Angeklagte betroffen worden ist, ohne jedoch zu verkennen, dass bei einer Fallgestaltung, bei der das Opfer während der Tat nicht hinzugekommen ist, sondern von Anfang an anwesend war, von einem "Betreffen" als raum-zeitliches Zusammentreffen nicht mehr die Rede sein kann[20]. Er läßt die Erfüllung des Tatbestandes vielmehr daran scheitern, dass die Tat im Augenblick der Gewaltanwendung nicht mehr frisch gewesen sei, obwohl Täter und Opfer nach der Vollendung zusammen geblieben waren und der Diebstahl daher noch nicht beendet war. Auch unter solchen Umständen liege ein räuberischer Diebstahl nur dann vor, wenn der Täter alsbald nach der Tat am Tatort oder in dessen Nähe Nötigungsmittel einsetze. Der Senat beruft sich in seiner Begründung auf die Entstehungsgeschichte zu § 230 des Preußischen Strafgesetzbuches von 1851: Ausweislich der Materialien[21] sei die Wendung des Entwurfs "auf frischer Tat verfolgt" deswegen nicht aufgenommen worden, weil Entwendung und Gewalt sehr weit auseinander liegen könnten. Ferner stützt sich der Senat auf die Begründung für den Entwurf eines Strafgesetzbuches für den Norddeutschen Bund[22]. Diese Judikatur, die das Merkmal des Betreffens also nicht nur auf die Tatfrische, sondern auch auf den Einsatz der Nötigungsmittel bezieht, ist inzwischen ebenfalls in der Literatur ganz überwiegend auf positive Resonanz gestoßen[23].

III.

Im folgenden soll zunächst in einem ersten Schritt - ganz unabhängig von dem Rechtsgrund der Vorschrift - geprüft werden, ob die von Rechtsprechung und herrschender Meinung vertretene Auslegung des Merkmals "betreffen auf frischer Tat" historisch betrachtet sachgerecht ist. Zu beachten ist nämlich, dass dieser Terminus, den sowohl der Preußische Gesetzgeber als auch der Gesetzgeber des Deutschen Reiches verwendet haben, schon über eine im Laufe der geschichtlichen Entwicklung dogmatisch fixierte Bedeutung verfügt hat. So kann man in dem von *Brauer* bearbeiteten Criminallexikon von 1854 lesen: "Was im römischen Recht mit dem Ausdrucke delictum manifestum bezeichnet wurde, hiess im altdeutschen Rechte handhafte That und wird heutzutage frische That genannt[24]. Es besteht also aller Anlaß, dieser geschichtlichen Entwicklung einmal nachzugehen. Dabei wird im folgenden kursorischen Überblick vor allem (aber nicht nur!)

---

20 BGHSt 38, 224, 227 f.

21 Der Bundesgerichtshof bezieht sich auf *Goltdammer*, Die Materialien zum Strafgesetzbuche für die Preußischen Staaten, Teil II, 1852, S. 516 f.

22 BGHSt 28, 224, 230.

23 *Herdegen*, in: LK, § 252, Rn. 14; *Eser*, in: Sch/Sch, Rn. 4; *Tröndle/Fischer*, StGB, § 252, Rn. 7; *Günther*, in: SK, § 252, Rn. 10; *Schünemann*, JA 1980, S. 398.

24 *Brauer*, Criminallexikon, 1854, S. 322.

jenen Facetten der Historie besondere Beachtung geschenkt, die in der anschließenden Erörterung von Wichtigkeit sind.

Im römischen Recht trifft man den Begriff des offenkundigen Delikts vor allem (aber nicht nur) am Beispiel des hier besonders interessierenden Diebstahls an, der ursprünglich eine auf Heimlichkeit angelegte Begehungsweise meinte[25]. Schon in der altrömischen Zeit vor dem 12 Tafel Gesetz wurde dessen ungeachtet zwischen dem *furtum manifestum* und *nec manifestum* unterschieden[26]. Die etymologische Herkunft des Begriffs der Offenkundigkeit ist nicht vollständig geklärt[27]. *Mommsen* nimmt eine Ableitung von *manus* und *fendere* an. *Manifestus* würde dann wörtlich Handstoß oder Handgriff meinen und soll sich auf den Festnehmenden beziehen, der den Dieb überrascht hat und diesen mit der Hand ergreift oder ergreifen kann[28]. Letztere These wird von den Digesten gestützt: "Ulpianus libro quadragensimo primo ad Sabinum: [...] § 1. Ibidem Pomponius eleganter scripsit, deprehensione fieri manifestum furem: ceterum si cum tibi furtum facerem de domo tua, abscondisti te, ne te occidam, etiam si vidisti furtum fieri, attamen non est manifestum. § 2. Sed Celsus deprehensioni hoc etiam adicit, si, cum videsses eum subripientem, et ad comprehendendum eum accurrisses, abiectio furto effugit: furem manifestum esse: [...]"[29] Ein offenbarer Diebstahl würde demnach also zumindest den Versuch voraussetzen, den Dieb zu ergreifen. Ferner ist die Hypothese aufgestellt worden, dass *manifestus* auf dem indogermanischen Wort *dhers* (deutsch: fassen) wurzele und dass daraus bezogen auf den Dieb ein aktivischer Sinn gewonnen werden könne: mit der Hand haltend[30]. Ungeachtet dieser Differenzen meint jedoch nach ganz herrschender Ansicht der furtum mani-

---

25 *Liebs*, Römisches Recht, 4. Auflage, 1993, S. 192 f.

26 Siehe dazu *Mommsen*, Römisches Strafrecht, 1955, S. 750 ff.; *Rein*, Das Kriminalrecht der Römer, 1844, Neudruck 1962, S. 296 ff.; *Kaser*, Das altrömische Ius, 1949, S. 213; *ders.*, Das Römische Privatrecht, Erster Abschnitt, 2. Auflage, 1971, S. 157 ff.; *ders.*, Römisches Privatrecht, 16. Auflage, 1992, S. 232 f.; *Hausmaninger/Selb*, Römisches Privatrecht, 8. Auflage, 1997, S. 356 ff.; *Albrecht*, Das Festnahmerecht Jedermanns nach § 127 Abs. 1 StPO, 1970, S. 15 ff.

27 *Kaser*, (Fn. 26), S. 213; *ders.*, (Fn. 25), S. 157 FN. 25; *Albrecht*, (Fn. 26), S. 14 FN. 7.

28 *Mommsen*, (Fn. 26) S. 750, FN. 5; dagegen *Albrecht*, (Fn. 26), S. 14 FN. 7 mit dem Argument, dass *fendere* zu *fensus* führen würde.

29 *Ulpian*, Dig. 47, 2, 7. "Ebenda hat Pomponius scharfsinnig geschrieben, dass durch die Ergreifung der Dieb offenbar werde: Wenn übrigens, als ich dich in deinem Haus bestahl, du dich versteckt hast, damit ich dich nicht ermorde, ist der Diebstahl dennoch nicht offenbar, auch wenn du gesehen hast, wie der Diebstahl geschah. Celsus hat aber noch zur Ergreifung hinzugefügt: Wenn, als du ihn stehlen gesehen hast, herbeigeeilt bist, um ihn festzunehmen, und er das Gestohlene weggeworfen hat und geflohen ist, so ist der Dieb ein offenbarer."

30 Siehe die Darstellung bei *Rabel*, Renzension: De Visscher, Droit Romain, in: Gesammelte Abhandlungen IV, 1971, S. 466, 474.

festum vielmehr den unbestreitbaren, das heißt durch keinen Gegenbeweis zu widerlegenden Diebstahl[31].

Im Zeitraum nach der Geltung des 12 Tafel Gesetzes hielt man den Diebstahl dann für offenkundig, wenn der fur während der Tatbegehung ertappt wurde[32]. *Gellius* zitiert *Sabinus*: "'"Manifestum" autem "furtum est, [...] quod deprehenditur dum fit. Faciendi finis est, cum perlatum est quo ferri coeperat."'"[33] Hingegen war im klassischen Recht mehrere Jahrhunderte später - wie den Institutionen des *Gaius* zu entnehmen - die Reichweite des offenkundigen Diebstahls äußerst umstritten: "Manifestum furtum quidam id esse dixerunt, quod dum fit, deprehenditur. Alii vero alterius, quod eo loco deprehenditur, ubi fit, velut si in oliveto olivarum, in vineto uvarum furtum factum est, quamdiu in eo oliveto aut vineto fur sit; aut si in domo furtum factum sit, quamdiu in ea domo fur sit. Alii adhuc ulterius eo usque **** manifestum furtum esse dixerunt, donec perferret eo, quo perferre fur destinasset. Alii adhuc ulterius, quandoque eam rem fur tenens visus fuerit; qua sententia non optinuit. Sed et illorum sententia, qui existimauerunt, donec perferret eo, quo fur destinasset, deprehensum furtum manifestum esse, ideo non videtur probari, quia magnam recipit dubitationem, utrum unius diei an etiam plurium dierum spatio id terminandum sit; quo eo pertinet, quia saepe in aliis civitatibus surreptas res in alias civitates vel in alias provincias destinant fueres preferre. Ex duabus itaque superioribus opinonibus alterutra adprobatur; magis tamen plerique posteriorem probant."[34] *Paulus* hält den Diebstahl in den ersten drei

---

31 So *Kaser*, (Fn. 26), S. 213, 217; *Rabel*, (Fn. 30), S. 475 ff.; vgl. auch *Jhering*, Geist des Römischen Rechts, Erster Teil, 2. Auflage, 1866, S. 130

32 Dem offenbaren Diebstahl wurde derjenige gleichgestellt, in dem der Dieb aufgrund einer Spurfolge durch eine feierliche Haussuchung, die *questio lance et licio*, überführt werden konnte; *Gellius*, Noctes Atticae, 11, 18, 9; *Gaius*, Instiutiones, 3, 192 ff.; siehe dazu *Rien*, (Fn. 26), S. 299 f.; *Hausmaninger/Selb*, (Fn. 26), S. 356.

33 *Gellius*, Noctes Atticae, 11, 18, 11. - "Der Diebstahl ist nun aber offenbar, wenn der Dieb ergriffen wird, solange er begangen wird. Die Aktion ist beendet, nachdem das Diebesgut dorthin gebracht wurde, wohin man angefangen hatte, es zu bringen."

34 *Gaius*, Institutiones, 3, 183 f. - "Etliche sagten, dass ein Diebstahl offenbar ist, wenn der Dieb ergriffen wird, während er begangen wird. Andere gingen weiter und sagten, dass ein Diebstahl offenbar ist, wenn der Dieb an dem Ort ergriffen wird, wo der Diebstahl begangen wird, zum Beispiel wenn in einem Olivenhain ein Diebstahl von Oliven, in einem Weinberg ein Diebstahl von Trauben begangen worden ist, solange sich der Dieb in diesem Olivenhain oder Weinberg befindet, oder wenn in einem Haus ein Diebstahl begangen worden ist, solange sich der Dieb in diesem Haus befindet. Einige gingen sogar noch weiter und sagten, dass der Diebstahl bis zu dem Zeitpunkt offenbar ist, zu dem der Dieb die Beute dorthin gebracht hat, wohin er es bestimmt hatte. Andere noch weiter: solange der Dieb mit der Beute in der Hand gesehen worden ist. Diese Meinung hat sich nicht durchgesetzt. Aber auch die Meinung derer, die meinten, dass der entdeckte Diebstahl bis zu dem Zeitpunkt offenbar ist, zu dem der Dieb die Beute dorthin gebracht hat, wohin er es bestimmt hatte, scheint deswegen keinen Beifall zu gewinnen, weil sie große Zweifel ge-

von *Gaius* zitierten Fällen für offensichtlich: "Manifestus fur est, qui in faciendo deprehensus est et qui intra terminos eius loci, unde quid sustelerat, deprehensus est, vel antequam ad eum locum, quo destinaverat, pervenerit."[35] Entgegen der Einschätzung von *Gaius* könnte sich jedoch die dritte Auffassung durchgesetzt haben, wie wiederum den Digesten zu entnehmen. "Ulpian libro quadragensimo ad Sabinum. [...] Sed utrum ita demum fur sit manifestus, si in faciendo furto deprehendatur, an vero et si alicubi fuerit deprehensus? Et magis est, ut et Julianus scripsit, etsi non ibi deprehendatur, ubi furtum fecit, adtamen esse furem manifestum, si cum re furtiva fuerit adprehensus, priusquam eo loci rem pertulerit, quo destinaverat"[36]

Der Verletzte war stets befugt, den fur manifestus durch die *manus iniectio*, einem förmlichen auf die Bemächtigung der Person abzielenden Rechtsakt, zu ergreifen. Er musste zunächst durch *endoplorare* Nachbarn oder Sippengenossen zusammenrufen, anschließend die Hand auf den Täter legen und den Bemächtigungsakt mit den Worten "Quod tu mihi ... fecesti, ego tibi manum inicio" begründen. Anschließend durfte er den Dieb, der mit der Tat an ihn verfallen war, im Wege der Privatrache beziehungsweise -strafe sofort töten. Das Erfordernis, in der Nähe befindliche Unbeteiligte zusammenzurufen, ist mit einer Art Zeugenfunktion zu erklären[37]. Mit dem zunehmenden Erstarken der staatlichen Gewalt bedurfte es dann einer nachträglichen Bestätigung der offenkundigen Tat durch die *addictio* des *magistratus*; die förmliche *manus iniectio* wurde dadurch entbehrlich[38]. Wie dem 12 Tafel Gesetz zu entnehmen, durfte nur noch der nächtliche oder bei Tage sich mit Waffen verteidigende Dieb sofort getötet werden[39].

---

stattet, ob der Zeitraum hierfür auf einen Tag oder sogar auf mehrere Tage zu begrenzen ist. Dies ist deshalb von Bedeutung, weil die Diebe oftmalig beschließen, die in den einen Städten entwendeten Dinge in andere Städte oder Provinzen zu transportieren. Und so wird von den beiden überlegenen Meinungen jede gebilligt; die Mehrzahl jedoch billigt in größerem Maße die zweite."

35 *Paulus*, Sententiae, 2, 32, 3 f. - "Ein offenbarer Dieb ist derjenige, der bei Begehung ergriffen worden ist und der innerhalb der Grenzen desjenigen Ortes, von wo dieser etwas weggenommen hatte, ergriffen worden ist, oder bevor er mit dem Diebesgut an den Ort gelangt ist, wohin er es bestimmt hatte."

36 *Ulpian*, Dig. 47, 2, 3. - "Ist aber der Dieb nur offenbar, wenn er bei der Diebstahlsbegehung ergriffen wird oder auch, wenn er irgendwo ergriffen worden ist? Vorzugswürdig ist, wie Julianus geschrieben hat, gleichwohl der Dieb nicht dort ergriffen wurde, wo er den Diebstahl begangen hat, dennoch der Dieb offenbar ist, wenn er mit der gestohlenen Sache ergriffen worden ist, bevor er die Sache an den Ort gebracht hat, wohin er es bestimmt hatte."

37 *Kaser*, (Fn. 26), S. 232; zunächst jedoch hat *Kaser*, (Fn. 26), S. 209, 214, diese Obliegenheit damit erklärt, dass die Hinzugezogenen die Funktion eines Notgerichts übernommen hätten.

38 *Kaser*, (Fn. 26), S. 232.

39 XII-Tafel-Gesetz, 8, 12 f. siehe auch *Gellius*, Noctes Atticae, 11, 18, 7.

Auch hier hatte der Verletzte die Pflicht, Nachbarn oder Sippengenossen herbeizurufen und die Rechtmäßigkeit der Handlung offenzulegen, da dem Verdacht eines (weiteren) Rechtsbruchs durch Mord schon formell entgegengewirkt werden musste[40]. Im Verlaufe der Zeit ist das Tötungsrecht immer weiter zurückgedrängt worden[41]. Durch das Edikt des Prätors wurde schließlich eine Bußklage auf den vierfachen Wertes des entzogenen Gutes eingeführt, die actio furti manifesti, während die actio furti non manifesti, die erst vor dem Richter bewiesen werden musste, lediglich auf den schon im Zeitraum des 12 Tafel Gesetzes vorgesehenen doppelten Wert gerichtet war[42].

Der Grund für die straferhöhende Wirkung des furtum manifestum gegenüber dem furtum non manifestum ist umstritten. Einzige Quelle ist *Gellius*, der die härtere Strafe mit der unerträglichen Dreistigkeit (intolerandam audaciam) des Täters erklärte[43]. In der rechtsgeschichtlichen Literatur ist die Strafhöhe angesichts der Evidenz der Schuld des Diebes und des unmittelbaren Tateindrucks auf die größere Entrüstung, Empörung oder Erbitterung des Bestohlenen zurückgeführt worden[44]. Plastisch ist die Formulierung von *Jhering*: "[...] das Gesetz drückte nur dem, was der Verletzte unter dem Einfluß der erlittenen Kränkung sei es sofort bei der That oder nachher zu tun pflegte, den Stempel des Rechtlichen auf."[45] *Mommsen* hingegen hat weniger das in einem solchen Fall besonders ausgeprägte Rachebedürfnis für maßgeblich gehalten, sondern das Bestreben des Gesetzgebers, die Selbsthilfe zu steuern[46].

Der furtum manifestum des römischen Rechts vereinigte fokusartig sämtliche Aspekte, die im heutigen Recht auf jene drei Normen verteilt sind, in denen der Begriff "betreffen auf frischer Tat" enthalten ist: der Aspekt der Strafe in § 252 StGB, der Aspekt der Festnahme in § 127 I StPO und der Aspekt der Selbsthilfe in § 859 II BGB. Der germanische Rechtskreis weist erstaunliche Parallelen zum römischen Recht auf. Auch dort ist der Diebstahl an sich durch die Heimlichkeit

40 *Rein*,(Fn. 26), S. 299 mit weiteren Quellenangaben; *Kaser*, (Fn. 26), S. 233.

41 *Mommsen*, (Fn. 26), S. 752.

42 *Gellius*, Noctes Atticae, 11, 18, 10; *Gaius*, Institutiones 3, 189; XII-Tafel-Gesetz, 8, 16; siehe dazu *Rein*, (Fn. 26), S. 311.

43 *Gellius*, Noctae Atticae, 20, 1, 8; ebenso in der rechtsgeschichtlichen Literatur *Abegg*, Neues Archiv des Criminalrechts, (14) 1833, S. 430, 434 f.; *Rein*, (Fn. 26), S. 298 FN 1.

44 *Hepp*, Versuche über einzelne Lehren der Strafrechtswissenschaft; Vierte Abhandlung Ueber den Grund der größeren Strafbarkeit des furtum manifestum nach römischen und deutschen Recht, 1827, S. 110, 123; ebenso *Hitzig*, in: Paulys Realencyclopädie der classischen Altertumswissenschaft, 13. Halbband, 1910, S. 390; *Albrecht*, (Fn. 26), S. 15.

45 *Jhering*, (Fn. 31), S. 130

46 *Mommsen*, (Fn. 26), S.62, 750.

der Tatbegehung charakterisiert[47]. Wird der Täter jedoch bei der Tat ertappt, durfte der friedlos gewordene, seiner Mannheiligkeit beraubte Täter sofort bußlos erschlagen werden. Zur Verklarung war es erforderlich, das Gerüft zu erheben und anschließend den Getöteten mit den Schreimannen - den zur Hilfeleistung hinzugeeilten Rechtsgenossen, die dem Gerüft gefolgt waren - vor Gericht zu bringen. Der Betroffene erhob dort Klage gegen den "toten Mann" und legte als Beweis den von den Schreimannen als Eidhelfer unterstützten Überführungseid ab[48]. In den einzelnen Volkrechten wurde später die sofortige bußlose Tötung des handhaften Diebes nicht mehr gestattet mit Ausnahme des nächtlichen Diebstahls und bei Widerstand (mit Waffen). Er musste vielmehr (mit dem gestohlenen Gut auf dem Rücken) gebunden vor Gericht gebracht werden, und wurde dort zumeist zum Tode verurteilt[49]. Der Zweck dieses sogenannten Handhaftverfahrens lag gewiß in einer ersten Formalisierung und damit Steuerung der Privatrache. Prozeßrechtlich hatte das Handhaftverfahren die entscheidende Konsequenz, dass sich der handhafte Dieb nicht durch den Reinigungsschwur entlasten konnte.

Wie schon in den Landfrieden ab dem 11. Jahrhundert teilweise zu beobachten[50], scheint der in der ersten Hälfte des 13. Jahrhunderts entstandene Sachsenspiegel keinen Unterschied mehr in der Straffolge zwischen dem offenen und dem heimlichen Diebstahl gemacht zu haben. Auf den großen Diebstahl nicht unter drei Schillingen stand stets die Todesstrafe[51]. Ob der vor allem der todewürdige nichthandhafte Diebstahl abgelöst werden konnte, ist unklar[52]. Allerdings wurde derjenige, der einen Dieb oder Räuber bei der Tat erschlagen hatte, nicht als Friedbrecher betrachtet, wenn er den Toten mit Zeugnis von sieben Männern überführen konnte und kein Vetter des Toten das Zeugnis zurückwies und diesen im Zweikampf vertreten wollte[53]. Der Sachsenspiegel hat an dem überlieferten Handhaftverfahren festgehalten: "Wen man mit der handhaften Tat fängt, so wie er gefangen wird, so soll man ihn vor Gericht bringen, und selbsiet soll ihn der Kläger überführen."[54] Von besonderem Interesse ist, dass der Begriff der handhaften Tat durch den Sachsenspiegel das erste Mal definiert worden ist: "Die

47 *Wilda*, Das Strafrecht der Germanen, 1842, S.861; *His*, Das Strafrecht des Deutschen Mittelalters, 2. Teil, 1935, Neudruck 1964, § 26, S. 176; *Maiwald*, Der Zueignungsbegriff im System der Eigentumsdelikte, 1970, S. 19.

48 *Eb. Schmidt*, Einführung in die Geschichte der deutschen Strafrechtspflege, 3. Auflage, 1965, S. 40; Henkel, Albrecht, (Fn. 26), S. 20;

49 *Albrecht* (Fn.26), S. 21 ff.

50 *Eb. Schmidt*, (Fn. 48), S. 57; *Hepp*, (Fn. 44), S. 124 ff.; *His*, (Fn. 47), § 36, S. 184; *Albrecht*, (Fn. 26), S. 24.

51 Ssp. II, 39 § 1. Der Täter wurde zumeist gehängt. Nur bei einem tagsüber begangen Korndiebstahl war die Enthauptung des Täters vorgesehen.

52 *His*, (Fn. 47), § 36, S. 189.

53 Ssp. I, 64.

54 Der Sachsenspiegel, übersetzt und eingeleitet von *Kaller*, 2002, S. 55; I, 66, § 1.

handhafte Tat ist gegeben, wenn man einen Mann bei der Tat ergreift oder auf der Flucht von der Tat, oder wenn er Diebesgut oder Geraubtes in seiner Gewere hat, wozu er selbst den Schlüssel trägt, es sei denn, es ist so klein, dass man es durch ein Fenster stecken kann."[55] Dem Gerüft, das der Betroffene während der Tat zu erheben hatte, kam eine prozeßeröffnende Funktion zu[56].

Im Sachsenspiegel findet sich der Begriff der frischen Tat an einer einzigen Stelle[57] - ein Ausdruck, der sich zunehmend in den Ortsrechten des 13. und 14. Jahrhunderts durchsetzte[58], die teilweise das Handhaftverfahren, das heißt das damit einhergehende Ergreifungsrecht, außerordentlich erweiterten[59]. Im Schwabenspiegel hingegen wurde der Ausdruck "offene düpheit" gebraucht: "daß ist ob ein man kvmet in ein hus. eines nahtes oder eines tages, vnd er stilt da swaß eß ist. vnd er wird begriffen mit der düpheit. é. daß er eß verberge. daß heißßet offenü düpheit. vnde ist das ein man dem andren dübig gut git. vnd er daß weiß. daß es dübig ist. das heißßet ouch offenü düpheit."

Mit Ausbildung des Inquisitionsverfahrens als Konsequenz der Verstaatlichung des Strafrechts, die mit der Landfriedenbewegung ihren Anfang genommen hatte[60], wurden die verschiedenen Aspekte - Festnahme, Selbsthilfe und Strafe - voneinander getrennt[61]. Das Festnahmerecht wandelte sich zunehmend zu einem echten Jedermannsrecht mit einem rein verfahrensrechtlichen Charakter, dem unter anderem eine prozeßeröffnende die Funktion zukam[62]. Zu nennen ist hier zunächst der Ewige Landfrieden von 1495: "Ob auch [...] jemand beraubt, beschedigt und Zugriff geschehen wurde, so sollen alle die jhenen, die es zur frischen That ermant oder sonst innen wurden, mit Macht nacheylen und mit vleissigem Ernst gegen solichen Beschedigern handeln und fürnemen, als wer es ir selbs Sach, dieselben zu Handen zu bringen." In der Tiroler Halsgerichtsordnung von 1499 wird ausdrücklich die verfahrensbeschleunigende Wirkung der handhaften

---

55 Der Sachsenspiegel, (Fn. 54), S. 77; II, 35.

56 Ssp. I, 62 § 1.; zu weiteren prozessualen Ausgestaltung des handhaften Verfahrens siehe *Albrecht* (Fn. 26), S. 25.

57 Ssp. I, 68.

58 Als Beispiel sei das Gerichtsbuch der Elbermark genannt: "wan wir den uff frischer taidt ankommet adir betriddet"; zitiert nach Deutsches Rechtswörterbuch, hrsg. von der Preußischen Akademie der Wissenschaften, 2. Bd., 1932 bis 1935, S. 222; weitere Beispiele siehe 3. Bd., 1935 bis 1938, S. 949.

59 *Albrecht* (Fn. 26), S. 26 f.

60 Zu dieser Entwicklung siehe *Eb. Schmidt*, (Fn. 48), S. 87 ff.

61 *His*, Das Strafrecht des Mittelalters, Teil 1, 1920, Neudruck 1964, § 11, S. 198, weist ausdrücklich darauf hin, dass des Notwehrrecht zunächst Ausfluß der Friedlosigkeit des handhaften Täters gewesen ist.

62 *Mittermaier*, Das Deutsche Strafverfahren, Zweiter Theil, 4. Auflage, 1846, § 115, S. 35 ff.; siehe auch *P. Schubert*, Die vorläufige Festnahme, 1968, S, 84 Fn. 395.

Tat ausgesprochen: "Souerr aber ain person an warer. Tat mit hanndlen diebstall morderery Rauberery oder in ander weg. malfitz berührend betreten wurd, unnd nicht auf annder ungeleümbt personen bekennet. alßdann ist nicht not ainicherly weiteres erkunden. Unnd sohls sol alweg nach Gelegenhait ainer yeden sach und missetat. Nach erkentnus des merer tayls der Rät und Gesworn ermessen werden und dabey beleiben."

In der Bambergensis *Schwarzenbergs* von 1507 war ein Festnahmerecht Privater ausdrücklich nicht geregelt, in Art. 23 lediglich ein summarisches Verfahrens bei unzweifelhaften Straftaten[63]: "wo ein mysstat ausserhalb redlicher vrsach, die von peinlicher Straf rechtlich entschuldigen mogen, öffentlich und vnzweifenlich ist oder wirt, als einer on Rechtmessig und gedrungen ursach ein offenlicher mutwilliger veinhdt oder beschediger ist, oder so man einen an warer vbelthat betritt, auch so einner den gethanen Raub oder diebstal bey im hat, vnnd das mit keinen grundt widersprechen oder Rechtlichen verursachen mag [...]" Art. 16 der Constitutio Criminalis Carolina von 1532 hat Art. 23 der Bambergischen Halsgerichtsordnung fast wörtlich übernommen. Gleichwohl wird an der Zulässigkeit einer Festnahme des handhaften Täters nicht gezweifelt, deren Mittel Art. 142 zu entnehmen sein soll[64]. Für die Zulässigkeit spricht die Rezeption des spätmittelalterlichen italienischen Rechts, das ein Festnahmerecht in den Statuten, als auch in der Lehre anerkannte[65]. Auch zwei Jahrhunderte später war es *Quistorp* zufolge nach gemeinrechtlichen Grundsätzen einem jedem erlaubt, "notorische Verbrecher", die schon in der Flucht begriffen waren, anzuhalten, um ihre Flucht zu verhindern, und sie demnächst den zuständigen peinlichen Richter auszuliefern[66].

Im 16. und 17. Jahrhundert hat sich die Landesgesetzgebung oftmals an die Carolina (teilweise wortgetreu) angelehnt[67]; eine für die Zwecke dieser Untersuchung interessante Quelle stellt erst wieder die "Constitutio criminalis Theresiana" von 1796 dar, in der ausdrücklich ein Festnahmerecht in Art. 19 des Ersten Teils geregelt war: "Wenn aber der Thäter auf einer offenen Missetat, und wie man zu sagen pflegt, auf handhafter That von einer des Blutbanns unbefugte Obrigkeit, oder von einer privat-Person, wer die auch wäre, ertappet, oder aber in der Flucht ergriffen würde, so solle er allerdings angehalten, und sodann dem ordentlich ausgesetzten Landgericht mit allen habenden Aneignungen ungesaumt, und längstens innerhalb 3 Tägen, wenn es anders möglich, überliefert, oder abgefolget

---

63 Vgl. auch *Hälschner*, Das preußische Strafrecht, Teil 1, 1855, Neudruck 1975, S. 79 f.

64 *Albrecht*, (Fn 26), S. 36.

65 *Dahm*, Das Strafrecht Italiens im ausgehenden Mittelalter, 1931, S. 104, 451; siehe auch *Albrecht* (Fn. 26), S. 34 Fn. 1, der *Farinacius* zitiert.

66 *Quistorp*, Grundsätze des deutschen peinlichen Rechts, Zweyter Teil, 5. Auflage 1794, § 634, S. 175.

67 Im einzelnen siehe *Eb. Schmidt* (Fn. 48), S. 142 ff.

werden." Auch der "Codex Iuris Bavarici Criminalis" von 1751sah in § 6 des Sechsten Kapitels des Zweiten Teils eine Festnahmebefugnis Privater vor: "Ohne Obrigkeitlichen Befehl soll niemand eigenmächtiger Weis handfest gemachet, viel weniger incarceriret werden, ausser es wäre einer de fuga suspectus oder auf frischer That betretten, oder für Vogel=frey erkläret worden, welchen Falls zwar jedermann erlaubet ist, in instanti nach dem Thäter zu greifen, doch soll er hierbey nicht lang aufgehalten, sondern unverzüglich vor Obrigkeit gebracht, und zugleich die That mit allen Umständen sub Juramento angegeben werden."[68] In dem 62 Jahre später in Kraft getretenen, auf *Feuerbach* zurückgehenden "Strafgesetzbuch für das Königreich Baiern" von 1813 befugte Art. 196 im Ersten Teil Zweites Buch Erster Titel Zweites Kapitel jeden "Unterthan" unter anderen dazu, flüchtige oder auf der Tat ertappte Verbrecher anzuhalten und vorläufig bei sich zu bewahren.

Großen Einfluß auf die deutsche strafprozessuale Reformgesetzgebung des 19. Jahrhunderts hat dann der 1808 in Frankreich eingeführte "Code d`instruction criminelle" ausgeübt. Wie sich aus Art. 106 ergibt, besaß jeder Bürger unter bestimmten Voraussetzungen ein Recht zur vorläufigen Festnahme: "Tout dépositaire de la force publique et même toute personne, sera tenue des saisir le prévenu surpris enflagrant delit, ou poursuivi soit par la clameur publique, soit dans les cas assimilés délit, et de le conduire devant le procureur-impérial, sans qu` il soit besoin de mandat d`amener, si le crime ou délit emporte afflictive ou infamante." In Art. 41 des Code findet sich eine Definition des délit flagrant, dessen Ähnlichkeit mit der Definition der handhaften Tat im Sachsenspiegel zur Vermutung Anlaß gegeben hat, dass seine Wurzeln im germanischen Recht liegen würden[69]: "Le délit qui se commet actuellement, ou qui vient des se commettre est un flagrant délit, lex cas où le prévenu est poursuivi par la clameur publique, et celui où le prévenu est trouvé saisi d`effects, armes, instruments ou papiers faisant présumer qu`il est auteur ou complice, pourvu que ce soit dans un temps voisin du dèlit." .

Die Orientierung der deutschen Partikulargesetzgebung an den "Code d`instruction criminelle" ist unverkennbar[70]. Besonders deutlich läßt sich dies in

---

68 Gemäß § 31 des Ersten Kapitels des Zweiten Teils bezog sich das Festnahmerecht auch auf eximierte Personen, "wo nun dergleichen [...] Personen auf frischer That betretten werden." Wie § 30 festlegte, waren eximierte Personen, unter die "geistlich, graduiert, adelich Personen, Soldaten und Academici"fielen, in normalen Fällen vom peinlichen Gerichtszwang befreit; siehe *Albrecht*, (Fn. 26), S. 43.

69 *Zimmerman*, Archiv für Strafrecht 30 (1882), S. 404, 407; wohl auch *Zachariae*, Handbuch des deutschen Strafprozesses, Zweiter Band, 1868, § 75, S. 45; vgl. noch *Brauer*, GS 7, 2 (1855), S. 282, 283, der die "ziemliche" Übereinstimmung des altergermanischen und französischen Rechts hervorhebt.

70 So schon die Einschätzung des Zeitgenossen *Brauer*, GS 7, 2 (1855), S. 282, 284.

Preußen an dem Gesetz vom 12. Februar 1850 ablesen. Gemäß § 2 konnte eine Person ohne richterlichen Befehl vorläufig ergriffen und festgenommen werden, "1) wenn die Person bei Ausführung einer strafbaren Handlung oder gleich nach derselben betroffen oder verfolgt wird; 2) wenn sich selbst später Umstände ergeben, welche die Person als Urheber oder Theilnehmer einer strafbaren Handlung und zugleich der Flucht verdächtig machen." Unter der Voraussetzung, dass der Täter flüchtig oder der Flucht verdächtig war oder Grund zur Besorgnis vorlag, dass die Identität der Person sonst nicht festzustellen sein würde, war nach § 3 auch eine Privatperson im Falle des § 2 Nr. 1 StGB ermächtigt, den Betreffenden festzunehmen[71]. Auch in der hier beispielhaft angeführten hannoverschen Strafprozeßordnung vom 8. November 1850, in der die Festnahmebefugnis Privater außerordentlich weit gefaßt war, orientieren sich die ersten beiden Fallgruppen am französischen Vorbild. Gemäß § 58 waren Privatpersonen unter anderem zur vorläufigen Verwahrung berechtigt, " 1) wenn der Bezüchtigte auf frischer That betreten oder unmittelbar nach der That als des Verbrechens verdächtig durch öffentliche Nacheile oder öffentlichen Nachruf bezeichnet wird; 2) wenn derselbe alsbald nach der That mit Waffen, gestohlenen Sachen oder anderen auf seine Theilnahme am Verbrechen hindeutenden Gegenständen betreten wird; [...]." Die weiteren Fallgruppen können hier außer Betracht bleiben[72].

In der Reichsstrafprozeßordnung hat man sich dann wiederum an den Sprachgebrauch des Preußischen Rechts angelehnt. Diese Einschätzung gilt ungeachtet der wenig konkreten Kritik der Motive an der französischen und deutschen Gesetzgebung, man könne sich des Eindrucks nicht erwehren, dass gerade dort, wo es sich um eine rasche Entschließung, nämlich um die sofortige Ergreifung eines auf der Tat oder unmittelbar nachher Betroffenen handele, und wo man die Befugnis zu solcher Ergreifung untergeordneten Polizei- oder Sicherheitsbeamten, ja selbst Privatpersonen anvertrauen müsse, Bestimmungen, welche die Anwendung dieser Maßregel von künstlichen, häufig nur dem rechtsgelehrten Richter verständlichen Unterscheidungen abhängig machten, den Anforderungen des Lebens nicht angepaßt seien, wie denn auch dies oft genug zeige, dass eine wörtliche Beobachtung derselben im Drange der Umstände häufig geradezu unmöglich sei[73]. Tatsächlich

---

71 Ähnlich die Strafprozeßordnung von Hessen (Art. 90, 91); Nachweis bei *Hahn*, Die gesamten Materialien zu den Reichsjustizgesetzen, Band 3, Materialien zur Strafprozeßordnung Abteilung 1, 2. Auflage 1885; Neudruck 1983.

72 § 2 Nr. 1 und Nr. 2 gleichen der Strafprozeßordnung Thüringens (Art. 108, 111), Braunschweigs vom 19. März 1850 (§§ 5, 9, 10), die von öffentlicher Verfolgung und nicht von der Bezeichnung durch öffentliche Nacheile oder öffentlichen Nachruf spricht, und Badens (§§ 50 bis 52), die jedoch allesamt ein vorläufiges Festnahmerecht Privater nicht gekannt haben; ebenso die hier ebenfalls zu erwähnende Strafprozeßordnung Oesterreichs vom 23. Mai 1973 (§ 175).

73 *Hahn*, (Fn, 71), S. 137.

hat man jedoch die Festnahmebefugnis für Privatpersonen weiter eingeschränkt. Der Fall, dass sich der Beschuldigte später aus Umständen wie dem Besitz von Waffen, gestohlenen Sachen oder anderen Gegenständen verdächtig macht, ist vom Gesetzgeber des Deutschen Reiches ausgesondert worden.

Soweit zum Festnahmerecht. Was die Ausgestaltung der handhaften Tat als Delikt anbetrifft, wird erst wieder in der Bambergensis von1507 zwischen dem heimlichen und dem offenbaren Diebstahl klar unterschieden[74]: "183 Jtem So einer erstlich gestohlen hat vnter funff gulden werdt, Vnd der dieb mit sölchem diebstal, ee er damit an sein Gewahrsam kümpt, nit beschriren, berüchtigt oder betretten werde, Auch zum diebstal nit gestigen oder gesprochen hat, Und der diebstal nit funff guldein oder darüber wertd: ist ein heynlicher vnd geringer diebstahl; [...] 184 Jtem So aber der Dieb mit gemeltem ersten diebstal, der vnder funff guldein werth ist, ee vnd er an sein gewarsam kumpt, betretten würde oder ein geschrey, nacheyl oder auffrur machet Und doch zum diebstal nit gesprochen oder gestigen hat: ist ein offner diebstal, [...]."[75] Fast wortidentisch sind wiederum die Tatbestände 157 und 158 der Constitutio Criminalis Carolina. Im gemeinrechtlichen Schrifttum wurde der Diebstahl solange als offenbar eingestuft, solange der Täter die Sache nicht die Sache zu sich nach Hause oder dorthin gebracht hatte, wohin er es beabsichtigt hatte. Als Beispiel sei *Carpzov* genannt, der die Tat für manifest hält "[...] sive in ipso facto, auf frischer That; sive intra terminos ejus loci, unde quid sustulit: veluti si in domo furtum fecerit, § nondum egressus januam deprehendatur; sive denique cum re furtiva, antequam pervenerit eo, quo illam perferre destinaverat"[76]. Ein bloßes Beobachten reicht nach *Carpzov* nicht, um das Delikt zu einem offenbaren werden zu lassen: "[...]; solus namque visus non sufficit ad hoc, ut manifestus dicitur fur, sed insupur requiritur acclamatio."[77] Die ratio der höheren Bestrafung des offenen Diebstahls ist ebenso wie im römischen Recht zum Gegenstand von Diskussionen geworden. *Janßen* berichtet,

74 *Albrecht* (Fn. 26), S. 36

75 Die nachfolgenden Ausführungen zum gemeinrechtlichen furtum manifestum verdanken sich weitgehend der gründlichen Forschung *Janßens*, Der Diebstahl in seiner Entwicklung von der Carolina bis zum Ausgang des 18. Jahrhunderts, 1969.

76 *Carpzov*, Pratica nova Imperialis Saxonica rerum criminalium, 1739, P. 2 Qu. 78 Nr. 4.- "sei es auf der Tat selbst, auf frischer Tat, sei es innerhalb der Grenzen desjenigen Ortes, von wo er es weggenommen hat: zum Beispiel wenn der Diebstahl in einem Haus geschah, der Dieb ergriffen wird und noch nicht die Haustür überschritten hat; und sei es schließlich mit dem Diebesgut, bevor er es dorthin getragen hat, wohin er es bestimmt hatte."; ebenso *Blumbacher*, Commentarius in Kayser Carl deß Fünfften/und deß H. Röm.Reichs Peinliche Halsgerichtsordnung, Der Dritte Druck, 1694 zu Art. 157 Nr. 2; weitere Nachweise bei *Janßen*,(Fn. 75), S. 70.

77 *Carpzov*, (Fn. 76), P. 2 Qu. 78 Nr. 5. - "Freilich genügt das bloße Sehen nicht, damit man den Dieb offenbar nennt, sondern überdies bedarf es eines Zurufs."; ebenso *Blumbacher*, (Fn. 70) zu Art. 157 Nr. 2; weitere Nachweise bei *Janßen*, (Fn. 75), S. 71.

dass ein Teil der damaligen Literatur als Qualifizierungsgrund sowohl das schlechte Beispiel anführte, das der Dieb der Bevölkerung gab, als auch die größere Verwegenheit des Täters[78], die schon, wie gezeigt, im römischen Recht als "causa" verantwortlich gemacht worden war. *Kress* hingegen hat in Übereinstimmung mit dem Gesetzestext unter anderem als Grund den Umstand benannt, dass der offene Diebstahl Geschrei, Aufruhr, Berüchtigung und Nachteile hervorruft[79]. Es ist letztlich die erhöhte Störung des Rechtsfriedens, die hinter dieser Auffassung steht.

Die entwicklungsgeschichtliche Herkunft des manifesten Diebstahls ist umstritten. Ein überwiegender Teil der Literatur nimmt an, dass das Delikt allein der italienischen Jurisprudenz entlehnt sei[80], während die Gegenauffassung auch einen deutschrechtlichen Einfluß für wahrscheinlich hält[81]. Sie beruft sich auf die germanische Ausdrucksweise, insbesondere auf das Gewicht, welches das Gesetz auf das Betreten des Täters "an warer ubeltat" legt. *Brunnenmeister* repliziert dagegen, dass auch die italienischen Juristen das Moment der Nacheile und des Geschreis in die Definition des furtum manifestum aufgenommen hätten[82], was allerdings *von Hippel* noch nicht als Grund anerkennt hat, einem ausschließlich italienischen Ursprung das Wort zu reden[83]. Der Streit um die historische Quelle dieses Tatbestandes ist allerdings nicht von großer Tragweite: Denn schon in der Wende vom 16. zum 17. Jahrhundert scheint die Unterscheidung zwischen dem furtum manifestum und nec manifestum in der gerichtlichen Praxis keine Rolle

---

78 *Janßen* (Fn. 75), S. 69 mit Verweis auf Harpprecht, Wesenbec und Theodoricus; siehe später noch *Tittmann*, Handbuch der Strafrechtswissenschaft und der deutschen Strafgesetzkunde, Zweiter Band,1823, 2. Auflage, § 418, S. 355, der die größere Frechheit und Unverschämtheit als Strafschärfungsgrund damit rechtfertigt, dass der offenbare Dieb, der weniger heimliche Begehungsweisen bevorzugt, häufiger Diebstähle begehen könne.

79 *Kress*, Commentatio succinta in Constitutionem criminalem Caroli V Imperatoris, 1760 zu Art. 158, S. 556; vollständige Wiedergabe der Gründe bei *Janßen* (Fn. 75), S. 70; ferner *Henke*, Handbuch des Criminalrechts und der Criminalpolitik, Zweyter Theil, 1836, § 144, S. 418.

80 *Brunnenmeister*, Die Quellen der Bambergensis, 1879, S. 280; *His*, (Fn. 47), § 36, S. 178.

81 *Köstlin*, System des Deutschen Strafrechts, Abteilung II , Abhandlungen aus dem Strafrechte, 1858, Neudruck 1978, § 20, S. 247; *Güterbock*, Zur Redaktion der Bambergensis, 1910, S. 35; *von Hippel*, Deutsches Strafrecht, Band 1, 1925, Neudruck 1971, § 14 S. 191 Fn. 9.

82 *Brunnenmeister*, (Fn. 74), S. 280. Siehe zum Beispiel *Bartolus*, zitiert nach *Dahm*, (Fn. 65), S. 474 Fn. 52: "ad hoc, ut quis sit fur manifestus, requiritur quo deprehendatur vel post eum clametur nec sufficit sola visio." - "Bis jetzt bedarf es, damit jemand ein offenbarer Dieb ist, der Tatsache, dass man ihn ergreift oder ihn danach beschreit. Und nicht genügt das bloße Beobachten."

83 *von Hippel*, (Fn. 81), § 14, S. 191 Fn. 9.

mehr gespielt zu haben[84]. *Janßen* weist darauf hin, dass die Rechtspraxis den offenen Diebstahl sogar nur noch als Versuch betrachtet und im Ergebnis infolgedessen milder bestraft hat[85]. Sie stützte sich dabei bis zum Ende des 18. Jahrhunderts auf die extreme Ausweitung der Versuchsstrafbarkeit durch *Carpzov*, der den Diebstahl erst dann für vollendet ansah, wenn der Dieb die Sache an den Ort seiner Bestimmung gebracht hatte[86]. Die Ansicht von *Quistorp* und *Grolmann*, die lediglich verlangten, dass der Dieb die Sache aus dem Gewahrsam oder Besitz des Betroffenen herausgebracht haben müsse[87], sowie die moderne Lehre von *Boehmer*, *Kleinschrod* und *Feuerbach*, die sich mit der Ergreifung der gestohlenen Sache begnügten, scheint zunächst in der Rechtspraxis zumeist unbeachtet geblieben zu sein[88]. Scharfsinnig argumentiert *Kleinschrod* gegen die Berufung *Carpzovs* auf Art. 158 der PGO: "Allein diese Stelle beweiset gerade das Gegentheil . Denn demjenigen wird eine härtere Strafe gedroht, welcher im Stehlen erwischt wird, ehe er die Sache weggetragen hatte, also muß dessen Handlung vollendet seyn."[89] Dem preußische Strafgesetzbuch von 1851wurde dann die Apprehensionstheorie zugrunde gelegt[90].

Der erste konzeptionelle Vorläufer des räuberischen Diebstahls in seiner heutigen Ausprägung stellt Art. 235 des Bayerischen Strafgesetzbuchs von 1813 dar, das seine Entstehung maßgeblich dem Wirken *Feuerbachs* verdankt hat. Art. 244 seines 1810 erschienen Entwurfs entspricht bis auf die gesetzliche Verweisung wörtlich dem in Kraft getretenen Gesetz: "Wer absichtlich mit Waffen versehen auf einen bloßen Diebstahl ausgegangen ist (Art. 231 Nr. 5) und nachdem er ertappt wurde, sich dieser Waffen zur Schreckung oder Mißhandlung wirklich bedient

---

84 *Carpzov*, (Fn 76), P. 2 Qu. 78 Nr. 8; *Quistorp*, Grundsätze des deutschen Peinlichen Rechts, Erster Theil, 5. Auflage, 1794, § 347, S. 517.

85 *Janßen*, (Fn. 75), S. 72 mit Verweis unter anderem auf *Thomaisus*, *Kress*, *Boehmer*, *Quistorp* und *Grolmann*.

86 *Carpzov*, (Fn. 76), P. 2 Qu. 88 Nr. 5 und 12; ebenso *De Frölichsburg*, Commentarius In Kaysers Carl des fünfften und des H. Röm. Reichs peinliche Halsgerichtsordnung, 1727, 4. Buch, 3. Titel, Anm. 14; Die Anwendung der Lehre *Carpzovs* durch die Rechtsprechung wird unter anderem von *Quistorp* (Fn. 84), § 342, S. 511 und *Grolman*, Grundsätze der Kriminalrechtswissenschaften, 1789, § 302, S. 175 bestätigt.

87 *Quistorp*, (Fn 84), § 342. S. 511; *Grolman*, (Fn. 86), § 286, S.161 f.

88 *Kleinschrod*, Über den Begriff, das Wesen und die Bestrafung des Diebstahls, 1. Betrachtung, § 11, S. 84 Fn. 2; in: Abhandlungen aus dem peinlichen Rechte und peinlichen Prozesse, Zweyter Theil, 1789; *Feuerbach*, Lehrbuch des gemeinen in Deutschland gültigen peinlichen Rechts, 14. Auflage, 1847, § 317, S. 519.

89 *Kleinschrod*, (Fn. 88), § 12, S. 86. Konsequenz dieser Position wäre, dass das gesetzliche Merkmal des § 158 PGO "ehe vnnd er an sein gewarsam kompt" nicht als Moment der Begründung eigenen Gewahrsams gedeutet werden darf. Davon scheint jedoch die Gegenauffassung ausgegangen zu sein.

90 *Goltdammer*, (Fn. 21), S. 462.

hat, ist als Räuber zu bestrafen. Dasselbe gilt von jedem Anderen, welcher bei einem Diebstahl ertappt, um das entwendete Gut in Sicherheit zu bringen, an eine Person tätliche Hand anlegt. Wenn aber ein auf der Tat ertappter Dieb, welcher vorher mit Waffen absichtlich nicht versehen war, sich bloß zur Sicherung seiner Person verteidigt, so hat dieses auf die Bestrafung nur insoweit Einfluß, als die Gesetze wider Körperverletzung oder Tötung dabei in Anwendung kommen." Ob die erste Variante nur die Konstellation des räuberischen Diebstahls im heutigen Sinne gemeint hat, ist eher zu bezweifeln. Zu berücksichtigen ist nämlich, dass der Raub im Unterschied zu dem auf Heimlichkeit angelegten Diebstahl als ein von vornherein auf offenes Vorgehen gerichtetes Delikt begriffen wurde. Nur sechs Jahre nach dem Inkrafttreten des Gesetzes wurde seine Revision angeordnet. Es ist hier nicht notwendig, sämtliche Entwürfe von 1822, 1827, 1831 und 1854 darzustellen[91].

Es reicht, darauf hinzuweisen, dass Art. 296 Nr. 2 des Entwurfs von 1854 schließlich als qualifizierter Diebstahl in das Gesetz vom 10. November 1861 eingegangen ist. Der entsprechende Passus von Art. 274 lautet: "[...] 4. wenn der auf frischer Tat ergriffene oder auf der Flucht verfolgte Dieb eine Person vergewaltigt oder an Leib oder Leben bedroht hat, um mit dem gestohlenen Gute oder einem Teile desselben zu entkommen; [...]."

In Preußen endlich ist Ausgangspunkt der Entwicklung des räuberischen Diebstahls § 22 der Circularverordnung wegen Bestrafung der Diebstähle und anderer Verbrechen vom 26. Februar 1799: "Als Räuber wird derjenige bestraft, der um einen Diebstahl zu begehen, einen oder mehrere Menschen durch Schläge oder durch Binden, Knebeln, Verstopfen des Mundes oder sonstiger Mißhandlungen abhält, die beabsichtigte Entwendung zu verhindern oder sich des Täters zu bemächtigen."[92] Umstritten war allerdings, ob die Verordnung überhaupt den Einsatz von Gewalt nach Vollendung des Diebstahls umfaßte[93]. In dem Anfang des 19. Jahrhunderts beginnenden Gesetzgebungsverfahren, das nach Jahrzehnten mit dem Preußischen Strafgesetzbuch von 1851 seinen Abschluss fand, war zunächst in § 343 des Entwurfs von 1830 ein qualifizierter Diebstahl vorgesehen: "[...] 6) der sich nach verübtem Diebstahle, um sich im Besitze des gestohlenen Gutes zu erhalten, Gewalt an einer Person erlaubt, [...]".[94] Der revidierte Entwurf von 1833 hingegen integrierte in § 445 den räuberischen Diebstahl in den Raubtatbestand: "Auch derjenige begehet einen Raub, welcher nach vollbrachtem Diebstahl, auf

91 Ausführlich *Kohlheyer*, Der allgemeine Rechtsgedanke des § 252 StGB, 1960, S. 43.
92 Wiedergeben von *Kohlheyer*, (Fn. 91), S. 45.
93 Vgl. *Goltdammer*, (Fn. 21), S. 516 Fn. 1.
94 Quellen zur preußischen Gesetzgebung des 19. Jahrhunderts, Gesetzesrevision (1825 - 1848), I. Abteilung Straf- und Strafprozeßrecht, Band 2, hrsg. von *Regge*, 1982, S. 525.

frischer That, um sich im Besitz des gestohlenen Guts zu erhalten, Gewalt an einer Person verübt oder unter gegenwärtiger Gefahr androhet."[95]

Der Staatsratsentwurf von 1843 ist insofern von Interesse, als er scheinbar die Reichweite des Tatbestandes durch die Einfügung des Merkmals der Verfolgung auf frischer Tat erweitert hat und seine begrifflichen Unterscheidungen ganz den ungefähr im selben Zeitraum entstehenden strafprozessualen Festnahmeregelungen in Preußen entsprechen. Gemäß § 436des Entwurfs begeht derjenige einen Raub, "welcher gegen eine Person verübt, oder Drohungen mit gegenwärtiger Gefahr für Leib oder Leben anwendet, um entweder einen Diebstahl zu auszuführen, oder um sich, bei dem Diebstahl betroffen oder auf frischer That verfolgt, im Besitze des gestohlenen Guts zu erhalten."[96] Die Revision des Entwurfs von 1843, der von dem zuständigen Ministerium vorgelegte Entwurf von 1845, eliminierte in § 267 wiederum das Verfolgen auf frischer Tat aus dem Tatbestand und kehrte damit zum Entwurf von 1833 zurück: "Wer bei einem Diebstahl auf frischer That betroffen, gegen eine Person Gewalt verübt, um sich im Besitze des gestohlenen Guts zu erhalten, ist gleich einem Räuber zu bestrafen."[97] Die Kommission des Staatsrats genehmigte 1846 diese Beschränkung nicht[98]. Die Immediat-Kommission kehrte daher im selben Jahr wieder zum Entwurf von 1843 zurück[99]. Dabei blieb es jedoch nicht: § 212 II des Entwurf von 1850, der letzten Endes als § 230 II des Preußischen Strafgesetzbuchs 1851 in Gesetzeskraft getreten ist, knüpfte wörtlich an den Entwurf von 1845 an, änderte an dieser Fassung nur den Verweis auf den Strafrahmen. Statt der Worte "ist gleich einem Räuber bestrafen", wählte der Entwurf die Formulierung "einem Räuber gleich zu achten"[100]. Vor allem der erste Entwurf eines Strafgesetzbuchs für den Norddeutschen Bund vom 30. Juli 1869 hat sich generell an dem Preußischen Strafgesetzbuch von 1851 orientiert[101]. Dies gilt auch für den Tatbestand des räuberischen Diebstahls, der unverändert gemeinsam mit dem Raub in § 227 geregelt war. Im Rahmen der Revision dieses Entwurfs erhielt der Tatbestand dann jene Fassung, die auch heute noch als § 252 StGB Gültigkeit besitzt.

---

95 Quellen zur preußischen Gesetzgebung des 19. Jahrhunderts, Gesetzesrevision (1825 - 1848), I. Abteilung Straf- und Strafprozeßrecht, Band 3, hrsg. von *Regge*, 1984, S. 81

96 Quellen zur preußischen Gesetzgebung des 19. Jahrhunderts, Gesetzesrevision (1825 - 1848), I. Abteilung Straf- und Strafprozeßrecht, Band 5, hrsg. von *Schubert*, 1994, S. 73.

97 Quellen zur preußischen Gesetzgebung des 19. Jahrhunderts, Gesetzesrevision (1825 - 1848), I. Abteilung Straf- und Strafprozeßrecht, Band 6, Teil 1, hrsg. von *Schubert* und *Regge*, 1996, S. 55.

98 (Fn. 92), S. 264.

99 (Fn. 92), S. 407.

100 Siehe *Lask*, Das Verbrechen des räuberischen Diebstahls (§ 252), 1999, S. 35.

101 *Blum*, Das Strafgesetzbuch für den Norddeutschen Bund, 1870, S. IV; *Kirchmann*, Das Strafgesetzbuch für den Norddeutschen Bund, 1870, S. 2.

Zum Abschluss dieses rechtsgeschichtlichen Abrisses sei auch noch in aller Kürze auf den dritten Aspekt, nämlich den der Selbsthilfe, eingegangen, weil - wie anfangs schon erwähnt - auch in § 859 II BGB der Begriff "Betreffen oder Verfolgen auf frischer Tat" zu finden ist. Es wurde oben schon dargelegt, dass sich im germanischen Rechtskreis das Selbsthilferecht aus der Friedlosigkeit des handhaften Täters entwickelt hat. Im Codex Juris Bavarici Criminalis von 1751 kann man exemplarisch beobachten, wie das Gesetz in Anlehnung an den tradierten offenen Diebstahl das historisch überlieferte Normenmaterial modifiziert und als abgestuftes Selbsthilferecht ausgestaltet. In § 13 Erster Theil Zweytes Capitul. heißt es: "Wird ein Dieb auf frischer Tat betretten, und weicht nicht alsobald auf beschehenes Anrufen, läßt auch die entwendete Haab nicht zurück; so soll durch dessen Verwund- oder Entleibung niemand gefrevlet haben; es seye dann, daß man sich seiner ohne Gefahr leicht bemeistern, oder des Schadens auf ander Art an ihm erhohlen mögen. Welches auch um so vil mehr gegen einen nächtlichen Dieb oder bewaffneten Dieb, oder einen Rauber statt hat."

Im Allgemeinen Landrecht für die Preußischen Staaten war ein Selbsthilferecht des Besitzers geregelt, dass der modernen Kodifikation des BGB schon sehr nahe kommt. In § 143 war statuiert, dass auch derjenige, welcher seines Gewahrsams oder seines Besitzes entsetzt worden war, sich der in den Gesetzen erlaubten Selbsthilfe bedienen durfte. Im Bürgerlichen Gesetzbuch für das Königreich Sachsen normierte § 181: "Jeder hat das Recht, sich seiner Inhabung zu schützen, Gewalt mit Gewalt zu vertreiben und, wenn der Andere ihn seiner Inhabung entsetzt hat, sich der Sache wieder zu bemächtigen. Die Wiederbemächtigung muß sofort geschehen." Im Rahmen der Entstehung des BGB war in § 72 des auf *Johow* zurückgehenden Vorentwurfs des Sachenrechrechts von 1880 ebenfalls ein Selbsthilferecht des Besitzers vorgesehen: "Der Inhaber ist befugt, eigenmächtiger Entsetzung aus der thatsächlichen Gewalt und eigenmächtiger Störung derselben sich mit Gewalt zu erwehren. Derjenige, welchem ein anderer ein Anderer eine bewegliche Sache dem auf der That betroffenen oder bei sofortiger Nacheile erreichten Wegnehmer mit Gewalt wieder abzunehmen [...]."[102]

Der erste Entwurf hat diese Formulierung übernommen[103]. Laut Motive dienten ihm unter anderem die Regelung des Allgemeinen Preußischen Landrechts, des sächsischen Gesetzbuchs und des österreichischen Rechts als Vorbild[104]. Erst dem Entwurf der zweiten Kommission verdankt sich die noch heute gültige Fas-

102 Die Vorentwürfe der Redaktoren zum BGB, Sachenrecht, Teil 1, hrsg. von *Schubert*, 1982, S. 26.

103 *Mugdan*, Die gesamtem Materialien zum Bürgerlichen Gesetzbuch für das Deutsche Reich, Band 3, Sachenrecht, 1899, Neudruck 1979, S. VI.

104 *Mugdan*, (Fn. 103), S.62.

sung des § 859 II BGB. Den Protokollen und der Denkschrift ist ausdrücklich zu entnehmen, dass man sich dem Wortlaut des § 127 StPO anschließen wollte. Es schien den Mitgliedern der Kommission entbehrlich, das Erfordernis *sofortiger* Nacheile, wörtlich zu fixieren. Aus der vorgeschlagenen Fassung ergebe sich, dass die Worte "auf frischer That" auch auf die Verfolgung zu beziehen seien[105]. Das privatrechtliche Institut der Selbsthilfe im BGB ist also für die Auslegung des Begriffs "betreffen auf frischer Tat" in § 252 StGB letztlich wenig dienlich.

IV.

Berücksichtigt man die dokumentierte historische Entwicklung, die fast schon für sich selbst spricht, dann kann kein Zweifel bestehen, dass das Merkmal "betreffen" nicht ein bloß räumlich-zeitliches Zusammentreffen meinen kann. Ebensowenig trifft die Anreicherung des Bedeutungsgehalts durch die Forderung, dass der Täter geglaubt haben müsse, wahrgenommen zu sein oder wahrgenommen zu werden, den Inhalt dieses tradierten Begriffs. Zwar fußt der räuberische Diebstahl nicht unmittelbar auf dem schon aus dem römischen Recht überlieferten furtum manifestum, sondern ist am Anfang des 19. Jahrhunderts in Anlehnung an den Raub entwickelt worden. Man kann daher nicht einfach, wie das OLG Celle, den räuberischen Diebstahl als direkten Nachfolger des furtum manifestum qualifizieren und aus diesem Grund den Begriff der frischen Tat in Angleichung an Art. 158 der Consitutio Criminalis Carolina definieren[106]. Jedoch hat der Gesetzgeber mit dem Begriff des "betreffens auf frischer Tat" gleichwohl *mittelbar* bewusst an die Tradition des offenkundigen oder handhaften Delikts insgesamt (insbesondere des Festnahmerechts) angeknüpft. Daraus kann zunächst geschlossen werden: Von einem "betreffen auf frischer Tat" sollte nur dann gesprochen werden, wenn das Opfer allein aufgrund des äußeren Anscheins des Geschehens davon ausgeht, dass der Täter zweifelsohne verbotene Eigenmacht ausübe oder unmittelbar zuvor verbotene Eigenmacht ausgeübt habe[107], und den Täter daher stellt, indem er sich

---

105 *Mugdan*, (Fn.103), S. 508, 963.

106 Dies wird vom OLG Celle, HESt 1, 13, 16, übersehen, das zur Auslegung des Begriffs der frischen Tat unmittelbar auf den fur manifestums und Art. 158 der PGO zurückgreift.

107 Für § 252 StGB ergibt sich die Einbeziehung des soeben vollzogenen Delikts aus der Anlehnung an den französischen "Code d'instruction criminelle", der - wie oben dokumentiert - als flagrant délit nicht nur das Delikt faßte, "qui se commet actuellement", sondern auch das Delikt, "qui vient des se commettre." Für die deutsche Strafprozeßordnung läßt sich dies auch durch die eigene Entstehungsgeschichte nachweisen. Der Entwurf der verbündeten Regierungen lautete zunächst: "Wird jemand auf frischer That oder unmittelbar nachher betroffen oder verfolgt, [...]." Die Justizkommission des Reichstags hat die Worte "oder unmittelbar nachher" aus rein redaktionellen Gründen gestrichen, ohne dass damit eine materielle Änderung der Bestimmung intendiert war; Nachweis bei *Thilo*, Die Strafprozeßordnung für das deutsche Reich vom 1. Februar 1877, § 127 RStPO 1) und *John*, Strafproceßordnung für das Deutsche Reich, 1. Band 2. Teil, 1884, § 127 RStPO, S. 903.

diesem normalerweise durch ein Hinzutreten bemerkbar macht[108]. Die allein durch die äußere Tatsituation vermittelte Evidenz, Offenkundigkeit oder Unbestreitbarkeit der Begehung verbotener Eigenmacht, die für die Tatfrische kennzeichnend ist[109], muss von dem "Betreffenden" auch also solche registriert worden sein[110]. Ein heimliches Beobachten reicht dabei, wie mehrere Zitate belegen konnten, nicht aus. Ebenso dieses bisher im Schrifttum nicht genannte Erfordernis hat seinen Ursprung in der Tradition des offenkundigen oder handhaften Delikts: Die Auslösung der jeweiligen Rechtsfolgen hat stets vorausgesetzt, dass der Täter durch das Opfer im ganz wörtlichen Sinne betreten worden ist. Der Umstand, dass der Gesetzgeber in der zweiten Hälfte des 19. Jahrhundert vielfach statt des Ausdrucks "betreten" das Wort "betreffen" gewählt hat, ist unerheblich. Dem "Deutschen Wörterbuch" von *Jacob Grimm* ist zu entnehmen, das "betreffen" seinerzeit soviel wie "treffen, betreten, ergreifen, ertappen" gemeint hat[111]. Eine sachliche Änderung war folglich mit der terminologischen Änderung nicht bezweckt.

In einem nächsten Schritt ist daher nunmehr zu untersuchen, ob nicht zumindest die Intention der Rechtsprechung und herrschenden Meinung berechtigt ist, den Tatbestand auf die vorangestellten Fälle zu erstrecken, wenn man den maßgebli-

---

108 *Brauer*, GS 7, 2 (1855), S. 282, 288, der ein Zusammentreffen, Auge gegen Auge, fordert; gegen ein Hinzutreten *Maurach/Schroeder/Maiwald*, Strafrecht Besonderer Teil, Teilband 1, 8. Auflage, 1995, § 35 Rn. 41, aber nur sofern damit eine vorherige Abwesenheit impliziert ist.

109 Vgl. die einhellige Meinung im strafprozessualen Schrifttum, dass allein die vom Festnehmenden wahrgenommenen Umstände aufgrund der Lebenserfahrung ohne vernünftige Zweifel den Schluss auf eine (unmittelbar zuvor begangene oder noch in der Ausführung begriffene) rechtswidrige Tat zulassen müssen; *Krause*, in: AK, § 127 StPO, Rn. 4; *Hilger*, in: LR, § 127 StPO, Rn. 9, 13; *Wankel*, KMR, § 127 StPO, Rn. 2; *Boujong*, in: KK, § 127 StPO, Rn. 10; Die im strafprozessualen Schrifttum gestellte Frage, ob die Festgenommene tatsächliche die Tat begangen haben muss oder ob ein dringender Tatverdacht ausreicht, bedarf im Rahmen des § 252 StGB aus zwei Gründen keiner Erörterung: Erstens setzt § 252 StGB ohnehin einen vollendeten Diebstahl voraus. Und zweitens betrifft der Streit nur die Frage, ob der Betroffene auch dann einer Duldungspflicht bei der Festnahme ausgesetzt ist, wenn er tatsächlich die Tat nicht begangen hat; der äußere Anschein also ausnahmsweise trügerisch war.

110 Die Auffassung von *Schnarr*, JR 1979, S. 314, 316 und *Lask*, (Fn. 100), S. 120, 124 es reiche aus, dass dem Opfer aufgrund der Gesamtumstände der Eindruck vermittelt werde, "hier stimmt etwas nicht", bleibt auf halben Wege stehen: Erst recht gilt dies für Rechtsprechung und Lehre, die auf eine bloße Wahrnehmung des Täters als Person bestehen und auf jegliches Verdachtsmoment verzichten.

111 *Jacob Grimm*, Deutsches Wörterbuch, 2. Band, 1860, S. 1710. Auch die Bedeutungsvariante des Treffens schließt semantisch ein heimliches Beobachten aus. Niemand würde sagen, dass sich die Beteiligten treffen, wenn der eine dem anderen seine Anwesenheit verheimlicht.

chen Rechtsgrund der Vorschrift heranzieht, aus dem sich das tatbestandliche Unrecht ableitet. Oben wurde schon die Lehre der Rechtsprechung wiedergegeben, die unter Berufung auf die Gesetzesmaterialien, die Gleichwertigkeit des räuberischen Diebstahls mit dem Raub auf die Annahme stützt, dass der Täter, wäre er während der Wegnahme der Sache ertappt worden, ebenfalls Gewalt angewendet hätte, um die Wegnahme zu vollenden. Würde tatsächlich diese ratio legis dem Tatbestand des räuberischen Diebstahls zugrunde liegen, wäre es berechtigt, ihn auf diejenigen Fälle auszudehnen, in denen der Täter dem Entdecktwerden zuvorkommen möchte, weil die Gültigkeit der kriminalpsychologischen "Hätte-auch"-Hypothese durch diese Modifikation des Tatgeschehens nicht berührt wird. Allerdings ist gegen den Ansatz der Rechtsprechung einzuwenden, dass sie genau genommen überhaupt keinen Rechtsgrund benennt. Die Frage, welche Rechtspositionen der Tatbestand des § 252 StGB eigentlich schützt, aus deren Verletzung sich das strafrechtliche Unrecht bestimmen ließe, wird durch einen psychologisierenden Vergleich mit der hypothetischen Raubsituation nicht beantwortet. Auch in der Literatur stößt die von der Rechtsprechung favorisierte materielle Erklärung des Delikts fast einhellig auf Ablehnung. Gerügt wird, dass diese ratio legis eine Art Verdachtsstrafe etabliere: Wie sich der Dieb verhalten hätte, wenn schon zur Wegnahme Nötigungsmittel hätten angewendet werden müssen, sei prinzipiell nicht zu ermitteln[112]. Da sich beim räuberischen Diebstahl das Verhalten des Täters vielfach als Reaktion innerhalb einer Bedrängnissituation darstelle, könne zudem kein Schluß auf eine die Gewalt von vornherein einkalkulierende Tätergesinnung gezogen werden[113].

Der letztgenannte Gesichtspunkt ist Ausgangspunkt der sogenannten Gefährlichkeitstheorie, die von *Geilen* ins Leben gerufen worden ist: Die Gleichstellung des räuberischen Diebstahls mit dem Raub beruhe nicht auf einer Unrechts- und Schuldäquivalenz, sondern auf der Gefährlichkeit der Bedrängnissituation des Ertapptseins, die zur Eskalation verleite, und der daraus wiederum resultierenden besonderen Gefährlichkeit des Täters[114]. Angriff zum Zwecke des Haben-Wollens offenbarten eine größere kriminelle Energie als Angriffe zum Zweck des Behalten-Wollens[115]. Zudem sei die oftmals begleitende Selbstbegünstigungsmotivation zugunsten des Täters zu berücksichtigen[116]. Die hohe Strafdrohung des

---

[112] *Kindhäuser*, in: NK, § 252, Rn. 5; *Küper*, JZ 2001, S. 730, 735 f.; ähnlich wohl auch *Kohlheyer*,(Fn. 91), S. 27 f.

[113] So *Perron*, GA 1989, S. 145, 165; vgl. zuvor auch schon *Geilen*, Jura 1979, S. 669; *Herdegen*, in: LK, § 252, Rn. 3.

[114] *Geilen*, Jura 1979, S. 669; *Geppert*, Jura 1990, S. 554 f.; *H. Schneider*, Grund und Grenzen des strafrechtlichen Selbstbegünstigungsprinzips, 1991, S. 125 f.

[115] *Seier*, JuS 1979, S. 336, 338; *Herdegen*, in: LK, § 252, Rn. 3.

[116] *Burkhardt*, JZ 1973, S. 110, 113; *ders.* NJW 1975, S. 1687; *Geilen*, Jura 1979, S. 669; *Schünemann*, JA 1980, S. 393, 397.

§ 252 StGB wird folgerichtig allein präventiv begründet: Sie soll der Gewaltbereitschaft des Diebes deeskalierend entgegenwirken[117]. Auch bei diesem Erklärungsmodell steht teleologisch betrachtet nichts im Wege, den Täter, der dem Bemerktwerden durch die Anwendung von Raubmitteln zuvorkommen möchte, als räuberischen Dieb zu bestrafen, da die Konfliktslage für ihn dieselbe ist.

Die Lehre, die auf die besondere Gefährlichkeit des Täters abstellt, ist aber ebenso gewichtigen Bedenken ausgesetzt wie die kriminalpsychologische Theorie der Rechtsprechung. Was den Aspekt der Selbstbegünstigung anbetrifft, ist anzumerken, dass ein allgemeines Selbstbegünstigungsprinzip rechtlich nicht existent ist. Die Selbstbegünstigung greift als Privilegierungsgrund zugunsten des Täters unmittelbar nur gegenüber dem staatlichen Strafanspruch in § 258 StGB ein. Wie das Merkmal der Verdeckungsabsicht in § 211 StGB zeigt, kann die Instrumentalisierung von Rechtspositionen gleichgeordneter Privatrechtssubjekte zur Verhinderung strafrechtlicher Sanktionen sogar das Unrecht der Tat erhöhen[118]. Im Rahmen des § 35 StGB ist zu Recht fast allgemein anerkannt, dass die Gefahren der Strafverfolgung grundsätzlich als zumutbar zu dulden sind, den Verstoß gegen die Verhaltensnormen bei der Verletzung subjektiver Rechter Dritter also nicht entfallen lassen[119]. Des weiteren hat *Küper* in überzeugender Weise geltend gemacht, dass es für die Gefährlichkeit des zur Gewahrsamserhaltung bereiten Täters unerheblich sei, ob er mit der Absicht der Besitzerhaltung zugleich die Zueignung der Sache bezwecke. Die erhöhte Gefährlichkeit manifestiere sich auch in dem Täter, der gegen den Eigentümer Gewalt anwende, um den gestohlenen Gegenstand zu beseitigen und sich dadurch der Strafverfolgung zu entziehen. Das Erfordernis einer auf Zueignung gerichteten Besitzerhaltungsabsicht sei folglich bei der Gefährlichkeitslösung ein Fremdkörper. § 252 StGB mutiere damit in ein allgemeines Aggressionsnachtatdelikt, bei dem sich die Verdeckungsabsicht nur zufällig als Besitzerhaltungsabsicht äußere und der Eigentumsverletzung infolgedessen nur noch akzidentelle Bedeutung zukomme[120].

Ebenso einschlägig sind die Argumente, die gegen eine Erhöhung des Strafrahmens aus präventiven Gründen ins Feld geführt werden: Die angeblich deeskalierende wirkende Strafhöhe des Raubdelikts wird durch die Zwangslage des Täters

---

117 So ausdrücklich *H. Schneider*, (Fn. 114), S. 126.

118 Ebenso *Kindhäuser*, in: NK, § 252, Rn. 6.

119 *Vormbaum*, Der strafrechtliche Schutz des Strafurteils, 1987, S. 273; *Lenckner*, in: [9]Sch/Sch, § 157, Rn. 6; *Hirsch*, in: LK, § 35, Rn. 60; anderer Auffassung hingegen *Montenbruck*, JZ 1985, S. 981 f. Entgegen *Burkhardt*, JZ 1973, S. 110, 113, kann § 157 StGB keineswegs entnommen werden, dass das Selbstbegünstigungsprinzip auch bei Eingriffen in fremde Rechtsgüter gilt. Ein uno actu begangener Prozeßbetrug wäre von dieser Norm beispielsweise nicht erfaßt.

120 *Küper*, JZ 2001, S. 730, 740 f.

geradezu konterkariert. Überdies wird sich der gewöhnlich im Affektzustand handelnde Täter keine Gedanken über die Strafhöhe machen, weil seine Tat keinem berechnenden Kalkül entspringt - ganz abgesehen davon, dass nach den gegenwärtigen kriminologischen Erkenntnissen die Erhöhung eines gesetzlichen Strafrahmens ganz generell kaum eine meßbare abschreckende Wirkung zeitigt. Und zudem ist mit *Perron* an verfassungsrechtliche Bedenken zu erinnern, ob nicht eine Erhöhung des Strafrahmens trotz schuldmindernder Faktoren dem Grundsatz schuldangemessenen Strafens widerspricht[121].

Eine adäquate materielle Erklärung des räuberischen Diebstahls liefert nur die Theorie, die § 252 StGB als raubähnliches Sonderdelikt begreift[122]. Nur sie wird der auch an der historischen Entwicklung abzulesenden Anlehnung des Tatbestandes an den Raub gerecht. Die Verfasser der Motive zum revidierten Entwurf eines Strafgesetzbuches für die Preußischen Staaten von 1833, die sogar den räuberischen Diebstahl unmittelbar als Unterfall des Raubes qualifiziert haben, haben ihren Gesetzesvorschlag wie folgt begründet: "Es frägt sich nur, ob dieselben Gründe vorhanden sind, ein Verbrechen wider die Freiheit, welches nach vollbrachtem Diebstahle begangen wird, um den Besitz des gestohlenen Guts zu erhalten, mit derselben Strafe zu belegen, wie dasjenige, welches die Verübung des Diebstahls selbst zum Zwecke hat. Beide Handlungen fallen unter dasselbe Verbrechen und nur die größere oder geringere Strafbarkeit kann Gegenstand der Frage sein. - In dieser Beziehung ist aber kein Unterschied ersichtlich. Denn der Erfolg ist für den Bestohlenen, die subjektive Strafbarkeit des Angeschuldigten und die Gefahr für die öffentliche Sicherheit sind in beiden Fällen dieselben."[123] Man kann diese Begründung als These normativer Gleichwertigkeit zwischen Raub und räuberischen Diebstahl lesen, wenn auch der als Preis für die Gleichsetzung genannte Standpunkt, den Raub nicht als selbständiges Delikt ausgestalteten Diebstahl mit qualifizierten Nötigungsmitteln auffassen zu können[124], sondern ausschließlich als Freiheitsdelikt, den hermeneutischen Wert dieser Stelle der Motive schmälert. In dem Motiven zu dem "Strafgesetzbuch für das Königreich Baiern" wird die normative Gleichheit deutlicher ausgesprochen: Es heißt dort, dass der Fall eines auf frischer Tat betroffenen Diebes, der eine Handlung begehe, die als Mittel zur Entwendung einen Raub darstellen würde, dem legislativen Standpunkt zufolge nach Widerrechtlichkeit, Gefährlichkeit und Zweck der

---

[121] Siehe die überzeugende Argumentation bei *Perron*, GA 1989, S. 145, 168 und *Küper*, JZ 2001, S. 730, 741.

[122] Pars pro toto *Günther*, in: SK, § 252 Rn. 2; *Kindhäuser*, in: NK, § 252 Rn. 66.

[123] Quellen zur preußischen Gesetzgebung des 19. Jahrhunderts, Gesetzesrevision (1825 - 1848), I. Abteilung Strafrecht und Strafprozeßrecht; Band 3, 1985, hrsg. von *Regge*, S. 564; siehe auch *Goltdammer*, (Fn. 21), S. 516.

[124] So die Formulierung von *Kindhäuser*, in: NK, § 249 Rn. 1.

Gewalt mit dem Raub ganz zusammenfalle[125]. Ebenso sollte man die kriminalpsychologische Theorie der Rechtsprechung normativ rekonstruieren beziehungsweise reformulieren: Von Rechts wegen gibt es keinen Grund, den Räuber anders zu behandeln als den räuberischen Dieb.

Die Validität dieses Ansatzes setzt freilich voraus, beim räuberischen Diebstahl entsprechende Unrechtskonstitutenten benennen zu können: Während der Tatbestand des Raubes nach heute einhelliger Meinung unter anderem das Eigentum schützt, werden beim räuberischen Diebstahl teilweise die Restitutionsinteressen des Bestohlenen für maßgeblich gehalten[126]. Diese Ansicht trifft jedoch nicht exakt den Kern der Sache. Nicht erst der sekundäre aus dem Eigentum fließende Schadensersatzanspruch auf Besitzübertragung gemäß § 823 BGB i.V. m. § 249 BGB bildet das Rechtsgut des § 252 StGB, sondern das Eigentum in seiner Ursprünglichkeit selbst: Ebenso wie beim einfachen Diebstahl und Raub die beginnende löst beim räuberischen Diebstahl die fortdauernde faktische Besitzanmaßung den dinglichen Vindikationsanspruch gemäß § 985 BGB aus, und die Absicht, den entwendeten Gegenstand wie ein Eigentümer wirtschaftlich zu nutzen, verstößt gegen § 903 BGB, demzufolge der Eigentümer unter Ausschluß anderer befugt ist, mit der Sache nach Belieben zu verfahren[127].Normative Unterschiede zwischen den beiden Tatbeständen sind diesbezüglich also nicht gegeben.

Wenn der Raub eine verselbständigte Form des Diebstahls ist, dann müßte vor allem die Rechtsprechung und ein Teil des Schrifttums, die bei § 242 StGB den Gewahrsam neben dem Eigentum als zweites eigenständiges Rechtsgut anerkennen[128], gleichermaßen beim Raub die tatsächliche Sachherrschaft über den Gegenstand unter den Schutzzweck des Tatbestandes fallen lassen[129] - mit der Notwendigkeit, ein Pendant beim räuberischen Diebstahl ausfindig zu machen. Die zunehmend vertretene Gegenauffassung in der Literatur lehnt indessen einen autarken Status des Gewahrsams als Rechtsgut ab: Für sie stellt sich der Gewahrsamsbruch nur als unrechtserhöhende Angriffsmodalität auf das Eigentum dar[130].

---

125 Anmerkungen zum Strafgesetzbuche für das Königreich Baiern, Zweiter Band, 1813, S. 157 f.

126 *Geilen*, Jura 1980, S. 43 f.; *Küper*, JZ 2001, S. 730, 732, 734, 739.

127 Die Anordnung der §§ 990, 978 BGB, dass der bösgläubige unrechtmäßige Besitzer dem Eigentümer die gezogenen Nutzungen herauszugeben hat, ist die unumgängliche Konsequenz dieser Zuweisung.

128 RGSt 54, 280, 282; BGHSt 10, 400, 401; 29, 319, 323; *Ruß*, in: LK, Vor § 242 Rn. 3; *Hoyer*, in: SK, § 242 Rn. 11 f.; *Maurach/Schroeder/Maiwald*, (Fn. 108), § 33 II Rn. 5; *Lampe*, GA 1966, S. 224, 227.

129 Konsequent zum Beispiel *Maurach/Schroeder/Maiwald*,(Fn. 108), § 33 II Rn. 5; § 35 II Rn. 13.

130 *Eser*, in: Sch/Sch, § 242 Rn. 2; *Kindhäuser*, in: NK, Vor §§ 242 bis 248c Rn. 7; *Wessels/Hillenkamp*, Strafrecht Besonderer Teil/2, 24. Auflage, 2001, § 2 Rn. 47; siehe auch

Die allerdings zumeist nicht gezogene Konsequenz dieser dogmatischen Konzeption wäre, dass der Diebstahlstatbestand dann nicht erfüllt wäre, wenn einem Unberechtigten - beispielsweise einem Dieb als bösgläubiger Besitzer- die Sache entwendet würde[131]. Das Argument von *Eser*, in einem solchen Fall werde grundsätzlich auch der Eigentümer erneut verletzt[132], verkennt, dass diese Verletzung des Eigentums als Recht - wie bei der Unterschlagung - nur in der Eigenbesitzbegründung durch den Entwender, nicht aber in dem Gewahrsamsbruch selbst liegt[133].

Maiwald hat versucht, die postulierte Unrechtserhöhung aus der Verletzung des Willens der Rechtsordnung abzuleiten, die stellvertretend für den Eigentümer ein Beherrschungsverhältnis normiert habe, kraft dessen es dem unberechtigten Besitzer auferlegt sei, die Sache zurückzugeben, pfleglich zu behandeln und im Interesse des Eigentümers Nutzungen zu ziehen. In dieses Beherrschungsverhältnis soll der Dieb unbefugterweise einbrechen. "Seine gegenüber der Zueignung ohne Gewahrsamsbruch erhöhte Strafbarkeit kann sich nur daraus ergeben, dass er den Rechtswillen: jeder Nichteigentümer soll für den Eigentümer besitzen, mißachtet hat, und dass diese Verletzung einer bloß gesollten Herrschaftsbeziehung dem Unwertcharakter nach der Verletzung einer faktischen Herrschaftsbeziehung als gleichartig angesehen wird."[134] Es sei gestattet, auch dieser scharfsinnigen These gegenüber vorsichtige Bedenken zu äußern. Zu fragen ist, warum aus den genannten Gründen der Gewahrsamsentzug als materielle Interessenverletzung des Eigentümers gedeutet werden soll, wenn der Gewahrsamsinhaber doch *de facto* gerade nicht für diesen, sondern ausschließlich für sich selbst besitzt. Wenn aber infolgedessen der Gewahrsam des unberechtigten Besitzers den Willen des Eigentümers verletzt, dann ist schlechterdings nicht einzusehen, warum der Bruch seines Gewahrsams durch den Dieb materielles Unrecht gegenüber dem Eigentümer verwirklichen soll: Mit dem Gewahrsamsentzug endet immerhin die rechtsverletzende Besitzstörung durch den Vorbesitzer! *Kindhäuser* hat daher zugestanden, dass es in einem solchen Fall an einer Unrechtsdifferenz zwischen Diebstahl und Unterschlagung fehle und daher vorgeschlagen, insoweit den Strafrahmen des § 242 StGB auf den § 246 StGB zu reduzieren[135]. Diese Strafrahmenreduktion würde jedoch kontra legem erfolgen.

Maiwald, (Fn. 47), S. 205, der ebenfalls den Gewahrsam nur derivativ zum Eigentum geschützt sieht.

131 Siehe *Kindhäuser*, in: SK, § 242 Rn. 33, 37; *Eser*, in: Sch/Sch, § 242 Rn. 2; *Wessels/Hillenkamp*, (Fn. 64), § 2 Rn. 73.

132 *Eser*, in: Sch/Sch, § 242 Rn. 2.

133 Vgl. *Hoyer*, in: SK, Vor § 242 Rn. 11.

134 *Maiwald* (Fn.47), S. 207.

135 *Kindhäuser*, in: SK, § 242 Rn. 37.

Der eigentliche Grund, warum der Diebstahlstatbestand sogar dann erfüllt ist, wenn der Gewahrsamsinhaber ein bösgläubiger unrechtmäßiger Besitzer ist, liegt im possessorischen Besitzschutz. Selbst der an sich berechtigte Eigentümer verübt daher gemäß § 858 I BGB verbotene Eigenmacht, wenn er die Sache dem Besitzer gegen dessen Willen wegnimmt[136]. Diesbezüglich bezweckt § 242 StGB daher nur den Schutz des bloßen Gewahrsams. Erst im Rahmen der Zueignung und der von ihr implizierten Eigenbesitzbegründung des Diebes setzt der genuine Eigentumsschutz des Tatbestandes an[137]. Diese im Einklang mit der deutschrechtlichen Tradition des Diebstahls als Tatbestand zum Schutz des "Gewere"[138] stehende Sichtweise bestätigt sich, wenn man den Raub in die Betrachtung einschließt. Denn die Beeinträchtigung des Rechtsguts der persönlichen Entscheidungsfreiheit - das heißt der Freiheit der Willensbildung und Willensbetätigung - durch die Nötigungsmittel setzt voraus, dass das Verhalten, dessen Unterlassen der Täter dem Opfer abgenötigt hat, überhaupt seiner rechtlich garantierten Freiheitssphäre zugehört hätte[139]. Beim Raub dient die Anwendung von Gewalt gegen eine Person oder Drohung mit gegenwärtiger Gefahr für Leib oder Leben dazu, den geleisteten oder erwarteten Widerstand des Gewahrsamsinhabers oder eines schutzbereiten Dritten zu überwinden. Dieser ist aber gemäß § 859 I BGB rechtlich zulässig: Der Besitzer darf sich - unabhängig von seiner Besitzberechtigung - grundsätzlich verbotener Eigenmacht sogar mit Gewalt erwehren.

Beim räuberischen Diebstahl stützt sich das notwendige Unrechtsäquivalent der verbotenen Eigenmacht und der Befugnis, sich dieser zu erwehren, auf das Recht

---

136 Die Erfüllung des Diebstahlstatbestandes scheitert in diesem Fall also nicht am Schutzzweck des Gewahrsams, sondern erst am Schutzzweck des Eigentums.

137 Vgl. *Hoyer*, in: SK, Vor § 242 Rn. 11; siehe ferner Nachweise in der Literatur des 18. Jahrhunderts *Maiwald*, (Fn. 47), S. 21 f.; *Janßen*, (Fn. 75), S. 45 ff.

138 Informativ dazu *Maiwald*, (Fn.47), S. 19; siehe zum Beispiel die Einschätzung von *Wilda*, (Fn 47), S. 869, dass es nach germanischen Recht gleichgültig gewesen sei, aus wessen Gewahrsam die Sache entwendet worden sei, ob aus dem des Eigentümers oder eines anderen; vgl. ferner die dem gemeinen Recht geltende These von *Quistorp*, (Fn 84), § 344, S. 514, dass in keinem Fall der Umstand in Betracht kommen könne, dass der Bestohlene nicht der wahre Eigentümer der Sache sei; widersprüchlich die Auffassung von *Kleinschrod*, (Fn. 88), § 8, S. 78 f., der hingegen meint, dass für den Diebstahl der Entzug des rechtmäßigen Besitzes notwendig sei. Er begründet dies damit, dass das römische Recht dem unredlichen Besitzer die actio furti ausdrücklich verweigert habe. Zugleich weist er jedoch darauf hin, dass das römische Recht den Diebstahl als bloßes Privatverbrechen betrachtet habe, während er nach geltendem Recht eine öffentliche Missetat sei, die eine härtere Strafe zur Folge habe. *Kleinschrod* verkennt, dass die Störung der öffentlichen Ordnung aber gerade in der Wegnahme der Sache aus fremdem Gewahrsam gesehen wurde. Dann aber entfällt die Basis für seine Argumentation; Nachweise siehe bei *Janßen*, (Fn 75), S. 33, 43.

139 Diese dogmatische Position ist zugegebenermaßen äußerst umstritten; vgl. *Horn*, in: SK, § 240 StGB Rn. 3.

zur Besitzkehr gemäß § 859 II BGB, demzufolge der Besitzer kraft seines Besitzes befugt ist, dem auf der frischer Tat betroffenen oder verfolgten Täter die Sache wieder abzunehmen. Dies zu unterbinden und zu verhindern, ist bei § 252 StGB Zweck des Einsatzes der qualifizierten Nötigungsmittel, die den hier ebenfalls geforderten Eingriff in die persönliche Entscheidungsfreiheit des Opfers vermitteln. Insoweit ist den Lehren Recht zu geben, die beim räuberischen Diebstahl das Notrecht der Besitzkehr als (mit-)geschützt ansehen[140]. Ist seine Grenze überschritten, weil die Tat nicht mehr frisch ist, verbleibt dem Eigentümer nur noch ausnahmsweise das Selbsthilferecht im engeren Sinne des Wortes gemäß den §§ 229, 230 BGB, während die uneingeschränkte Formulierung des § 252 StGB gerade umgekehrt die grundsätzliche Rechtmäßigkeit der privaten Vollstreckung des possessorischen Besitzschutzes voraussetzt. Ohnehin könnte die Vereitelung der §§ 229, 230 StGB die Unrechtsäquivalenz des räuberischen Diebstahls mit dem Raub nicht begründen, weil diese Normen dem Anspruchsinhaber nur ein vorläufiges Sicherungsrecht gewähren - anders das Recht zur Besitzkehr nach § 859 II BGB, durch das der Besitzer seine ursprüngliche Besitzposition in vollem Umfang zurückzuerhalten vermag[141]. Dieser Zusammenhang zwischen dem Recht der Selbsthilfe im weiteren Sinne und der normativen Gleichheit von Raub und räuberischen Diebstahl ist von den Vätern des "Strafgesetzbuchs für das Königreich Baiern" von 1813 schon klar erkannt worden[142].

Zu prüfen ist daher abschließend, ob eine Verletzung des Rechts zur Besitzkehr als Pendant zur verbotenen Eigenmacht bei Diebstahl und Raub auch in dem Fall vorstellbar ist, in dem der Täter dem Entdecktwerden durch das Opfer aufgrund der Anwendung von Gewalt zuvorkommt. Keine Schwierigkeiten würden auftreten, wenn man dieses Abwehrrecht rein objektiv-rechtlich deutet. Man könnte allerdings der Meinung sein, dass aufgrund der allgemein erforderlichen subjektiven Rechtfertigungselemente erst die Kenntnis des Betroffenen von der rechtfertigenden Lage das Recht zur Besitzkehr zur Entstehung bringt. Strafrechtsdogmatisch entspräche dies der Position, die im Falle fehlender subjektiver Rechtfertigungselemente den Täter aus dem vollendeten Delikt bestrafen würde und nicht bloß aus dem untauglichen Versuch[143]. Hier muss dieser Streitpunkt jedoch nicht erörtert und entschieden werden. Denn die denkbare Schlussfolgerung, dass der Täter, der dem Entdecktwerden zuvorkommt, das Recht zur Besitzkehr aus diesem Grund nicht verletzen könne, steht auf tönernen Füßen: Sie mißachtet, dass

---

140 *Kohlheyer*, (Fn. 91), S. 28 ff., 61 ff.; *Geilen*, Jura 1979, S. 669 f.; *Seier*, NJW 1981, S. 2152, 2154; *Lask*, (Fn. 100), S. 216.

141 Vgl. die Denkschrift zum BGB, in: *Mugdan*, (Fn. 98), S. 963.

142 Anmerkungen, (Fn.118), S. 157 f.

143 *Hirsch*, in: LK, Vor § 32 Rn. 61; *Zielinski*, Handlungs- und Erfolgsunrecht im Unrechtsbegriff, 1973, S. 259 ff.; *Paeffgen*, Der Verrat in irriger Annahme eines illegalen Geheimnisses (§ 97b StGB) und die allgemeine Irrtumslehre, 1979, S. 156.

der Täter auch dem äußeren Anschein nach nur zu dem einen Zweck handelt, diese Entstehungsbedingung des dem Besitzer zustehenden Notrechts zu vereiteln. Es handelt sich daher um ein gemäß§ 226 BGB rechtsmißbräuchliches Verhalten, das analog § 162 I BGB die Konsequenz hat, dass sich der Täter auf die fehlende Bedingung nicht berufen darf. Er wird so behandelt, als sei die Bedingung eingetreten, als habe das Opfer also von der verbotenen Eigenmacht Kenntnis genommen. Als Ergebnis ist somit festzuhalten, dass auch nach dem letzten, allein richtigen Erklärungsmodell des § 252 StGB teleologisch nicht zwischen den Fällen des Entdecktseins und der Vereitelung der Entdeckung unterschieden werden darf[144].

V.

Der letzte Teil dieser Untersuchung hat sich daher der Frage zuzuwenden, ob nicht aufgrund der ratio der Vorschrift der Begriff des Betreffens seiner historischen Bedeutung entkleidet und teleologisch der heute herrschenden Meinung gemäß ausgelegt werden muss, um die drohende Strafbarkeitslücke zu vermeiden. Damit stellt sich eine erste, methodische Frage: Ist es zulässig, den Anwendungsbereich eines Tatbestandes über die von dem Gesetzgeber anvisierte Reichweite auszudehnen, wenn ein normativ erheblicher Unterschied unter Berücksichtigung sämtlicher denkbarer Aspekte der Strafwürdigkeit und der Strafbedürftigkeit nicht auszumachen ist, wenn also der Gesetzgeber einen Teil der einschlägigen Fälle schlicht ignoriert hat? Keine Schwierigkeiten stellen sich für jene, die der historischen Auslegung und damit auch der Institutionengeschichte bei alten Gesetzen nur noch eine subsidiäre, geradezu vernachlässigenswerte Bedeutung zubilligen. Gegen eine derartige Position ist aber einzuwenden, dass der historische Wille des Gesetzgebers Geltungsgrund der Norm auch dann bleibt, wenn der Erlaß des Gesetzes in immer weitere Ferne rückt. Entscheidend ist vielmehr der qualitative Umstand, ob die tatsächlichen Voraussetzungen, von denen der Gesetzgeber bei der Regelung seinerzeit ausgegangen ist, sich im Laufe der Zeit geändert haben, oder ob die maßgeblichen faktischen Gegebenheiten konstant geblieben sind. Dies ist eine im jeweiligen Einzelfall zu untersuchende Problematik, die nicht durch die Generalvermutung der Unbeachtlichkeit des historischen gesetzgeberischen Willens umgangen werden kann.

Die Beantwortung der aufgeworfenen methodischen Frage kann jedoch möglicherweise dahinstehen, wenn im vorliegenden Fall davon unabhängige Gründe

---

144 Zu Recht wird hier auf die Parallele zu § 249 StGB hingewiesen, wo es ausreicht, dass der Räuber einem erwarteten Widertand durch die Gewalt zuvorkommt; siehe *Kindhäuser*, in: NK, § 252 Rn. 14; *Perron*, GA 1989, S. 145, 156; *Mitsch*, Strafrecht Besonderer Teil 2, § 4 Rn. 32.

gegen eine teleologisch motivierte Gesetzeskorrektur vorgebracht werden können. Im Schrifttum wird teilweise der Vorwurf erhoben, dass die von Rechtsprechung und herrschender Meinung praktizierte teleologische Ausdehnung des Merkmals "betreffen" die Grenzen des möglichen Wortsinns überschreite[145]. Wir befinden uns also genau an jenem Punkt, an dem *Binding* gefordert hatte, die Lückenhaftigkeit der Straftatbestände durch Analogie zu beheben. Der Vorwurf ist nach hier vertretener Auffassung nicht schon deswegen berechtigt, weil dadurch - wie man teilweise argumentiert - das Merkmal, in den Fällen, in denen das Opfer schon vor der Tat mit dem Täter zusammen war, redundant werde. Gegen diese Redundanz ist die in der Literatur favorisierte Interpretation, die über das raum-zeitliche Zusammentreffen hinaus verlangt, dass der Täter wirklich geglaubt haben müsse, der Entdeckung durch das Opfer zuvorzukommen, gefeit. Für einen Verstoß gegen Art. 103 II GG spricht jedoch der allgemeine Sprachgebrauch des Wortes "betreffen", der sich gegenüber dem 19. Jahrhundert keineswegs geändert hat. Auch heute meint das Wort "betreffen" so viel wie "ertappen", "erwischen", "antreffen" oder "treffen"[146]

Doch damit nicht genug: Die verschiedenen Vorschläge einer teleologischen Extension des Begriffs "betreffen auf frischer Tat" stellen nichts anderes dar als der Versuch einer Quadratur des Kreises. Auch derjenige soll auf frischer Tat betroffen werden, der dem Betroffenwerden auf frischer Tat gerade durch die Anwendung der Gewaltmittel zuvorkommt. Die dogmatischen Kosten dieser begrifflichen Aporie sind hoch. Sie bestehen in nichts anderem als in der Zerstörung der dogmatischen Struktur des Delikts, weil infolge dieser Auslegung der systematische Bezug des § 252 StGB zu § 859 II BGB unrettbar verloren geht, der erst überhaupt die Unrechtsäquivalenz zum Raubtatbestand gewährleistet. Daran zeigt sich: Der herrschenden Meinung gelingt es zwar, sämtliche strafwürdige Fälle unter die Norm zu subsumieren, aber nur um den Preis, dass das Merkmal des Betreffens selbst jeden teleologischen Bezug verliert. Soll die Korrespondenz von § 859 II BGB und § 252 StGB gewahrt bleiben, müßte eigentlich in jedem Fall, in dem der Täter das Entdecktwerden durch die Anwendung von Gewalt vereitelt, geprüft werden, ob das Opfer überhaupt noch diesen auf frischer Tat hätte betreffen können. Dies ist jedoch der herrschenden Meinung nicht möglich, nachdem sie den Begriff des Betreffens bis zur Unkenntlichkeit modifiziert hat.

---

145 *Geppert*, Jura 1990, S. 554, 557; *Mitsch*, JA 1997, S. 655, 659 f.; *Kühl*, JA 1979, S. 498, 491; *Seelmann*, JuS 1986, S. 203, 206; *Krey*, Strafrecht Besonderer Teil 2, 12. Auflage, 1999, § 3 Rn. 211; siehe auch die Andeutung in BGHSt 28, 224, 227.

146 *Wahrig*, Deutsches Wörterbuch, 1986, S. 263; Duden, Das große Wörterbuch der deutschen Sprache, 1. Band, 2. Auflage, 1993, S. 510.

In den vorangestellten Fällen wäre nur in dem der Entscheidung des BGH vom 27. Februar 1975 zugrunde liegenden Sachverhalt die Frische der Tat eindeutig zu bejahen - und dies selbst in Anbetracht der Tatsache, dass auch in der Variante des unmittelbar zuvor verübten und vollendeten Delikts seine Offenkundigkeit aufgrund des äußeren Anscheins der Situation zu fordern ist: Es muss sich um eine Tat handeln, die "gleichsam noch brennt"[147] - zum Beispiel bei einem Mord, wenn der Täter von Zeugen vor dem noch röchelnden und blutenden Opfer angefunden wird[148]. Der geschichtliche Abriss hat ergeben, dass die herrschende Meinung im römischen Recht und *Carpzov* am Beispiel des Diebstahls die Frische der Tat zumindest dann bejahten, wenn sich der Dieb noch im Hause des Opfers befand. Und dies mit gutem Grund: Wenn sich ein erkennbar Unbefugter auf dem befriedeten Besitztum eines anderen in auffälliger Weise bewegt - vielleicht schon mit diversen Gegenständen in der Hand oder in einer extra mitgeführten Tasche -, dann wird wohl selbst der unbeteiligte Beobachter regelmäßig den unmittelbaren Eindruck eines begangenen oder nach fortdauernden Diebstahls gewinnen.

Etwas anders sieht es hingegen in dem vom BGH am 8. Juni 1956 entschiedenen Fall aus. Hier befanden sich die Täter mit der Beute bereits schon auf der Straße, als sie befürchteten, entdeckt zu werden. Dehnt man den Begriff der frischen Tat derart aus, besteht die Gefahr, dass er sich auch auf diejenigen Fälle erstreckt, in denen der Täter mit der Beute auf der Flucht angetroffen wird, in denen also nach französischem Recht "le prévenu est trouvé saisi d`effects, armes, instruments ou papiers faisant présumer qu`il est auteur ou complice, pourvu que ce soit dans un temps voisin du dèlit." Der Gesetzesgeschichte ist jedoch eindeutig zu entnehmen, dass diese Variante in den deutschen Gesetzen entsprechend dem französischen Vorbild stets von dem Betreffen und Verfolgen auf frischer Tat getrennt wurde. Man wird daher dem Bundesgerichtshof nur zustimmen können, wenn die Benutzung des Privatwegs aufgrund weiterer ungenannter Umstände den Anschein verbotener Eigenmacht vermitteln musste.

Eindeutig ausgeschlossen kann die Frische der Tat in dem letzen, vom BGH vom 13. Dezember 1978 entschiedenen Fall werden. Im Moment der Gewaltanwendung existierten keine äußeren, einen Rechtsfriedensbruch indizierenden Umstände, die von unmittelbar zuvor verübter verbotener Eigenmacht hätten Zeugnis geben können. Im Unterschied zu dem Fall, indem sich der Täter noch in dem fremden Haus befand, saß hier der Täter in seinem eigenen Fahrzeug, so dass das Verbleiben an dem "mobilen Tatort" keine verdachtsbegründende Wirkung be-

---

147 *Jacob Grimm*, Deutsches Wörterbuch, 4. Band, Erste Abteilung, Erste Hälfte, 1878 S. 209.

148 *Brauer*, GS 7, 2 (1855), S. 282, 287; *Mittermaier*, (Fn. 62), § 115, S. 33 Fn. 14.

saß. Der einzige Verdacht, den das Opfer vor der Gewaltanwendung schöpfte, bezog sich auf die Absicht des Täters, ihn möglicherweise zu töten. Dies reicht aber für ein betreffen auf frischer Diebstahlstat nicht aus.

Da die herrschende Meinung diese Prüfung aufgrund ihrer Auslegung des Begriffs "betreffen" nicht vornehmen kann, sieht sie sich gezwungen - sollen die tatbestandlichen Grenzen nicht gänzlich aus den Fugen geraten - einen Notbehelf einzuführen. Zur Verdeutlichung dieser Notwendigkeit muss man den letzten Fall nur so verändern, dass der Täter schon im Moment der Wegnahme der Brieftasche befürchtete, sein Opfer könne jeden Moment ihren Verlust bemerken, und sich nur aufgrund einer fehlenden Autobahnausfahrt gezwungen sah, weitere 50 km mit dem Beifahrer zurückzulegen. Unter dieser Voraussetzung wäre sowohl nach der Rechtsprechung, als auch nach der Literatur an einem betreffen auf frischer Tat nicht zu zweifeln, so dass zu fragen wäre, woran überhaupt noch die Erfüllung des Tatbestandes scheitern könnte. Die Antwortet lautet: Die Begrenzung des Tatbestandes soll durch die Forderung gelingen, dass auch die Zwangsmittel in einem engen räumlichen und zeitlichen Zusammenhang mit dem Diebstahl angewendet werden müssen[149]. Der 3. Senat hat in seinem Urteil vom 13. Dezember 1978 genau diesen Weg beschritten, weil er sich andernfalls genötigt gesehen hätte, der Auslegung des Begriffs "betreffen" durch den 2. Senat in der Entscheidung vom 8. Juni 1956 zu widersprechen.

Was ist von diesem Versuch der Tatbestandsbegrenzung zu halten? Zunächst ist anzumerken, dass das Merkmal "auf frischer Tat" sich nach dem Wortlaut der Vorschrift ausschließlich auf das Merkmal "betreffen" bezieht, nicht jedoch auf die Merkmale "Verübung von Gewalt gegen eine Person" und "Anwendung von Drohungen mit gegenwärtiger Gefahr für Leib oder Leben"[150]. Sodann: Würde man tatsächlich die vorgeschlagene Restriktion konsequent umsetzen, würde dies die Tatbestandserfüllung im Falle einer Nacheile nahezu stets ausschließen, weil durch die Flucht des Täters der Zusammenhang zwischen ihm und der Tat zwangsläufig unterbrochen wird. Doch vielleicht entspricht der Ausschluß der Nacheile genau dem Standpunkt des Gesetzgebers, der ganz bewusst auf das Merkmal "Verfolgung auf frischer Tat" verzichtet hat. Immerhin wird in der heutigen Kommentarliteratur zu § 127 StPO diesem Merkmal stets die Nacheile zugeordnet[151]. Den schon vom 3. Senat ausschnittsweise in bezug genommenen Motiven zur Revision des Entwurfs eines Strafgesetzbuchs für die Preußischen

---

149 In der Literatur siehe *Günther*, in: SK, § 252 Rn. 10; *Kindhäuser*, in: NK, § 252 Rn. 20; *Perron*, GA 1989, S. 145, 162; *Seier*, JuS 1979, S. 336, 337.

150 Zutreffend *Schnarr*, JR 1988, S. 314, 316 und *Maurach/Schroeder/Maiwald*, (Fn. 108), § 35 Rn. 41.

151 *Boujong*, in: KK, § 127 StPO, Rn. 12; *Paeffgen*, in: SK, § 127 StPO, Rn. 14; *Krause*, in: AK, § 127 StPO, Rn. 7; *Hilger*, in: LR, § 127 StPO, Rn. 15.

Staaten von 1843 ist folgende Begründung zu entnehmen: "[...] Ferner ist anzunehmen, dass es zu weit führt, wenn auch die Gewaltthätigkeit des "auf frischer Tat verfolgten" Diebes als Raub bestraft werden soll. Nach diesem so unbestimmten Ausrdrucke würden hierher auch Fälle gerechnet werden, bei denen die Entwendung und die Gewaltthätigkeit weit auseinander liegen. Die Bestimmung muß auf den "beim Diebstahl betroffenen Dieb" beschränkt werden. In dieser Beschränkung aber, also für den Fall, daß der unmittelbar nach der Ergreifung, am Ort der That. betroffene Dieb die Sache nicht wieder herausgeben will, sondern mit Gewalt oder Drohung das Fortbringen derselben durchsetzt, muß die Bestimmung des Entwurfs für ganz angemessen erachtet werden, zumal der Dieb, welcher solchergestalt den Besitz zu behaupten sucht, in der Regel schon von vornherein auf die Gewalt gefaßt gewesen sein wird [...]."[152]

Bedeutet diese Begründung eine Absage an die Einbeziehung der Nacheile in den Tatbestand des räuberischen Diebstahls? Man könnte schon, weil im letzten Satz der Begründung die oben verworfene kriminalpsychologische Theorie der Rechtsprechung anklingt, die Ausführungen insgesamt für unbeachtlich halten. Aber selbst wenn man diesen radikalen Schritt ablehnen würde, weil aus dem Wort "zumal" hervorgeht, dass für die Verfasser der Motive die kriminalpsychologische Hypothese die angestrebte Beschränkung nur ergänzend plausibilisieren sollte, wäre diese Schlussfolgerung verfrüht. Die Begründung stellt nämlich zwei Fälle einander gegenüber, von denen sich keiner mit demjenigen der Nacheile deckt: den Fall, in dem Dieb am Tatort betroffen wird und dort das Opfer nötigt, um den Besitz der Sache zu behaupten, und den Fall, in dem Dieb nicht am Tatort betroffen wird. Der Nacheile liegt gewissermaßen genau zwischen den beiden Geschehensabläufen: Der (vielleicht schon auf der Flucht begriffene) Täter wird zwar (noch) am Tatort gestellt; erst nach einer unmittelbar sich anschließenden Verfolgung wendet aber der Dieb die Nötigungsmittel an, um sich in dem Besitz der Sache zu erhalten. Berücksichtigt man ferner, dass die Verfasser der Motive vor allem die Unschärfe des Ausdrucks "verfolgen auf frischer Tat" gerügt haben, liegt die Vermutung nahe, dass sie allein den Fall ausschließen wollten, in dem der Täter erst auf der Flucht mit der Diebesbeute entdeckt und betreten wird "dans un temps voisin du dèlit"[153]. Dieser Zeitraum ist idealtypischerweise erheblich weiter als der allgemein geforderte unmittelbare zeitliche Zusammenhang im Rahmen des Betreffens auf frischer Tat einschließlich einer etwaigen zu berücksichtigenden Nacheile[154].

---

152 Quellen zur preußischen Gesetzgebung des 19. Jahrhunderts, (Fn.93), S. 703.

153 Vergleiche die Einschätzung von *Mittermaier*, (Fn.62), § 115, S. 33 und *Zachariae*, (Fn. 69), § 75, S. 47, dass es sich bei dem délit flagrant um einen sehr ausgedehnten Begriff handele.

154 Vorschläge, diesen Zeitraum - ähnlich wie schon teilweise im germanischen Recht - auf 24 Stunden nach Vollendung des Delikts zu begrenzen, konnten sich in Frankreich nicht

Die Sorge, dass der Begriff "verfolgen auf frischer Tat" derart weit ausgelegt werden könnte, ist nachvollziehbar, da in der Landesgesetzgebung des 18. Jahrhunderts oftmals das Ertappen auf frischer Tat dem Ergreifen des Täters auf der Flucht gegenübergestellt wurde (vergleiche die "Constitutio criminalis Theresiana" von 1796 und den "Codex Iuris Bavaricici Criminalis" von 1751). Ob dessen ungeachtet die Sorge berechtigt war, steht auf einem anderen Blatt. Wie schon mehrfach dargelegt wurde, hat sich der preußische Gesetzgeber Mitte des 19. Jahrhunderts mit dieser Unterscheidung an der Begrifflichkeit des französischen Strafprozeßrechts orientiert. Und hier entspricht der Verfolgung auf frischer Tat dem Fall, wo "le prévenu est poursuivi par la clameur publique [...]" und nicht dem Fall, wo "le prévenu est trouvé saisi d`effects, armes, instruments ou papiers faisant présumer qu`il est auteur ou complice [...]." Gemeint sind von der ersten Variante Situationen, in denen der Verbrecher bei oder unmittelbar nach Verübung der Tat ertappt und anschließend verfolgt wird[155]. Im oben zitierten preußischen Gesetz vom 12. Februar 1850, in dem die Festnahmebefugnis geregelt war, bestätigt sich diese Entsprechung anhand der Gliederung der Fallkonstellationen eins und zwei. Anhaltspunkte, dass in beiden Gesetzen - dem Gesetz vom 12. Februar 1850 und dem neu zu entwerfenden Strafgesetzbuch - ein unterschiedlicher Sprachgebrauch beabsichtigt war, liegen nicht vor. Dies schließt allerdings nicht aus, dass von manchen der an der Gesetzgebung beteiligten Personen mit den jeweiligen Begriffen ein divergierender Sinn verbunden worden ist. Verwunderlich wäre dies nicht, wenn man in Rechnung stellt, dass in dieser Zeit die heute selbstverständlich erscheinende Terminologie sich erstmals eingebürgert hat.

Die unbestrittene Anlehnung der deutschen Reformgesetzgebung an den französischen "Code d`instruction criminelle" ist gleichfalls instruktiv zur Klärung der Frage, ob die Nacheile tatsächlich, so wie es einhellig im strafprozessualen Schrifttum vertreten wird, der Normvariante des Verfolgens auf frischer Tat unterfällt. Nicht ohne Grund wird - von der herrschenden Meinung schlicht ignoriert - das Problem aufgeworfen, welcher Funktion diese überhaupt dient[156]: Denn entweder hat der Nacheilende den flüchtenden Täter schon bei der Tat betroffen, dann wäre die Normvariante des Verfolgens auf frischer Tat in Bezug auf ihn selbst eigentlich überflüssig. Oder diese Voraussetzung liegt nicht vor, dann jedoch geht die Abgrenzung zu dem Fall verloren, indem der Täter erst mit der Beute oder ähnlich verdächtigen Gegenständen auf der Flucht entdeckt wird[157].

---

durchsetzen; siehe *Merckel*, GS 2, 1 (1850), S. 306, 400 und *Albrecht*, (Fn. 26), S. 54. Dies zeigt, an welche zeitlichen Dimensionen in diesem Zusammenhang gedacht wurde.

155 *Brauer*, GS 7, 2 (1855), S. 282, 290.

156 *Meincke*, Betreffen oder Verfolgen auf frischer Tat als Voraussetzungen der vorläufigen Festnahme nach § 127 I StPO, 1963, S. 84; *P. Schubert*, (Fn. 62), S. 46.

157 Es ist daher äußerst problematisch, dass ein Festnahmerecht Privater selbst in dem Fall anzuerkennen, in dem der Private den Täter außer Gesicht und Gehör nur durch eine

Dass dieser Fall nicht unter die Normvariante des Verfolgens auf frischer Tat fallen sollte, ergibt sich aber unter anderem wiederum eindeutig aus der gesetzgeberischen Einteilung der verschiedenen Situationen des Preußischen Gesetzes vom 12. Februar 1850 (und den anderen oben zitierten Landesgesetzen). Die Funktion des Verfolgens auf frischer Tat erschließt sich hingehen, wenn man sein Augenmerk noch einmal auf das französische Gesetz wendet: Die Verfolgung des Täters durch das öffentliche Geschrei kann naturgemäß nicht auf eine Festnahme durch diejenigen gerichtet sein, die es anstimmen. Ihr einziger Zweck kann nur darin liegen, Dritte, die nicht selbst den Täter bei oder unmittelbar nach der Tat betroffen haben, zu veranlassen und aufzufordern, den flüchtigen Täter festzunehmen oder zumindest zu verfolgen[158]. Der Rechtsfriedensbruch wird dadurch gleichsam konserviert und für außenstehende Personen kundbar gemacht: Die Offenkundigkeit des Delikts, die für die Betreffenden durch die Tatsituation als solche vermittelt wird, wird für die Außenstehenden durch die öffentliche Aufforderung vermittelt. Diese sind infolgedessen ermächtigt, ihrerseits den Täter zu ergreifen, ohne ihn in eigener Person betroffen zu haben. Verständlich wird vor diesem Hintergrund die Formulierung der Strafprozeßordnungen Hannovers und Thüringens, dass ein Festnahmerecht dann bestehe, wenn der Täter unmittelbar nach der Tat durch öffentliche Nacheile oder öffentlichen Nachruf *bezeichnet* werde. Die Bezeichnung des Täters kann nur Sinn für die Festnahmeberechtigten haben, die nicht selbst am Ort der Tat den Täter entdeckt haben Die Terminologien der anderen deutschen Strafprozeßordnungen divergieren und sind weniger konkret gefaßt: Wie oben dokumentiert, wird teils nur von öffentlicher Verfolgung, teils sogar von bloßer Verfolgung gesprochen, ohne dass ein damit verbundener inhaltlicher Unterschied erkennbar wäre. Die asketische Formulierung des Preußischen Gesetzes vom 12. Februar und später der Reichsstrafprozeßordnung

---

Spurfolge aufspüren und festnehmen kann. Zudem verdankt sich das Festnahmerecht Privater nicht in erster Linie dem Ziel einer effektiven Strafverfolgung, sondern vor allem der Berücksichtigung der durch den offenkundigen Rechtsfriedensbruch ausgelösten Empörung gegenüber dem auf frischer Tat entdeckten Täters. Das Rechtsbewußtsein wäre erschüttert und würde sich destabilisierend gegen das staatliche Monopol der Durchsetzung des öffentlichen Strafanspruchs wenden, wenn in einem evidenten Fall der Täterschaft auf den Rechtsbruch nicht auch durch private Tatzeugen mit Festnahme reagiert werden könnte. Im Falle einer bloßen Spurfolge allerdings fehlt es an dem Täter, der die Empörung auslösen könnte - ganz abgesehen davon, dass eine Spur idealtypisch betrachtet nur einen Verdacht erregen kann, keinesfalls aber die Offenkundigkeit der Täterschaft vermittelt, die für die Tatfrische im engeren Sinne des Wortes zu verlangen ist; anders jedoch im Ergebnis die herrschende Meinung *Eb. Schmidt*, Lehrkommentar zur Strafprozeßordnung, 1967, § 127 StPO, Rn. 11; *Kleinknecht/Meyer-Goßner*, StPO, § 127 StPO, Rn. 6; *Hilger*, in: LR, § 127 StPO, Rn. 15; *Boujong*, in: KK, § 127 StPO, Rn. 12; *Krause*, in: AK, § 127 StPO, Rn. 7.

158 Vgl. *Brauer*, GS 7, 2 (1855), S: 282, 291, der in diesem Zusammenhang auf die Bedeutung des "Gerüfts" im germanischen Recht hinweist; *Albrecht*, (Fn. 26), S. 54.

hat jedoch der Umdeutung und Fehlinterpretation dieser Normvariante Vorschub geleistet[159], wobei zuzugebenermaßen nicht behauptet werden kann, dass dem Gesetzgeber die Zusammenhänge in voller Deutlichkeit vor Augen standen.

Angesichts dieser Sachstandes ist es gewiß kein Zufall, dass *Goltdammer* die Nacheile unter den Tatbestand des heutigen § 252 StGB subsumiert hat: "Die Revision von 1845 rügte dieses "auf frischer That verfolgt." Denn beide Momente, die Entwendung und Gewalttähigkeit könnten sehr weit auseinander liegen. Hierauf gründet sich das "auf frischer That betroffen" in der jetzigen Fassung. Hiernach ist es also die Absicht gewesen den Fall der bloßen Verfolgung auszuschließen, aber, wie die Wortfassung ergiebt, nur in dem Sinne, daß nicht die Aufsuchung und Verfolgung eines jeden Diebes gleich nach der That miteingeschlossen werden soll. Der Fall dagegen, daß der Dieb auf frischer That betroffen entfliehet, und dem unmittelbar Verfolgenden auf der Flucht gewaltsam Widerstand entgegensetzt, liegt allerdings auch im Sinn des Gesetzes. Die Handlungen müssen nur in eodem tractu temporis liegen; jede Unterbrechung dadurch, daß der Dieb erst hinterher, nach Verübung des Diebstahls, und nach seiner Entfernung vom Orte der That, entdeckt wird, schließt den Tatbestand aus."[160] Der Standpunkt *Goltdammer* deckt sich im Ergebnis mit der hier vorgestellten Analyse: Ausgeschlossen sollten eindeutig nur diejenigen Fälle sein, in denen der Täter erst auf der Flucht angetroffen wird. Das Preußische Obertribunal hat sich unter Berufung auf die Materialien diese Auslegung zu eigen gemacht. Aus einer Entscheidung geht hervor, dass zunächst ein unmittelbarer, nicht unterbrochener Zusammenhang zwischen dem Entwenden und dem betreffen bestehen muss. Dies soll auch bei einem vollendeten Diebstahl denkbar sein, "sofern der Thäter nur gleich darauf an dem Orte der That, oder in dessen Nähe angetroffen resp. bei dieser Gelegenheit verfolgt wurde, wogegen eine bloße Verfolgung des Diebes, die nicht in diesem unmittelbaren Zusammenhange steht, selbst wenn dabei Seitens des Verfolgten Gewalt entgegengesetzt werden sollte, nicht geeignet sein wird, den Thatbestand des § 230 Absatz 2. des Strafgesetzbuchs zu erfüllen."[161]

---

159 Siehe zum Beispiel bei *Schwarze*, Commentar zu der deutschen Strafprozeßordnung, 1878, § 127 RStPO, Rn. 1, wo nur lapidar geäußert wird, dass hierhin die sogenannte Nacheile gehöre. In anderen Kommentaren dieser Zeit finden sich überhaupt keine Auslegungsvorschläge; siehe auch *Zimmermann*, Archiv für Strafrecht, 30 (1882), S. 404, 408, der immerhin davon spricht, dass zumeist die Verfolgung durch öffentliches Geschrei oder Nachruf kundgetan werde. Begünstigt wurde vielleicht diese Fehlinterpretation dadurch, dass im deutschen Recht seit dem Sachsenspiegel der von dem französischen Recht eigens aufgeführte und von der Verfolgung getrennte Fall des Täters, "qui vient de se commettre" dem Ergreifen des Täters auf der Flucht von der Tat zugeordnet worden ist (vgl. Brauer, GS 7, 2 (1855), S. 282, 287).

160 *Goltdammer*, (Fn. 21), S. 516 f.

161 Preußisches Ober-Tribunal, GA XV (1867), S. 346 mit Verweis auf eine weitere Entscheidung.

Unter Geltung des Strafgesetzbuchs des deutschen Reiches ist diese Position später ebenso von *Binding* und *Frank* vertreten worden[162], während die herrschende Meinung unter Verkennung der Gesetzesgeschichte eine Wahrnehmung des Täters während der Verfolgung hat genügen lassen[163].

Fällt somit die Nacheile, die zwangsläufig stets die Grenzen des unmittelbaren räumlichen und zeitlichen Zusammenhangs zwischen der vollendeten Tat und dem Betreffen sprengen wird, unter den Tatbestand des § 252 StGB, dann entfällt zugleich die Grundlage der herrschenden Meinung, die Grenzen des Tatbestandes dadurch zu sichern, dass man den unmittelbaren räumlichen und zeitlichen Zusammenhang auch auf die Anwendung der Nötigungsmittel bezieht. Daraus folgt wiederum, dass die unzweifelhaft zu beklagende Strafbarkeitslücke nur de lege ferenda behoben werden kann: nämlich durch Einfügung eines Absatzes III, der den Fall, dass der Täter dem Betreffen auf frischer Tat durch die Anwendung von Gewalt zuvorkommt, dem Absatz I gleichstellt. Diese Gleichstellung würde es ermöglichen, in jedem Fall zu überprüfen, ob im Moment der Gewaltanwendung durch den Täter das Opfer diesen überhaupt noch hätte betreffen können. Das dogmatische Gefüge der Norm bleibt damit gewahrt, und zugleich wird dem Rechtsgrund der Vorschrift hinreichend Rechnung getragen.

VI.

Mit diesem Gesamtresultat kann sich die Untersuchung in einem Schlußsatz wieder dem Ausgangsthema: die fragmentarische Natur des Strafrechts zuwenden. *Binding* hatte sicherlich nicht gänzlich Unrecht, als er manche Zufälligkeiten und Auslassungen der Straftatbestände bemängelte. Mit den Konsequenzen dieses nicht zu leugnenden Faktums ist in erster Linie (wenn auch nicht ausschließlich) die Rechtsprechung konfrontiert. Hier nun ist die Geisteshaltung *von Liszts* wegweisend. Das bedeutet: Die Rechtsprechung darf sich als Hüter des Rechts nicht zum Organ der Durchsetzung des öffentlichen Strafverlangens machen, würde sie doch damit ihre Rolle als neutrale Entscheidungsinstanz verletzen. Sie muss vielmehr die Lückenhaftigkeit des Strafgesetzes im wahrsten Sinne des Wortes auszuhalten und der Versuchung widerstehen, gleichwohl eine Bestrafung des Angeklagten durch pragmatisch motivierte, theoretisch jedoch fragwürdige begriffliche Festlegungen zu erreichen. Dieser Imperativ gehört zum Ethos richterlicher Praxis

---

162 *Binding*, (Fn. 1), § 76, S. 305; *Frank*, Das Strafgesetzbuch für das Deutsche Reich, 18. Auflage, 1931, § 252 RStGB, Rn. I.

163 So die Einschätzung des Meinungsstandes bei *Frank*, (Fn. 162), § 252 RStGB, Rn. I.

- es ist jener Ethos, in dessen Geiste *Maiwald* viele Jahre lang als Hochschullehrer und Richter erfolgreich gewirkt hat.

Aussagenotstand auch bei nichtehelicher Lebensgemeinschaft?

Gerwin Moldenhauer

In § 157 StGB ist ein besonderer Strafmilderungsgrund geregelt, der die Zwangslage von Zeugen berücksichtigt, die durch eine wahrheitsgemäße Aussage sich selbst oder einen Angehörigen belasten müßten und damit der Gefahr einer gerichtlichen Sanktion aussetzen würden. Wegen der Nähe zur Notstandsregelung des § 35 StGB wird § 157 StGB als Aussagenotstand bezeichnet.[1]
Das Gericht hat nach § 157 StGB die Möglichkeit, eine fakultative Strafmilderung zu Gunsten von Zeugen oder Sachverständigen zu gewähren, die sich eines Meineides, § 154 StGB, oder einer uneidlichen Falschaussage, § 153 StGB, schuldig gemacht haben, sofern diese sich bei der Vernehmung in der oben beschriebenen Zwangslage befunden haben. Im Falle einer uneidlichen Falschaussage besteht sogar die Möglichkeit einer Straffreiheit.
Ein Problempunkt im Zusammenhang mit dem Aussagenotstand ist die Reichweite des Personenkreises der Angehörigen, speziell die Frage, ob auch der nichteheliche Lebenspartner unter den Begriff des Angehörigen zu subsumieren ist.[2] Während die Rechtsprechung[3] und Teile der Literatur[4] eine Anwendung des § 157

---

1 Kritisch zu der Bezeichnung: *Rengier*, BT II, § 49, Rn. 41.

2 Dieses Problem beschäftigte auch *M. Maiwald*. Um jedoch seine veröffentlichte Stellungnahme dazu ausfindig zu machen, bedarf es schon eines gewissen Sonderwissens, welches *M. Maiwald* während einer Korrekturassistentenbesprechung vermittelte. Die Frage der Anwendbarkeit des § 157 StGB auf die nichteheliche Lebensgemeinschaft behandelte er im Rahmen seiner Richtertätigkeit am OLG Celle (NJW 1997, 1084) als Berichterstatter, wobei er entgegen der in dem von ihm mitherausgegebenen Lehrbuch vertretenen Auffassung von *Schroeder* (Maurach/*Schroeder*/Maiwald, BT 2, § 74, Rn. 106) nicht zur Anwendung des § 157 StGB auf die nichteheliche Lebensgemeinschaft kommt.

3 OLG Celle, NJW 1997, 1084(1085); OLG Braunschweig, NStZ 1994, 344f; BayObLG NJW 1986, 202, 203.

StGB auf die nichteheliche Lebensgemeinschaft ablehnen, wird in der Literatur auch eine Anwendung des § 157 StGB auf die nichteheliche Lebensgemeinschaft vertreten.[5]
Dahingestellt bleiben kann in diesem Zusammenhang, ob bei einer nichtehelichen Lebensgemeinschaft ein Zeugnis- bzw. Auskunftsverweigerungsrecht gemäß §§ 52, 55 StPO existiert.[6] Besteht prozessual der Zwang auszusagen, so besteht selbstverständlich eine Zwangslage im Sinne des Aussagenotstandes. Daran ändert sich aber auch nichts, wenn prozessual die Möglichkeit besteht, nicht auszusagen, da ansonsten kaum ein Anwendungsbereich für § 157 StGB vorhanden wäre, weil die Regelung des § 157 StGB es ja gerade erfordert, daß der Täter die Falschaussage macht, um von einem Angehörigen oder von sich selbst die Gefahr einer gerichtlichen Bestrafung abzuwenden.[7] Eben diesen Zweck der Konfliktvermeidung zwischen Wahrheitspflicht und „Verwandtenliebe" verfolgen auch die §§ 52, 55 StPO.[8]

Die Frage, ob der nichteheliche Lebenspartner „Angehöriger" im Sinne von § 157 StGB sein kann, ist zunächst einmal kein Auslegungsproblem. Überhaupt verwundert es auf den ersten Blick, daß die Reichweite des Tatbestandsmerkmals „Angehöriger" Probleme bereitet, denn der Gesetzgeber hat die Angehörigeneigenschaft in § 11 Nr. 1 StGB legal definiert. Im Rahmen der dort enumerativ aufgezählten Angehörigen wird die nichteheliche Lebensgemeinschaft gerade nicht genannt.
Ein dem § 157 StGB vergleichbares Angehörigenprivileg kennt das StGB noch in den §§ 139 Abs. 3, 213 und 258 Abs. 6. Durch die Mehrzahl der Anwendungsfälle gelangt man jedoch zu keiner weiteren Klarheit über den Umfang des Angehörigenprivilegs, da das Gesetz jedesmal nur von Angehörigen spricht und insofern die Definition des § 11 Nr. 1 StGB gilt.[9]

---

4 Lackner/*Kühl*, § 157, Rn. 9; LK-*Gribbohm*, § 11, Rn. 17; *Rengier*, BT II, § 49, Rn. 43; Schönke/Schröder-*Lenckner*, § 157, Rn. 6; Tröndle/*Fischer*, § 157, Rn. 9; Wessels/*Hettinger*, BT 1, Rn. 740.

5 *Hauf*, NStZ, 1995, 35; *Krümpelmann/Heusel*, JR 1987, 39(41f); *Ostendorf*, JZ 1987, 335, 338; SK-*Rudolphi*, § 11, Rn. 3, § 157, Rn. 2; Maurach/*Schroeder*/Maiwald BT 2, § 74, Rn. 106; *Skwirblies*, Nichteheliche Lebensgemeinschaft und Angehörigenbegriff im Straf- und Strafprozeßrecht, 1990, S. 137f.; NK-*Vormbaum*, § 157, Rn. 14.

6 Die überwiegende Ansicht verneint ein solches: *Eisenberg*, BeweisR, Rn. 1244; Kleinknecht/*Meyer-Goßner*, § 52, Rn. 5; KK-*Senge*, § 52, Rn. 11; *Roxin*, Strafverfahrensrecht, § 26, Rn. 15; a. A. *Skwirblies*, a.a.O., S. 200; *Beulke*, Strafprozeßrecht, Rn. 191.

7 Die Rspr. hat dies von Beginn angenommen, RGSt 36, 49; BGHSt 1, 28. Vgl. auch *Bemmann*, FS-Mayer, S. 485, 486f.

8 Vlg. *Roxin*, Strafverfahrensrecht, § 26, Rn. 14.

9 Im Falle einer Ausdehnung des Angehörigenprivilegs speziell bei § 157 StGB auf die nichteheliche Lebensgemeinschaft würde sich jedoch die Frage stellen, ob bei den anderen Fällen eine vergleichbare Situation vorläge. Bejahend für § 213 StGB beispielsweise

Weitere Erkenntnis bringt jedoch die Regelung des entschuldigenden Notstandes. Denn § 35 Abs. 1 S. 1 StGB nennt alternativ den Angehörigen und eine andere nahestehende Person, so daß die Zwangslage dort auch zu Gunsten eines nichtehelichen Lebenspartners bestehen kann.[10] Da in § 157 StGB die Alternative der anderen nahestehenden Person gerade nicht genannt ist, spricht die Gesetzessystematik ebenso deutlich wie die vom Gesetzgeber vorgegebene Definition gegen eine Ausweitung des Angehörigenprivilegs auf nichteheliche Lebensgemeinschaften.

Die Befürworter einer Ausweitung des Angehörigenprivilegs sehen aber dennoch sowohl Bedürfnis wie auch Möglichkeit einer Anwendung des § 157 StGB auf die nichteheliche Lebensgemeinschaft. Methodologisch soll die Ausweitung über eine Analogie erreicht werden. Dabei stützt sich die Argumentation im wesentlichen auf folgende Säulen:
Dem Gesetzgeber solle schon bei der Neuregelung[11] des § 11 Abs. 1 Nr. 1 StGB eine Einbeziehung der nichtehelichen Lebensgemeinschaft nach dem Muster des § 35 Abs. 1 S. 1 StGB vorgeschwebt haben.[12] Weiter sei dem Gesetzgeber der heute gültigen Fassung des § 157 StGB die nichteheliche Lebensgemeinschaft in ihrer gewachsenen sozialen Dimension nicht bewußt gewesen.[13] Auch sei es nicht einzusehen, daß die Exkulpationsregel des § 35 Abs. 1 zu Gunsten der nichtehelichen Lebensgemeinschaft Anwendung finde, während die schwächere Dekulpationsregel des § 157 StGB diese nicht erfasse.[14] Schließlich wird eine Wertungsparallele zu anderen durch § 11 Abs. 1 Nr. 1 StGB erfaßten Angehörigen gezogen. So wird angeführt, daß beispielsweise mit Pflegekindern, § 11 Abs. 1 Nr. 1b StGB, auch nichtfamiliäre Angehörige erfaßt und daß die Zwangslage beispielsweise beim Schwager, der von § 11 Nr. 1a StGB erfaßt ist, wesentlich geringer als bei dem nichtehelichen Lebenspartner sei.[15]

Einer analogen Anwendung des § 157 StGB auf nichteheliche Lebensgemeinschaften kann nicht zugestimmt werden. Es liegt zwar kein Verstoß gegen das Analogieverbot aus Art. 103 Abs. 2 GG, § 1 StGB vor, da sich eine Ausweitung des Angehörigenprivilegs stets zu Gunsten des Täters auswirken würde, jedoch

---

Ostendorf, JZ 1987, 335, 338. Zu den systematischen Bedenken bei einer isolierten Betrachtung des Angehörigenbegriffs im Rahmen von § 157 StGB siehe unten.

10 Allgemeine Meinung, vgl. beispielsweise Lackner/*Kühl*, § 35, Rn. 4 m.w.N.

11 Durch das 2. StRG vom 4.7.1969.

12 So *Krümpelmann/Hensel*, JR 1987, 39, 41 unter Bezugnahme auf BT-Drucks. V/4095, S. 7. Zustimmend *Hauf*, NStZ 1995, 35.

13 NK-*Vorbaum*, § 157, Rn. 14; *Hauf*, NStZ 1995, 34, spricht vom Argument der gesellschaftlichen Realität in Deutschland der 90er Jahre.

14 *Krümpelmann/Hensel*, JR 1987, 39, 41.

15 Vgl. *Krümpelmann/Hensel*, JR 1987, 39, 41; NK-*Vormbaum*, § 157, Rn. 14.

fehlt es an einer planwidrigen Regelungslücke.[16] Letztere ist aber zwingende Voraussetzung für eine Analogie.[17] Eine Regelungslücke scheidet immer dann aus, wenn das Gesetz erkennbar eine endgültige Regelung getroffen hat,[18] wovon bei dem Angehörigenprivileg ausgegangen werden muß.
Zunächst wurde die Frage, ob auch die nichteheliche Lebensgemeinschaft in den Kreis der in § 11 Nr. 1 StGB genannten Personen aufgenommen werden soll, bereits bei der Änderung des § 52 Abs. 2 StGB a. F. in § 11 Nr. 1 StGB diskutiert.[19] Die amtliche Begründung des § 10 Nr. 3 Entwurf 1962 (E 62), der im wesentlichen dem heutigen § 11 Abs. 1 Nr. 1 StGB entspricht, stellte lediglich heraus, daß der alte Rechtszustand des § 52 Abs. 2 StGB a. F. inhaltlich übernommen werden sollte. Betrachtet man jedoch die Protokolle über die Sitzung des Sonderausschusses des Bundestages,[20] so zeigt sich, daß damals bereits eine Diskussion über die Frage geführt wurde, ob auch die nichteheliche Lebensgemeinschaft in § 10 Nr. 3 E 62 aufgenommen werden soll.[21] Grundlegende Positionen in der Diskussion war auf der einen Seite das Argument der Rechtssicherheit gegen und auf der anderen Seite der Wandel der sozialen Wirklichkeit für eine Einbeziehung der nichtehelichen Lebensgemeinschaft. Die Befürworter einer Einführung fanden jedoch keine Mehrheit, so daß im Rahmen des Änderungsgesetzes lediglich in § 35 Abs. 1 S.1 StGB die nahestehende Person aufgenommen wurde.[22] Darauf hingewiesen wurde aber, daß bei zukünftigen Reformen eine Gleichstellung der nichtehelichen Lebensgemeinschaft weiter zu prüfen sei.[23] In der Sache handelt es sich aber insofern um eine bewußte Entscheidung des Gesetzgebers, so daß für eine Gesetzeslücke kein Raum besteht.[24]

Nicht überzeugt ebenso die Konstruktion einer nachträglichen Regelungslücke speziell für den Angehörigenbegriff in § 157 StGB.[25] Grundsätzlich ist zwar eine nachträglich entstandene Gesetzeslücke denkbar,[26] jedoch liegen hier die Voraus-

---

16 OLG Celle, NJW 1997, 1084, 1085.

17 *Canaris*, Das Feststellen von Lücken im Gesetz, S. 198; *Jescheck/Weigend*, Strafrecht AT, § 15 III 2 (S. 134ff.); *Larenz*, Methodenlehre, S. 356ff., 388ff.

18 BVerfG NJW 1990, 1593; BGHSt 9, 310, 312; LK-*Gribbohm*, § 1, Rn. 77.

19 Zur Diskussion siehe auch die Darstellung bei *Skwirbilies*, a.a.O., S. 97ff.

20 Prot. des Sonderausschusses für die Strafrechtsreform (IV. Legislaturperiode), S. 610ff, 621ff.

21 Vgl. auch *Stratenwerth*, ZStW 76, 669, 674ff.

22 Prot. des Sonderausschusses für die Strafrechtsreform (IV. Legislaturperiode), S. 610ff.; BT-Drucks., V/4095, S. 4, 7; vgl. auch OLG Celle, NJW 1997, 1084, 1085.

23 Prot. des Sonderausschusses für die Strafrechtsreform (IV. Legislaturperiode), S. 610ff., 621ff.

24 Insoweit auch *Skwirbilies*, a.a.O., S. 99.

25 So aber *Skwirblies*, a. a. O., S 101ff.

26 *Canaris*, a.a.O., S. 135; *Konrad*, Probleme der eheähnlichen Gemeinschaft im Strafrecht, 1986, S. 99.

setzungen dafür nicht vor. Nach dem oben Gesagten hatte der Gesetzgeber das Problem bereits erkannt und sich bewußt gegen eine Regelung entschieden.
Lehnt man nun die nachträgliche Regelungslücke allein wieder aus diesem Grunde ab, möglicherweise noch mit der ergänzenden Begründung, daß der Gesetzgeber weiter untätig geblieben ist, und damit seine ablehnende Haltung gegen die Aufnahme der nichtehelichen Lebensgemeinschaft in den Angehörigenbegriff weiter aufrecht gehalten hat, liegt der Vorwurf der Spekulation nahe, und es würde sich zusätzlich die Frage stellen, wie denn überhaupt eine nachträgliche Regelungslücke entstehen solle.
Wesentlich schwerwiegender ist jedoch das Argument des Ausscheidens einer nachträglichen Regelungslücke aus tatsächlichen Gegebenheiten. So kann eine nachträgliche Regelungslücke insbesondere dann ausscheiden, wenn sich die tatsächlichen Gegebenheiten seit der gesetzgeberischen Entscheidung nicht geändert haben und damit der Regelungsgegenstand nicht planwidrig unvollständig geworden ist. Hiervon ist bei der nichtehelichen Lebensgemeinschaft auszugehen.[27] Auch wenn sich die Anzahl von nichtehelichen Lebensgemeinschaften seit dem Beginn der Diskussion erhöht haben mag, so ist die Zwangslage für jeden einzelnen Lebenspartner bei einer Zeugenaussage dieselbe geblieben. Insofern hat die Entscheidung des Gesetzgebers noch Bestand. Des weiteren hat die nichteheliche Lebensgemeinschaft keine veränderte Formalisierung erfahren, wie es beispielsweise bei der gleichgeschlechtlichen Lebenspartnerschaft nach dem neuen LebenspartnerG[28] der Fall ist, im Rahmen dessen folgerichtig auch eine Änderung des § 11 Nr. 1 StGB vorgenommen wurde.
Wird die nachträgliche Regelunglücke nur auf den Angehörigenbegriff des § 157 StGB bezogen, kommen zu der fehlenden planwidrigen Unvollständigkeit weiter noch schwerwiegende systematische Bedenken hinzu. Denn eine Privilegierung von Angehörigen, die wie die nichteheliche Lebensgemeinschaft nicht von der enumerativen Aufzählung des § 11 Nr. 1 StGB erfaßt sind, ist nur in den gesetzlich geregelten Fällen der §§ 35 Abs. 1 S. 1, 241 Abs. 1 StGB möglich und insofern auch als abschließend zu verstehen. Der Angehörigenbegriff des § 157 StGB darf daher nicht isoliert betrachtet werden.

Zu der bewußten Nicht-Erfassung der nichtehelichen Lebensgemeinschaft bei der Einführung des § 11 StGB kommt aus heutiger Sicht noch hinzu, daß der Gesetzgeber sich mehrfach mit dem Umfang des Angehörigenbegriffs beschäftigt hat, somit den Problemkreis nicht aus den Augen verloren, aber es dennoch unterlassen hat, das Angehörigenprivileg auf die nichteheliche Lebensgemeinschaft zu erweitern.

---

27 So schon *Konrad*, a.a.O., S. 66.

28 LebenspartnerschaftsG vom 16.02.2001, BGBl I S. 266, siehe dazu auch unten.

So ist zuletzt § 11 Abs. 1 Nr. 1 StGB durch das LebenspartnerschaftsG geändert worden.[29] Danach ist nunmehr der (gleichgeschlechtliche) Lebenspartner vom Angehörigenprivileg erfaßt, sofern die Lebenspartnerschaft den Anforderungen des LebesnpartnerschaftsG entspricht. Wäre die fehlende Erfassung der nichtehelichen Lebensgemeinschaft lediglich ein „Versehen" des Gesetzgebers gewesen,[30] so muß man zumindest die unterlassene Korrektur seines etwaigen „Versehens" als bewußte Entscheidung einstufen,[31] mit der zwingenden Folge, daß keine Regelungslücke und damit kein Raum für eine Analogie bleibt.

Es kann nach dem bisher Gesagten damit dahingestellt bleiben, ob bei einer analogen Anwendung des Angehörigenprivilegs auf die nichteheliche Lebensgemeinschaft eine Gefahr für die Rechtssicherheit bestünde, weil das Zubilligen nicht mehr vom Vorliegen von feststehenden Kriterien abhänge, sondern weitestgehend davon, welche Anforderungen an Intensität und Ausgestaltung der eheähnlichen Beziehung gestellt würden.[32]
Dem könnte entgegengehalten werden, daß das Problem der Rechtssicherheit mehr ein Problem der Feststellbarkeit einer eheähnlichen Lebensgemeinschaft ist und damit ein praktisches Problem darstellt, welchem nicht die selbe dogmatische Bedeutung zukommt, wie es bei der Rechtssicherheit der Fall ist. Die Frage der Feststellbarkeit einer eheähnlichen Gemeinschaft stellt sich auch in anderen Zusammenhängen, beispielsweise im Versicherungsrecht, und ist dort bereits kein unlösbares Problem mehr. Weiter könnte gegen das Argument der fehlenden Rechtssicherheit bei einer Ausweitung des Angehörigenprivilegs angeführt werden, daß sich schließlich dieses Problem dann ja auch bei der Regelung des § 35 StGB stellen müßte,[33] die im Gegensatz von § 157 Abs. 1 StGB dem Richter sogar obligatorisch eine Straffreiheit des Täters vorschreibt, da dort mit der nahestehenden Person die nichteheliche Lebensgemeinschaft erfaßt ist. Der Gesetzgeber hat sich aber bei der Regelung des entschuldigenden Notstandes gerade nicht von diesem Argument leiten lassen und auf eine Regelung zu Gunsten der nichtehelichen Lebensgemeinschaft verzichtet.
Schließlich sei noch etwas zum Argument der Wertungsparallele gesagt. Der Grund dafür, daß mit dem Pflegekind auch nichtfamiliäre Angehörige erfaßt sind,

---

29 Art. 3, § 32 des LebenspartnerschaftsG vom 16.02.2001, BGBl I S. 266. Bereits durch das AdoptionsG vom 2.7.1976 (BGBl I 1749, III 404ff.) hatte der Gesetzgeber § 11 Nr. 1a StGB geändert.

30 So *Krümpelmann/Hensel*, JR 1987, 39, 41, die davon ausgehen, daß der Gesetzgeber bei der Regelung des § 258 Abs. 6 StGB (EGStGB vom 2.3.1974, BGBl I, 469) übersehen habe, das Angehörigenprivileg zu erweitern.

31 Zu dem Ergebnis kommen auch OLG Celle, NJW 1997, 1084, 1085; OLG Braunschweig, NStZ 1994, 344; Schönke/Schröder-*Lenckner*, § 157, Rn. 6.

32 So BayObLG, NJW 1986, 202, 203; ähnlich auch Lackner/*Kühl*, § 157, Rn. 9.

33 Vgl. OLG Celle, NJW 1997, 1084, 1085.

oder daß das Angehörigenprivileg zu Gunsten des Schwagers besteht, nicht aber für die eheähnliche Lebensgemeinschaft, liegt in der Tatsache, daß der Anwendungsbereich des § 157 StGB formalisiert ist und diese Formalisierung nicht immer die tatsächliche emotionale Bindung wiedergeben kann. Man denke nur an in Scheidung lebende Ehepaare. Diese Formalisierung sollte jedoch auch gerade dem Gesetzgeber überlassen bleiben, und nicht durch Rechtsfortbildung ausgehöhlt werden, zumal der Gesetzgeber die Formalisierung wiederholt den sozialen Veränderungen angepaßt hat, beispielsweise beim LebenspartnerschaftsG.

Im Ergebnis bleibt festzuhalten, daß eine analoge Anwendung des § 157 StGB auf nichteheliche Lebensgemeinschaften wegen einer fehlenden Regelungslücke abgelehnt werden muß. Dem Richter bleibt die Möglichkeit der Annahme eines minder schweren Falles gemäß § 154 Abs. 2 StGB, sofern er im Falle eines Meineides eines nichtehelichen Lebenspartners zu Gunsten seines Partners der Zwangslage gerecht werden will. Berücksichtigt man die Tatsache, daß bei einer nichtehelichen Lebensgemeinschaft mit der überwiegenden Ansicht auch kein Zeugnis- und Aussageverweigerungsrecht gemäß §§ 52, 55 StPO besteht,[34] wird ein minder schwerer Fall wohl auch in der Regel anzunehmen sein, wenn nicht schon wegen Kenntnis der Zwangslage von der Vereidigung abgesehen wurde.

---

[34] Siehe Fn. 6.

Das Gewaltdarstellungsverbot des § 131 StGB

Ein Risikodelikt und sein symbolischer Subtext

Peter Rackow

Die Antwort der Bundesregierung im Frühjahr 2002 auf eine Anfrage eines Oppositionsabgeordneten zur Praxisrelevanz des § 131 StGB läßt sich wie folgt zusammenfassen: Auch nach Ansicht der Bundesregierung ist § 131 StGB praktisch nur von sehr geringer Bedeutung; woran dies liegt, sei allerdings unklar.[1] *– Tatsächlich ist die Zurückhaltung der forensischen Praxis bei der Anwendung des § 131 StGB letztlich lediglich Ausdruck des ambivalenten Verhältnisses der Gesellschaft in bezug auf den Umgang mit dem Topos der Darstellung von Gewalt; die – bei näherer Betrachtung – komplexe und nicht widerspruchsfreie Haltung der Gesellschaft hierzu steht in einem Spannungsverhältnis zu dem nur auf den allerersten, flüchtigen Blick klar und einleuchtend erscheinenden „Normprogramm" des § 131 StGB. Unter diesem Aspekt betrachtet ist die geringe empirische Bedeutung des § 131 StGB lediglich Ausdruck sozialer Realität. Allerdings dürfte zu bezweifeln sein, ob derartige Zusammenhänge vom (Straf-) Gesetzgeber in seiner Emsigkeit hinreichend reflektiert werden.*[2]

I. Zur Empirie des Gewaltdarstellungsverbots

Gegenstand des § 131 StGB in seiner gegenwärtigen Form sind Schriften, „die grausame oder sonst unmenschliche Gewalttätigkeiten gegen Menschen (...) schildern". Wenn solche Darstellungen „eine Verherrlichung oder Verharmlosung solcher Gewalttätigkeiten" zum Ausdruck bringen oder „das Grausame oder Un-

---

[1] BT-Drs. 14/9153, S. 13 f.

[2] „DER SPIEGEL" wußte schon wenige Wochen nach dem Amoklauf eines Erfurter Schülers in seiner Ausgabe vom 3.06.2002 („DER SPIEGEL" 23/2002, S. 19) von Überlegungen der damaligen Justizministerin *Däubler-Gmelin* zu berichten, die auf eine Ausweitung des Gewaltdarstellungsverbots abzielen. Vgl. zu diesbezüglichen Erwägungen der Bundesregierung die BT-Drs. 14/9998, S. 7, derzufolge die Prüfung einer Ausweitung des § 131 StGB Anfang Oktober 2002 noch im Gange gewesen ist.

menschliche des Vorgangs in einer die Menschenwürde verletzenden Art und Weise" vorführen, ist ihre Verbreitung und sind weitere Handlungsmodalitäten in bezug auf die fragliche Schrift bei Strafe verboten.

§ 131 StGB ist in seiner damaligen Fassung durch das 4. StrRG vom 23. November 1973[3] - übrigens bei gleichzeitiger „Freigabe einfacher Pornographie für Erwachsene"[4] – geschaffen worden.[5] Anlaß der gesetzgeberischen Tätigkeit war „das Problem der zunehmenden Brutalisierung auch auf dem Mediensektor".[6] 1994 wurde § 131 StGB insoweit neugefaßt, als der bis dahin mitenthaltene Tatbestand der Aufstachelung zum Rassenhaß ausgegliedert wurde; er bildet nunmehr den zweiten Absatz des § 130 StGB. Zuvor war im Jahre 1985 neben die Verherrlichung oder Verharmlosung die zweite Alternative gestellt worden, die sich auf die Menschenwürde verletzende Darstellungen bezieht.[7] Von letztgenannter Änderung wurde erwartet, daß sie zu einer durchgreifenden Verbesserung des Jugendschutzes „gegen die Auswüchse auf dem Videokassetten-Markt" beiträgt.[8] Die Verschärfung der Norm stellte dabei auch eine Reaktion auf ihr beinahe vollständiges Leerlaufen dar.[9]

Angesichts des Umstands, daß die Medienlandschaft zwischenzeitlich allerdings kaum gewaltärmer geworden ist, mag es manche erstaunen, daß § 131 StGB trotzdem weiterhin von nur sehr geringer praktischer Bedeutung ist.[10] So fanden im Jahr 2000 21 Verfahren statt, von denen 8 mit einer Verurteilung endeten. Die

---

[3] BGBl. I, S. 1725.

[4] *Meirowitz*, Gewaltdarstellungen auf Videokassetten, 1993, S. 319; vgl. weiter Maurach/*Schroeder*/Maiwald, BT 2, § 94 Rn. 1: „§ 131 verdankt seine Entstehung einer eigenartigen Konstellation. Der Einwand von Gegnern des Pornographieverbots, Pornographie sei harmloser als die straflosen Gewaltdarstellungen, wurde vom Sonderausschuß des Bundestages für die Strafrechtsreform umgekehrt." Vgl. ferner insbesondere die scharfe Kritik von *Arzt*, in *Arzt*/Weber, BT, § 44 Rn. 47: „Die Peinlichkeit des § 131 liegt darin, dass man fast zeitgleich die These Brutalitätskonsum wirke verrohend, mit der gegenteiligen These (Liberalisierung im Pornographiebereich wirke nicht verrohend) vertreten hat. Da Gewaltdarstellung mit Pornographie oft kombiniert wird (§ 184 III), ist der Gesetzgeber diskreditiert."

[5] Vgl. hierzu und zur weiteren Geschichte der Norm vor allem *v.Bubnoff*, in: Leipziger Kommentar, § 131 vor Rn. 1.

[6] BT-Drs. VI/3521 S. 7.

[7] BGBl. I, S. 3187.

[8] BT-Drs. 10/2546, S. 17.

[9] Von 1974 bis einschließlich 1983 kam es insgesamt nur zu 22 Verurteilungen (BT-Drs. 10/2546, S. 21).

[10] Vgl. Lackner/*Kühl*, § 131 Rn. 1: „Obwohl kein Zweifel besteht, daß Gewaltdarstellungen der im Tatbestand beschriebenen Art (namentlich in Video-Kassetten) massenhaft vertrieben werden, hat die Vorschrift auch nach ihrer Erweiterung – offenbar wegen der Häufung schwer faßbarer normativer Merkmale – nur selten zu Verurteilungen geführt."

gesamten neunziger Jahre des vergangenen Jahrhunderts über stagnierten die Verurteilungszahlen auf einem sehr niedrigen Niveau, der Trend erscheint eher rückläufig.[11] Weitere Bedenken gegenüber der Funktionalität der Norm stellen sich ein, wenn die Verurteiltenzahlen nicht mit denen der Abgeurteilten in Relation gesetzt werden, sondern mit der Zahl eingeleiteter Ermittlungsverfahren: Zwischen 1986 und 1990 wurden immerhin nicht weniger als 5746 Ermittlungsverfahren wegen des Verdachts einer Straftat nach § 131 StGB eingeleitet.[12] Zu einer Verurteilung kam es in 151 Fällen[13] - dies entspricht einer Quote von 2,6 %.

II. Zur sozialen Adäquanz von Gewaltdarstellungen

Wer nun die geringe tatsächliche Bedeutung des § 131 StGB mit der Hypothese zu erklären versucht, daß dieser Norm unterfallende Schriften – vergleichbar Betäubungsmitteln im Sinne des BtmG – nun einmal im Verborgenen, „unter der Hand“ verbreitet werden, es also letztlich lediglich um die Frage nach dem Dunkelfeld gehen dürfte und dem Aufwand, der zu dessen Aufhellung betrieben wird, nimmt zumindest nicht die gesamte mit einem strafrechtlichen Vorgehen gegen Gewaltdarstellungen verknüpfte Problematik in den Blick.[14]

Denn – um das Augenmerk sogleich auf den für das Verständnis dieser Problematik am ertragreichsten scheinenden Bereich zu konzentrieren – eine Unzahl von im Fernsehen und in den Kinos gezeigten Unterhaltungsfilmen aus dem Bereich des Abenteuer-, Kriminalfilm- oder Action-Genres beinhalten grausame beziehungsweise unmenschliche Gewalttätigkeiten,[15]/[16] welche durchaus auch von po-

---

11 1990: 50 Aburteilungen und 29 Verurteilungen; 1991: 30 Aburteilungen und 19 Verurteilungen; 1992: 34 Aburteilungen und 22 Verurteilungen; 1993: 44 Aburteilungen und 28 Verurteilungen; 1994: 24 Aburteilungen und 18 Verurteilungen; 1995: 24 Aburteilungen und 15 Verurteilungen; 1996: 22 Aburteilungen und 12 Verurteilungen; 1997: 9 Aburteilungen und 4 Verurteilungen; 1998: 25 Aburteilungen und 19 Verurteilungen; 1999: 25 Aburteilungen und 19 Verurteilungen; 2000: 13 Aburteilungen und 8 Verurteilungen.

12 *V.Bubnoff*, in: Leipziger Kommentar, § 131 Rn. 11.

13 *V.Bubnoff*, in: Leipziger Kommentar, § 131 Rn. 2.

14 Vgl. nochmals Lackner/*Kühl*, § 131 Rn. 1.

15 Vgl. Maurach/*Schroeder*/Maiwald, BT 2 § 94 Rn. 6: „‘Grausam‘ bedeutet (...) unter Zufügung besonders starker Schmerzen oder Qualen körperlicher oder seelischer Art aus gefühlloser, unbarmherziger Gesinnung; unmenschlich sind Gewalttätigkeiten, wenn in ihnen eine menschenverachtende und rücksichtslose Tendenz zum Ausdruck kommt (...).“

16 Da Gewalttätigkeit gegen Menschen – soweit sie sich nicht ohnehin in einer Bagatelle erschöpft oder gerechtfertigt ist – mindestens in sehr vielen Fällen auf eine menschenverachtende und rücksichtslose Tendenz schließen läßt, wird konsequenterweise eine große Anzahl von Darstellungen in den genannten Genres als (zumindest) unmenschliche Gewalttätigkeit zu bewerten sein (vgl. *Greger*, NStZ 1986, 9 f.; kritisch hierzu *Meirowitz*, Fußn. 4, S. 327).

sitiv besetzten Figuren begangen werden, und sind damit als Schriften im Sinne des § 131 StGB durchaus nicht „unverdächtig“.[17] Gleichwohl stimmt die Kommentarliteratur darin weitgehend überein, daß „gängige“ Kriminalfilme, Western oder auch Comic-Strips zumindest nicht ohne weiteres tatbestandliche Verherrlichungen oder Verharmlosungen der in ihnen dargestellten Gewalttätigkeiten sind. In diesen Fällen soll es an einer Tendenz zur Verherrlichung oder Verharmlosung der dargestellten Gewalttätigkeiten fehlen.[18]/[19] Die Art und Weise, auf die dieses Ergebnis erzielt wird, zeigt aber die Unsicherheit und das Unbehagen in bezug auf die Problematik „gesellschaftlich integrierter“, faktisch allgemein anerkannter Gewaltdarstellungen auf: *Kindhäuser* scheint unmittelbar von der „Gängigkeit“ der genannten Genres auf die mangelnde tatbestandliche Tendenz zu schließen. An eine abstrakte Definition des Verherrlichens oder Verharmlosens macht sich seine Kommentierung bezeichnenderweise erst nachdem der Ausschluß üblicher Kriminal- und Westernfilme etc. bereits postuliert ist.[20] *V.Bubnoff* argumentiert damit, daß die Häufung von Gewaltdarstellungen in einer Schrift ohne weiteres noch nicht auf deren Tendenz zur Verherrlichung oder Verharmlosung schließen lasse, so daß deshalb die „verdächtigen“ Genres nicht (per se) erfaßt seien.[21] Bei *Rudolphi* fällt ein bemerkenswerter Perspektivwechsel auf: An sich soll maßgeblich sein, „ob die Darstellung (...) für einen *objektiven Betrachter* eine gewaltverherrlichende (...) Tendenz aufweist.“[22] Einige Zeilen später werden die Anforderungen offensichtlich verengt: Verherrlichung oder Verharmlosung soll nur anzu-

---

17 Vgl. Maurach/*Schroeder*/Maiwald, BT 2, § 94 Rn. 10: „Die Verherrlichung oder Verharmlosung kann sich vor allem aus der Zuordnung zu einer sympathischen Figur ergeben.“

18 Vgl. *v.Bubnoff*, in: Leipziger Kommentar, § 131 Rn. 28; Lehr- und Praxiskommentar, § 131 Rn. 12; *Rudolphi*, in: Systematischer Kommentar, § 131 Rn. 9; *Lenckner*, in: Schönke/Schröder, § 131 Rn. 9.

19 Die „Menschenwürdealternative“ wird für die genannten Genres kaum einschlägig sein, da sie auf exzessive, abstoßende und ekelerregende Darstellungen insbesondere im Videobereich zugeschnitten ist, denen eine glorifizierende oder bagatellisierende Haltung nicht beigelegt werden kann; vgl. BT-Drs. 10/2546, S. 23; *Greger*, NStZ 1986, 9; *v.Bubnoff*, in: Leipziger Kommentar, § 131 Rn. 24; zur Kritik im Hinblick auf die geringe Bestimmtheit vgl. nur Maurach/*Schroeder*/Maiwald, BT 2 § 94 Rn. 9. Unzutreffend insoweit *Rudolphi*, in: Systematischer Kommentar, § 131 Rn. 11, der meint, daß durch § 131 I Alt. 2 StGB „keine Gewaltdarstellungen erfaßt [werden], die nicht bereits durch die Alternativen der gewaltverherrlichenden oder gewaltverharmlosenden Gewaltdarstellungen erfaßt sind.“

20 Lehr- und Praxiskommentar, § 131 Rn. 12 ff.

21 *V.Bubnoff*, in: Leipziger Kommentar, § 131 Rn. 28; vgl. dazu auch – mit Blick auf die „Menschenwürdealternative“ – BVerfGE 87, 209, 229: „Deshalb kann auch weder die Häufung noch die aufdringliche und anreißerische Darstellung von Gewalttätigkeiten für sich allein den Tatbestand erfüllen. Jedenfalls ließen sich, wenn es auf diese Kriterien ankäme, die durch § 131 Abs. 1 StGB verbotenen Handlungen nicht deutlich genug von als zulässig anzusehenden Darstellungen etwa in Abenteuer- oder Kriminalfilmen abgrenzen.“

22 *Rudolphi*, in: Systematischer Kommentar, § 131 Rn. 9.

nehmen sein, „wenn die Darstellung (...) *eindeutig für jedermann* die konkrete Gewalttätigkeit (...) verherrlicht oder verharmlost. Die gängigen Western, Krimis und Comic-Strips sind *daher* jedenfalls nicht erfaßt (...).“[23]/[24] § 131 StGB wäre danach im Bereich der fraglichen Genres konsequenterweise nur dann anwendbar, wenn einer bestimmten Darstellung *für jedermann* – also auch noch für den allerletzten Betrachter – eine verherrlichende oder verharmlosende Tendenz innewohnt – und zwar eindeutig. In eine strengere Richtung weist die Kommentierung bis zur 48. Auflage bei *Tröndle*: „Der Einzelfall entscheidet, so daß Western, Krimis, Comic-Strips usw. nicht schon als solche von der Vorschrift erfaßt werden (...).“[25] Zurückhaltung ist auch den Ausführungen des Sonderausschusses für Sexualstrafrecht aus dem Jahre 1970 anzumerken, auf die *v.Bubnoff* verweist,[26] indem ihnen lediglich eine Aussage zu solchen Schriften zu entnehmen ist, die eine Häufung für sich genommen unbedenklicher Gewaltdarstellungen enthalten: „Auch mußte das Problem, ob nicht vor allem die gehäufte Darbietung von Gewalttätigkeiten zu Bedenken Anlaß gibt, mögen die Einzelschilderungen auch für sich relativ harmlos sein und in das übliche Klischee eines Kriminalfilms fallen, bei der Gestaltung des Tatbestands außer acht gelassen werden. Konturen kann der Tatbestand nur vom Inhalt und von der Art und Weise der Einzeldarstellung her gewinnen, nicht jedoch vom Häufigkeitsfaktor.“[27]

Die Vagheit dieser Ausführungen überrascht, da es ja offenkundig nicht etwa um einen in seinem Einfluß hintan stehenden Bereich, um „offenkundigen Schund“ geht – was auch immer das im einzelnen präzise sein mag –, sondern durchaus um Schriften aus dem „mainstream“ massenmedialer Unterhaltung. Die Lektüre dieser Ausführungen mag den Verdacht wecken, daß das mit dem Faktischen konform gehende Ergebnis der Straflosigkeit etwa des Ausstrahlens eines „harten“ jedoch (noch) *gängigen* Actionfilms im öffentlich-rechtlichen Fernsehens erzielt werden soll, jedoch eine Scheu besteht, den tieferen Grund der Straflosigkeit auszusprechen. Einen schon beinahe skurril anmutenden Weg beschreitet dann der Einstellungsbescheid der *Staatsanwaltschaft bei dem Landgericht München I* aus dem Jahre 1995 zu dem heftig umstrittenen Film „Natural Born Killers“,[28] indem er unmotivierte komplexe Anforderungen an das Vorliegen eines

---

23 *Rudolphi*, in: Systematischer Kommentar, § 131 Rn. 9.

24 Hervorhebungen vom Verfasser.

25 *Tröndle*[48], § 131 Rn. 6b, während in neueren Auflagen keine Aussagen speziell zu den fraglichen Genres getroffen werden.

26 *V.Bubnoff*, in: Leipziger Kommentar, § 131 Rn. 28.

27 BT-Drs. VI/3521, S. 6.

28 Zu diesem kontroversen Film las man zehn Tage nach dem Amoklauf in Erfurt im Nachrichtenmagazin „DER SPIEGEL“ (19/2002, v. 6.05.2002, S. 219): „Das Werk, in dem ein Liebespaar als Bonnie und Clyde des Medienzeitalters mordend quer durch die USA rast, soll ein Dutzend reale Mordserien inspiriert haben, darunter zwei in Frankreich. (...) Auch

tatbestandlichen Schilderns knüpft: „'Schildern' bedeutet die unmittelbar optische und/oder akustische Wiedergabe einer Gewalttätigkeit. Dieser Begriff des ,Schilderns' ist eng auszulegen, da anderenfalls eine praktikable Abgrenzung von tatbestandsmäßigen und nicht dem Tatbestand unterfallenden Filmen nicht mehr möglich wäre und die Vorschrift des § 131 StGB mangels Bestimmtheit verfassungswidrig wäre. Eine Schilderung in diesem Sinne liegt deshalb nur dann vor, wenn die Gewalteinwirkung auf das Opfer gezeigt wird. Das ist beispielsweise nicht der Fall, wenn der Gewalttäter mit der Tatwaffe gezeigt wird (z.B. ein Indianer spannt den Bogen und schießt den Pfeil ab) und im nächsten Bild das Opfer gezeigt wird, bei welchem die Gewalteinwirkung jedoch bereits abgeschlossen ist (im Beispiel der Cowboy, der vom Pfeil getroffen zu Boden fällt). Die Notwendigkeit einer derart engen Auslegung des Wortlauts der Strafvorschrift wird deutlich durch den Vergleich mit herkömmlichen Western- oder Kriminalfilmen: Auch in diesen Filmen finden sich in großer Zahl grausame oder sonst unmenschliche Gewalttätigkeiten, die in einer Art gezeigt werden, welche die Verherrlichung oder Verharmlosung solcher Gewalttätigkeiten ausdrückt."[29] *Warum* nun aber gerade das eher deskriptive Tatbestandsmerkmal des Schilderns in dieser doch arg gekünstelt erscheinenden Art und Weise eng auszulegen sein soll, bleibt völlig im unklaren und vermag nicht zu überzeugen.[30]

Etwas näher an den eigentlichen Kern der Problematik wagt sich *Erdemir*, wenn er eine Verherrlichung von Gewalt[31] erst dann annehmen will, „wenn eine unverhohlene, direkte Glorifizierung der einschlägigen Gewalttätigkeiten vorliegt, die erkennbar *über den Grad hinausgeht, der bestimmten Filmtypen schon genrebedingt immanent ist.*"[32]/[33] Der Gewinn dieses Ansatzes liegt darin, daß er durch ein Abstellen auf die Gesetzmäßigkeiten bestimmter Filmtypen letztlich den Gedanken der sozialen Adäquanz in den gegebenen Zusammenhang einführt, gleichsam in Form einer Art Unterhaltungs-Genre-Adäquanz und dadurch bei der Auslegung der Norm auf ein Kriterium zugreift, welches in seiner Perspektive über teleologisch-tatbestandsimmanente Aspekte hinausgreift. Nicht überzeugend ist

im deutschen Fernsehen wurde „Natural Born Killers" schon mehrmals gezeigt; am vergangenen Sonntag setzte ProSieben den Film allerdings ,aus Pietätsgründen' ab."

29 Staatsanwaltschaft München I, Einstellungsbeschluß v. 12.05.1995, Az.: 465 b, Js 195, JMS-Report 3/1995, 6.

30 Vgl. auch BVerfGE 87, 209, 227: „Bereits vom Wortlaut her bietet die Auslegung des Tatbestandsmerkmals ,schildern' keine verfassungsrechtlichen Schwierigkeiten."

31 Die Verharmlosungs- und die „Menschenwürde-Alternative" hält *Erdemir* für unbestimmt und daher verfassungswidrig, vgl. *Erdemir*, ZUM 2000, 704 ff., *ders.*, Filmzensur und Filmverbot, 2000, S. 109 ff.; kritisch zur „Menschenwürdealternative" insbesondere auch Maurach/*Schroeder*/Maiwald, BT 2 § 94 Rn. 9.

32 *Erdemir*, ZUM 2000, 702 f.; *ders.*, Fußn. 31, S. 85.

33 Hervorhebung vom Verfasser.

es dagegen, wenn er unter Bezugnahme auf *Rudolphi*[34] bei dermaßen genregemäßen Darstellungen das Vorliegen einer tatbestandlichen Tendenz verneinen will. Daß zum Beispiel die notorischen Rambo-Filme[35] *deshalb* nicht als Schriften einzustufen sein sollen, in denen grausame Gewalttätigkeiten in einer Art und Weise dargestellt werden, die ihre Verherrlichung ausdrückt, so daß zum Beispiel ihre Vorführung nach § 131 I Nr. 2 StGB strafbar wäre, *weil* sie den Gesetzmäßigkeiten des Genres „Action-Kino" oder „Kriegs-Abenteuer" entsprechen mögen, leuchtet ebensowenig ein, wie die Sichtweise, daß derjenige, der in der kalten Jahreszeit – sozial-adäquat – mit einer erheblichen Erkältung im Großraumbüro zur Arbeit antritt und einen Kollegen „ansteckt", sich nicht wegen Körperverletzung strafbar gemacht hat, *weil* er beim Kollegen keinen pathologischen Zustand verursacht hat.

Festzuhalten bleibt daher, daß die geschilderten Bemühungen in Schrifttum und Strafrechtspraxis um eine letztlich teleologisch-tatbestandsimmanente Beschränkung des § 131 StGB sämtlich nicht überzeugen.

Dies liegt daran, daß die um Restriktion bemühten Ansätze bei Licht besehen versuchen, Kriterien für das Ausmaß der von einer bestimmten Schrift ausgehenden möglichen Gefahren zu benennen. Ein derartiges Vorgehen ist jedoch von vornherein zum Scheitern verurteilt, weil bereits die Nicht-Existenz dieser Gefahren nicht mit letzter Sicherheit ausgeschlossen werden kann. Richtigerweise muß § 131 StGB nämlich als Risikodelikt gedeutet werden.[36] Denn es ist weiterhin nach dem Stand der fachwissenschaftlichen Forschung, auf die hier nicht näher eingegangen werden soll,[37] nicht auszuschließen, daß Gewaltdarstellungen in den Medien keinen Einfluß auf reale Gewalttätigkeiten haben; die Auswirkungen derartiger Darstellungen auf ihre Konsumenten sind noch immer weitgehend unklar.[38] Demgemäß sieht der Bundesgerichtshof den Schutzzweck des § 131 StGB auch darin, „einer *möglichen* Förderung der Aggressions- und Gewaltbereitschaft durch exzessive Gewaltdarstellungen entgegenzuwirken (...)."[39] Und auch das

---

34 *Rudolphi*, in: Systematischer Kommentar, § 131 Rn. 9.

35 Die vorrangigen Methoden des Protagonisten dieser Filme haben inzwischen bereits die deutsche Umgangssprache beeinflußt; vgl. Der Duden in zwölf Bänden; Duden Bd. 1 ‚Die Deutsche Rechtschreibung', 22. Aufl. 2001, S. 790: „Rambo, der; -s, -s <nach dem amerik. Filmhelden> (*ugs.* für brutaler Kraftprotz)"

36 So *Hefendehl*, NuR 2001, 503; Maurach/*Schroeder*/Maiwald, BT 2 § 94 Rn. 3; *Rudolphi*, in: Systematischer Kommentar, § 131 Rn. 3; vgl. auch *Rudolphi*, in: Systematischer Kommentar, vor § 1 Rn. 11 a.

37 Vgl. zu der Vielzahl der Ansätze der Gewaltwirkungsforschung etwa *Eisenberg*, Kriminologie, § 50 Rn. 17 ff.; *Meirowitz*, Fußn. 4, S. 69 ff. jeweils mit umfangreichen Nachweisen.

38 *Erdemir*, ZUM 2000, 701; *ders*. Fußn. 31, S. 116 ff. m.w.N.; *Hefendehl*, NuR 2001, 503; Lehr- und Praxiskommentar, § 131 Rn. 1 m.w.N.

39 BGH, NStZ 2000, 307, 308.

Bundesverfassungsgericht ist im Zusammenhang mit der Frage einer erhöhten Besteuerung von „Gewaltspielautomaten" von einem Gefahren*potential* ausgegangen, also lediglich von der Möglichkeit sozialschädlicher Auswirkungen.[40] Zu einem abstrakten Gefährdungsdelikt[41] würde § 131 StGB also dann (aber auch: erst und nur dann) aufrücken, wenn tatsächlich ein Zusammenhang „zwischen Brutalitätskonsum und aggressivem Verhalten" vom aktuellen Stand fachwissenschaftlicher Forschung aus nicht mehr bezweifelt werden kann.[42] Wenn es nun also so ist, daß sich die Nicht-Existenz einer Gewalttätigkeit fördernden Wirkung von Gewaltdarstellungen nicht ausschließen läßt, so bedeutet dies, daß Klarheit über die genaue objektiv-tatbestandliche Reichweite im Sinne einer Restriktion nicht mit Hilfe immanenter teleologischer Erwägungen gewonnen werden kann. In concreto: wenn bei der Auslegung des § 131 StGB ständig mitbedacht werden muß, daß von gewaltverherrlichenden Darstellungen *möglicherweise* gar keine sozialschädlichen Wirkungen ausgehen, kann es für die Frage, ob etwa ein bestimmter Film eine tatbestandliche Tendenz aufweist oder nicht, zum Beispiel nicht darauf ankommen, wie er auf einen unbefangenen Betrachter wirkt oder ob für jeden Zuschauer die gewaltverherrlichende Tendenz eindeutig erkennbar ist.[43] Derartige Kriterien fragen im Kern nach der Wahrscheinlichkeit, mit der eine bestimmte einem Film innewohnende „message" tatsächlich bei einem entsprechend disponierten Rezipienten „auf fruchtbaren Boden fällt". Hierauf kann und soll es jedoch von vornherein nicht ankommen, da § 131 StGB gerade keine „Eignungsklausel" enthält, es für seine Verwirklichung irrelevant ist, ob eine bestimmte

---

40 BVerfG, NVwZ 2001, 1264, 1265: „Hieran [an der erhöhten Besteuerung; Anm. des Verf.] besteht angesichts des Gefahrenpotenzials von ‚Gewaltspielautomaten' ein gewichtiges Interesse der Allgemeinheit. Denn diese Geräte werden für die zunehmende Brutalisierung der Gesellschaft mitverantwortlich gemacht. Sie werden (...) für geeignet gehalten (...) insgesamt zur Verrohung beizutragen."

41 Als abstraktes Gefährdungsdelikt wollen *v.Bubnoff*, in: Leipziger Kommentar, § 131 Rn. 10; *Lenckner*, in: Schönke/Schröder, § 131 Rn. 1 und *Tröndle/Fischer*, § 131 Rn. 3 den § 131 StGB begreifen. Daß sich Lehr- und Praxiskommentar, § 131 Rn. 1 dem anschließt, weil die Norm „nicht einmal die konkrete Eignung der Gewaltdarstellung zur Auslösung nachahmender Handlungen voraussetzt", ist nicht mit *Kindhäusers* Annahme, die Auswirkungen medialer Gewaltdarstellungen seien noch weitgehend unklar (*Kindhäuser* a.a.O.) in Einklang zu bringen: Eine eventuell doch nicht gegebene (abstrakte) Gefahr in einem (abstrakten) Gefährdungsdelikt zu postulieren, stünde einem rechtsstaatlichen Strafrecht nicht gut zu Gesicht. Problematisch daher auch *Otto*, BT, § 63 Rn. 52: „Die (...) Vorschrift beruht auf wenig gesicherten Grundlagen, (...). – Ein Schaden braucht nicht einzutreten; das Delikt ist abstraktes Gefährdungsdelikt." Entsprechend zu kritisieren ist schließlich auch *Geilen*, in: Lexikon des Rechts, Strafrecht, Strafverfahrensrecht (Hrsg.: Ulsamer), S. 413: „Auch besteht nach dem Stand der Wirkungsforschung ein jedenfalls nicht auszuschließendes Risiko. (...). § 131 StGB ist ein abstraktes Gefährdungsdelikt."

42 Dies postuliert *Lenckner*, in: Schönke/Schröder, § 131 Rn. 1.

43 So *Rudolphi*, in: Systematischer Kommentar, § 131 Rn. 9.

Schilderung konkret zur Herbeiführung sozialschädlicher Folgen geeignet ist.[44] Dies ist auch nur konsequent angesichts der Unsicherheit in bezug auf die fraglichen Wirkzusammenhänge, so daß solche Kriterien, die gleichwohl mit vermuteten Wirkungen einer bestimmten Schrift operieren, in einer für das Strafrecht inakzeptablen Weise ins Unbestimmte, ins Spekulative führen müssen und Konsequenz einer „Eignungsklausel" die Wirkungslosigkeit des Gesetzes wäre.[45]

Demgegenüber ist zum Beispiel die abstrakte Gefährlichkeit alkoholisierter Fahrzeugführer eine intensiv fachwissenschaftlich erforschte Tatsache. Deshalb läßt sich das tatbestandliche Erfordernis der Fahruntüchtigkeit beim abstrakten Gefährdungsdelikt des § 316 StGB mit Blick auf den Gesetzeszweck, den Schutz des Straßenverkehrs vor den abstrakten Gefahren, die von fahruntüchtigen Fahrzeugführern ausgehen,[46] konkretisieren. So waren es (neue) fachwissenschaftliche Erkenntnisse, die dem Bundesgerichtshof 1990 Anlaß gaben, nunmehr nicht erst ab einer Blutalkoholkonzentration von 1,3 ‰, sondern bereits ab 1,1 ‰ von absoluter Fahruntüchtigkeit auszugehen.[47] Einmal angenommen, es lägen differenzierte fachwissenschaftliche Erkenntnisse über den Wirkungszusammenhang zwischen medialer Gewalt und dadurch ausgelöstem gewalttätigem Verhalten der Zuschauer in der Weise vor, daß etwa ab einer bestimmten Zahl *n* von gezeigten Tötungshandlungen per Stunde, die abstrakte Gefahr gegeben ist, daß ein bestimmter Film wegen seines gewaltverherrlichenden oder verharmlosenden Inhalts reale Gewaltkriminalität fördert. Die tatbestandliche Tendenz könnte dann – letztlich im Wege teleologischer Auslegung – in der Weise erschlossen werden, daß es an ihr jedenfalls fehlt, wenn weniger als *n* Tötungshandlungen per Stunde gezeigt werden. Es ließe sich dann sogar formulieren, daß ein Film dann (zumindest) gewaltverharmlosend ist, wenn er *n* oder mehr Tötungshandlungen in einer Stunde darstellt. Da nun aber tatsächlich die Erkenntnisse über den Zusammenhang zwischen der Darstellung von Gewalt und realen Gewalttätigkeiten in einem Maße mit Unsicherheiten behaftet sind, daß noch nicht einmal die Nicht-Existenz eines derartigen Zusammenhangs gänzlich auszuschließen ist, kann eine Auslegung, welche diesen Zusammenhang in den Blick nimmt, nicht zu einer plausiblen Begrenzung des Tatbestands führen. Im Gegenteil muß ein Bemühen, die Norm zur Vermeidung eines Risikos „zuzuschneiden", dessen Ausmaß unklar ist,[48] nicht zu einer restriktiven, sondern zu einer extensiven Auslegung ihres Tatbestands führen.

---

[44] Vgl. nur *v.Bubnoff*, in: Leipziger Kommentar, § 131 Rn. 29.

[45] *Blei*, JA 1973, 171 f.; Lehr- und Praxiskommentar, § 131 Rn. 1; vgl. ferner BT-Drs. VI/3521, S. 7; *v.Bubnoff*, in: Leipziger Kommentar, § 131 Rn. 10.

[46] *Tröndle/Fischer*, § 316 Rn. 2.

[47] Vgl. BGHSt 37, 89, 92 ff. und Maurach/Schroeder/*Maiwald*, BT/2 § 53 Rn. 34.

[48] Dies ist lediglich die logische Konsequenz des Umstands, daß ein Wirkzusammenhang möglicherweise gar nicht existiert.

Diese Gefahren tatbestandlicher Ausdehnung sind dabei von vornherein in der Konstruktion des Risikodelikts angelegt, die *Armin Kaufmann* 1971 wie folgt beschrieben hat: „Der neu zu prägende Tatbestand muß also alle Verletzungen und alle konkreten Gefährdungen bisheriger Definition umfassen, darüber hinaus aber diejenigen Fälle, in denen es nach dem heutigen Stand der Wissenschaft zweifelhaft bleibt, ob eine Rechtsgutsverletzung eintreten kann. Außer den gewissen Gefahrenquellen müssen auch die *ungewissen*, die zweifelhaften Gefahrenquellen erfaßt werden."[49] Sollen nun also die ungewissen Gefahrenquellen möglichst umfassend mit abgedeckt werden, wird eine an dieser Zielrichtung orientierte Auslegung eines Risikodelikts zu einem extensiven Verständnis vom jeweiligen Tatbestand führen. Das teleologische Auslegungskriterium wird daher bei Risikodelikten keine überzeugenden Ergebnisse liefern; ihm wohnt in diesem Bereich – bei konsequenter Anwendung – eine unkontrollierbare Tendenz zur Ausweitung inne. In bezug auf § 131 StGB drückt es *Schroeder* wie folgt aus: „Der Zweck der Vorschrift, nämlich die Verhinderung der Aggressivitätssteigerung (s. *Hartlieb* NJW 85, 834) oder auch nur der Gewöhnung und Einstellungsänderung (OLG Koblenz NJW 86, 1701) bei den Empfängern, enthält angesichts der Ungeklärtheit der Wirkungen (s. o. Rn. 3) eine bedenkliche Verweisung auf Alltagstheorien."[50] Eben dieser Umstand, daß eine an der Zielrichtung des § 131 StGB orientierte Auslegung per se gar nicht restriktiv wirken *kann*, bildet den Hintergrund, auf dem die dargestellten Bemühungen um tatbestandliche Restriktion des § 131 StGB eigenartig unplausibel, hilflos und vage wirken.

Übrigens läßt sich eine Tendenz zu einer teleologisch-immanent nicht begrenzbaren Ausweitung des Bereichs des Strafbaren nicht nur bei der Anwendung, also der Auslegung des Tatbestands des Risikodelikts des § 131 StGB, aufzeigen; auch der Gesetzgeber war bei der Entscheidung für eine bestimmte tatbestandliche Struktur von vornherein mit dieser Tendenz zur Ausweitung konfrontiert. Damit ist folgendes angesprochen: Das tatbestandliche Erfordernis der Verherrlichung oder Verharmlosung der dargestellten Gewalttätigkeiten soll dazu dienen, solche Schriften aus dem Bereich des § 131 StGB herauszuhalten, die „gegebenenfalls durch grausame Schilderung (...) aufzeigen wollen, zu welchen Aggressionen der Mensch fähig ist und welche Rolle die Gewalt in der Geschichte und in der Gegenwart spielt."[51] Nun ist allerdings angesichts des Umstands, daß die Wirkungen medialer Gewaltdarstellungen – wie dargelegt – unklar sind, nicht sicher, wann bestimmte Darstellungen tatsächlich „als kritischer Denkanstoß verstanden" und nicht etwa „von der Bevölkerung (...) als „gewaltverherrlichend

49 *Armin Kaufmann*, JZ 1971, 576.
50 Maurach/*Schroeder*/Maiwald, BT 2 § 94 Rn. 10.
51 BT-Drs. VI/3521, S. 7.

oder gewaltverharmlosend empfunden" werden.[52] Angesichts dieses *Risikos* hätte es eigentlich nahe gelegen, eine Vorschrift zu schaffen, welche, wie der am 1.1.1990 in Kraft getretene Art. 135 des schweizerischen Strafgesetzbuches,[53] etwa grausame Gewaltdarstellungen in den Medien unbeschränkt von Tendenzerfordernissen verbietet. Von einer Ausweitung des Tatbestands des § 131 StGB durch Streichung des Erfordernisses der Verherrlichung oder Verharmlosung wurde im Jahre 1985 jedoch zugunsten der Schaffung der „Menschenwürdealternative" abgesehen, weil sonst „die Gefahr [bestünde], daß (...) auch solche Darstellungen von Gewalt [erfaßt würden], die keinen anderen Sinn und Zweck hätten, als aufklärerisch zu wirken oder kritische Ansätze zu geben."[54] Der Gesetzgeber hat sich also letztlich für eine bestimmte tatbestandliche Beschränkung und damit gegen eine umfassende „Abdeckung" des in seiner Existenz nicht auszuschließenden Risikobereichs, um eines hiervon unabhängigen Gesichtspunkts willen entschieden, nämlich, um solche Gewaltdarstellungen, die er als gesellschaftlich wertvoll betrachtet, möglich zu halten.[55]

Der Umgang mit Risikodelikten birgt – deren Natur nach – auf der Ebene der Legislative, also bei der Schaffung entsprechender Strafgesetze, und auf der Ebene der Judikatur, also bei der Anwendung dieser Normen, erhebliche Risiken für ein Strafrecht, daß sich seinen fragmentarischen Charakter zu erhalten gedenkt, also nur eingreift bei Handlungen, die „für die strafende Gesellschaft ein erhebliches Maß an Sozialschädlichkeit aufweisen."[56] Ist erst einmal ein Gefahrenpotential qua Schaffung eines Risikodelikts grob ins Visier genommen, liegt es nahe, auch beim anschließenden Beschuß nicht mehr allzu zimperlich zu sein – kennt man

---

52 *Rudolphi*, in: Systematischer Kommentar, § 131 Rn. 9.

53 Absatz 1 dieser Vorschrift lautet: „Wer Ton- oder Bildaufnahmen, Abbildungen, andere Gegenstände oder Vorführungen, die, ohne schutzwürdigen kulturellen oder wissenschaftlichen Wert zu haben, grausame Gewalttätigkeiten gegen Menschen oder Tiere eindringlich darstellen und dabei die elementare Würde des Menschen in schwerer Weise verletzen, herstellt, einführt, lagert, in Verkehr bringt, anpreist, ausstellt, anbietet, zeigt, überlässt oder zugänglich macht, wird mit Gefängnis oder Buße bestraft." [Fassung gem. Ziff. I des BG vom 23. Juni 1989, in Kraft seit 1. Jan. 1990 (AS 1989, 2449, 2456; BBl 1985 II 1009)].

54 BT-Drs. 10/2546, S. 21.

55 Ein scharfzüngiger Beobachter könnte versucht sein, die Situation zuspitzend dahingehend zu charakterisieren, daß die Legislative sich der Schaffung opportuner – im neueren Sprachgebrauch: politisch korrekter – tatbestandlicher Beschränkungen rühmen kann, welche etwa solchen als wertvoll erachteten Schriften, wie Kriegsfilmen „mit erkennbar pazifistischer Tendenz", ihre Freiräume offenhalten (vgl. *v.Bubnoff*, in: Leipziger Kommentar, § 131 Rn. 27), während der Rechtspraxis die Aufgabe bleibt, mit dem diffusen Bereich der alltäglichen, Unterhaltungszwecken dienenden Mediengewalt umzugehen.

56 Zur derartigen Schranken des Strafens und dem damit einhergehenden fragmentarischen Charakter des Strafrechts: *Maiwald*, in: Festschr. f. Maurach, 1972, S. 11.

doch ohnehin nur die ungefähre Position des Ziels. Wohl nur vor diesem strukturellen Hintergrund ist „die befremdliche Aufforderung zur verbotenen Analogie“[57] seitens des Bundestagsausschusses für Jugend, Familie und Gesundheit zu erklären, der auch Gewalttätigkeiten gegen nicht-menschliche Wesen aus dem Repertoire des phantastischen Films („Zombies“) § 131 StGB unterwerfen zu können meinte, obgleich dessen eindeutiger Wortlaut von „Gewalttätigkeiten gegen Menschen“ spricht.[58]

Für das Gewaltdarstellungsverbot des § 131 StGB heißt all dies, daß der Blick immer wieder auf den Umstand gerichtet werden muß, daß letztlich nicht sicher ist, ab wann genau einer bestimmten Gewaltdarstellungen enthaltenden Schrift wegen einer Tendenz zur Verherrlichung oder Verharmlosung oder wegen der menschenunwürdigen Art der Darstellung, ein solches Maß an Sozialschädlichkeit innewohnt, daß zum Beispiel ihre Vorführung zu bestrafen ist. § 131 StGB ist daher auch nur damit zu erklären, daß der Gesetzgeber im Hinblick darauf, daß umgekehrt die fachwissenschaftliche Forschung einen Zusammenhang zwischen Gewaltkonsum und realer Gewalt auch nicht ausschließen kann, mithin von einem Wirkungs*risiko* auszugehen ist, von einer ihm für derartige Konstellationen eröffneten Entscheidungsprärogative Gebrauch gemacht hat.[59] Nur wegen des „Wirkungsrisikos“ entsprechender Darstellungen gelingt § 131 StGB der Sprung über die verfassungsrechtliche Hürde der Geeignetheit.[60] Ein plausibles den Anwendungsbereich eingrenzendes Kriterium muß daher auf einen Gesichtspunkt abstellen, der außerhalb dieser dem Typ des Risikodelikts eigentümlichen Unsicherheit über das Bestehen und das Ausmaß eines Wirkzusammenhangs zwischen den inkriminierten Handlungen und bestimmten rechtsgutsrelevanten (Gefährdungs-) Erfolgen liegt, der gegen diese Unsicherheiten immun ist.

Diesen Anforderungen entspricht für das Gewaltdarstellungsverbot eine Herangehensweise, die bei dem Anerkenntnis ansetzt, daß im „mainstream“ der Massenunterhaltung Schriften existieren, welche an sich mit tragfähigen und guten Erwägungen unter die Tatbestandsmerkmale des § 131 StGB zu subsumieren sind, die jedoch unter dem Gesichtspunkt ihrer sozialen-Adäquanz aus dem strafrechtlich relevanten Bereich ausgekämmt werden, weil sie gesellschaftlich gemeinhin ak-

---

57 So die treffende Kritik von *Schroeder*, Maurach/*Schroeder*/Maiwald, BT 2 § 94 Rn. 6 m.w.N.

58 BT-Drs. 10/2546, S.22; hiergegen zu Recht BVerfGE 87, 209, 225; demgegenüber spricht wiederum nichts dagegen, Gewalttätigkeiten nicht-menschlicher Wesen *gegenüber* Menschen unter § 131 StGB zu subsumieren, vgl. BGH, NStZ 2000, 307, 308.

59 *Erdemir*, ZUM 2000, 701; *ders.*, Fußn. 31, S. 118.

60 Vgl. *Erdemir*, Fußn. 31, S. 116 ff.

zeptierte Gewaltdarstellungen sind.[61] Hier wie auch außerhalb des Unterhaltungssektors existieren Schriften, die an sich unter den Tatbestand des § 131 StGB zu subsumieren sind – wendet man diesen konsequent und nicht ergebnisorientiert an – und erst unter dem Gesichtspunkt ihrer sozialen Adäquanz wieder herausfallen. Würde nämlich der Ankauf eines Schlachtengemäldes, auf dem grausame Gewalttätigkeiten gegen Menschen im Kriege – den Gepflogenheiten früherer Zeiten gemäß – in glorifizierender Weise dargestellt sind, für eine private oder öffentliche Sammlung[62] nicht als sozial adäquate Handlung bewertet werden, müßte andernfalls die zuständige Staatsanwaltschaft wegen des Verdachts eines Vergehens nach § 131 I Nr. 4 StGB dem Legalitätsprinzip entsprechend ihre Ermittlungen aufnehmen, soweit sie davon ausgeht, daß ein Eingreifen des Berichterstatterprivilegs ausgeschlossen ist, weil eine gewaltverherrlichende Schrift kaum der Berichterstattung dienen wird[63] und in derartigen Fällen auch in aller Regel bereits der Schutzbereich des Art. 5 III S. 1 GG nicht einschlägig ist.[64] Der argumentative Rekurs auf den Umstand, daß die Betrachtung eines historischen und zum Beispiel auf einen jugendlichen „Konsumenten" nach Form und Inhalt vielleicht reichlich anachronistisch wirkenden Schlachtengemäldes wahrscheinlich kaum geeignet ist, bei diesem aggressive Tendenzen zu fördern, wäre jedenfalls versperrt, da das Risikodelikt des § 131 StGB – wie betont – keine Eignungsklausel enthält.[65]

Nimmt man mit der Kommentarliteratur und der Rechtsprechung an, daß zumindest ein Verharmlosen vorliegt, wenn grausame oder unmenschliche Gewalttätigkeiten in einer Weise geschildert werden, die sie als eine übliche beziehungsweise relativ alltägliche Verhaltensform oder mindestens als nicht verwerfliches Mittel zur Durchsetzung eigener Interessen oder zur Lösung von Konflikten bagatel-

---

[61] Auch *Meirowitz*, Fußn. 4, S. 327 u. 329, erachtet die Genres der „Wildwest-, Agenten-, Kriegs-, oder Historienfilme" als „sozialadäquat", geht aber von einem regelmäßigen Tatbestandsausschluß mangels Verherrlichungs- oder Verharmlosungstendenz aus. Vgl. auch *Greger*, NStZ 1986, 9.

[62] Das Beispiel stammt von *Greger*, NStZ 1986, 9 f.

[63] Vgl. *Blei*, JA 1973, 172; *Geilen*, Fußn. 41, S. 416; Lehr- und Praxiskommentar, § 131 Rn. 18.

[64] Vgl. nur *v.Bubnoff*, in: Leipziger Kommentar, § 131 Rn. 38 mit umfangreichen Nachweisen. Der Frage, ob – folgt man diesem rigorosem Standpunkt – zum Beispiel auch das Vorzeigen antiker Friese usw. mit heroisierenden Darstellungen der einschlägigen grausamen Heldentaten noch einmal neu überdacht werden müßte, soll hier nicht weiter nachgegangen werden. Vgl. aber noch BGHSt 37, 55, 55 ff. [Opus Pistorum] mit zustimmender Anm. *Maiwald*, JZ 1990, 1141 ff., wonach „Kunst" und „Pornographie" *nicht* in einem Ausschlußverhältnis stehen.

[65] Vgl. nur *v.Bubnoff*, in: Leipziger Kommentar, § 131 Rn. 29.

lisiert,[66] liegt es gar nicht mehr fern, wenn *Erdemir* meint, daß bei Zugrundelegung *dieser* Definition[67] immer bereits dann § 131 StGB einschlägig ist, wenn die fragliche Schilderung „ohne erhobenen Zeigefinger" daherkommt.[68] Denn nach dem Willen des Gesetzgebers kann sich die Verharmlosungstendenz auch daraus ergeben, daß eine beiläufige emotionsneutrale Schilderung stattfindet, wenn sie als selbstzweckhaft zu charakterisieren ist,[69] so daß nach einem derartigen Verständnis faktisch stets eine Distanzierung, der „erhobene Zeigefinger" also, erforderlich wäre.[70] Daß nun zum Beispiel der sehr erfolgreiche Film „Pulp Fiction", der inzwischen auch mehrfach im öffentlich-rechtlichen Fernsehen gezeigt wurde und dem Ambitionen zur Ermahnung des Publikums in bezug auf das Übel der Gewalt wohl nicht nachgesagt werden können,[71] nach diesen Maßstäben grausame Gewalt *nicht* verharmlost, bedürfte wohl einer Begründung von erheblicher sophistischer Kreativität.[72] Nur noch größer wird der Bereich spontan „in Verdacht" geratender Schriften selbst bei Ablehnung eines faktischen „Distanzierungserfordernisses",[73] wenn die Frage zugelassen wird, ob eine verharmlosende Tendenz wegen in der Darstellung angelegter positiver Bagatellisierung nicht konsequenterweise insbesondere auch dann anzunehmen ist, wenn eine „grausame oder unmenschliche Gewalttat nicht so grausam oder unmenschlich geschil-

---

66 Vgl. BT-Drs. VI/3521, S. 7; OLG Koblenz, NStZ 1998, 40, 41; *Geilen*, Fußn. 41, S. 415; Maurach/*Schroeder*/Maiwald, BT 2 § 94 Rn. 8; *Otto*, BT, § 63 Rn. 55; *Rudolphi*, in: Systematischer Kommentar, § 131 Rn. 9; *Tröndle/Fischer*, § 131 Rn. 10.

67 Also bei Außer-Acht-Lassung der vorstehend kritisierten unplausiblen Bemühungen eben dieser Quellen, „gängige" Filme etwa des Krimi- oder Action-Genres außen vor zu lassen.

68 *Erdemir*, ZUM 2000, 703; ders. Fußn. 31, S. 88.

69 BT-Drs. 10/2546, S. 22; zustimmend: *Greger*, NStZ1986, 10.

70 Mit Recht kritisiert *Schroeder* (Maurach/*Schroeder*/Maiwald, BT 2 § 94 Rn. 8) eine derartige Perspektive: „Diese Auffassung setzt an die Stelle des Erfordernisses einer positiven Verharmlosung das Erfordernis einer Distanzierung von der Schilderung und ist daher rechtsstaatlich nicht haltbar (abl. auch *Lackner/Kühl* 6)."

71 „DER SPIEGEL" meinte Mitte der neunziger Jahre, daß das „Rezept: Vitalität durch Mord, Lebenslust durch Lebensvernichtung (...) sich jetzt offen durch eine Reihe zynisch-intelligenter Filme wie eine lockende Botschaft" ziehe: „Neben ‚Natural Born Killers' haben andere, jenseits von Gut und Böse operierende Gewaltstreifen wie ‚Pulp Fiction' (...) das Töten als Lebenselixier vorgeführt." Der Artikel spekuliert mit Blick auf reale Gewalttäter, die sich – wie etwa die Gladbecker Geiselnehmer – mit ihren Taten öffentlich inszenierten („DER SPIEGEL", 7/1995, S. 174, 174 ff.): „Weniger brillant, dafür um so eifriger behauptet sich die Realität auf der Höhe der schwarzen Phantasie." – Daß sich in einer anderen Ausgabe des genannten Wochenmagazins eine positive Besprechung von „Pulp Fiction" findet („DER SPIEGEL", 44/1994, S. 237 ff.), erklärt sich leichterhand widerspruchsfrei damit, daß tatsächlich verherrlichende Gewaltdarstellungen existieren, die gesellschaftliche Akzeptanz finden.

72 Vgl. *Erdemir*, Fußn. 31, S. 109.

73 Vgl. erneut Maurach/*Schroeder*/Maiwald, BT 2, § 94 Rn. 8.

dert wird, wie sie sich in Wirklichkeit präsentiert."[74] Unter diesem Blickwinkel scheinen die in der heutigen Medienlandschaft harmlos und vielfach geradezu naiv wirkenden „amerikanischen Western der vierziger und fünziger Jahre (...), in welchen das Sterben als ‚saubere' und schmerzfreie Angelegenheit beschrieben wird",[75] dringend einer strafrechtlichen Prüfung zugeführt werden zu müssen. Und entsprechendes dürfte zum Beispiel für verwandte und etwas zeitnähere Formen ‚sauberer Gewalt' in den James-Bond-Abenteuern, deren Held sich bekanntlich niemals aus der Contenance bringen läßt, gelten – wenn auch die Bond-Filme im vom Katholischen Institut für Medieninformation und der Katholischen Filmkommission herausgegebenen „Lexikon des Internationalen Films" keineswegs negativ besprochen werden oder gar vor ihnen gewarnt würde. Stattdessen ist dort die Rede von einer „spektakulären Kinomischung aus Spannung und Science-fiction-Jux", offensichtlich also von ohne weiteres empfehlenswerter Unterhaltung.[76]

Daß auch einer in diesem Sinne verharmlosenden Darstellung von Gewalt grundsätzlich ein akzeptierter Unterhaltungswert innewohnen kann, ist aus einer Perspektive auf das gesellschaftliche Sein nicht ernstlich zu bezweifeln.[77] – Und ein möglicherweise von manchen in den Blick genommenes *umfassendes* Sollen der Gewaltfreiheit in Realität *und* Fiktion[78] wird – angesichts des Ausmaßes, in dem Menschen verschiedenster Kulturen in Gegenwart und Vergangenheit die Be-

---

74 *Erdemir*, ZUM 2000, 703; *ders*. Fußn. 31, S. 88.

75 *Erdemir*, ZUM 2000, 703; *ders*. Fußn. 31, S. 89.

76 Katholisches Institut für Medieninformation e.V. und Katholische Filmkommission für Deutschland (Hrsg.): Lexikon des Internationalen Films 1987, Bd. 4, S. 1861, 1861 ff.

77 Vgl. *Erdemir*, ZUM 2000, 702 m.w.N.; *ders*. Fußn. 31, S. 85 m.w.N.

78 In Richtung auf das mancherorts zu vernehmende gutgemeinte Postulat, wonach Gewalt *niemals* ein Mittel zur Konfliktlösung sein dürfe, mag es gehen, wenn im Schrifttum verbreitet besonders betont wird, daß auch rechtmäßiges Tun Gewalttätigkeit iSv. § 131 StGB sein kann (*Blei*, JA 1973, 170; *v.Bubnoff*, in: Leipziger Kommentar, § 131 Rn. 15; *Rudolphi*, in: Systematischer Kommentar, § 131 Rn. 6). Da nun aber ein tatbestandliches Verharmlosen angenommen wird, wenn die Gewalttätigkeit „als akzeptable Möglichkeit zur Lösung von Konflikten" geschildert wird (BT-Drs. VI/3521, S. 7; vgl. weiter OLG Koblenz, NStZ 1998, 40, 41; *Geilen*, Fußn. 41, S. 415; Maurach/*Schroeder*/Maiwald, BT 2 § 94 Rn. 8; *Otto*, BT, § 63 Rn. 55; *Rudolphi*, in: Systematischer Kommentar, § 131 Rn. 9; *Tröndle/Fischer*, § 131 Rn. 10), erstaunt es, daß die oben zitierten Stimmen sich nicht der brisanten Folgefrage stellen, ob es denn dann möglich ist, eine faktisch gesetzlich sanktionierte gewaltsame Konfliktlösung, wie – um aus dem Stehgreif nur ein Beispiel zu bilden – die vorsätzliche Tötung eines Angreifers durch eine in Notwehr handelnde Frau, die ihre Vergewaltigung verhindert, im vorstehenden Sinne zu verharmlosen. Auch die Frage, ob rechtmäßige Gewalt sich als grausam oder unmenschlich darstellen kann, bleibt bedauerlicherweise unbeantwortet. Konsequent ist es dagegen wenn *Ostendorf*, in: Alternativkommentar, § 131 Rn. 11 ausdrücklich darauf hinweist, daß ein derartiges Verharmlosen rechtmäßiger, also real tatsächlich akzeptabler Gewalt denklogisch nicht möglich ist.

trachtung fiktionaler (und realer) Gewalt goutiert haben und goutieren[79] – nicht mit den Mitteln des Strafrechts zu realisieren sein. Gleichwohl dürfte mancherorts weiterhin unbeirrt das Potential des (Straf-) Rechts bei der Umgestaltung der sozialen Wirklichkeit überschätzt und in bezug auf den hier betrachteten Zusammenhang der Unterhaltungswert dargestellter Gewalt in einer Art und Weise verkannt werden, die an das Wort *Sartres* erinnert, wonach die (reale) Gewalt davon lebt, daß die „Anständigen" sie nicht für möglich halten.

Letztlich von Selbstüberschätzung der Judikatur geprägt ist deshalb der vom OLG Koblenz, NStZ 1998, 40, 41 eingeschlagene Weg. Das OLG erteilt der „Genre-Üblichkeit" einer Darstellung als Kriterium für den Tatbestandsausschluß eine deutliche Absage: „Bei einer solchen Betrachtungsweise würde aus dem Blickfeld geraten, daß das, was ‚üblich' ist, auch und gerade durch – tagtäglichen – Mißbrauch beeinflußt und mitgeprägt wird. Dieser Mißbrauch besteht darin, die Strafbarkeitslinie des § 131 StGB einer permanenten Belastung auszusetzen mit der Folge, daß sich diese Grenze in einem schleichenden Prozeß gewissermaßen ‚millimeterweise' ständig fortschiebt."[80] Dieser Beschreibung gesellschaftlicher Realität durch das OLG mag man nun durchaus zuzustimmen geneigt sein; ein Gewinn ist mit ihr jedoch solange nicht verbunden, wie das OLG nicht seinerseits „die Strafbarkeitslinie des § 131 StGB", die Grenzlinie also zwischen noch erlaubten Gewaltdarstellungen und solchen, die dem Verbot des § 131 StGB unterfallen, in einer Art und Weise definiert, die die aufgezeigte grundlegende Ambivalenz des Verhältnisses der Gesellschaft zum topos „Darstellung von Gewalt" reflektiert. Sowenig das Strafrecht die von ihm zu schützenden gesellschaftlich anerkannten Positionen aus eigener Kraft schaffen kann, sind sie einmal – so mag man es sehen: im Wege einer Veränderung des allgemeinen Geschmacks verlorengegangen –, sowenig kann einer Strafvorschrift (funktionell) größerer Erfolg beschieden sein, welche in ihrer Struktur und Praxis nicht hinreichenden Raum bietet für die Unklarheiten und Widersprüche, mit der ein „Programm" der Ächtung von Gewaltdarstellungen von vornherein behaftet sein muß, wenn dieses in einer Gesellschaft umgesetzt werden soll, die einen relevanten Bereich sozialadäquater Gewaltdarstellungen kennt. Und daß nun die Grenzen des Sozial-Adäquaten nicht für alle Zeiten statisch sind, ist eine in der Natur der Sache begründete Banalität, die sich nicht aus der Welt dekretieren lassen wird.

---

[79] Die zeitlose und offensichtlich gerade nicht an einen bestimmten kulturellen Kontext gebundene Bedeutung des Inbegriffs der „Gewalttätigkeit", des Mordes, als Sujet in Film und Fernsehen, Literatur und Malerei belegen die interessanten Beispiele bei *Schwarzenegger*, ZStrR 2000, 350 Fn. 3 ff., welche über die Erwähnung des im Action-Kino engagierten Namensvetters des Autors durchaus weit hinausgreifen.

[80] OLG Koblenz, NStZ 1998, 40, 41.

Ein sich an Wortlaut und Sinn und Zweck der Norm orientierendes Verständnis, welches dabei jedoch gleichzeitig über den Gedanken der sozialen Adäquanz die gesellschaftlichen Gegebenheiten mit in den Blick nimmt, wäre dagegen nach alledem wie folgt zusammenfassend zu skizzieren: Der Tatbestand des § 131 StGB ist nach seiner grammatischen Fassung und nach seiner Zielrichtung, ein letztlich nicht genau bestimmbares Risiko zu bekämpfen, weit auszulegen. Eine Korrektur erfolgt erst unter dem Gesichtspunkt sozialer Adäquanz. Aus dem Bereich des Gewaltdarstellungsverbots herauszuhalten sind demzufolge Darstellungen, die sich innerhalb der Gesetzmäßigkeiten der allgemein anerkannten Genres halten.[81] Dabei kommen die Menschenwürde verletzende Darstellungen, die § 131 I 2. Alt. StGB unterfallen, nicht in Betracht. Einem Genre, welches sich über derartige Darstellungen konstituiert, kann keine allgemeine Anerkennung zukommen. Und derartige Darstellungen enthaltende Schriften können anerkannten Genres nicht mehr zugeordnet werden. Soll jedoch die Anbindung an die realen Gegebenheiten nicht verloren gehen, ist dabei das Faktum zu berücksichtigen, daß sich die gesellschaftlichen Anschauungen seit der Mitte des vergangenen Jahrhunderts wesentlich schneller verändern, als dies in anderen Zeiten der Fall gewesen ist. Bei der Frage, ob der Umgang mit einer bestimmten Schrift noch sozial-adäquat ist, sich noch „funktionell in der geschichtlich gewordenen Ordnung des Gemeinschaftslebens eines Volkes“ bewegt[82] beziehungsweise – in den heutigen Sprachgebrauch überführt – ob der Umgang faktisch akzeptiert ist, weil die fragliche Schrift einem anerkannten Genre adäquat ist, können daher keine überspannten Anforderungen gestellt werden. Das (verbleibende) Strafbarkeitsrisiko für Personen, welche mit Schriften umgehen, die nicht sozial-adäquat sind, weil sie einer vermuteten oder tatsächlichen Entwicklung voraus sind, resultiert aus der legislativen Entscheidung, gerade (auch) mit den Mitteln des Strafrechts auf einen ambivalenten von sich wandelnden Anschauungen der Menschen abhängenden Bereich einzuwirken.[83] Wer deshalb die hier vorgeschlagene Perspektive als mit zu großen Unsicherheiten behaftet verwerfen möchte, wird entweder – soll nicht wieder auf die geschilderten nicht überzeugenden teleologisch-tatbestandsimmanenten Kriterien restriktiver Auslegung rekurriert werden – zu einem ganz erheblich weiteren Anwendungsbereich der Norm gelangen oder ein eigenes Konzept zur Restriktion des § 131 StGB entwerfen müssen oder aber er wird sich in die Reihen derjenigen begeben müssen, die das Gewaltdarstellungsverbot des

---

81 *Erdemir*, ZUM 2000, 702 f.; *ders*. Fußn. 31, S. 85.

82 Vgl. *Welzel*, ZStW 58 [1939], 516.

83 Diese Unsicherheiten haften einer Norm strukturell an, die – wie *Müller-Dietz*, es im Ausschuß für Jugend, Familie und Gesundheit ausgedrückt hat (zit. nach *v.Bubnoff*, in: Leipziger Kommentar, § 131 Rn. 11) – in einen sozialpsychologischen Sachverhalt hineinwirkt, der sich einer griffigen juristischen Definition entzieht – und zwar unabhängig von einer bestimmten Auslegung dieser Norm.

§ 131 StGB als solches in Frage stellen.[84] In jedem Fall muß er sich dann allerdings der Frage stellen, ob bei der Abgrenzung von noch (strafrechtlich) akzeptablen Darstellungen mit sexuellem Inhalt – etwa im Bereich der Werbung („sex sells") – zur strafbaren Pornographie (§ 184 StGB) bei Licht besehen vielfach letztlich nicht auch die Normativität des Faktischen eine nicht zu unterschätzende und vielleicht manchmal die entscheidende Rolle spielt. Hierzu liest man in der Kommentierung des „Tröndle/Fischer" die folgenden offenen Worte: „Pornographie ist (...) die Darstellung entpersönlichter sexueller Verhaltensweisen (...). Die Abgrenzung ist deshalb schwierig, weil eine solche vormoralische Sichtweise zugleich untrennbarer Bestandteil der menschlichen Sexualität ist und in hohem Maße Einzug auch in die Alltagskultur findet (Werbung!)."[85] Es dürfte daher jedenfalls nicht unvertretbar weit in den Bereich des Spekulativen geraten, wer annimmt, daß der eine oder andere zeitgenössische erotisch aufgeladene Werbespot vor vielleicht 25 Jahren mit ebenso großer Wahrscheinlichkeit strafrechtliche Konsequenzen nach sich gezogen hätte, wie die damalige Vorführung von Filmen wie etwa „Natural Born Killers".

III. Das Gewaltdarstellungsverbot als Symbol

Die Frage der Sinngebung des § 131 StGB führt nach alledem zu einer zweigeteilten Antwort: Zum einen kommt der Norm auch eine gewisse instrumentelle Bedeutung bei der strafrechtlichen Bekämpfung besonders extremer, das allgemein akzeptierte Maß überschreitender Gewaltdarstellungen zu, welche dann nach § 74 d I, II StGB der Einziehung und Unbrauchbarmachung unterliegen.[86]/[87] Daß auf dieses Instrumentarium – angesichts der bei Betrachtung der Verurteiltenzahlen sehr geringen empirischen Bedeutung des § 131 StGB – verzichtet werden sollte, ist kein zwingender Gedanke. Sowenig jedoch der Umstand, daß abseitige und unter allen denkbaren Gesichtspunkten vollkommen indiskutable Scheußlichkeiten existieren,[88] die ihrem Inhalt nach mit Blick auf die *mögliche* Gefahr einer sozialschädlichen Wirkung auf ihre Konsumenten ein auch strafrechtliches Vorgehen nicht unangebracht erscheinen lassen, uns der plausiblen Behandlung des Bereichs der „akzeptierten" Gewaltdarstellungen enthebt, ändert

---

84 Vgl. zur grundsätzlichen Kritik an der Konstruktion des § 131 StGB die Nachweise bei *v.Bubnoff*, in: Leipziger Kommentar, § 131 Rn. 11.

85 *Tröndle/Fischer*, § 184 Rn. 6; vgl. auch *v.Bubnoff*, in: Leipziger Kommentar, § 131 Rn. 25.

86 *V.Bubnoff*, in: Leipziger Kommentar, § 131 Rn. 42.

87 Der JMS-Report 2/01, 46 ff. nennt insgesamt immerhin 203 Titel (Videos, Kinofilme, Druckschriften, Tonträger, Computerspiele etc.), bezüglich derer wegen Verstoßes gegen § 131 StGB Einziehungs- bzw. Beschlagnahmebeschlüsse ergangen sind.

88 Vgl. zu entsprechenden Filminhalten etwa *Stefen*, in: Rucktäschel/Stefen (Hrsg.), Video – Provokation ohne Antwort?, 1984, S. 30 ff.

dieser Gesichtspunkt etwas daran, daß das empirisch darstellbare instrumentelle Element des § 131 StGB nicht im Vordergrund steht.

Ganz im Vordergrund steht statt dessen die spezifische symbolische Funktion der durch Akte symbolischer Gesetzgebung zustandegekommenen Norm als ein primär symbolisches Gesetz.[89] Wird bei der Betrachtung des § 131 StGB differenziert zwischen der Intention des Gesetzgebers, welche maßgeblich ist für die Beurteilung des Aktes der Gesetzgebung als symbolisch,[90] und dem „Status" des § 131 StGB in seiner aktuellen Fassung als symbolisches Gesetz, so ergeben sich bemerkenswerte Besonderheiten: § 131 StGB war von Anfang an als eine Norm intendiert, die „über die Grenzen der möglichen Rechtsanwendung hinaus" ein Signal gegen Brutalisierungstendenzen in der Gesellschaft setzen sollte.[91] Der Umgang mit Gewaltdarstellungen sollte also in einer Art und Weise „‚negativ besetzt' werden, daß eine langfristige Bewußtseinsänderung eintrete."[92] Insoweit lassen sich unschwer Parallelen aufzeigen zu anderen Fällen (auch) symbolischer Gesetzgebung. Dies gilt etwa für das Umweltstrafrecht.[93] Im Vergleich mit dem Bereich des Umweltstrafrechts und dem des – angesichts seines notorischen Vollzugsdefizits – ebenfalls als (auch) symbolisch bewerteten Betäubungsmittelstrafrechts[94] geht die Verflüchtigung des § 131 StGB allerdings besonders weit. Um dies durch einen Vergleich mit der Strafnorm des § 29 BtMG zu verdeutlichen:[95] Tatobjekt der verbotenen Handlungen sind Betäubungsmittel. Was darunter zu verstehen ist, ergibt sich nach § 1 I BtMG aus den Anlagen I bis III zum Betäubungsmittelgesetz.[96] Weder für den Rechtsunterworfenen noch für den rechtsanwendenden Richter wird es in bezug auf § 29 BtMG daher jemals auch nur annähernd vergleichbare Schwierigkeiten bei der Beantwortung der Frage nach der Einschlägigkeit der Vorschrift geben, wie dies – wie gezeigt – bei § 131 StGB der Fall ist. Dem korrespondiert der Umstand, daß die Verbote des § 29 BtMG – so angreifbar etwa die Einbeziehung gewisser „weicher" Drogen angesichts der Legalität der „Volksdroge" Alkohol auch sein mag – (noch) auf einem gesellschaftlichen Mehrheitskonsens gründen, während in bezug auf § 131 StGB

---

89 Das Vorhandensein instrumenteller Anteile schließt den Symbolcharakter einer Norm bzw. eines Gesetzgebungsakts nicht aus, vgl. *Kindermann*, in: Jahrbuch für Rechtssoziologie und Rechtstheorie Bd. 13, 1988, S. 229; *Schmehl*, ZRP 1991, 251.

90 Vgl. *Schmehl*, ZRP 1991, 251.

91 BT-Drs. 7/514, S. 4; vgl. BT-Drs. 10/2546, S. 22; *v.Bubnoff*, in: Leipziger Kommentar, § 131 Rn. 8; *Rudolphi*, in: Systematischer Kommentar, § 131 Rn. 2.

92 Vgl. zu dieser von symbolischer Gesetzgebung erhofften Wirkung *Seelmann*, KritV 1992, 460.

93 Vgl. BT-Drs. 8/2382, S.1; BT-Drs. 8/3633, S. 19; BR-Drs. 399/78, S. 11.

94 Vgl. *Seelmann*, KritV 1992, 455 ff.

95 Zu den symbolischen Elementen des BtM-Strafrechts: *Seelmann*, KritV 1992, 455 ff.

96 Der Gesetzgeber hat sich also für eine „Positivliste" entschieden, vgl. nur *Joachimski/ Haumer*, BtMG, § 1 Rn. 1.

der Mehrheitskonsens tatsächlich wohl nicht wesentlich weiter reicht, als für die ausfüllungsbedürftige Aussage, daß Gewalt verherrlichende oder verharmlosende Darstellungen zu verbieten seien. § 29 BtMG drückt daher ein prinzipiell umsetzbares instrumentelles „Programm" aus; dagegen steht bei § 131 StGB der instrumentelle Aspekt der Norm – nicht zuletzt angesichts der Existenz eines nicht unerheblichen Bereichs sozial-adäquater Gewaltdarstellungen – im Schatten ihres symbolischen Anteils. In ihrer faktischen symbolischen Funktion mag § 131 StGB dahingehend zu charakterisieren sein, daß es in erster Linie darum geht, dem Publikum die Existenz eines konsentierten (primär) instrumentellen Programms der strafrechtlichen Bekämpfung von Gewaltdarstellungen zu suggerieren. Liegt das *spezifisch* Symbolhafte einer Norm nun aber gerade in der Suggestion, sie sei bekräftigender Ausdruck eines gesellschaftlichen Übereinkommens, welches in der vorgespiegelten Klarheit und Eindeutigkeit nicht existiert, so werden von dieser Norm auch keine sonderlich wirksamen verhaltenssteuernden Impulse ausgehen. Die Verflüchtigung des § 131 StGB ins Symbolische läuft nämlich etwa auch nicht auf dasjenige „symbolische Strafrecht" hinaus, für das *Seibert* plädiert.[97] Letzteres soll seine Wirkungen entfalten über den Straf*ausspruch*, dem gegenüber die tatsächliche Bestrafung – etwa im Wege der Einführung von „Ersatzformen" der Freiheitsstrafe, wie der Geldstrafe oder der Bewährung – in den Hintergrund tritt.[98] Der Strafausspruch oder umgekehrt die Verfahrensbeendigung ohne Strafausspruch in bezug auf ein bestimmtes Verhalten einer Person wird nur in dem Maße integrativ-präventive Wirkungen entfalten,[99] wie das „Subsystem" der (Straf-) Justiz „Im Namen des Volkes!" die Position der Gesellschaft in bezug auf ein bestimmtes Verhalten ausdrückt.

Insoweit nun die symbolische Wirkung eines Strafgesetzes mit der „Latenz ihres Charakters" steht und auch fällt,[100] soll dieser mit der zugegebenermaßen nicht unspekulativen Benennung des *spezifischen* symbolischen Elements des § 131

---

97 *Seibert*, in: Festschr. f. Lüderssen, 2002, S. 345 ff.

98 *Seibert*, Fußn. 97, S. 354 ff.

99 Die Wirkungsweise der „Integrationsprävention" veranschaulicht *Maiwald*, in: Rechtswissenschaft und Rechtsentwicklung (Hrsg.: Immenga), 1980, S. 303 wie folgt: „Ich sehe die Generalprävention vor allem im Sinne eines gesamtgesellschaftlichen Prozesses vielfältiger Wechselwirkungen. Dieser Prozeß beginnt in der Jugend, wenn dem Kind gesagt wird, es dürfe nicht stehlen, setzt sich fort in den Erfahrungen, daß andere für bestimmte Taten bestraft werden, in der Kenntnis über strafrechtliche Reaktionen durch Zeitung, Fernsehen usw. Kurz: Ich sehe die Wirksamkeit der Generalprävention als Internalisierung von Normen, die den Einzelnen gewissermaßen durch Gewöhnung dazu bringt, im täglichen Leben seine Entscheidungen für das rechtliche Verhalten ohne Reflexion auf bestehende Gesetze zu treffen."

100 Vgl. *Bock*, ZStW 103 [1991], 650 ff.; *Kindermann*, in: Jahrbuch für Rechtssoziologie und Rechtstheorie Bd. 13, 1988, S. 235; *Ryffel*, Rechtssoziologie 1974, S. 256; *Schmehl*, ZRP 1991, 253.

StGB schließende Beitrag ein bescheidenes Plädoyer für einen offeneren und wahrhaftigeren gesellschaftlichen Gewalt(darstellungs)diskurs sein. Dabei könnten etwa die – ganz und gar nicht auf das Symbolische zielenden – innovativen Gedanken *Joerdens* noch einmal aufgegriffen werden, der (zur Flankierung des § 131 StGB) eine besondere Besteuerung von Gewaltdarstellungen vorgeschlagen hat.[101] Die seinerzeit vorgebrachten Gegenargumente[102] waren ja zum Beispiel dem Bundesverfassungsgericht auch nicht Anlaß, eine erhöhte Besteuerung von Gewaltspielautomaten zu verwerfen.[103] Und auch die Nutzbarmachung technischer Möglichkeiten, welche den Erziehungs*berechtigten* eine Hilfe bei der Umsetzung ihrer *Pflichten* sein können, erscheint diskutabel.[104] Zu einer sich abzeichnenden weiteren Ausweitung des Einsatzbereichs gerade des Strafrechts[105] soll hier allerdings nicht geraten werden – mit Kollers Worten: „Das Strafrecht ist, wie gesagt, eine sehr scharfe Waffe. Soll sie nicht stumpf werden, so dürfen wir das Strafrecht nicht zu häufig ‚gebrauchen'. Wir dürfen sie insbesondere auch nicht dort einsetzen, wo es (...) nur aus politisch-psychologischen Gründen als erwünscht angesehen wird. Solche ‚symbolische Gesetzgebung' wäre jedenfalls im strafrechtlichen Bereich verfehlt. ‚Zeichen zu setzen' entspricht allerdings dem herrschenden Zeitgeist."[106]

Angesichts eben dieses ‚Zeitgeistes' steht aber wohl eher zu erwarten, daß der Gesetzgeber sich die bereits vor Jahrzehnten im Bericht II des Sonderausschusses zu Protokoll gegebenen Bedenken gegenüber § 131 StGB[107] in der heutigen Situ-

---

101 *Joerden*, ZRP 1995, 325 f.; ders. ZRP 1997, 463 f.

102 Vgl. insbesondere *Bartsch*, ZRP 1996, 370, der einen Werbeeffekt befürchtet sowie *Rössel*, ZRP 1997, 79 f.

103 BVerfG, NVwZ 2001, 1264, 1265.

104 Über elektronische Systeme in den Fernsehgeräten, die solche Programme automatisch unterbrechen, welche ein vordefiniertes „Gewaltlevel" überschreiten, berichtet *Löschper*, Krim.Journal 1998, 243.

105 So erwägt – wie in Fußn. 2 erwähnt – das Justizressort nach Presseberichten Verschärfungen des Strafgesetzbuches, die darauf ausgerichtet sind, gewaltverherrlichende oder -verharmlosende oder die Menschenwürde verletzende Darstellungen von „Gewalttätigkeiten von einiger Erheblichkeit" unter Strafe zu stellen, auch wenn sich die dargestellte Aggression gegen „menschenähnliche Wesen" richtet. – Das in diesem Beitrag vorrangig in den Blick genommene Phänomen der gesellschaftlich integrierten, wie aufgezeigt, ohnehin schon nach § 131 StGB in seiner derzeitigen Fassung tatbestandlichen Gewaltdarstellungen wird uns erhalten bleiben.

106 *Koller*, ZStrR 1992, 343.

107 Damals waren auch die folgenden – man ist versucht einzufügen: zeitlosen – Bedenken geltend gemacht worden (BT-Drs. 7/514, S. 4): „Die Vorschrift sei auch wegen ihrer komplizierten normativen Voraussetzungen kaum justitiabel. Der Gesetzgeber mache sich unglaubwürdig, wenn er von vornherein in Kauf nehme, daß Vorschriften in der Praxis nicht angewendet werden. Es sei nicht seine Aufgabe, aus plakativen Gründen eine neue Strafvorschrift zu schaffen."

ation um so weniger zu Herzen nehmen wird. Statt dessen ist wohl mit der Möglichkeit zu rechnen, daß er die fragmentarische Kompaktheit des Systems Strafrecht durch Schaffung neuer Vorschriften mit geringem funktionellem Potential weiter auflöst, die in ihrem primär symbolischen Gehalt nicht zuletzt die Bedürfnisse desjenigen Teils der Öffentlichkeit bedienen, welcher mit einer Unerschütterlichkeit, die einem *Cato* zur Ehre gereicht hätte, auf dem vermuteten Potential gerade des Strafrechts bei der Absicherung seiner Welt beharrt und sich mancherorts mit wohligem Grusel den mehr oder minder linden Gewaltdarstellungen im für die Abendunterhaltung gerade ausgewählten Fernsehprogramm überantwortet, nachdem er von der Hauptnachrichtensendung in bezug auf die realen Grausamkeiten und die niemals erlahmenden Bemühungen seiner Vertreter um Ächtung und Eindämmung der Gewalt auf den neuesten Stand gebracht worden ist.

Der Beitrag der Verfassungsrechtsprechung zur Ausarbeitung gemeinsamer Prinzipien im europäischen Strafrecht*

Elio R. Belfiore

Inhalt: 1. Die Indikationen gerichtlicher Herkunft. – 2. Strafrecht und Europäische Union. – 3. Die so genannten Strafsachen (*materia penale*). – 4. Strafrecht und nationale Verfassungsgerichte

1. Die Indikationen gerichtlicher Herkunft

Das Thema, das ich behandeln werde, betrifft Indikationen von verschiedenen nationalen Verfassungsgerichten (wenn auch nicht ausschließlich, wie zu sehen sein wird) im Hinblick auf die Entwicklungstendenzen der Erarbeitung eines europäischen Strafrechtes.

Die Antwort auf die Fragestellung ist an sich schon kompliziert, und zwar aus einem recht offensichtlichen und naheliegenden Grund, der jedoch nicht übersehen werden darf, sondern mit dem wir uns vielmehr ab sofort auseinanderzusetzen gezwungen sind: Es handelt sich um die (bisweilen) vollständige Unterschiedlichkeit der europäischen Verfassungsordnungen, die von einem vielfältigen Panorama hinsichtlich der Strukturen und der Modalitäten des Funktionsgefüges der zur Kontrolle der Verfassungsmäßigkeit eingesetzten Organe begleitet ist. Ich denke etwa an unser System, das bekanntermaßen ein tendenziell „zentralisiertes", aber „fallweise diffuses" System darstellt; ich denke an das französische System, das eine vom Wesen her „präventive" Regelung ins Feld führt, die sich in noch nicht proklamierten Gesetzgebungsakten artikuliert (auch wenn die aus diesem Kontext stammenden Hinweise von „Öffnungen" in Richtung nachfolgender Kontrollmodalitäten sprechen – deren Eintreten dank einer Reihe von logisch-juristischen, aber auch politischen *escamotage* möglich gemacht wurde, auf die die französische Verfassungsrechtswissenschaft sich oft berufen hat, und sich

* Übersetzt unter Mitarbeit von Dr. Joachim Gerdes, Bologna.

weiterhin beruft, die aber im gebotenen Rahmen nicht einmal kurz berührt werden können); ich denke an das deutsche System, in dem trotz der Präsenz einer zentralisierten Ordnung der verfassungsmäßigen Legitimität – um die Worte von Carl Schmidt aufzugreifen – andere „Hüte der Verfassung“ koexistieren.
Weitere Beispiele könnten ohne weiteres hinzugefügt werden.
Was von jetzt an unbedingt betont werden muss, ist, dass die von uns im Hinblick auf die Entwicklung eines europäischen Strafrechtes gesuchten Wegweiser in einem äußerst unregelmäßigen und zergliederten Panorama und zudem in nicht homogener Weise aufzufinden und daher in Gruppen aufzugliedern sind; und das lässt unsere Arbeit sehr viel komplexer und mühsamer werden.
Zu diesen Schwierigkeiten, die trotz der gemeinsamen – von auch Professor Maiwald hervorgehobenen[1] - europäischen Rechtstradition für jede vergleichende Untersuchung der Verfassungssysteme typisch sind, kommen außerdem die besonderen Schwierigkeiten der so gennanten Strafsachen (*materia penale*) hinzu.
Unter diesem Aspekt wird eine zweigliedrige Reflexion unvermeidlich.
Das soll heißen, dass die Antwort darauf, welche Hinweise im Hinblick auf die Ausarbeitung eines europäischen Strafrechtes von den Verfassungsgerichten ausgehen, ihrerseits die Antwort auf eine andere Problemstellung voraussetzt, die noch mehr Kopfzerbrechen bereitet, und zwar, an welches Strafrecht wir denken, wenn wir den synthetischen Begriff des „europäischen Strafrechtes“ verwenden, welches Strafrecht wir also damit im Sinn haben, welche Art Strafrecht wir aufbauen wollen und vor allem – so würde ich hervorheben – an welche „Garantien“ wir denken.
Die Frage ist also nicht lediglich akademisch oder an theoretische Erfordernisse geknüpft: Denn das „Strafrecht, das ich im Sinn habe“, legt die Ebene der „Garantien“ fest.
Das trifft zum gegenwärtigen Zeitpunkt umso mehr zu, als sich jetzt die Idee einer Verfassungsrevision durchsetzt (die nur den zweiten Teil unserer Verfassung einbeziehen müsste – d.h. denjenigen, der Aufbau und Organisation des Staates und der sonstigen Landesbehörden betrifft – und den ersten Teil unberührt lassen müsste, der bekanntlich die Grundrechte und Grundfreiheiten behandelt), aber auch die Idee einer Überarbeitung der Funktionsmechanismen unseres Verfassungsgerichtes setzt sich durch, indem Formen der *direkten Beschwerde* durch den Bürger eingeführt werden (vielleicht nach dem Muster der *Verfassungsbeschwerde* deutscher Prägung, die eine Revision auch unabhängig von einem Rechtsstreit zulässt, vorausgesetzt, dass ein Verwaltungs-, Gerichts- oder Gesetzgebungsakt vorliegt, von dem angenommen wird, er verletze ein Grundrecht; oder vielleicht nach dem amerikanischen Modell, das auch eine direkte Revision zulässt, jedoch nur bei einem schwebenden Rechtsstreit), indem ferner Formen

[1] M. MAIWALD, *L'evoluzione del diritto penale tedesco in un confronto con il sistema italiano,* Torino, 1993, 9.

der *dissenting opinion* vorgesehen sind (nach dem amerikanischen, auch vom deutschen System aufgegriffenen Modell); und indem die instruktiven Befugnisse des Verfassungsgerichtes erweitert werden (das sich vielleicht der Möglichkeiten der Zeugenvernehmung oder der Begutachtung bedienen könnte – was das deutsche Verfassungsgericht zum Beispiel anlässlich des so genannten *zweiten Urteils* zum Thema der Abtreibung getan hat).

Die doppelte Frage, die sich uns an diesem Punkt aufgrund der Notwendigkeit einer zweigliedrigen Reflexion stellt, – ausgedrückt in der Formel „welche Verfassungsgarantien für welches Strafrecht?" – zwingt uns, uns mit jenem Phänomen auseinanderzusetzen, das in weiten Teilen der italienischen Rechtslehre als Identitätskrise des Strafrechts bezeichnet wird.
Die Strafsache ist ein amorphes Gebilde geworden, das am Ende derartig unterschiedliche Dinge in sich vereint, die auf keinen Fall in Zusammenhang stehen dürften.
Es handelt sich um mittlerweile bestätigte Beobachtungen, die jedoch noch immer manche Überlegung wert sind: Gerade in dem Moment, in dem das Strafrecht seine Identität verliert (und damit seine Schwäche angesichts alter und neuer Herausforderungen zu zeigen scheint, die aus der Sozialordnung hervorgehen), überrascht dieses uns durch eine außerordentliche Kraft und Vitalität, indem es mit seiner Logik, seinen Kategorien und seiner Sprache alle Bereiche des sozialen Lebens durchdringt.

Anders ausgedrückt: Bezogen auf Bereiche wie die Umwelt, die soziale Kontrolle, das Recht zur Information und auf Information oder das Steuergebot wird ein Fächer von Maßnahmen eingeführt, die insgesamt oder in Teilen den Strafeingriffen im engeren Sinne zu vergleichen sind, und zwar bezüglich ihrer Schärfe und Häufigkeit. Es handelt sich um Maßnahmen, die sich nur dem Anschein nach von wirklichen und eigentlichen Rechtsstrafen unterscheiden; tatsächlich erfordern diese ihrer Struktur nach eine substanzielle Untersuchung, die feststellt, ob der Strafcharakter eine Ausdehnung aller oder nur einiger speziell strafrechtlicher Garantien zulässt, die von der Verfassung vorgesehen sind.
Fast alle sensiblen Bereiche des sozialen Lebens sind von einem Netz von Eingriffen mit strafendem Charakter umhüllt.[2]

---

2 Dazu F. SGUBBI, *Il reato come rischio sociale*, Bologna, 1990, 11 ff.; W. HASSEMER, *Kennzeichen und Krisen des modernen Strafrechts*, cit., 378 ff.; PRITTWITZ, *Strafrecht und Risiko*, 1993; L. KUHLEN, *Zum Strafrecht der Risikogesellschaft*, in: *GA*, 1994, (347 ss.) 361 ff.; B. SCHÜNEMANN, *Kritische Anmerkungen zur geistigen Situation der deutschen Strafrechtswissenschaft*, in: *GA*, 1995, (201 ss.) 203 ff. Wesentliche Aspekte des sozialen Lebens, wie der Schutz der Nahrungsmittel, die Zuwendungen, das Steuerstrafrecht und das Wirtschaftsstrafrecht, sowie ferner der Schutz des sozialen Friedens, und außerdem der Informationsfluss sind mittlerweile Objekte des Strafrechtes.

Wenn das Strafrecht Objekt eines „Vermassungsphänomens" wird, hört es auf, Mittel zur sozialen Kontrolle hinsichtlich von Verhaltensweisen zu sein, die für besonders schwerwiegend für die Gemeinschaft gehalten werden, und es verwandelt sich, oft auch indirekt, zu einem allgemeinen Orientierungsmechanismus für die Verhaltensweisen der Bürger. Dieser Mechanismus verliert jedoch, eben gerade durch die Ausdehnung seiner Begrenzungen, sein spezifisches Gewicht, während die Wahrnehmung, die sich von ihm ausbreitet, nicht mehr den Kriterien der Stigmatisierung und der besonderen Schwere (des begangenen Gesetzesbruches) entspricht, die traditionell sein Bild geprägt haben. Genau dies scheint der Kern des Problems zu sein: Ein Strafrecht, das des Subsidiaritätsprinzips spottet und „prima" *ratio*, wenn nicht gar „einzige" *ratio* wird, hört auf, ein Instrument der Bestrafung für eine vom Urheber begangene typische, rechtswidrige und schuldhafte Tat zu sein, und wird zu einem Kontrollmechanismus mit dem einzigen Zweck, in präventiver Manier zukünftige Verhaltensweisen festzulegen.

Andererseits verfestigt sich theoretisch, mit Rücksicht auf den krassen Unterschied zwischen dem Unwert der Scheinstraftat und den Grenzen der mit dieser verbundenen traditionellen (Freiheits- oder Geld-)Strafe, der Prozess der Wechselwirkung zwischen der neuen Ausdehnung des Begriffes des Straftatbestandes und dem Bestreben nach der Ermittlung neuer, alternativer „Bestrafungs"-konsequenzen oder jedenfalls nach dem „Transport" von für den juristischen Bereich typischen Strafmaßnahmen in das Gebiet der „Rechtsstrafe".
Dieser Prozess geht über den schon geschilderten Fall der Ausweitung des Konzeptes der Wiedergutmachung eines Schadens als „Bestrafung" hinaus[3]: Er betrifft Maßnahmen wie Verbreitung von Nachrichten durch Veröffentlichungsmedien im Umfeld straffälliger Verhaltensweisen im Hinblick auf Verstöße gegen die Wettbewerbsordnung[4], sowie Ausschluss von Zuwendungen oder Hilfsmaßnahmen seitens der europäischen Institutionen im Fall von Überschreitungen der unsicheren und unbestimmten Grenze zwischen Strafrecht im engeren Sinne und dem allgemeinen Konzept der Bestrafung.
Es handelt sich nicht allein um die Abwanderung mancher Unrechtsprofile aus dem Strafrechtsbereich in angrenzende Bereiche oder umgekehrt: Es geht um die Wandlung, die das Strafrecht und seine „Zuordnung"[5] im Komplex der Rechtsordnung erfahren, d.h. um die Rolle des allgemeinen Mittels zur Konfliktlösung, in die man das Strafrecht zwängen will. Indem die natürlichen Grenzen des Strafrechts gesprengt werden, wird ein Auseinanderbrechen des Systems zugunsten

---

[3] Dazu D. FONDAROLI, *Illecito penale e riparazione del danno*, Milano, 1999.

[4] K. TIEDEMANN, *Verfassungsrecht und Strafrecht*, Heidelberg, 1991, 19 s.

[5] „Ricerche sulle scelte di *allocazione* dell'illegalità penale" (Kursivschreibung durch den Autor) ist der von Filippo Sgubbi gewählte Untertitel, mit dem er die eigentliche „*Straftat als soziales Risiko*" („*Il reato come rischio sociale*", a.a.O.) charakterisiert.

des Polizeirechtes einerseits und des Zivilrechtes andererseits begünstigt: Insgesamt wird das nur auf dem Papier beibehaltene Strafrecht zu einer Art „schwarzem Loch", in dem das Strafrecht selbst verschwindet, wie auch das Zivilrecht, die Präventionsmaßnahmen („*misure di prevenzione*"), die Maßregeln der Besserung und Sicherung sowie alle Eingriffe, die in irgendeiner Form als Bestrafung angesehen werden können.
Die fließende Grenze des Strafrechtes trägt dazu bei, dass sich auch die Eigenheit des Strafrechtes im Vergleich zu anderen juristischen Bereichen relativiert, was dazu führt, dass die wundertätigen Wirkungen der Individuation von (den *Strafen* zugeordnete) *Straf*atbeständen annulliert werden.
Wenn das Strafrecht eingesetzt wird, um fast jede beliebige Forderung nach der Kontrolle von Verhaltensweisen zu gewährleisten, löst sich dessen Ansehen auf, das ursprünglich durch Einzigartigkeit gekennzeichnet war, und zwar dadurch, dass es *einziges* Eingriffsmittel war, das *als einziges* Freiheiten beschränkte, die normalerweise nicht antastbar sind, und dass es nur durch *besondere* Situationen zu rechtfertigen war, die anerkanntermaßen eine Gefahr für bestimmte eines besonderen Schutzes würdige Interessen sind: Eine Einzigartigkeit, die im Bereich der Verfassungsgarantien eine ebenfalls sehr spezifische Präzision verlangt.
In dem Maße, in dem das Konzept der Strafe schrittweise immer elastischer wird und die Grenzen zwischen Straftatbestand und anderen Typologien von Unrecht verschwinden, wird auch die Anwendung der spezifischen Ordnung der verfassungsmäßigen Strafgarantien in immer weniger bestimmbarer Weise eingeschränkt.
Wenn eine bestimmte Bestrafungstypologie aufgrund der Änderung des Strafkonzeptes eine neue substanzielle Identität erlangt, leidet unter dieser Umwandlung auch die betreffende Verfassungsordnung: zumal die diskutierte Bestrafungsmaßnahme zu den Rechtsstrafen gezählt wird, *muss* sie an der „spezifisch" strafrechtlichen Verfassungsordnung Anteil haben. Wenn jedoch im Gegensatz dazu die Bestrafungsmaßnahmen (wie zum Beispiel die oben aufgeführten) nicht wieder in den Bereich der Strafsache zurückgeführt werden, bleibt als einziger Schutz die Verfassungsordnung, die durch das Prinzip der Gleichheit und das Prinzip der Legalität gesichert ist, denen, beispielsweise im deutschen System, das Kriterium des Schutzes der Grundrechte hinzugefügt wird.

2. Strafrecht und Europäische Union

Damit sind wir zum Kern der Fragestellung gekommen: welches nämlich die Indikationen sind, die bei der Entwicklung eines europäischen Strafrechtes von den obersten Gerichtshöfen ausgehen.
Ich würde eine erste Unterscheidung zwischen den Europäischen Gerichtshöfen (Gerichtshof der Europäischen Gemeinschaft und Europäisches Gericht für Men-

schenrechte) auf der einen Seite und den nationalen Verfassungsgerichten auf der anderen Seite vornehmen.
Die Indikationen, die von den europäischen Gerichtshöfen ausgehen, erscheinen verhältnismäßig „stark".
Pauschal und „aus der Vogelperspektive" betrachtet, kann zum Beispiel die Existenz einer Rechtsprechung des Europäischen Verfassungsgerichtes in Erinnerung gerufen werden, die schon seit dem Ende der 60er Jahre die Forderung nach einer Übernahme von in der europäischen Konvention der Menschen- und Freiheitsrechte enthaltenen Prinzipien innerhalb der europäischen Gemeinschaftsordnung unterstrich (einer Ordnung, die sich vor allem in jenen Jahren ausschließlich als Kontrollinstanz für an den freien Warenaustausch geknüpfte Markterfordernisse darstellte).
Aber nicht nur das. Sondern die Rückbesinnung auf die gemeinsamen Verfassungstraditionen der Mitgliedsstaaten stellt auch ein *Leitmotiv* jener Rechtsprechung dar.
Und hier hat sich die von jener Rechtsprechung übernommene Rolle tatsächlich als ausschlaggebend erwiesen: Art. 6 des neuen Vertrages der Europäischen Union (Vertrag von Maastricht von 1992, erweitert durch den Vertrag von Amsterdam von 1997) unterstützt ausdrücklich die Forderung nach Respektierung sowohl der Prinzipien der Menschenrechtskonvention als auch der so genannten gemeinsamen Verfassungstraditionen.
Diese Anerkennung verringert natürlich in keiner Weise die Zweifel, denen die Rechtslehre in Anbetracht der von der Europäischen Union *ausgeübten* richterlichen Strafgewalt Nahrung gibt[6], wenn auch eine Grauzone existiert, innerhalb derer zwar nicht von einer Strafe im engeren Sinne gesprochen werden kann, sicher aber auf das Konzept der *Strafsanktion* im weiteren Sinne zurückgegriffen werden kann. Man denke an die Debatte über die juristische Natur der *Gemeinschaftsbußgelder*, die von der europäischen Gemeinschaftsverordnung Nr. 17/ 1962 in der Sache des Wettbewerbs verordnet wurden, der eine unbestreitbare strafende Funktion eigen ist; die Charakteristiken der Tatbestände, die derselben

[6] Eine andere Frage richtet sich natürlich auf die Möglichkeit der Union, *mittelbar* über Vorschriften einzugreifen, deren Bestätigung an die Nationalstaaten kraft des Vertrauensgrundsatzes übertragen wird (Art. 5 der Originalversion des EWG-Vertrages, angewandt im sogenannten Richtspruch zum *griechischen Mais* – Gerichtshof der europäischen Gemeinschaften, 21. September 1989, in: *Cassazione Penale*, 1992, 1654ff. – und bestätigt durch den aktuellen Artikel 280 des EG-Vertrages zum Thema des Betruges in der Gemeinschaft), demzufolge die Europäische Gemeinschaft den Mitgliedstaaten auferlegt, alle in der inneren Rechtsordnung anwendbaren Maßnahmen zum Schutz der analogen inneren Interessen zu übernehmen, sowie kraft des Assimilierungsgrundsatzes (zum Beispiel Art. 194 EG-Vertrag), kraft dessen die Gemeinschaft einige Tatbestände benennt, die mit den Rechtsfolgen sanktioniert werden müssen, die von den analogen, durch die einzelnen Rechtssysteme verordneten Verbrechenstheorien vorgesehen sind.

zugeordnet sind, lassen, aus der Nähe betrachtet, die juristischen Straftatbestände im eigentlichen Sinne anklingen[7].

Der Gerichtshof der Europäischen Gemeinschaft hat anerkannt, dass die Gemeinschaftsbußgelder „den Zweck haben, rechtswidrige Verhaltensweisen zu bekämpfen, wie auch deren Wiederholung vorzubeugen", so dass solche Maßnahmen sich an die *Strafsanktionen* im weiteren Sinne solcher Systeme anlehnen können, wie jenes der *Ordnungswidrigkeiten*[8] der deutschen Rechtsordnung.

Inzwischen hat man die Notwendigkeit einer gemeinsamen Regelung des Unrechts gegen die Europäische Gemeinschaft erklärt, die einige fundamentale Prinzipien enthalten soll. Zum Schutz der finanziellen Interessen der Gemeinschaft ist die Gemeinschaftsverordnung vom 18. Dezember 1995 (Nr. 2988/95) eingeführt worden, die die allgemeinen Regelungen des Unrechts und der Gemeinschaftssanktionen enthält, unter denen sich Anordnungen zum Prinzip „*nullum crimen, nulla poena sine lege*", zur Schuld, zum *Doppelbestrafungsverbot* und zur Strafzumessung finden[9].

Auch auf der Ebene der Gemeinschaft schickt man sich also an, einen immer ausgedehnteren Bereich herauszuarbeiten, der als *allgemeines Bestrafungsrecht*[10] definiert werden kann, von dem das Strafrecht eine *Teilgattung* darstellt: Eine solche Tendenz, die sich auch in Bezug auf die einzelnen nationalen Rechtsordnungen ankündigt[11], bestätigt die Dringlichkeit einer Lösung des Problems des Bereiches und der Gestalt der anwendbaren Verfassungsgarantien. Wenn das Bestrafungsrecht (im Allgemeinen) tatsächlich immer stärker in das Kielwasser des Strafrechtes hineingerät (das in diesem Sinn dessen Modell darstellt), sei es hinsichtlich der Struktur der Tatbestände, sei es im Hinblick auf die Typologie und auf die Charakteristiken der (massiv die persönliche Freiheit einschränkenden) Bestrafung, dann wird es erforderlich, das System der Verfassungsgarantien unter Berücksichtigung dieser Entwicklung zu bewerten.

---

[7] E. MOAVERO-MILANESI, *La disciplina delle ammende nel diritto comunitario della concorrenza: spunti e riepilogo a proposito di una sentenza della Corte di Giustizia,* in: *Rivista di dirritto industriale,* 1983, II, 387 ff.; F. SGUBBI, *Diritto penale comunitario,* a.a.O., 95 f.

[8] Fall 240/90, 27-10-1992, in: *Rivista trimestrale di diritto penale dell'eco*nomia, 1993, 739; SAGGIO, *Orientamenti della Corte di giustizia delle Comunità europee in materia di illeciti economici,* in: *Il diritto penale europeo dell'economia,* Supplemento n. 3 a *Il Consiglio Superiore della magistartura,* Mai-Juni 1993, 93 ff.

[9] G. GRASSO, *Il* Corpus Juris *e le prospettive di formazione di un diritto penale dell'Unione europea,* in: L.PICOTTI (Hrsg.), *Possibilità e limiti di un diritto penale dell'Unione Europea,* Milano, 1999, 6 ss.; A. BERNARDI, *Profili di incidenza del diritto comunitario sul diritto penale agroalimentare,* in: *Annali dell'Università di Ferrara – Scienze giuridiche,* 1997, 174 ss.

[10] M. DONINI, *Selettività e paradigmi della teoria del reato,* in: S. CANESTRARI (Hrsg.), *Il diritto penale alla svolta di fine millennio,* Torino, 1998, 385.

[11] M. DONINI, *Selettività e paradigmi della teoria del reato,* a.a.O. 385.

Wenn der Bereich des *Bestrafungsrechtes im weitesten Sinne* eine immer größere Autonomie erlangt, indem es eine entsprechende Autonomie der auf konstitutioneller bzw. übernationaler Ebene sanktionierten Garantien beansprucht, erscheint der beständige Versuch, den Straftatbestand mit Funktionen, Zielsetzungen und Strukturen zu belasten, die ihm fremd sind, widersprüchlich. Insgesamt könnte die Herausstellung einer *Spezie* des Bestrafungsrechtes, unter dem die „*Gattungen*" des Strafrechtes im engeren Sinne, des Verwaltungsrechtes (mit seinen Sanktionen) und (vielleicht) des Disziplinarrechtes gefasst werden können, *jede einzelne* flankiert von einem *gesonderten* Arsenal von Garantien (sowohl auf Verfassungsebene als auch – eventuell und mit Vorbehalt – auf übernationaler Ebene), aber *alle* versehen mit einem *gemeinsamen* Kern *fundamentaler Prinzipien*, zur Reduktion der Bestrafungsgier und zur Einschränkung der Strafinflation beitragen.
Die Ausrichtung auf eine Herausstellung eines Bereiches des *Bestrafungsrechtes im weitesten Sinne* scheint von der Kommission der Europäischen Union nicht favorisiert zu werden, die ein mutiges und in einiger Hinsicht bewundernswertes Studienprojekt befürwortet hat und zur Schaffung eines *Corpus Juris* übergegangen ist, der eine begrenzte Anzahl von Strafnormen im engeren Sinne (sowie Prozessnormen) enthält.[12]
Die Lehrdebatte im Hinblick auf die „Legitimität" eines „übernationalen Strafrechtes" ist heftig: auf diesen Punkt möchte ich nicht näher eingehen.
Ich erlaube mir lediglich, eine Reihe von Zweifeln hinsichtlich der Wirksamkeit eingeführter Normen in Erinnerung zu rufen, die in zutiefst unterschiedliche Verfahrens- und Prozesskontexte (einschließlich der Vollstreckungsphase) nahezu „hineingeschleudert" wurden.
Darüber kann in diesem Sinn auch die Schaffung des (gemeinschaftlichen) Amtes des *Europäischen Staatsanwaltes* nicht hinwegtrösten (ein Gemeinschaftsorgan, das aber von der Gemeinschaft, wie auch von den einzelnen Nationalstaaten unabhängig ist)[13], der dazu legitimiert ist, als Prozesspartei vor den einzelnen lokalen Gerichten auf der Grundlage einer „neuartigen Vermischung der Instanzen zwischen (übernationaler) 'Anklage' und (nationaler) Jusrisdiktion" zu agieren[14], was zwangsläufig einige Zweifel hervorrufen muss. Ganz zu schweigen schließ-

---

12 Der Text des *Corpus Juris* ist (in italienischer Übersetzung) veröffentlicht worden, und zwar im Werk *Verso uno spazio giudiziario europeo*, Vorwort von G.Grasso (mit einer ausführlichen Referenzbibliographie ausgestattet), Milano, 1997.

13 Anders sind offensichtlich die Überlegungen im Zusammenhang mit einer europäischen Polizei (Europol) und der Notwendigkeit von normativen Vorkehrungen, die eine verstärkte Zusammenarbeit zwischen Ermittlungsbehörden und Europol erleichtern.

14 R. ORLANDI, *Qualche rilievo intorno alla vagheggiata figura di un pubblico ministero europeo*, in: L.PICOTTI (Hrsg.), *Possibilità e limiti di un diritto penale dell'Unione europea*, a.a.O. 208.

lich von der in Anbetracht der gegenwärtigen juristisch-konsitutionellen Ordnung nicht unumstrittenen Zulässigkeit der Figur des „Europäischen Staatsanwaltes“[15].

3. Die so genannten Strafsachen (*materia penale*)

Mit dem Vertrag von Amsterdam hat, wie man annahm, auch die Konvention zum Schutz der Menschenrechte und der Grundfreiheiten (und der entsprechenden Zusatzprotokolle) eine neue Bedeutung erlangt. Ebenso „robust“ wie im Falle des Gerichtshofes der Europäischen Gemeinschaft sind auch die Weisungen, die der Europäische Gerichtshof für Menschenrechte formuliert hat, dessen Urteile gegenüber Unterzeichnerstaaten (aufgrund der Nichterfüllung von durch den Beitritt zur Konvention übernommener Verpflichtungen) sich jedoch bisher kaum nennenswert auf das Ansehen der Konvention oder auf die Befolgung von deren Beschlüssen selbst ausgewirkt hat.[16]
Allerdings scheint die Situation sich angesichts des Art. 6 des EU-Vertrages ändern zu müssen: Die nationalen Verfassungsprinzipien und diejenigen, die in der Europäischen Konvention zum Schutz der Menschenrechte enthalten sind, sind wesentlicher Bestandteil des Vertrages selbst und werden nach demselben Maßstab interpretiert. Folglich sieht Art. 7 desselben Vertrages vor, dass eine Verletzung der genannten Prinzipien seitens eines Nationalstaates sich auf der Ebene der europäischen Gemeinschaftsordnung auswirkt, indem der Kommission die Umsetzung restriktiver Maßnahmen (Aussetzung bestimmter Rechte) gegenüber den verurteilten und vertragsbrüchigen Staaten erlaubt wird.
Daher rührt eine verstärkte Bedeutung der Rechtsprechung des Europäischen Gerichtshofes für Menschenrechte, dem es jeweils obliegt, die Verordnungen interpretieren zu müssen, die den Rechtsordnungen der einzelnen Mitgliedstaaten eigen sind, und deren Kompatibilität mit den Normen der Konvention (das gilt auch und vor allem für das Thema unserer Untersuchung) im Hinblick auf Strafsachen überprüfen zu müssen. Das heißt nicht, dass die Absicht bestehe, die Funktion des Europäischen Gerichtshofes für Menschenrechte der der nationalen Verfassungsgerichtshöfe anzugleichen: Es ist jedoch wahr, dass auch der Europäische Gerichtshof für Menschenrechte nicht umhin kommt, die Kompatibilität einzelner normativer Vorschriften mit einer „Charta der Rechte und Freiheiten“ (nach vorheriger Ausschöpfung interner Revisionen) festzustellen, die sich, zumindest von ihrer Idee her, auf den *Geist* der Verfassungen sowie der Menschenrechtschartas

---

15 R. ORLANDI, *Qualche rilievo intorno alla vagheggiata figura di un pubblico ministero europeo*, a.a.O. 212 ff.; dazu auch M. CHIAVARIO, *Linee del sistema processuale penale comunitario*, in: L.PICOTTI, *Possibilità e limiti di un diritto penale dell'Unione europea*, a.a.O. 199 ff.

16 Zur Illustration siehe Resolution Nr. (00)49 des Europäischen Ministerrates zur Dauer der Gerichtsprozesse in Italien (in: *Diritto penale e processo*, 2000, 786f.).

beruft und der Strafrechtsordnung und der Strafprozessordnung besondere Aufmerksamkeit widmet.
Hinsichtlich der Wirksamkeit der Normen, die direkter in die „Strafsachen“ eingreifen, d.h. der Artikel 5, 6 und 7, die die Grundprinzipien im Bereich des rechtmäßigen Freiheitsentzuges, des gerechten Prozesses und des Rückwirkungsverbotes des Strafrechtes festlegen, oblag es dem Verfassungsgericht, die Konzepte der „Straftat“, des „Prozesses“, der „Strafanklage“, des „Angeklagten“ etc. deutlich machen zu müssen.
Die Strafsache, insbesondere die vom Europäischen Gerichtshof für Menschenrechte bearbeitete[17], muss, wie zu sehen sein wird, hinsichtlich der Typologie von Garantien, deren Anwendung sie verlangt, unbedingt eingegrenzt sein und kann nicht den gesamten Bereich des Strafrechtes im weiteren Sinne umfassen.
In Bezug auf eine Reihe von Fragen, mit denen der Europäische Gerichtshof für Menschenrechte sich befasst hat, hat dieses einen so genannten *autonomistischen* Begriff der Strafsache erarbeitet, demzufolge das Konzept der „Strafsache“ nicht nach den Maßstäben der Systeme der einzelnen Länder und der jeweiligen juristischen Traditionen übernommen wird, sondern *ad hoc* zu beschreiben ist, und zwar gemäß den Zielen der Konvention und vermittels einer Interpretation substantieller Art[18].

Zum Beispiel hat der Europäische Gerichtshof für Menschenrechte in der Sache der *„Rechtmäßigkeit“* des Freiheitsentzuges ausdrücklich akzeptiert, dass diese dann vorliegt, wenn Übereinstimmung nicht nur mit dem internen Recht besteht, sondern auch mit den allgemeinen Prinzipien, die das Verfassungsgericht anerkannt hat, und mit den Zielsetzungen, die die Richtlinien zum Entzug der persönlichen Freiheit, aufgelistet unter Nr. 1 des Art. 5 der Konvention, verfolgen.[19]
Abgesehen von der „Strafsache“ im engeren Sinne, beansprucht der Europäische Gerichtshof für Menschenrechte außerdem eine Deutungsautonomie im Hinblick auf andere Konzepte „mit strafrechtlichem Hintergrund“, die die ihm zur Prüfung unterbreiteten Fragestellungen deutlich gemacht haben: In der *Affaire Salabiaku* wird ausdrücklich bekräftigt, dass der Begriff der „gerichtlich festgestellten Schuld“ keine bedingungslose Rückverweisung an das interne Recht und seine Überprüfungssysteme nahelegt, sondern gleichermaßen auch die von Art. 6 der Konvention vorgesehenen Garantien erfüllen muss, der beim Schutz des Rechtes

---

17 Dazu *La matière pénale au sens de la Convention européenne des droits de l'homme, flou du droit pénal,* in: *Rev.sc.crim.*, 1987, 819 ss.

18 Affaire Adolf - Arrêt du 26 mars 1982, in *Publications de la Cour Européenne des Droits de l'Homme,* Serie A, n. 49, 1982, 15.

19 So auch in der Entscheidung des Verfassungsgerichtes in der *Affaire Thynne, Wilson und Gunnel – Urteil vom 25. Oktober 1990* – P.D. 001738/9 – 188125 – 188141 – 188131.

der Person auf einen gerechten Prozess mit allen damit verbundenen Konsequenzen das Grundprinzip der Unschuldsvermutung anzuerkennen bezweckt.[20]
Es kann nicht überraschen, dass der Europäische Gerichtshof für Menschenrechte in einer so delikaten Sache wie dem Bereich des Strafrechtes die Möglichkeit einer autonomen Bearbeitung beansprucht.
Man denke nur einerseits an die Schwierigkeit, die besagte Strafsache im Umfeld des Rechtssystems selbst einzugrenzen: Wie zu sehen sein wird, setzt sich nach und nach die Notwendigkeit durch, das (auf das Element der „Straftat" zentrierte) Strafrecht im engeren Sinne vom Bestrafungsrecht im weiteren Sinne (zum Beispiel mit Geldbußen geahndete Ordnungswidrigkeiten) zu unterscheiden, was Auswirkungen auf der Ebene der Struktur der anzuwendenden Verfassungsgarantien zur Folge hat; andererseits denke man an das unüberwindliche Sprachproblem, das sogar die Interpretation der Fachbegriffe kompliziert werden lässt: So benutzt der italienische Text den Ausdruck des *reato*, während die Originalversion der französischen Version auf den Ausdruck *infraction* verweist und die englische Version den Begriff *criminal offence* anführt. Größere Schwierigkeiten treten, wenn überhaupt möglich, auch bei der Übersetzung des Begriffs *accusé* auf, der in der italienischen Version als *accusato* auftaucht (ohne dass dieser Ausdruck jedoch auf irgendeine juristische Person unserer Prozessordnung zurückführbar ist) und in der englischen als *charged.*

[20] Urteil vom 7. Oktober 1988, P.D. 001405 – 188094 – 188200 – 188188; der Berufungskläger, ein in Paris lebender Staatsbürger Zaires, der zu zwei Jahren Gefängnisstrafe und zur Ausweisung aus Frankreich verurteilt worden war, weil er der Zollbehörde eines Flughafens erklärt hatte, dass ein aus Zaire eingetroffenes Paket für ihn bestimmte, legale Waren enthalte, während hingegen in einem doppelten Boden zehn Kilo indischen Hanfes versteckt waren, wendte sich an die Europäische Konvention, um zu beweisen, dass die französischen Richter das durch Art. 6, Absätze 1 und 2 der Konvention formulierte Prinzip der Unschuldsvermutung verletzt hätten, insofern sie vom Vorliegen eines Willens zum Zollbetrug ausgegangen waren, und zwar nur aufgrund der Tatsache, dass der Berufungskläger im Besitz des Paketes gewesen sei, ohne die Kenntnis des Hanfbesitzes und die Absicht des Zollbetruges zu beweisen. Das Verfassungsgericht schloss in einem Fall dieser Art die Verletzung der Konvention aus, wenn er auch das im Gesetzestext dargelegte Prinzip bestätigte: Die nationalen Richter waren – nach Aussage des Urteils – nicht von einem Verdacht als automatischer Konsequenz des Besitzes des indischen Hanfes ausgegangen, sondern hatten festgestellt, dass der Berufungskläger, als er den Zollbeamten des Flughafens mit dem Sack entgegentrat, diesen erklärt habe, dass die Ware ihm gehöre, wobei er versichert habe, dass es sich bei dieser nicht um verbotene Ware handele; eine Amtsperson hatte ihn darüber hinaus darauf hingewiesen, dass er ein entsprechendes Kontrollformular über den Inhalt habe ausfüllen müssen, bevor er dessen Gesetzmäßigkeit erklärt habe; schließlich habe der Berufungskläger bei der Öffnung des Sackes nicht das geringste Anzeichen von Überraschung gezeigt.

4. Strafrecht und nationale Verfassungsgerichte

Sehr viel „schwächer“ sind hingegen die Indikationen, die von den nationalen Verfassungsgerichten ausgehen.
Die Schnittstelle zwischen Strafrecht und Verfassungsrecht erschöpft sich in der Entflechtung des verwickelten Stranges der „Schranken“: *Schranken* der Rechte bzw. der Grundfreiheiten, die im strafenden Eingriff bestehen; *Schranken,* die dem Strafrecht durch dieselben Rechte und Grundfreiheiten gesetzt sind (so genannte *Schranken-Schranken*); schließlich die *Schranken* der Normenkontrolle über die Verfassungsrechtmäßigkeit, die mit Rücksicht auf das Prinzip der Gewaltenteilung bestehen.
Auf der einen Seite ermöglicht die Anwendung des Prinzips der Verhältnismäßigkeit dem Verfassungsgerichtshof unbestreitbar, die legislative Gewalt zu hemmen und zu beeinflussen, indem er den Weg für neue Lösungskriterien frei macht.
Auf der anderen Seite zeichnet sich jedoch auch ab, dass das Prinzip der Verhältnismäßigkeit im Begriff ist, durch das Kriterium der *Risikoprävention* überwunden zu werden; es handelt sich um ein „relatives“ Kriterium, das die Einschränkung des Grundrechtes vom Ausmaß der *Gefahr* für das Recht abhängig macht, und zwar der Gefahr, gegen die vorgegangen wird. In der Risikogesellschaft müssen belastende Maßnahmen in Proportion zum bedrohten Rechtsgut stehen, was zur Folge hat, das das Thema der Sicherheit (in Bezug auf die Risiken) die Problematik des Schutzes der Freiheiten erdrückt[21].

Wenn die Strafinflation und der Verlust der Strafgleichheit also zur *Entstrafrechtlichung* des Strafrechtes selbst zu führen droht, verliert das System der „Verfassungsgarantien“ oder – in mehrfacher Hinsicht – der „Schranken-Schranken“ seine Funktion des Beschützers der Unantastbarkeit der Freiheit.
Wenn man die Untersuchung bis zur äußersten Konsequenz fortführt, muss man sich fragen, ob der „Verlust der Identität“ des Strafrechtes die ihm bisher angesichts der Verfassungsrelevanz zugesprochene „Spezifität“ noch legitimiert: Es zeichnet sich einerseits das Thema der den Grundrechten oder -freiheiten *von einem magmatischen „Strafrecht“* gesetzten *Schranken* (durch die Schaffung von Tatbeständen und die Einsetzung von Bestrafungen) ab; andererseits aber auch die Frage der *Grenzen*, die dem besagten *„Strafrecht“* seitens der Verfassung und dieser ihr Primat absprechender übernationaler Instanzen gesetzt werden.

Die übliche Orientierung der Verfassungsgerichtshöfe, ob diese nun zentralisierten Kontrollsystemen angehören (wie in Italien, Frankreich oder Deutschland), oder ob diese dezentralisierten Kontrollsystemen angehören (wie beispielsweise

21 D. GRIMM, *Il futuro della costituzione,* in: G. ZAGREBESLKY, P.P. PORTINARO, J. LUTHER (Hrsg.), *Il futuro della costituzione,* Torino, 1996, 163.

in Nordamerika), drückt sich in der expansiven Tendenz der Normenkontrolle vermittels „kreativer" Rechtsprechung aus[22].
Eine solche Kontrollmodalität führt, ungeachtet allen formalen Abstreitens einer Einmischungsabsicht, zur Ausübung einer politischen Rolle, die notwendigerweise von der „*opinion*" besagter Organe gekennzeichnet ist.
Bevorzugtes Anwendungsgebiet ist, über die „spezifischen" Strafgarantien hinaus, die Untersuchung des Strafzweckes (oder der Strafzwecke)[23].
Die Forschung geht, wie gesagt, von den unterschiedlichen Erfahrungen der Rechtsprechung des Verfassungsgerichts aus.
Unsere Verfassung zeichnet sich zum Beispiel auch durch ein Fülle von Normen aus, die diese den Strafsachen widmet (Vorbehalt des Gesetzes, Bestimmtheitsgebot, Rückwirkungsverbot, Schuldprinzip, Resozialisierungsfunktion der Strafe, Legalitätsprinzip, Unschuldsvermutung etc.; hier könnte auch die Eigenschaft der Straftat als Verletzung oder Bedrohung eines verfassungserheblichen *Rechtsguts* mit Verfassungsrelevanz hinzugefügt werden, die, wenn auch nicht explizit in einer Formel ausgedrückt, aus einer gewissen Interpretation der in unserer Verfassung verankerten Grundprinzipien hervorgeht und in jedem Fall ausdrücklich von Art. 129 des von der Zweikammerkommission der letzten Legislatur eingesetzten Projektes für eine neue Verfassung bestätigt worden ist).
Man müsste hierauf ausführlicher eingehen, betont werden muss aber, dass unser Verfassungsgericht angesichts der Möglichkeit der Anwendung „massiv" politischer Prinzipien, abgesehen von seltenen Ausnahmen, einen Standpunkt des *self restraint* beibehalten hat, indem es vorgezogen hat, – auch bei Erreichen derselben Resultate – neutralere und weniger bindende Kriterien anzuwenden, wie (häufiger) das der *ragionevolezza* oder (sehr viel seltener) das der *proporzionalità*.
Die Debatte, die sich zwischen Gesetzgeber und Verfassungsgericht aufgetan hat, hat dafür gesorgt, dass das italienische Verfassungsgericht eine Vorreiterrolle gegenüber dem Gesetzgeber übernommen hat: So etwa bei den partiellen Verfassungswidrigkeitserklärungen („*declaratoria di parziale incostituzionalità*") von Tatbeständen wie der (nicht aufdringlichen) Bettelei (Art. 670 c.p.) und der Beleidigung einer Amtsperson (Art. 341 c.p.), die daraufhin vom Gesetzgeber des Jahres 1999 aufgehoben wurden.
Es fehlt jedoch nicht an umgekehrten Fällen, bei denen der Gesetzgeber das Verfassungsgericht sozusagen „übergangen" hat, wie im Fall der Straftat der Gotteslästerung, bei dem das Verfassungsgericht den Bereich der dazu gehörigen Tatbe-

---

22 Dazu E. BELFIORE, *Giurisprudenza costituzionale e materia penale. Il diverso contributo delle Corti costituzionali italiana e tedesca*, Torino, 2000 (Provisorische Veröffentlichung), 3 ss.

23 *Amplius* E. BELFIORE, *Giurisprudenza costituzionale e materia penale. Il diverso contributo delle Corti costituzionali italiana e tedesca*, a.a.O., 67 ff.

stände erweitert hatte und der Gesetzgeber diesen entkriminalisiert hat, indem er die Tat als reine Ordnungswidrigkeit dargestellt hat.
Ebenfalls auf dem Gebiet der Straftaten, welche sich auf Religion beziehen, hat das italienische Verfassungsgericht erst jüngst (Ende 2000), fast sich selbst widersprechend, nach einer wiederholten Produktion von „Flickwerk“ den Art. 402 c.p. zum Thema der Beschimpfung für verfassungswidrig erklärt.
Wenn auch mit anderen Kriterien vermischt, dominiert doch oft das Kriterium der *ragionevolezza.*
Man muss sich nicht nur über die Bedeutung im Klaren sein, die die Anwendung des Kriteriums der *ragionevolezza* in unserem System angenommen hat, sondern auch über den Ausgleich der Interessen, sowie über die Typologie der so genannten *sentenze normative*, die dem italienischen Verfassungsgericht ermöglichen, eine quasilegislative, nicht zweitrangige Rolle zu übernehmen. Bezeichnend ist auch die Ungeniertheit, mit der das Verfassungsgericht die Formeln der *„manifesta infondatezza“* und der *„inammissibilità“* benutzt, um sich Macht über die Auswahl der von ihm zu lösenden Fälle anzueignen, die ihr von der Verfassung nicht zugebilligt wird.

Der Schutz der Grundrechte, die *Verhältnismäßigkeitsprüfung* und die Unvereinbarkeitserklärungen, die die Rechtsprechung des *BVerfG* kennzeichnen, machen, wenn auch auf unterschiedlichen juristischen Wegen, die Konsolidierung der Argumentation auf der Grundlage einer Werteordnung und gegenseitiger Wechselbeziehungen deutlich.
Das französische System, das dem *Conseil constitutionnel* ausdrücklich eine politische Rolle als mitwirkender Gesetzgeber zuerkennt, kann daher nicht von einem strengen *self restraint* der Rechtsprechung des französischen Verfassungsgerichts ausgehen, die im Umfeld eines theoretisch präventiven Kontrollmodells der Einführung einer *auch nachfolgenden* Überprüfung eine Bresche geschlagen hat, und zwar einer Überprüfung, die auf Sektoren ausgedehnt ist, die dem von der Verfassung vorgesehenen Zuständigkeitsbereich fremd sind (zum Beispiel hinsichtlich des Schutzes der Freiheitsrechte, und hinsichtlich der des Maßtabes *„erreur manifeste d'appréciation“*).
Auch im scheinbar entgegengesetzten amerikanischen System des *judical review* sind die Konsequenzen nicht sehr viel anders. *The Supreme Court* hat *de facto* die Rolle des einzigen Organs der Normenkontrolle inne, obwohl das System üblicherweise als uneinheitlich bezeichnet wird, während die Interferenzen politischer Art durch den Schleier der *political questions* und die Verstärkung des so genannten Gerichtsaktivismus hindurch allseits deutlich erkennbar sind.
Einzigartig ist auch die Übereinstimmung der hermeneutischen Resultate der gerichtlichen Eingriffe, ungeachtet der tiefgreifenden Unterschiedlichkeit der verwendeten argumentativen Herangehensweisen.

Man denke an die Frage der „Übermäßigkeit“ der Strafen bezüglich dem Tatbestand, die von der Rechtsprechung des *BVerfG* und des italienischen *Corte costituzionale* vorwiegend unter dem Aspekt der *Verhältnismäßigkeit* und der „*proporzionalità*“[24] (auch unter dem Aspekt der *ragionevolezza* auf das *Corte costituzionale* beschränkt) gelöst worden ist, und dem im amerikanischen System vom *Supreme Court* wesentlich im Zusammenhang mit dem Verbot, „grausame und unübliche Strafen“ (VIII Amendement) aufzuerlegen, begegnet wird, das sowohl auf die Rechtsordnung der Föderation als auch auf die Rechtsordnungen der einzelnen Staaten ausgedehnt ist.[25]

Die besonderen Techniken der verfassungsgemäßen Interpretation, die vom italienischen Verfassungsgericht angewandt werden, die die Bezugnahme auf Prinzipien und Werte verlangen, und das mehr und weitgehender als die normale Bezugnahme auf Regeln, greifen notwendigerweise auch im Bereich des Strafrechtes: Das wiederum – und es könnte angesichts der Voraussetzungen nicht anders sein – bringt Probleme bei der Umstrukturierung und der Überarbeitung der Bindung an den Vorbehalt des Gesetzes im traditionellen positivistischen Sinn mit sich.

Es wird also auch im Strafrecht, zumindest bei *schwierigen Fällen*, anerkannt, dass die Interpretation bewertend-kreativer Art ist: und wenn das für den ordentlichen Richter gilt, sollte uns das umso weniger in Anbetracht der Aktivität des Verfassungsgerichts entrüsten.

Das ist jedoch nicht alles: In der italienischen Praxis wird die Kontrolle der Verfassungsmäßigkeit durch das Verfassungsgericht auch im Strafrecht aufgrund des so genannten lebendigen Rechtes durchgeführt; nicht also aufgrund der abstrakten Vorschrift, sondern aufgrund der von der Rechtsprechung daraus hergeleiteten Interpretation, insbesondere von Seiten der *Corte di cassazione*.

Objekt der Beurteilung der Verfassungsmäßigkeit ist demnach die gerichtliche Interpretation: die strafrechtliche Ordnung, die sich auf das „Richterrecht“ (*diritto giurisprudenziale*) auswirkt, welches das einzige effektive Strafrecht ist.

---

24 Im italienischen Original: „proporzionalità“, nicht gleichzusetzen mit dem deutschen Fachbegriff der „Verhältnismäßigkeit“.

25 Robinson v. California, 370 U.S. 660 (1962); Furan v. Georgia, 408 U.S. 328 (1972); Schack v. State, 288 N.E. 2d 155 (Ind. 1972); dazu M. PAPA, *Considerazioni sul controllo di costituzinalità relativamente alla misura edittale delle pene in Italia e negli USA*, in: A.PIZZORUSSO-V.VARANO, *L'influenza dei valori costituzionali*, Milano, I, 1985, 713 ff..
Es mangelt allerdings nicht an diversen Entscheidungen, in denen die Übermäßigkeit der Strafe nach dem Maßstab von Regelungen gemessen wird, die den europäischen ähneln, so etwa nach dem Prinzip der Verhältnismäßigkeit von Strafe und Straftat und dem Verhältnis zwischen Strenge der Strafen und dem Erreichen der Zielsetzung, die vom Rechtssystem durch die Schaffung der Norm und die Festsetzung der Strafe angestrebt wird.

Dies verringert das Prinzip „*nullum crimen, nulla poene sine lege*" in seiner abstrakten Wertigkeit, weil es den Richter bei der Umsetzung der strafrechtlichen Ordnung als konstitutiven Ausgangspunkt der Interpretation von der Rechtsprechung anerkennt und ihm somit eine Rolle „als Hauptperson" zubilligt: Der Richter wird als Hauptperson und Schöpfer der Legalität angesehen, auf deren Grundlage sich schließlich die Normenkontrolle seitens des Verfassungsgerichtes entfaltet.

Man muss begreifen, bis zu welchem Punkt die kreative Tätigkeit des Richters vordringen darf, ohne die Postulate unseres Verfassungssystems umzustoßen und ohne dass die „politische" Rolle des Richters, vorausgesetzt dass ein unleugbares Quantum an Kreativität in jedem Akt der Interpretation und Anwendung der Norm vorhanden ist, in unsicheres Gewässer abdriftet, indem das Risiko beseitigt wird, dass die Entscheidungsbegründungen Frucht irgendeiner „Geheimwissenschaft" seien, und statt dessen der Argumentationsgang transparent gemacht wird. All dies kann die politische Wertigkeit der verfassungsrechtlichen Prüfung nur von Beginn an vergrößern, zumal wenn dieses (schon) Interpretationen zum Gegenstand hat, die ihrerseits durch den politischen Charakter der ordentlichen Rechtsprechung bestimmt sind.

Notwendige Konsequenz wäre, die Modalitäten der Arbeitsweise und der Rekrutierung der Richter des *Corte costituzionale* zu reformieren, aber zu diesem Thema wäre eine weiterführende Erörterung erforderlich.

Das Prinzip der gegenseitigen Anerkennung in der transnationalen Strafrechtspflege in der EU

- Die "Verkehrsfähigkeit" strafgerichtlicher Entscheidungen -

Martin Böse

1. Einleitung

Auf dem EU-Gipfel in Tampere hatte sich der Europäische Rat vor wenigen Jahren das ehrgeizige Ziel gesteckt, in der Zusammenarbeit der Mitgliedstaaten im Bereich der Strafverfolgung das Prinzip der gegenseitigen Anerkennung gerichtlicher Entscheidungen zu etablieren.[1] Auf diesem neuen Ansatz beruht der Rahmenbeschluss des Rates über den Europäischen Haftbefehl und die Übergabeverfahren zwischen den Mitgliedstaaten vom 13. Juni 2002.[2] Darin wird der erste Schritt unternommen, die traditionelle Form der Rechtshilfe als Kooperation zwischen den Mitgliedstaaten durch ein "System des freien Verkehrs strafrechtlich justitieller Entscheidungen" zu ersetzen.[3] Der grundlegende Wandel im Auslieferungs- und Rechtshilfeverkehr zwischen den EU-Mitgliedstaaten, der damit verbunden ist, zeigt sich bereits in der neuen Terminologie: Der Staat, der im traditionellen Auslieferungsrecht um die Auslieferung ersucht, wird in der neuen Begrifflichkeit zu dem Mitgliedstaat, der einen Europäischen Haftbefehl ausstellt, und der Staat, der das Ersuchen bewilligt, wird zu dem Mitgliedstaat, der den Europäischen Haftbefehl vollstreckt.[4]

Ungeachtet dessen, dass eine Verbesserung und Beschleunigung der zwischenstaatlichen Strafrechtspflege grundsätzlich zu begrüßen ist, ruft der Gedanke an ein "System des freien Verkehrs" in Bezug auf Teile des Strafverfahrens bei dem

[1] S. die Schlussfolgerungen des Vorsitzes vom 15./16.10.1999, EU-Bulletin10-1999, S. 7, 12.

[2] ABlEG 2002 L 190/1.

[3] S. die Begründung des Rahmenbeschlusses, Erwägung (5); s. bereits *Sieber*, ZStW 103 (1991), 957, 963; *ders.*, ZRP 2000, 186, 190.

[4] S. u.a. Art. 1, 3, 5 und 6 des Rahmenbeschlusses.

unbefangenen Beobachter Befremden hervor. Ist es zur Verbesserung der grenzüberschreitenden Zusammenarbeit notwendig, dass richterliche Anordnungen im Ermittlungsverfahren, z.B. ein Durchsuchungsbeschluss, in der gesamten Europäischen Union "verkehrsfähig" werden, oder sollte man einem solchen Konzept im Hinblick auf die Eingriffsintensität derartiger hoheitlicher Maßnahmen nicht vielmehr mit Vorbehalt begegnen? Um dieser Frage nachzugehen, sollen zunächst die Grundlagen des Prinzips der gegenseitigen Anerkennung im Gemeinschaftsrecht dargestellt werden (2.). Auf dieser Basis soll untersucht werden, inwieweit dieses Prinzip auf die transnationale Strafrechtspflege übertragen werden kann (3.). Grundlagen und Grenzen des Prinzips der gegenseitigen Anerkennung werden sodann am Beispiel des Europäischen Haftbefehls erläutert (4.). Abschließend werden die Konsequenzen für weitere Maßnahmen im Rahmen der polizeilichen und justitiellen Zusammenarbeit in Strafsachen (Art. 29 - 42 des EU-Vertrages) aufgezeigt (5.).

2. Das Prinzip der gegenseitigen Anerkennung im Gemeinschaftsrecht ("Herkunftslandprinzip")

Seinen Ursprung hat das Prinzip der gegenseitigen Anerkennung in den wirtschaftlichen Grundfreiheiten des EG-Vertrages. Ausgangspunkt dieser Entwicklung war eine Entscheidung des EuGH zur Warenverkehrsfreiheit (Art. 28 EGV) aus dem Jahr 1974, nach der jede Handelsregelung der Mitgliedstaaten, die geeignet ist, den innergemeinschaftlichen Handel unmittelbar oder mittelbar, aktuell oder potentiell zu behindern, als eine Beschränkung dieser Freiheit anzusehen ist.[5] Auf dieser Grundlage stellte der EuGH wenige Jahre später fest: "Es gibt somit keinen stichhaltigen Grund dafür, zu verhindern, dass in einem Mitgliedstaat rechtmäßig hergestellte und in den Verkehr gebrachte alkoholische Getränke in die anderen Mitgliedstaaten eingeführt werden".[6] Indem er darauf abstellte, dass die Ware in dem Herkunftsland rechtmäßig in den Verkehr gebracht worden war, leitete der EuGH aus der Warenverkehrsfreiheit das Prinzip der gegenseitigen Anerkennung (das "Herkunftslandprinzip") her.[7] Die Rechtsprechung zur Dienstleistungsfreiheit (Art. 49 EGV) folgte ebenfalls diesem Prinzip.[8] Wie die Grundfreiheit galt das Herkunftslandprinzip jedoch unter dem Vorbehalt von nationalen Regelungen, die durch zwingende Erfordernisse des Allgemeinwohls

---

5 EuGH, Rs. 8/74 (Dassonville), Slg. 1974, 837, 852 (Rn. 5).

6 EuGH, Rs. 120/78 (Cassis de Dijon), Slg. 1979, 649, 664 (Rn. 14).

7 *Bardenheuer/Pipkorn*, in: von der Groeben/Thiesing/Ehlermann, EU-/EG-Vertrag, Bd. 1, 5. Aufl. (1997), Art. 7a EGV Rn. 28; *Hatje*, in: Schwarze (Hrsg.), EU-Kommentar, 1. Aufl. (2000), Art. 14 EGV Rn. 1; *Neßler*, NVwZ 1995, 863, 863; *Steindorff*, ZHR 150 (1986), 687, 691.

8 EuGH, Verb. Rs. 110 und 111/78 (van Wesemael), Slg. 1979, 35, 52 (Rn. 28); s. auch *Holoubek*, in: Schwarze (Fußn. 7), Art. 49 Rn. 59; *Steindorff*, ZHR 150 (1986), 687, 691.

oder durch ausdrückliche vertragliche Ausnahmevorschriften (z.B. Art. 34 EGV) gerechtfertigt waren.[9]

Die Kommission griff die Rechtsprechung des EuGH auf und machte das Prinzip der gegenseitigen Anerkennung zur Grundlage ihrer Binnenmarktkonzeption: Da eine vollständige Harmonisierung der nationalen Rechtsordnungen nicht möglich war, sollten die fortbestehenden Hindernisse für einen freien Verkehr von Waren, Personen und Dienstleistungen durch die gegenseitige Anerkennung von Rechtsnormen und Verwaltungsentscheidungen beseitigt werden.[10] Personen sollen von der vertraglich garantierten Niederlassungsfreiheit (Art. 43 EGV) und Freizügigkeit als Arbeitnehmer (Art. 39 EGV) Gebrauch machen und die jeweilige Tätigkeit überall in der Gemeinschaft ausüben können, wenn sie über die nach dem Recht des Herkunftslandes erforderliche berufliche Qualifikation verfügen.[11] Die Umsetzung dieses Konzeptes ist insbesondere durch Deregulierung erfolgt. Das bedeutet beispielsweise, dass ein Lebensmittel, das in einem anderen Mitgliedstaat rechtmäßig in Verkehr gebracht worden ist, nach Deutschland ohne Rücksicht darauf importiert werden darf, ob es dem deutschen Lebensmittelrecht entspricht.[12] Ein Kreditinstitut, das in einem Mitgliedstaat der EG ansässig ist, bedarf nur einer Erlaubnis dieses Mitgliedstaates, um in allen anderen Mitgliedstaaten Finanzdienstleistungen erbringen zu können.[13] Ein anderer Weg besteht in der Gleichstellung mit der entsprechenden inländischen Verwaltungsentscheidung, z.B. der Anerkennung eines Hochschuldiploms.[14] Da sich die Wirkung der jeweiligen behördlichen Entscheidung auf das Hoheitsgebiet anderer Mitgliedstaaten erstreckt, spricht man insoweit von "transnationalen Verwaltungsakten".[15]

---

9 S. insoweit *Becker*, in: Schwarze (Fußn. 7), Art. 28 Rn. 104 ff.; *Holoubek*, ebenda, Art. 49 Rn. 94 ff., jeweils m.w.N.

10 Weißbuch der Kommission zur Vollendung des Binnenmarktes vom 14.6.1985, KOM (85) 310 endg., S. 18 (Rn. 61 ff.).

11 S. *Bardenheuer/Pipkorn*, in: von der Groeben/Thiesing/Ehlermann (Fußn. 7), Art. 7a EGV Rn. 28; *Steindorff*, ZHR 150 (1986), 687, 691.

12 S. § 47a LMBG.

13 S. §§ 24a, 53b KWG. Diese Erlaubnis wird daher treffend als "Europa-Pass" bezeichnet, s. etwa *Kurth*, WM 2000, 1521, 1525.

14 S. die Richtlinie 89/48/EWG über eine allgemeine Regelung zur Anerkennung der Hochschuldiplome, die eine mindestens dreijährige Berufsausbildung abschließen, vom 21.12.1988, ABlEG 1989 L 19/16; s. auch die weiteren Beispiele bei *Fastenrath*, Die Verwaltung 31 (1998), 277, 301 f.

15 *Becker*, DVBl. 2001, 855, 856 f.; *Fastenrath*, Die Verwaltung 31 (1998), 277, 301; *Neßler*, NVwZ 1995, 863, 865; *Ohler*, DVBl. 2002, 880 f.; *Schmidt-Aßmann*, DVBl. 1993, 924, 935. Die Geltung in anderen Mitgliedstaaten kann nicht unmittelbar aus dem Verwaltungsakt selbst begründet werden, sondern es bedarf einer Rechtsnorm, die den ausländischen Verwaltungsakt den inländischen gleichstellt und diesen insoweit "transnationale" Wirkung zuweist (*Schmidt-Aßmann*, aaO; einschränkend *Becker*, aaO, 860 f.).

3. Die Übertragbarkeit des Herkunftslandprinzips auf gerichtliche Entscheidungen in Strafsachen

Auf der Basis der obigen Ausführungen ist nunmehr der Frage nachzugehen, ob die gemeinschaftsrechtliche Begründung des Prinzips der gegenseitigen Anerkennung auch im Hinblick auf strafgerichtliche Entscheidungen eine tragfähige Grundlage sein kann. Dabei stellt sich einerseits die Frage, ob ein ähnlicher Zusammenhang mit dem Binnenmarkt und den Grundfreiheiten besteht. Andererseits ist gegenüber dem Betroffenen zu begründen, warum aufgrund der Entscheidung eines anderen Mitgliedstaates in seine Grundrechte eingegriffen wird.

a) Der Zusammenhang mit dem Binnenmarkt als "Raum ohne Binnengrenzen"

Das Herkunftslandprinzip begründet für die Mitgliedstaaten die Verpflichtung, die gesetzlichen Vorschriften des Herkunftslandes und die darauf beruhenden Entscheidungen in Bezug auf eine Ware oder Dienstleistung als den eigenen Anforderungen gleichwertig anzusehen. Diese Verpflichtung wurde mit der Errichtung des Binnenmarktes und der Verwirklichung eines freien Verkehrs von Waren, Personen und Dienstleistungen gerechtfertigt. Sie beruht auf den wirtschaftlichen Grundfreiheiten des EG-Vertrages, also auf dem Interesse des einzelnen, sich innerhalb der EG wirtschaftlich frei zu betätigen.

Bei der Anerkennung gerichtlicher Entscheidungen in Strafsachen besteht kein derartiger Bezug zu einer wirtschaftlichen Grundfreiheit. Die Strafrechtspflege ist keine wirtschaftliche Tätigkeit, der Richter kein Unternehmer, der Waren oder Dienstleistungen über die Grenzen seines Heimatstaates hinaus anbieten möchte. Zur Verwirklichung des Binnenmarktes erscheint eine gegenseitige Anerkennung gerichtlicher Entscheidungen in Strafsachen von daher nicht geboten.

Andererseits schließt das Prinzip der gegenseitigen Anerkennung zur Verwirklichung des Binnenmarktes auch strafrechtliche Normen und Entscheidungen ein, soweit diese die Grundfreiheiten einschränken. Ist eine Ware in dem Herkunftsland rechtmäßig in Verkehr gebracht worden, so führt das Prinzip der gegenseitigen Anerkennung dazu, dass der Importeur in einem anderen Mitgliedstaat nicht strafrechtlich belangt werden kann, weil die Ware die dort geltenden Standards nicht erfüllt.[16] Mit anderen Worten: Die nach der Rechtsordnung des Herkunfts-

---

16 S. z.B. EuGH, Rs. 8/74 (Dassonville), Slg. 1974, 837, 852 (Rn. 2/4).

landes vorgenommene Bewertung "nicht strafbar" ist für die anderen Mitgliedstaaten verbindlich.[17]

Offen bleibt aber weiterhin die Frage, aus welchem Grund die anderen Mitgliedstaaten die Bewertung "strafbar", also eine Verurteilung, oder eine andere strafgerichtliche Entscheidung zu Lasten des einzelnen anerkennen sollten. Eine solche Pflicht lässt sich nicht auf die Grundfreiheiten, sondern nur auf das öffentliche Interesse an Strafverfolgung zurückführen. Dieses Interesse ist von der Schaffung des Binnenmarktes nicht unberührt geblieben. In einem Raum ohne Binnengrenzen wird es auch für Straftäter leichter, sich der nationalen Strafverfolgung zu entziehen. In dem Wegfall der Grenzkontrollen wurde daher ein Sicherheitsdefizit gesehen, dem mit den Schengener Übereinkommen begegnet werden sollte.[18] Wenngleich die Bedeutung der Grenzkontrollen für die innere Sicherheit nicht überschätzt werden sollte[19], ist nicht zu verkennen, dass der Raum ohne Binnengrenzen über die vier Grundfreiheiten hinausgreift und der Ergänzung durch eine engere Zusammenarbeit der Mitgliedstaaten in anderen Bereichen wie der Strafverfolgung bedarf.[20] Dieses gemeinsame Interesse der Mitgliedstaaten an einer wechselseitigen Förderung ihrer Strafrechtspflege ist die Grundlage für ein Prinzip der gegenseitigen Anerkennung strafgerichtlicher Entscheidungen. Ein eigenes Strafverfolgungsinteresse der Gemeinschaft besteht nur in einzelnen Bereichen, etwa soweit Rechtsgüter der EG, wie z.B. ihre finanziellen Interessen, betroffen sind[21] oder soweit die EG im Zuge der Einführung des Binnenmarktes harmonisierte Mindeststandards gesetzt und aus diesem Grund ein Interesse daran hat, dass diese Standards auch in dem gesamten Binnenmarkt durchgesetzt werden[22]. Solange die Strafrechtspflege primär in der Zuständigkeit der Mitgliedstaaten liegt, ist das Prinzip der gegenseitigen Anerkennung gerichtlicher Entscheidungen in Strafsachen notwendigerweise auf die nationale Ebene ausgerichtet: Es zielt

---

17 Die Straflosigkeit infolge der gemeinschaftsrechtlichen Regelung wird treffend als "negativer Einfluss" des Gemeinschaftsrechts auf das nationale Strafrecht bezeichnet, s. *Sevenster*, CMLRev. 1992, 29, 39.

18 Denkschrift der Bundesregierung zum Schengener Durchführungsübereinkommen, BT-Dr. 12/2453, S. 91.

19 Zur relativ geringen Kontrollwirkung der Grenzen innerhalb der Gemeinschaft: *Kühne*, Kriminalitätsbekämpfung durch innereuropäische Grenzkontrollen ? (1991), S. 41 ff.

20 *Müller-Graff*, Integration 1997, 271, 272; s. auch bereits die politische Erklärung der Regierungen der Mitgliedstaaten zur Freizügigkeit, die bei Unterzeichnung der Einheitlichen Europäischen Akte (EEA) abgegeben wurde. Der funktionale Zusammenhang der polizeilichen und justitiellen Zusammenarbeit in Strafsachen (Art. 29 - 42 EUV) wird in der Bezugnahme auf die Freizügigkeit (Art. 29 EUV) deutlich, s. *Müller-Graff*, aaO, 273.

21 S. EuGH, Rs. 68/88 (Griechischer Mais), Slg. 1989, 2965, 2985 (Rn. 23 f.); s. nunmehr Art. 280 I EGV.

22 S. etwa die Geldwäsche-Richtlinie 91/308/EWG, ABlEG 1991 L 166/77, in der Begründung (S. 77 f.), Art. 14 und in der gemeinsamem Erklärung der Mitgliedstaaten (S. 83).

auf eine effektivere Strafrechtspflege in den einzelnen Mitgliedstaaten.[23] Dementsprechend lautet der Titel des VI. Titels des EU-Vertrages "Polizeiliche und justitielle *Zusammenarbeit* in Strafsachen".

Als Zwischenergebnis ist daher festzuhalten: Ein allgemeines Prinzip der gegenseitigen Anerkennung strafgerichtlicher Entscheidungen lässt sich nicht auf das wirtschaftliche Interesse des einzelnen (Grundfreiheiten, Binnenmarkt) gründen. Grundlage eines solchen Prinzips ist vielmehr das öffentliche Interesse an einer effektiven Strafrechtspflege auf nationaler Ebene, d.h. ein Interesse des jeweiligen Mitgliedstaates. Das gemeinsame Interesse der in der EU vereinigten Mitgliedstaaten geht dahin, die Strafverfolgung auf nationaler Ebene durch eine verbesserte Zusammenarbeit zu fördern und insbesondere durch den Wegfall der Binnengrenzen keine Sicherheitsdefizite zuzulassen.

b) Legitimation von Grundrechtseingriffen

Ein Prinzip der gegenseitigen Anerkennung strafgerichtlicher Entscheidungen bedarf, weil und soweit dies mit einem Eingriff in die Rechte des einzelnen verbunden ist, diesem gegenüber einer Begründung. Im Zusammenhang mit der Einführung des Binnenmarktes bestand ein solches Bedürfnis nicht, da die Anerkennung für den einzelnen Wirtschaftsteilnehmer nicht mit einer Belastung verbunden war, wie z.B. bei der Verkehrsfähigkeit einer Ware innerhalb des gesamten Binnenmarktes. Werden Entscheidungen von Strafgerichten anderer Mitgliedstaaten als den entsprechenden Entscheidungen inländischer Gerichte gleichwertig anerkannt, so ist dies hingegen regelmäßig mit massiven Grundrechtseingriffen verbunden, z.B. bei einem Haftbefehl (Art. 2 II S. 2 GG), einem Durchsuchungsbeschluss (Art. 13 GG) oder der Anordnung einer Telefonüberwachung (Art. 10 GG).

Ein solcher Eingriff - und somit auch die Anerkennung der ausländischen Gerichtsentscheidung - bedarf zunächst einer gesetzlichen Grundlage.[24] Vorbehaltlich weiterer, auf das betroffene Grundrecht bezogener Anforderungen muss au-

---

[23] Der Ausgangspunkt wäre ein anderer, falls die Mitgliedstaaten durch eine Vertragsänderung auf Unionsebene eine supranationale Strafgerichtsbarkeit einrichteten, vgl. *Perron*, ZStW 112 (2000), 202, 210.

[24] S. für den transnationalen Verwaltungsakt: *Becker*, DVBl. 2001, 855, 861. Die Erstreckung der Geltung der ausländischen Entscheidung auf das Inland kann zwar grundsätzlich auch gemeinschaftsrechtlich angeordnet werden (*Schmidt-Aßmann*, DVBl. 1993, 924, 935; a.A. *Becker*, aaO), im Bereich der polizeilichen und justitiellen Zusammenarbeit in Strafsachen kommt dies jedoch nicht in Betracht, da dort eine Ermächtigung zu Rechtsakten, die unmittelbar in Rechte des einzelnen eingreifen, fehlt, s. insbesondere Art. 34 II S. 2 b) S. 2 EUV.

ßerdem ein öffentliches Interesse bestehen, dass den Eingriff materiell zu rechtfertigen vermag. Ein solches Interesse hat zunächst nur der Mitgliedstaat, dessen Gericht die Entscheidung erlassen hat. Dieses Interesse geht dahin, dass diese Entscheidung vollstreckt und die Strafrechtspflege auf diese Weise gefördert wird.

In dem Mitgliedstaat, der die Entscheidung anerkennen soll, besteht unmittelbar kein öffentliches Interesse an deren Vollstreckung, da dieser Mitgliedstaat an der Durchführung des ausländischen Strafverfahrens regelmäßig kein eigenes Interesse hat.[25] Ein eigenes Interesse des Mitgliedstaates, gerichtliche Entscheidungen anderer Mitgliedstaaten anzuerkennen, besteht jedoch mittelbar, nämlich insoweit, als er erwarten kann, dass im Gegenzug auch seine Entscheidungen von den anderen Mitgliedstaaten anerkannt werden. Dieses Interesse führt im Rechtshilfeverkehr mit anderen Staaten dazu, dass hinsichtlich der Grundrechtseingriffe in dem ausländischen Strafverfahren, zu dessen Durchführung die Rechtshilfe geleistet wird, nach h.M. nur eine eingeschränkte Grundrechtsbindung besteht.[26] Für die mit der Rechtshilfe unmittelbar vorzunehmenden Grundrechtseingriffe, z.B. die Überwachung des Fernmeldeverkehrs, gilt jedoch der gleiche Maßstab wie für Ermittlungseingriffe in einem inländischen Strafverfahren.[27] Das Interesse an der Durchführung eines ausländischen Strafverfahrens kann nicht höher gewichtet werden als das entsprechende Interesse in Bezug auf ein inländisches Strafverfahren. Auch wenn in Art. 29 EUV als Ziel formuliert wird, „den Bürgern in einem Raum der Freiheit, der Sicherheit und des Rechts ein hohes Maß an Sicherheit zu bieten", wird durch die nachfolgende Bezeichnung des zur Erreichung dieses Zie-

---

25 Dies mag ausnahmsweise der Fall sein, soweit im Zusammenhang mit dem Binnenmarkt die Zuständigkeit für die Überwachung eines Unternehmens bei einem Mitgliedstaat konzentriert ist. So ist z.B. für die gemeinschaftsweite Überwachung von Finanzdienstleistungsunternehmen der Mitgliedstaat zuständig, der diesem Unternehmen die Zulassung, den "Europa-Pass", erteilt hat. Entzieht dieses Unternehmen die Zulassung, weil es unzuverlässig ist, so haben die anderen Mitgliedstaaten ein eigenes Interesse daran, diese Entscheidung anzuerkennen und umzusetzen, da sie auf diese Weise Gefahren von ihrem eigenen Kapitalmarkt und den Anlegern abwenden. Eine vergleichbare Zuständigkeitsregelung gibt es im Strafrecht jedoch (noch) nicht. Es bestehen allerdings Pläne für ein einheitliches Verfahrensregister in der EU und eine Regelung zur Auflösung positiver Kompetenzkonflikte, s. das Maßnahmenprogramm zur Umsetzung des Grundsatzes der gegenseitigen Anerkennung gerichtlicher Entscheidungen in Strafsachen, ABlEG 2001 C 12/10 (S. 15 f.); zu weiteren Ansätzen, insbesondere im Rahmen von EUROJUST: *von Bubnoff*, ZEuS 2002, 185, 206.

26 *Häde*, Der Staat 36 (1997), 1, 22 f.; zur h.M.: BVerfGE 75, 1, 19; NJW 1994, 2883; *Graßhoff/Backhaus*, EuGRZ 1996, 445, 448; *Hofmann*, Grundrechte und grenzüberschreitende Sachverhalte (1994), S. 271 ff.; zur Kritik: *Lagodny*, in: Schomburg/Lagodny, Internationale Rechtshilfe in Strafsachen, 3. Aufl. (1998), § 73 IRG Rn. 14 ff.

27 S. §§ 59 III, 77 IRG; zur Anwendung des § 100a StPO: OLG Hamm, wistra 1999, 37, 38.

les einzuschlagenden Weges („indem sie ein gemeinsames Vorgehen der Mitgliedstaaten im Bereich der polizeilichen und justiziellen Zusammenarbeit in Strafsachen entwickelt“) deutlich, dass auch innerhalb der EU das nationale Strafverfolgungsinteresse der maßgebliche Bezugspunkt ist. Es besteht daher kein Anlass, zur Förderung eines Strafverfahrens in einem anderen Mitgliedstaat weitergehende Ermittlungseingriffe zuzulassen als in inländischen Strafverfahren. Dem Interesse an einer funktionstüchtigen Strafrechtspflege würde ein zu starkes Gewicht zugemessen, wollte man die Grundrechtsbindung im EU-Rechtshilfeverkehr noch weiter reduzieren. Eine grundsätzliche Anerkennung gerichtlicher Entscheidungen in Strafsachen mit der Folge, dass durch inländische Gerichte keine oder nur noch eine reduzierte Überprüfung erfolgt, kann deshalb nur gerechtfertigt werden, wenn und soweit die anzuerkennende Entscheidung den Grundrechten des einzelnen bereits hinreichend Rechnung trägt.[28] Das bedeutet, dass gewährleistet sein muss, dass in den anderen Mitgliedstaaten im Strafverfahren ein Grundrechtsschutz besteht, der dem Schutzniveau des Grundgesetzes entpricht. Nur unter dieser Voraussetzung kann gegenüber dem einzelnen begründet werden, dass eine behördliche oder gerichtliche Kontrolle der Rechtmäßigkeit der Ermittlungsmaßnahme unterbleibt. In einem so eingriffsintensiven Bereich wie dem Strafrecht ist jede Reduzierung einer gerichtlichen Kontrolle sorgfältig zu erwägen und setzt die Schaffung und Einhaltung gemeinsamer Mindeststandards voraus. Das Prinzip der gegenseitigen Anerkennung wird sich daher in Bezug auf die grenzüberschreitende Strafverfolgung nicht ohne Zwischenschritte umsetzen lassen.

4. Der EU-Haftbefehl als Paradigmenwechsel im Auslieferungsverkehr

Ein solcher Zwischenschritt ist der vor kurzem verabschiedete Rahmenbeschluss über den Europäischen Haftbefehl[29], der den Auslieferungsverkehr innerhalb der EU auf eine neue Grundlage stellen soll.[30] Die neue Terminologie ersetzt die Beg-

---

[28] S. auch *von Bubnoff*, ZEuS 2002, 185, 189, der in den übereinstimmenden rechtsstaatlichen Fundamenten und dem gegenseitigen Vertrauen in die mitgliedstaatlichen Strafrechtssysteme die Grundlage des Prinzips der gegenseitigen Anerkennung sieht.

[29] S. bei Fußn. 2.

[30] Das Prinzip der gegenseitigen Anerkennung nationaler Haftbefehle ist bereits in einem anderen Instrument der grenzüberschreitenden Strafverfolgung angelegt, nämlich in der Ausschreibung im Schengener Informationssystem (Art. 95 Schengener Durchführungsübereinkommen - SDÜ). Die Besonderheit des Ausschreibungsverfahrens besteht darin, dass bereits die ausschreibende Behörde prüft, ob die Festnahme in den anderen Mitgliedstaaten nach deren Recht zulässig ist (Art. 95 II S. 1 SDÜ). Nach der Ausschreibung soll eine weitere Prüfung durch die Justizbehörden der anderen Mitgliedstaaten grundsätzlich nicht mehr stattfinden, die Ausschreibung ist also "unmittelbar fahndungsrelevant", s. *Mokros*, in: Lisken/Denninger, Handbuch des Polizeirechts, 3. Aufl. (2001), Abschn. O Rn.

riffe "ersuchender Staat" und "ersuchter Staat" durch "Ausstellungsmitgliedstaat" und "Vollstreckungsmitgliedstaat".[31] Darin kommt zum Ausdruck, dass der Rechtshilfeverkehr von der zwischenstaatlichen Kooperation zwischen ersuchendem und ersuchtem Staat zur Zusammenarbeit von Behörden und Gerichten innerhalb eines "Rechtsraumes" wird und damit in die Nähe der innerstaatlichen Zusammenarbeit rückt.[32] Dementsprechend sieht der Rahmenbeschluss nur ein einstufiges Verfahren vor, in dem über die rechtliche Zulässigkeit der Auslieferung entschieden wird; eine politische Entscheidung, wie sie das traditionelle Auslieferungsrecht als zweite Stufe kennt, ist nicht mehr vorgesehen.[33]

In dem Rahmenbeschluss wird der Grundsatz der gegenseitigen Anerkennung zu Beginn als allgemeine Regel formuliert (Art. 2), von der die Mitgliedstaaten nur nach Maßgabe der nachfolgenden Ausnahmen abweichen dürfen. Darin liegt keine grundlegende Neuerung, denn die Mitgliedstaaten haben sich bereits in bilateralen und multilateralen Auslieferungsabkommen grundsätzlich verpflichtet, entsprechende Ersuchen der anderen Vertragspartei zu bewilligen.[34] Diese völkerrechtliche Pflicht ist jedoch durch eine Vielzahl von Ausnahmen und Vorbehalten eingeschränkt, die den Auslieferungsverkehr zwischen den Mitgliedstaaten erschweren. Der Rahmenbeschluss legt die möglichen Auslieferungshindernisse abschließend fest. Auf andere als die dort genannten Gründe kann sich der Vollstreckungsmitgliedstaat also nicht berufen, um eine Vollstreckung des Haftbefehls zu verweigern.[35] Nach dem Rahmenbeschluss kann eine Auslieferung also nicht mehr unter Berufung auf eine nationale ordre-public-Klausel (§ 73 IRG) oder aus verfassungsrechtlichen Gründen[36] abgelehnt werden. Dies schließt nicht aus, dass eine Auslieferung unter Umständen gegen Grundrechte des Verfolgten verstoßen kann. Der Rahmenbeschluss trägt dem Rechnung, indem dort ausdrücklich festgelegt ist, dass die Pflicht zur Achtung der Grundrechte und allgemeinen Rechtsgrundsätze (Art. 6 EUV) unberührt bleibt (Art. 1 III). Diese Vorschrift formuliert einen „europäischen ordre public".[37] Über die Auslegung des Rahmenbeschlus-

---

Rn. 151. Eine umfassende Prüfung der rechtlichen Voraussetzungen einer Festnahme zum Zweck der Auslieferung in allen anderen Mitgliedstaaten kann der ausschreibende Staat aus naheliegenden Gründen jedoch nicht leisten, s. zu den entsprechenden Problemen und den Konsequenzen: *Lagodny*, in: Schomburg/Lagodny (Fußn. 26), Art. 95 SDÜ Rn. 7 ff.

31 S. insbesondere Art. 1, 3, 5 und 6 des Rahmenbeschlusses.

32 *von Bubnoff*, ZEuS 2002, 185, 225.

33 S. die Begründung des Vorschlags der Kommission für den Rahmenbeschluss, KOM (2001) 522 endg., S. 6, Punkt 4); s. auch *von Bubnoff*, ZEuS 2002, 285, 225.

34 S. insbesondere Art. 1 des Europäischen Auslieferungsübereinkommens vom 13.12.1957, BGBl. 1964 II S. 1369; 1976 II S. 1778.

35 S. die Begründung des Vorschlags der Kommission für den Rahmenbeschluss, KOM (2001) 522 endg., S. 6, Punkte 3) und 6).

36 S. insoweit BVerfGE 75, 1, 19; NJW 1994, 2883.

37 *von Bubnoff*, ZEuS 2002, 185, 231.

ses, insbesondere der Auslieferungshindernisse, kann der EuGH im Rahmen des Vorabentscheidungsverfahrens entscheiden (Art. 35 I - IV EUV).[38] Die materiell-rechtliche Begrenzung der Auslieferungshindernisse ist damit auch verfahrensrechtlich abgesichert. Anders als bei völkerrechtlichen Auslieferungsverträgen entscheiden über Ausnahmen von einer Auslieferungspflicht nicht mehr die nationalen Gerichte, sondern nach Maßgabe des Art. 35 EUV der EuGH.

Mit der Harmonisierung und Reduzierung der Auslieferungshindernisse wird die Rechtsstellung des Verfolgten nicht beeinträchtigt. Die entscheidenden Einschnitte werden bei den Auslieferungshindernissen vorgenommen, die nicht zum Schutz individueller Rechte, sondern zur Wahrung der souveränen Rechte der einzelnen Staaten bestehen. Dies gilt zunächst für den Grundsatz der beiderseitigen Strafbarkeit, nach dem nur wegen einer Tat ausgeliefert werden kann, die auch nach dem Recht des ersuchten Staates strafbar ist (s. § 3 IRG). Dieser Grundsatz ist historisch aus dem Prinzip der Gegenseitigkeit hervorgegangen, dient also nicht dem Schutz des Verfolgten.[39] Dass der Rahmenbeschluss dieses Prinzip für eine Reihe von Straftaten abschafft (Art. 2 II)[40], wirkt sich damit zwar im Ergebnis nachteilig für den Verfolgten aus; subjektive Rechte werden dadurch jedoch nicht beeinträchtigt.

Auch das Auslieferungsverbot für politische Delikte (s. § 6 IRG) findet in dem Rahmenbeschluss über den Europäischen Haftbefehl keine Erwähnung.[41] Dieses Auslieferungshindernis dient dem staatlichen Interesse, nicht in die innerstaatlichen Auseinandersetzungen eines anderen Staates verwickelt zu werden.[42] Mit der Beseitigung dieses Auslieferungsverbotes werden daher subjektive Rechte des Verfolgten nicht gemindert, solange er vor staatlicher Verfolgung aufgrund seiner politischen Überzeugung geschützt ist.[43] Als weitere Beispiele sind der

---

38 Dies setzt voraus, dass der jeweilige Mitgliedstaat die Zuständigkeit des EuGH für ein solches Vorabentscheidungsverfahren zuvor anerkannt hat (Art. 35 II EUV). Die folgenden Mitgliedstaaten haben eine entsprechende Erklärung abgegeben (s. ABlEG 1999 C 120/24): Belgien, Deutschland, Finnland, Griechenland, Italien, Luxemburg, Niederlande, Österreich, Portugal, Schweden und Spanien; s. auch das deutsche EuGH-Gesetz, BGBl. 1998 I S. 2035.

39 *Lagodny*, Die Rechtsstellung des Auszuliefernden in der Bundesrepublik Deutschland (1987), S. 49 f., 54; *ders.*, in: Schomburg/Lagodny (Fußn. 26), § 3 IRG Rn. 2.

40 Art. 2 II des Rahmenbeschlusses zählt 32 Delikte auf, zu denen u.a. auch Betrug, Erpressung, Sabotage und Mitgliedschaft in einer kriminellen Vereinigung zählen.

41 S. auch *von Bubnoff*, ZEuS 2002, 185, 227.

42 *Schomburg*, in: Schomburg/Lagodny (Fußn. 26), § 6 IRG Rn. 1; *Stein*, Die Auslieferungsausnahme bei politischen Delikten (1983), S. 356.

43 S. insoweit den allgemeinen Hinweis auf die Grundrechte (Art. 1 III des Rahmenbeschlusses) und die Begründung, Erwägungen (12) und (13); *von Bubnoff*, ZEuS 2002, 185, 231.

Wegfall von Auslieferungsverboten für fiskalische[44] und militärische[45] Delikte oder die Einschränkung des Spezialitätsgrundsatzes[46] zu nennen. Gegen die Aufgabe dieser auf staatlichen Interessen beruhenden Auslieferungshindernisse ist nach dem oben Gesagten nichts einzuwenden.

Die Auslieferungshindernisse, die auf individuellen Rechten des Verfolgten beruhen, sind im Rahmenbeschluss hingegen weitestgehend beibehalten worden.[47] Fortbestehende Unterschiede in den nationalen Strafrechtsordnungen lassen es nicht zu, das von dem Ausstellungsmitgliedstaat eingeleitete oder bereits durchgeführte Strafverfahren demjenigen des Vollstreckungsmitgliedstaates ohne Einschränkungen gleichzustellen. Als Beispiel sei die Auslieferung zur Vollstreckung eines Abwesenheitsurteils genannt. In Italien besteht die Möglichkeit, dass das Strafverfahren in Abwesenheit des Beschuldigten durchgeführt wird.[48] Ist sein Aufenthalt nicht bekannt, wird die Ladung zur Hauptverhandlung und das Urteil einem vom Gericht bestellten Pflichtverteidiger zugestellt.[49] Unter Umständen kann es dabei zu einer rechtskräftigen Verurteilung kommen, ohne dass der Beschuldigte vom Hauptverhandlungstermin und dem Urteil Kenntnis erlangt hat. Die Auslieferung zur Vollstreckung eines solchen Urteils ist mit den unabdingbaren Grundsätzen der verfassungsrechtlichen Ordnung (Rechtsstaatsprinzip, Art. 103 I GG) nicht vereinbar und somit unzulässig, sofern dem Verurteilten nicht nachträglich rechtliches Gehör gewährt wird.[50] Der Rahmenbeschluss trägt dem Rechnung, indem er ein Auslieferungshindernis formuliert, das mit der Abgabe einer entsprechenden Zusicherung verbunden werden kann (Art. 5 Nr. 1).[51] Der Vorschlag des Europäischen Parlaments, als weiteres Auslieferungshindernis die

[44] Wenngleich das deutsche Recht ein derartiges Auslieferungshindernis nicht kennt, ist wegen des Prinzips der Gegenseitigkeit (§ 5 IRG) eine Auslieferung ausgeschlossen, sofern ein derartiges Auslieferungsverbot nach dem Recht des ersuchenden Staates besteht, s. *Oehler*, ZStW 96 (1984), 555, 560; vgl. Art. 4 Nr. 1 des Rahmenbeschlusses (a.E.) und dazu *von Bubnoff*, ZEuS 2002, 185, 229.

[45] S. § 7 IRG.

[46] S. § 11 IRG und Art. 27 des Rahmenbeschlusses.

[47] S. im einzelnen *von Bubnoff*, ZEuS 2002, 185, 228 ff.

[48] Art. 487 der italienischen Strafprozessordnung (Codice di Procedura Penale, CPP).

[49] Art. 159 I S. 2 CPP.

[50] BGH wistra 2002, 69, 70; OLG Düsseldorf, StV 1999, 270, 271 f.; OLG Karlsruhe, StV 1999, 268, 269; ThürOLG, StV 1999, 265, 266 f. Die Möglichkeit einer Wiedereinsetzung nach Art. 175 II CPP wird nicht als ausreichend angesehen, da dort eine zu kurz bemessene Ausschlussfrist (10 Tage ab Kenntnis von dem Urteil) vorgesehen ist (Art. 175 III CPP) und dem Verurteilten der Beweis obliegt, dass er sich dem Verfahren nicht entzogen hat bzw. von diesem keine Kenntnis hatte (Art. 175 II CPP), s. BGH, aaO, 71.

[51] S. auch BGH, wistra 2002, 69, 71.

Verletzung des Anspruchs auf ein faires Verfahren vorzusehen[52], wurde nicht übernommen.

Hinsichtlich der zu erwartenden Strafe bestehen insbesondere aus der Sicht Portugals Bedenken gegen die lebenslange Freiheitsstrafe, die im eigenen Land nicht verhängt werden darf.[53] Auch insoweit fehlt es innerhalb der EU an einer einheitlichen Regelung. Deshalb ist es nur konsequent, wenn der Ausstellungsmitgliedstaat, sofern dem Verfolgten dort die Verurteilung zu lebenslanger Freiheitsstrafe oder die Vollstreckung einer solchen Strafe droht, zusichern muss, dass spätestens nach 20 Jahren geprüft wird, ob die Vollstreckung der Strafe ausgesetzt werden kann (Art. 5 Nr. 2). Eine allgemeine Regelung, nach welcher eine Zusicherung verlangt werden kann, dass die Strafe nicht die in dem Vollstreckungsmitgliedstaat vorgesehene Höchststrafe überschreiten wird, wurde im Gesetzgebungsverfahren abgelehnt.[54] Eine so enge Orientierung an der Strafrechtsordnung des Vollstreckungsstaates würde Gefahr laufen, in alte Denkmuster, wie den Grundsatz der beiderseitigen Strafbarkeit, zurückzufallen. Die Verweigerung der Vollstreckung des Haftbefehls ist allenfalls geboten, sofern die drohende oder bereits verhängte Strafe unerträglich hart und unter jedem denkbaren Gesichtspunkt unangemessen erscheint.[55] In derartigen Fällen zu prüfen sein, ob ein Vollstreckungshindernis aus der allgemeinen Verweisung auf die Grundrechte (Art. 1 III) abzuleiten ist. In Bezug auf das Verbot der Todesstrafe besteht bereits ein gemeinsamer Standard, denn diese ist in den Mitgliedstaaten der EU abgeschafft[56], so dass im Rahmenbeschluss von einer Regelung zur Todesstrafe abgesehen werden konnte.[57]

---

[52] S. den Bericht des Ausschusses für die Freiheiten und Rechte der Bürger, Justiz und innere Angelegenheiten, Dok. A5-0003/2002, S. 45.

[53] Art. 30 I der portugiesischen Verfassung. Art. 33 Nr. 5 der Verfassung begründet ein entsprechendes Auslieferungshindernis, s. dazu *de Figueiredo Dias u.a.*, in: Gleß (Hrsg.), Auslieferungsrecht der Schengen-Vertragsstaaten (2002), S. 465, 474 f.

[54] S. den entsprechenden Änderungsvorschlag im Bericht des Ausschusses für die Freiheiten und Rechte der Bürger, Justiz und innere Angelegenheiten, Dok. A5-0003/2002, S. 46 f.

[55] S. OLG Zweibrücken, StV 1996, 105, 106 (Verhängung einer Zuchthausstrafe von mindestens 10 Jahren für den Verkauf von 0,05 g Heroin); s. dagegen BVerfG NJW 1994, 2884.

[56] S. die gemeinsame Erklärung der Mitgliedstaaten zur Abschaffung der Todesstrafe (zu Art. 31 EUV).

[57] Die weitere Auslieferung an einen Drittstaat bedarf in jedem Fall der Zustimmung des Vollstreckungsmitgliedstaates (s. Art. 28 IV des Rahmenbeschlusses). Der Verfolgte genießt angesichts der im Drittstaat drohenden Todesstrafe also den gleichen Schutz wie bei einer direkten Auslieferung an diesen Staat; s. aber die Forderung nach entsprechendem Schutz durch das Europäische Parlament, Dok. A5-0003/2002, S. 47.

Eine Einschränkung subjektiver Rechte des Verfolgten liegt allerdings darin, dass das Auslieferungsverbot für eigene Staatsangehörige zum Teil aufgehoben wird. Die Auslieferung zur Strafvollstreckung kann abgelehnt werden, sofern die verhängte Strafe im Heimatstaat vollstreckt wird (Art. 4 Nr. 6). Die Auslieferung zur Strafverfolgung kann der Heimatstaat hingegen nicht ablehnen, sondern nur von der Bedingung abhängig machen, dass der Ausgelieferte zur Strafvollstreckung rücküberstellt wird (Art. 5 Nr. 3). Abgesehen von den oben erwähnten Auslieferungsverboten ist in jedem Mitgliedstaat der EU ein faires, rechtsstaatliches Verfahren für den Verfolgten gewährleistet.[58] Den Schutz der Grund- und Verfahrensrechte des Beschuldigten kann man in allen Mitgliedstaaten grundsätzlich als gleichwertig ansehen, so dass für die Mitgliedstaaten kein Grund besteht, die eigenen Staatsangehörigen vor der Durchführung eines solchen Verfahrens zu schützen und diesen insoweit zu privilegieren. Seinem im Hinblick auf seine Resozialisierung legitimen Interesse, die Strafe in seinem Heimatstaat verbüßen zu können, kann mit einer Rücküberstellung hinreichend Rechnung getragen werden.[59]

Die Grundrechtseingriffe, die der Vollstreckungsmitgliedstaat aufgrund des Europäischen Haftbefehls unmittelbar vorzunehmen hat (Festnahme, Haft), sind grundsätzlich in jeder nationalen Verfahrensordnung vorgesehen. Ein Mindeststandard in Bezug auf die Verhältnismäßigkeit dieser Eingriffe in die persönliche Freiheit wird dadurch gewährleistet, dass es sich um eine auslieferungsfähige Straftat handeln muss.[60] Darüber hinaus ist in dem Rahmenbeschluss ein Minimum an Verfahrensrechten für den Verfolgten garantiert[61], insbesondere besteht die Möglichkeit einer vorläufigen Haftentlassung, sofern eine Flucht auf andere Weise verhindert werden kann[62]. Um zu vermeiden, dass das Prinzip der gegenseitigen Anerkennung zu einer Absenkung des nationalen Grundrechtsstandards führt, hätte es dieser Regelungen nicht bedurft, sondern es wäre ausreichend gewesen, hinsichtlich der Art und Weise des Vollzuges des Europäischen Haftbe-

---

58 S. die Regierungsbegründung zur Änderung des Art. 16 II GG, BT-Dr. 14/2668, S. 5.

59 S. die Begründung des Vorschlags der Kommission für den Rahmenbeschluss, KOM (2001) 522 endg., S. 21; s. auch *von Bubnoff*, ZEuS 2002, 185, 231. Ausweislich der Regierungsbegründung zur Änderung des Art. 16 II GG soll eine solche Rücküberstellung auch bei deutschen Staatsangehörigen möglich sein, s. BT-Dr. 14/2668, S. 5; für einen subjektiv-rechtlichen Anspruch auf Rücküberstellung: *Lagodny*, ZRP 2000, 175, 176.

60 S. Art. 2 I des Rahmenbeschlusses; s. auch den Bericht des Ausschusses für die Freiheiten und Rechte der Bürger, Justiz und innere Angelegenheiten, Dok. A5-0003/2002, S. 31; s. die entsprechende Regelung in § 113 I StPO.

61 Recht auf Unterrichtung über den Haftbefehl und dessen Inhalt (Art. 11 I); Recht auf einen Dolmetscher und einen Rechtsbeistand (Art. 11 II); Anspruch auf rechtliches Gehör (Art. 14).

62 S. Art. 12 des Rahmenbeschlusses.

fehls auf das innerstaatliche Recht des Vollstreckungsstaates zu verweisen.[63] Eine Harmonisierung ist hingegen erforderlich, soweit Grundrechtsstandards durch das Prinzip der gegenseitigen Anerkennung unterlaufen zu werden drohen. Diese Gefahr besteht, soweit die Beeinträchtigung subjektiver Rechte von dem Haftbefehl des Ausstellungsmitgliedstaates ausgeht. So wird die Unterrichtung des Verfolgten über den Grund seiner Festnahme maßgeblich davon bestimmt, welche Informationen in dem Haftbefehl enthalten sind. Selbst wenn das innerstaatliche Recht des Vollstreckungsmitgliedstaates eine umfassende Unterrichtung des Verfolgten vorsieht, können die dortigen Behörden zunächst nur die Informationen weitergeben, die in dem Haftbefehl enthalten sind. Unter diesem Aspekt ist es bedauerlich, dass der Vorschlag des Parlaments, in einem Europäischen Haftbefehl auch die Beweismittel zu bezeichnen[64], nicht aufgegriffen worden ist.[65]

Im Ergebnis gilt es gleichwohl festzuhalten, dass die Grund- und Verfahrensrechte des Verfolgten gewahrt bleiben. Das Prinzip der gegenseitigen Anerkennung, wie es im Rahmenbeschluss über den Europäischen Haftbefehl umgesetzt worden ist, lässt die Rechtsposition des Verfolgten im Wesentlichen unangetastet.

5. Andere richterliche Entscheidungen im Ermittlungsverfahren

Die Einführung des Prinzips der gegenseitigen Anerkennung im Rahmenbeschluss über den Europäischen Haftbefehl zeigt einerseits, dass dieses Prinzip einen wichtigen Beitrag zur Verbesserung der gerichtlichen Zusammenarbeit in Strafsachen leisten kann. Andererseits bestehen in Bezug auf die Eingriffe, die von dem Vollstreckungsmitgliedstaat vorzunehmen sind, in den einzelnen Mitgliedstaaten nur wenige Unterschiede. In Bezug auf andere richterliche Entscheidungen im Ermittlungsverfahren besteht eine solche Übereinstimmung in den nationalen Strafverfahrensordnungen nicht.

Als Beispiel mag die richterliche Anordnung einer Überwachung des Fernmeldeverkehrs dienen. Anders als in Deutschland ist in Spanien eine solche Ermitt-

---

63 S. Art. 11 I, II des Rahmenbeschlusses; s. zu weiteren Mindeststandards (Unterrichtung des Verfolgten innerhalb von drei Tagen ab der Festnahme in einer ihm verständlichen Sprache; Bestellung eines Pflichtverteidigers; Anspruch auf ein faires Verfahren; weitergehende Rechte auf Zugang zu Informationen und auf rechtliches Gehör) den Bericht des Ausschusses für die Freiheiten und Rechte der Bürger, Justiz und innere Angelegenheiten, Dok. A5-0003/2002, S. 34 ff.

64 S. den Bericht des Ausschusses für die Freiheiten und Rechte der Bürger, Justiz und innere Angelegenheiten, Dok. A5-0003/2002, S. 32.

65 In einem innerstaatlichen Haftbefehl nach § 114 StPO sind die Beweismittel anzugeben, s. *Hilger*, in: Löwe-Rosenberg, StPO (25. Aufl.), § 114 Rn. 15 m.w.N.

lungsmaßnahme grundsätzlich bei jeder Straftat zulässig.[66] Das Prinzip der gegenseitigen Anerkennung würde bedeuten, dass die Anordnung eines spanischen Richters, wegen des Verdachts eines einfachen Diebstahls den Telefonanschluss eines Verdächtigen zu überwachen, von den deutschen Strafverfolgungsbehörden anerkannt und vollstreckt werden müsste. Das Beispiel zeigt, dass bei der gegenseitigen Anerkennung strafgerichtlicher Entscheidungen ein hohes Maß an Sensibilität angezeigt ist. Soweit der Grundrechtsschutz in den Mitgliedstaaten in Bezug auf strafprozessuale Ermittlungseingriffe derartige Unterschiede aufweist, führt das Prinzip der gegenseitigen Anerkennung in einigen Mitgliedstaaten notwendigerweise zu einer Absenkung des nationalen Grundrechtsstandards. Nicht zuletzt deshalb ist im EU-Rechtshilfeübereinkommen vorgesehen, dass der ersuchte Staat die Überwachung des Telekommunikationsverkehrs auf seinem Hoheitsgebiet von den Bedingungen abhängig machen kann, die in einem vergleichbaren innerstaatlichen Fall zu beachten wären.[67] Soweit die unterschiedlichen Grundrechtsstandards sich in materiellen Eingriffsvoraussetzungen niederschlagen (wie z.B. in einem Straftatenkatalog), könnte eine Lösung wie beim Europäischen Haftbefehl darin bestehen, dass das Prinzip der gegenseitigen Anerkennung auf bestimmte Straftaten (Katalogtaten) beschränkt wird. Ob unterschiedliche Standards im Grundrechtsschutz durch Verfahren (z.B. Richtervorbehalte) auf ähnliche Weise bewältigt werden können, erscheint aufgrund der damit verbundenen Eingriffe in die Organisationsstruktur der nationalen Strafverfahrensordnungen zweifelhaft.

Ein "System des freien Verkehrs strafrechtlicher justitieller Entscheidungen" begegnet insoweit Bedenken, die mit der Analogie zum Binnenmarkt und der "Verkehrsfähigkeit" von Waren und Dienstleistungen nicht überwunden werden können. Die richterliche Anordnung von Ermittlungsmaßnahmen ist gerade nicht auf die Verwirklichung von Freiheitsrechten des einzelnen gerichtet ist, sondern greift in dessen Grundrechte ein. Anders als bei der Errichtung des Binnenmarktes geht es nicht mehr um gemeinsame Standards, die zur Wahrung öffentlicher Interessen oder zur Erfüllung staatlicher Schutzpflichten aufgestellt werden, sondern um den Schutz des einzelnen gegen strafprozessuale Grundrechtseingriffe. Eine großzügige Anerkennungspraxis wäre deshalb an dieser Stelle verfehlt.

Dies gilt ebenso für die Verkehrsfähigkeit von Beweismitteln. Die obigen Ausführungen haben gezeigt, dass die gegenseitige Anerkennung zur Förderung der Strafrechtspflege in den einzelnen Mitgliedstaaten erfolgt. Es soll erleichtert werden, dass ein Gericht oder Staatsanwalt zur Durchführung eines Strafverfahrens

---

66 S. Art. 579 II der spanischen Strafprozessordnung (Ley Enjuiciamento Criminal); s. auch *Perron*, ZStW 112(2000), 202, 219.

67 S. Art. 18 V b) des EU-Rechtshilfe-Übereinkommens, ABlEG 2000 C 197/3.

die Rechtshilfe von Justizbehörden anderer Mitgliedstaaten in Anspruch nehmen kann. Dazu ist es nicht erforderlich, dass die im Rahmen dieser Rechtshilfe erlangten Beweismittel in der gesamten EU "verkehrsfähig" sind[68], sondern ausreichend, dass sie in einem Mitgliedstaat (dem ersuchenden Staat) verwertet werden können. Die Rechts-*Hilfe* ist auf das dort geführte Strafverfahren bezogen, sie ist akzessorisch. Das bedeutet, dass die Verwertung von Beweismitteln nach den für dieses Strafverfahren geltenden Normen beurteilt werden muss, auch wenn diese in einem anderen Mitgliedstaat gewonnen worden sind. Unter Umständen sind Beweisverwertungsregeln mit Rücksicht auf den Auslandsbezug zu modifizieren.[69] Die Zulässigkeit eines Beweismittels kann sich jedoch nicht aus den Wertungen einer anderen, ausländischen Verfahrensordnung ergeben. Dies gilt ebenso, sofern das Beweismittel ursprünglich für ein Strafverfahren in dem ersuchten Staat erhoben worden ist.

Als Beispiel soll wiederum die Überwachung des Fernmeldeverkehrs dienen. Ist in Spanien das Telefon eines Deutschen überwacht worden, um diesen eines Diebstahls zu überführen, so stellt sich unter Umständen die Frage, ob die daraus gewonnenen Erkenntnisse auch verwertet werden können, wenn die Tat in Deutschland angeklagt wird. Die Antwort auf diese Frage kann sich allein aus der deutschen Rechtsordnung ergeben, ebenso wie die spanische Rechtsordnung allein maßgeblich ist, soweit es um das in Spanien betriebene Strafverfahren geht. Jeder Mitgliedstaat trifft nach Maßgabe seiner verfassungsrechtlichen Ordnung die Entscheidung darüber, welches Gewicht er dem Interesse an einer effektiven Strafrechtspflege gegenüber den Grundrechten des einzelnen einräumt. Das deutsche Strafverfahrensrecht steht einer solchen Verwertung entgegen, da eine Verwertung von Zufallserkenntnissen nur zur Verfolgung von Katalogtaten zulässig ist (s. § 100b V StPO).

Ein Mindestmaß an Effektivität bei der Strafverfolgung ist grundsätzlich weder aus unionsrechtlicher noch aus gemeinschaftsrechtlicher Sicht geboten. Nur wenn Rechtsgüter der Gemeinschaft betroffen sind, wie z.B. bei Betrügereien zum

---

68 S. das Grünbuch der Kommission zum strafrechtlichen Schutz der finanziellen Interessen der Europäischen Gemeinschaften und zur Schaffung einer Europäischen Staatsanwaltschaft vom 11.12.2001, KOM (2001) 715 endg., S. 64; *Brüner/Spitzer*, NStZ 2002, 393, 397; *von Bubnoff*, ZEuS 2002, 185, 219, 235. Nach Ansicht der Kommission soll über die Zulässigkeit der Beweisverwertung der Richter entscheiden, der für die Zulassung der Anklage zuständig ist. Dies würde allerdings bedeuten, dass dieser Richter, anstatt nach den Maßstäben seines Rechts zu entscheiden, nach den Beweisregeln des an der Beweiserhebung beteiligten Staates entscheiden müsste (aaO, S. 65). Die damit verbundenen praktischen Schwierigkeiten könnten mit der Anwendung des Verfahrensrechts des Staates, in dem das Strafverfahren geführt wird, vermieden werden.

69 S. dazu *Böse*, ZStW 114 (2002), 148 ff.

Nachteil der Gemeinschaft, sind die Mitgliedstaaten gemeinschaftsrechtlich verpflichtet, für eine effektive strafrechtliche Verfolgung derartiger Taten Sorge zu tragen. In diesem Bereich sind Vorschriften zu finden, wonach Ermittlungen des Amtes zur Betrugsbekämpfung in nationalen Strafverfahren verwertbar sind.[70] Verallgemeinerungsfähig sind diese Vorschriften jedoch nicht.

Um ein späteres Verwertungsverbot wegen Verletzung von Vorschriften zum Schutz des Beschuldigten zu vermeiden, werden in jüngerer Zeit Forderungen erhoben, im Rahmen der Rechtshilfe den Beweis nach dem Recht des ersuchenden Staates zu erheben.[71] Der Rahmenbeschluss über den Europäischen Haftbefehl zeigt sich für derartige Ansätze offen, indem er festlegt, dass die Vernehmung der gesuchten Person nach dem Recht des Vollstreckungsstaates und *nach den im gegenseitigen Einvernehmen zwischen der ausstellenden und der vollstreckenden Justizbehörde festgelegten Bedingungen* erfolgt (Art. 19 II, III). So kann z.B. die ausstellende Behörde auf eine richterliche Vernehmung hinwirken, um eine spätere Verwertung der protokollierten Aussage zu ermöglichen (s. § 254 StPO).

6. Schluss

Das Prinzip der gegenseitigen Anerkennung hat auch in der justitiellen Zusammenarbeit in Strafsachen seinen Platz und kann zu einer Verbesserung dieser Zusammenarbeit beitragen. Es beruht allerdings auf anderen Erwägungen als das Herkunftslandprinzip. Die in der Begrifflichkeit des Unionsgesetzgebers ("System des freien Verkehrs") zum Ausdruck kommende Analogie zum Binnenmarkt ist nur bedingt tragfähig[72] und sollte nicht dazu verleiten, nationale Standards für die Grund- und Verfahrensrechte des Beschuldigten aufzugeben. Eine vorbehaltlose Anerkennung strafgerichtlicher Entscheidungen setzt ein weit höheres Maß an Harmonisierung voraus als die Schaffung von Mindestanforderungen an Waren und Dienstleistungen sowie von Mindestqualifikationen für im Binnenmarkt tätige Selbständige und Arbeitnehmer. Das Prinzip der gegenseitigen Anerkennung wird sich deshalb nur schrittweise umsetzen lassen. Bei weniger eingriffsintensiven Ermittlungsmaßnahmen dürfte ein geringerer Grad der Harmonisierung ausreichen. Dort bestehen weniger Hindernisse für eine gegenseitige Anerkennung gerichtlicher Entscheidungen.[73] Eine Grundlage für einen europaweiten Standard an

---

70 S. Art. 8 III S. 3, 4 der Verordnung (EURATOM, EG) Nr. 2185/96, ABlEG 1996 L 292/2; Art. 9 II S. 2, 3 der Verordnung (EG) Nr. 1073/99, ABlEG 1999 L 136/1; s. dazu *von Bubnoff*, ZEuS 2002, 185, 201 f.

71 S. die Entschließungen des XVI. Internationalen Strafrechtskongresses, Sektion IV., Empfehlung Nr. D.2., ZStW 112 (2000), 734, 738; s. auch *Lagodny*, JZ 1997, 48, 49.

72 S. dagegen *Brüner/Spitzer*, NStZ 2002, 393, 395; *Sieber*, ZRP 2000, 186, 190.

73 *Sieber*, ZRP 2000, 186, 191.

Grund- und Verfahrensrechten des Beschuldigten ist mit der EMRK und der Rechtsprechung des EGMR vorhanden.[74] Auch an das Corpus Juris zum Schutz der finanziellen Interessen der EG kann angeknüpft werden.[75] Auf die Art und Weise des Vollzuges der Ermittlungsmaßnahme kann weiterhin das innerstaatliche Recht des Vollstreckungsstaates angewandt werden, ohne dass der zwischenstaatliche Rechtshilfeverkehr dadurch beeinträchtigt wird. Einer Harmonisierung bedarf es dort ebenso wenig wie der Anerkennung von Rechtsnormen oder Entscheidungen des Ausstellungsmitgliedstaates. Der Subsidiaritätsgrundsatz[76] mahnt den Unionsgesetzgeber insoweit zur Zurückhaltung.

Andererseits ist es nicht ausgeschlossen, zur Verbesserung der Zusammenarbeit über das Prinzip der gegenseitigen Anerkennung hinauszugehen. So könnte wie bei der grenzüberschreitenden Observation[77] erwogen werden, die ausländische Behörde die jeweilige Ermittlungshandlung selbst vornehmen zu lassen. Im Rahmen der Zusammenarbeit der nationalen Finanzaufsichtsbehörden sind bereits weitergehende transnationale Ermittlungsbefugnisse vorgesehen.[78] Die begrenzte Legitimationskraft des Prinzips der gegenseitigen Anerkennung lässt derartige Instrumente - sei es als Alternative oder als Ergänzung - wieder stärker ins Blickfeld geraten.

---

74 S. dazu *Kühne*, StV 2001, 73 ff.; *Weigend*, StV 2000, 384 ff.

75 S. *Delmas-Marty* (Hrsg.), Corpus Juris der strafrechtlichen Regelungen zum Schutz der finanziellen Interessen der EU (1998), Art. 18 ff.; zur Diskussion: *Huber* (Hrsg.), Das Corpus Juris als Grundlage eines europäischen Strafrechts (2000), S. 247 ff.

76 S. Art. 2 II EUV i.V.m. Art. 5 EGV.

77 S. Art. 40 des Schengener Durchführungsübereinkommens. Die ausländische Behörde ist dabei an das Recht des Staates, auf dessen Hoheitsgebiet die Observation stattfindet, gebunden, s. Art. 40 III a) SDÜ.

78 S. § 53b VI KWG; s. dazu *Ohler*, DVBl. 2002, 880, 881 ff.; *Royla*, Grenzüberschreitende Finanzmarktaufsicht in der EG (2000), S. 100 ff.

Staatliche Einigung und Rechtseinheit

Die deutsche und die italienische Staatenbildung im 19. Jahrhundert und der Weg in die Rechtseinheit am Beispiel des Strafrechts

Torben Hagen[*]

I. Einleitung

Der Geehrte hat sich im Laufe seiner langen und erfolgreichen Lehrtätigkeit ein besonderes Interessengebiet erschlossen, für das er über die Grenzen der Georg-August-Universität hinaus bekannt und geschätzt ist – das Italienische. Über ein persönliches Interesse an der italienischen Sprache und Kultur – insbesondere der italienischen Oper – hinaus steht dies insbesondere für ein breites berufliches Engagement im Bereich des italienischen Strafrechts. So nimmt es nicht wunder, dass gerade rechtsvergleichende Aspekte immer eine erhöhte Aufmerksamkeit des Geehrten geweckt haben, mag es an den Unterschieden, mag es an den Gemeinsamkeiten des deutschen und des italienischen Rechtssystems liegen. Es sind dies Rechtssysteme, die beide aus alter, ja teils gemeinsamer Tradition[1] gewachsen sind und eine der tragenden Säulen zweier doch relativ junger Staaten bilden, die beide nahezu zeitgleich in der Mitte des 19. Jahrhunderts entstanden sind. Drängen sich hier Gemeinsamkeiten auf, stellt sich sogleich die Frage nach der Andersartigkeit der Entwicklungen, deren beider Betrachtung dem Geehrten zu Interesse und Freude gereichen soll.

---

[*] Der Autor ist Mitarbeiter am „Institut für Allgemeine Staatslehre und politische Wissenschaften“, Göttingen.

[1] Zu den im Hinblick auf Elemente des römischen Rechts gemeinsamen Grundlagen des italienischen und deutschen Strafrechts im Überblick *Georg Dahm*, Das Strafrecht Italiens im ausgehenden Mittelalter, 1931; *Klaus Luig*, Der Geltungsgrund des römischen Rechts im 18. Jahrhundert in Italien, Frankreich und Deutschland, in: ders., Römisches Recht, Naturrecht, nationales Recht, 1998, S. 3 ff.

II. Okkupative staatliche Einheit und Strafrecht im Zeitalter Napoleons

Nach über Jahrhunderte währender gemeinsamer staatlicher und rechtlicher Entwicklung im Heiligen Römischen Reich des Mittelalters[2] und danach machtpolitisch bedingter allmählicher Separation der Entwicklungsprozesse[3] standen Deutschland und Italien zu Beginn des 19. Jahrhunderts wiederum in einer gemeinsamen Verknüpfung ihres politischen und rechtlichen Schicksals: Der napoleonischen Okkupation, deren Auswirkungen nahezu alle Staaten Europas erfasste. Die machtpolitischen Krallen der Habsburgerdynastie, die sich in den deutschen Norden mit ihrer Hausmacht und der Bekleidung der römisch-deutschen Kaiserwürde sowie weit in den italienischen Süden durch Sekundo- und Tertiogenituren ihres Hauses klammerten, wurden in dieser Zeit durch eine Zange napoleonischer Herrschaft ersetzt, die das feindliche Österreich gleichsam einem Dorn nach Norden und Süden umschloss und seinen Jahrhunderte langen Einfluss in der deutschen und italienischen Sphäre vorerst zerschnitt. Dieser machtpolitische Scherenschnitt des Korsen war umfassend und radikal für beide Seiten, führte er doch zu einer völligen staatlichen und rechtlichen Neuorientierung.

In Deutschland, dessen vermeintlich einigendes Band, das Heilige Römische Reich Deutscher Nation, spätestens seit dem Ende des Dreißigjährigen Krieges faktisch nicht mehr bestand und mit seiner unübersehbaren Anzahl selbstständiger Klein- und Kleinstterritorien in zunehmende politische Agonie verfallen war[4], führte der napoleonische Machtdruck im Reichsdeputationshauptschluss von 1803[5] zu einer fundamentalen staatlichen Flurbereinigung[6] und einer - wenn auch

---

2 *Giorgio Chittolini, Dietmar Willoweit (Hrsg.)*, Hochmittelalterliche Territorialstrukturen in Deutschland und Italien, 1996.

3 *Bodo Guthmüller (Hrsg.)*, Deutschland und Italien in ihren wechselseitigen Beziehungen während der Renaissance, 2000.

4 *Hans Boldt*, Deutsche Verfassungsgeschichte, Bd. 1, 1984, S. 276 f.; *Heinz Duchhardt*, Deutsche Verfassungsgeschichte 1495-1806, 1991, S. 180 ff.; *Klaus Dieter Hömig*, Der Reichsdeputationshauptschluß vom 25. Februar 1803 [...], Diss. 1969, S. 6 ff.; die territoriale Zersplitterung war dermaßen fortgeschritten, dass die Anzahl der Territorien heute nur noch geschätzt (!) werden kann.

5 Grundlegend *Ernst Walder*, Das Ende des Alten Reiches, 2. Aufl., 1962; *Hömig*, Reichsdeputationshauptschluß (Fn. 4), insbes. S. 30 ff.; im Überblick *Ernst Rudolf Huber*, Deutsche Verfassungsgeschichte seit 1789, Bd. 1, 2. Aufl., 1957, S. 42 ff.; *Gero Walter*, Der Zusammenbruch des Heiligen Römischen Reiches deutscher Nation [...], 1980, S. 6 ff.

6 Durch Mediatisierung erloschen – vom Verlust der linksrheinischen Gebiete abgesehen – 112 rechtsrheinische Reichsstände, 19 Reichsbistümer, 44 Reichsabteien, 41 Reichsstädte und alle noch bestehenden Reichsdörfer, vgl. *Andreas Heusler*, Deutsche Verfassungsgeschichte, 1905, S. 270; *Huber*, Verfassungsgeschichte I (Fn. 5), S. 46; die ständigen territorialen Veränderungen während der Jahre 1803-1814 mitberücksichtigt kam es i.E. zu ei-

aufgezwungenen - neuen staatenbündischen Einheit im Rheinbund, der dem kaiserlichen Frankreich vasallenartig verpflichtet wurde[7/8]. War die Einheit Deutschlands durch die römisch-deutsche Kaiserwürde sowieso nur noch eine formale gewesen, war ebenso ihr rechtlicher Untergang 1806[9] eine reine Formsache. Es verwundert kaum, dass dieses endgültige Ende des Reiches genauso wenig wahrgenommen wurde, wenn man bedenkt, wie wenig man die deutsche Einheit noch als Realität empfunden hatte. Absolutistische Willkürherrschaft im Wohlfahrts-, Wirtschafts- und Verwaltungsstaat des 18. Jahrhunderts[10] hatten ihren Tribut gefordert in Resignation und Desinteresse der Bevölkerung. Dieser stand die fürstliche Obrigkeit skeptisch gegenüber, begriff sie nicht als Säule des Staates, mehr als Nährer und zugleich latente Gefahr[11]. Es verwundert nicht, dass ein deutsches Strafrecht dieser Zeit - zumal nach den Wirren und Kaltblütigkeiten des Dreißigjährigen Krieges - denn auch ausgerichtet war auf die strikte Durchsetzung von Ruhe und Ordnung im fürstlichen Polizeistaat[12], für den Begriffe wie Freiheit und Gleichheit Fremdworte waren. Hatte es schon dem Reich des 16. Jahrhunderts seiner damals bereits niedergehenden Macht wegen an Kraft gefehlt, seine *Caro-*

---

ner Reduzierung von vormals geschätzt 800-1200 (!) Reichsterritorien (nebst kleinster Reichsdörfer und Ritterschaften, die nach der Reichsmatrikel keine Reichsstandschaft besaßen, vgl. *Conrad Bornhak*, Deutsche Verfassungsgeschichte, 1934, S. 265 f.) auf die 38 Staaten, die 1815 den Deutschen Bund gründeten (zu weiteren quantitativen Veränderungen vgl. *Hans Boldt*, Deutsche Verfassungsgeschichte, Bd. 2, 1990, S. 132).

7 Auch wenn die *Rheinbundakte* vom 12.7.1803, vgl. *Ernst Rudolf Huber*, Dokumente zur deutschen Verfassungsgeschichte, Bd. 1, 3. Aufl., 1978, S. 28 ff., in Art. 4 von „voller Souveränität" spricht, entsprach dies nicht der Realität (so etwa Protektorat *Napoleons* einschl. eines Ernennungsrechts für den Fürstprimas des Bundes, vgl. *Bornhak*, Verfassungsgeschichte (Fn. 6), S. 279 f., 302 ff.; *Walter*, Zusammenbruch (Fn. 5), S. 71 f.; nach der Niederlage von Jena und Auerstedt 1806 zerstob dieses aufgezwungene „Phantom eines deutschen Teilstaates" (*Dietmar Willoweit*, Deutsche Verfassungsgeschichte, 3. Aufl., S. 205) wieder.

8 Als - ernüchternder - Zweck dieser „Einigung" stellte sich schnell lediglich der einer *„agence de recoursement"* bzw. einer *„machine de guerre"* heraus, vgl. *Bornhak*, Verfassungsgeschichte (Fn. 6), S. 302.

9 *Huber*, Verfassungsgeschichte I (Fn. 5), S. 71 ff.; *Walter*, Zusammenbruch (Fn. 5), S. 3 ff., 71 ff.; *Robert Scheyhing*, Deutsche Verfassungsgeschichte der Neuzeit, 1968, S. 88 ff.

10 Wenn auch in den letzten Jahrzehnten gemildert durch die Ideen der Aufklärung, vgl. *Duchhardt*, Verfassungsgeschichte (Fn. 4), S. 210 ff.; *Willoweit*, Verfassungsgeschichte (Fn. 7), S. 181 ff.

11 Vgl. *Boldt*, Verfassungsgeschichte I (Fn. 4), S. 224 ff.; zu positiv hier *Scheyhing*, Verfassungsgeschichte (Fn. 9), S. 55 ff.

12 *Boldt*, Verfassungsgeschichte I (Fn. 4), S. 227 ff.; *M. Raeff*, Der wohlgeordnete Polizeistaat und die Entwicklung der Moderne im Europa des 18. und 19. Jahrhunderts, in: Ernst Hinrichs (Hrsg.), Absolutismus, 1986, S. 310 ff.; zu den theoretischen Grundlagen vgl. *Ernst Forsthoff*, Deutsche Verfassungsgeschichte der Neuzeit, 4. Aufl., 1961, S. 36 ff.

lina von 1532[13] reichseinheitlich zur allgemeinen Grundlage eines gemeinen deutschen Strafrechts zu machen[14], verschwommen erst recht in den beiden folgenden Jahrhunderten des Absolutismus und der separatistischen Territorialstaatlichkeit diese Ansätze einer strafrechtlichen Vereinheitlichung zu einem Wirrwarr einzelstaatlicher Normierungen[15] - wenn es sie überhaupt gab. Was es hingegen - ob mit oder ohne geschriebenes Strafrecht - gab, waren Richterwillkür und schonungslose Stilisierung des Vergeltungsgrundsatzes[16] zur allgemeinen „Wohlfahrt" des jeweiligen Landes[17] - und nicht selten zur Wohlfahrt des Landesherren selbst[18].

Von einem durch die napoleonische Oppression bewirkten „Aufräumen" auf staatlicher und rechtlicher Ebene zu reden, ist daher weniger lax gesprochen als vielmehr real für die deutschen Verhältnisse zu Beginn des 19. Jahrhunderts. Separatistische Kleinstaaterei wich moderner Staatlichkeit[19]. Die Errungenschaften der französischen Revolution, voran Freiheits- und Gleichheitsdenken, hielten - wenn auch vielfach aufgezwungen und von der eingesessenen Obrigkeit ungewollt - Einzug. Das französische Vorbild wurde allgegenwärtig und *Napoleon* in weiten Kreisen der Wissenschaft und Bevölkerung bewundert als Träger des politischen und sozialen Fortschritts. Auch das Strafrecht blieb dabei nicht außen vor. Insbesondere die Neuerung des Verfassungsrechts und darin niedergelegte Grundsätze wie der Schutz vor willkürlicher Verhaftung i.S.d. *Habeas corpus*, die gesetzliche Bestimmung der Strafbarkeit oder das Recht auf richterliches Gehör wirkten hier in den strafrechtlichen Bereich hinein[20]. Positiven Niederschlag

---

13 Grundlegend dazu *Peter Landau/Friedrich Christian Schroeder* (Hrsg.), Strafrecht, Strafprozeß und Rezeption: Grundlagen, Entwicklung und Wirkung der Constitutio Criminalis Carolina, 1984; *Eberhard Schmidt*, Die Carolina, in: ZRG 53 (1933), S. 1 ff.; *Friedrich Christian Schroeder* (Hrsg.), Die Carolina, 1986.

14 Gleichwohl sie Einfluss auf die zunehmenden Einzelgesetze in den Territorien gehabt hat, *Hinrich Rüping*, Grundriß der Strafrechtsgeschichte, 3. Aufl., 1998, S. 40.

15 So beispielsweise der *Codex juris Bavarici criminalis* von 1751 oder die *Constitutio criminalis Theresiana* von 1768; bereits mehr vom Geiste der Aufklärung abgemildert die *Josephina* von 1787 und das Preuß. Allgemeine Landrecht, Teil II, Titel 20 von 1794; als letztes StGB anachronistischer Prägung das österr. StGB von 1803.

16 So waren beispielsweise die Strafdrohungen der *Theresiana* teilweise noch grausamer als die schon drakonisches Strafen der über 200 Jahre älteren *Carolina*, vgl. *Hermann Seuffert*, in: Franz von Liszt (Hrsg.), Die Strafgesetzgebung der Gegenwart in rechtsvergleichender Darstellung, Bd. 1: Das Strafrecht der Staaten Europas, 1894, S. 5.

17 Dass beispielsweise je nach Motivation hinsichtlich der Verurteilung einer bestimmten Person statt Todesstrafe eine Geldstrafe von 20 Talern verhängt würde, war nichts Auffallendes, vgl. *Seuffert*, Strafgesetzgebung (Fn. 16), S. 4.

18 Vgl. *Reinhold Zippelius*, Kleine deutsche Verfassungsgeschichte, 1994, S. 65.

19 Teils sogar bereits mit der staatsrechtlichen Innovation eines verfassungsrechtlichen Gefüges wie im 1807 neugeschaffenen Königreich Westfalen, vgl. *Manfred Botzenhart*, Deutsche Verfassungsgeschichte 1806-1949, 1993, S. 13 f.

20 Vgl. im Überblick m.w.N. *Rüping*, Strafrechtsgeschichte (Fn. 14), S. 80 ff.

fanden diese Einflüsse in den von Frankreich besetzten linksrheinischen Gebieten, in denen der 1810 (neu[21]) kodifizierte französische *Code pénal* galt, aber auch in den mediatisierten Staaten des Rheinbundes hielt diese erste europäische Strafrechtskodifikation moderner Prägung mehr oder minder direkten Einzug[22] oder setzte neben den verfassungsrechtlichen Einflüssen weitere Impulse zu einer Modernisierung der anachronistischen Strafrechtssysteme[23].
Auch wenn das napoleonische Zeitalter ein Intermezzo von nicht einmal zwei Jahrzehnten blieb, führte es so im staatlichen wie rechtlichen Bereich zu einer Wende, aus der es kein Zurück mehr gab und die die weitere Entwicklung im Hinblick auf eine staatliche und rechtliche Einheit in Deutschland maßgeblich beeinflusste.

War der Aggressor in beiden Fällen derselbe, ist es wenig erstaunlich, dass die Entwicklung in Italien einen ähnlichen Verlauf nahm. Dieses hatte seit Jahrhunderten im Gegensatz zu Deutschland nicht einmal ein formal einigendes Band besessen, sondern bestand vielmehr aus einer Reihe kleinerer Staaten, die sich wie Ausland gegenüberstanden[24]. Der Zustand des territorialen Rechts war dementsprechend und im Vergleich zu den deutschen Verhältnissen weitaus verworrener und von noch despotischerer Degeneration des tradierten gemeinen Rechts geprägt - von rühmlichen Ausnahmen wie dem toskanischen Criminalgesetzbuch von 1786 einmal abgesehen[25]. Dieser - italienischen - Variante der Vielstaaterei und Rechtszersplittertheit setzte die napoleonische Herrschaft nun gleichfalls ein Ende, indem das kaiserliche Frankreich den Norden und die Mitte Italiens entweder wie das linke Rheinufer in Deutschland annektierte[26] oder - so hauptsächlich - die Gebiete einschließlich der überwiegenden Teile des *Patrimonium Petri* über republikanische Zwischenstadien[27] zu einem (norditalienischen) Königreich Ita-

---

21 Einen ersten *Code pénal* hatte es seit 1791 gegeben, vgl. *Albert Rivière*, in: Franz von Liszt (Hrsg.), Die Strafgesetzgebung der Gegenwart in rechtsvergleichender Darstellung, Bd. 1: Das Strafrecht der Staaten Europas, 1894, S. 435.

22 Paradoxerweise war es sogar das Strafgesetzbuch des *Napoleon* feindlich gegenüber stehenden Preußens, das am stärksten vom *Code pénal* beeinflusst wurde, vgl. *Seuffert*, Strafgesetzgebung (Fn. 16), S. 7.

23 *Bornhak*, Verfassungsgeschichte (Fn. 6), S. 303, spricht von „*Codes*" allgemein; Einflüsse des *Code pénal* etwa beim bayerischen StGB von 1813, vgl. unten S. 263 f.

24 Vgl. zu den Gründen und gescheiterten früheren Einigungsversuchen *Richard Sternfeld*, Die nationale Einigung Italiens im 19. Jahrhundert, 1920, S. 5 ff.

25 *Hinrich Rüping*, Das Leopoldinische Strafgesetzbuch und die strafrechtliche Aufklärung in Deutschland, in: La „Leopoldina", Bd. 5, 1989, S. 535 ff.

26 So Savoyen und Nizza 1792.

27 *Napoleon* führte zunächst eine Vereinigung der oberitalienischen Städte herbei, die sog. „*repubbliche sorelle*" (Schwesterrepubliken), die über die Stadien der Cispadanischen, der Cisalpinischen (1797) und der Italienischen (1802) Republik 1805 in das Königreich

lien zusammenfasste[28], wodurch die Halbinsel nach Jahrhunderten erstmals wieder eine Einheit fand. Auch diese war freilich wie in Deutschland eine aufgezwungene. Ein entscheidender Unterschied zum entfernten Nachbarn im Norden bestand allerdings darin, dass es bei einer Fremdherrschaft[29] blieb, einer Fremdherrschaft, wie sie seit dem Untergang des Römischen Reiches in Italien bestanden hatte[30]. Wurden zwar in Deutschland die Kleinstaaten mediatisiert, blieben es deutsche Fürsten in den vergrößerten Territorien, die weiterregierten; in den napoleonischen Staaten Italiens hingegen lösten lediglich fremde Herrscher vormals ebenso nichtitalienische und damit fremde Herrscher ab[31], ein Umstand, der für die weitere Entwicklung staatlicher und rechtlicher Einheit im Vergleich zu Deutschland noch von ausschlaggebender Bedeutung sein sollte.

Nichtsdestotrotz bedingte die französische Okkupation auch in Italien neben Veränderungen im staatlichen Bereich eine ähnliche, wenn nicht eine wegen des im Vergleich zu Deutschland direkteren napoleonischen Einflusses noch stärkere Durchdringung des italienischen Rechtssystems mit französischem Gedankengut, das hier zu seinen - über Jahrhunderte unterdrückten – rechtshistorischen Wurzeln zurückfand[32]. Dies galt fast selbstverständlich für eine starke verfassungsrechtliche Anlehnung an das französische Vorbild, wobei zu bedenken ist, dass Verfassungen auch für Italien eine fundamentale Neuerung waren[33]. Direkter

---

Italien umgewandelt wurden, vgl. *Michael Dietrich*, Der italienische Verfassungsgerichtshof, 1995, S. 37 Fn. 14.

28 Das Verhältnis des Rest-Kirchenstaates einmal außen vor bestand Italien 8 Jahre lang damit nur noch aus zwei Staaten, den Königreichen Italien und Neapel-Sizilien, vgl. *Giuliano Procacci*, Geschichte Italiens und der Italiener, 1983, S. 222; *Sternfeld*, Einigung Italiens (Fn. 24), S. 8; die Reste des Kirchenstaates wurden 1810 von Frankreich annektiert.

29 Die neue (erste) italienische Königswürde wurde von *Napoleon* selbst in Personalunion wahrgenommen mit seinem Stiefsohn, Eugen Beauharnais, als Vizekönig, dann von *Napoleon* allein, der sie hernach formal auf seinen Sohn, *Napoleon II.*, Herzog von Reichsstadt, übertrug. Das Königreich Italien war damit nichts Anderes als ein französischer Satellitenstaat, *Procacci*, Geschichte Italiens (Fn. 28), S. 223 ff.

30 *Sternfeld*, Einigung Italiens (Fn. 24), S. 5.

31 Auch im süditalienischen Königreich Neapel-Sizilien (nach 1814: Königreich Beider Sizilien) wurde die ehemalige (spanische) Bourbonen-Dynastie (Sekundogenitur) erst durch den Bruder *Napoleons*, *Joseph* (1768-1844), hernach durch seinen Schwager *Murat* (1767-1815) ersetzt, *Sternfeld*, Einigung Italiens (Fn. 24), S. 8.

32 Die Verworrenheit der politischen Verhältnisse Italiens war es gerade, die der blühenden italienischen Strafrechtswissenschaft des Mittelalters im 18. Jahrhundert einen Maulkorb verpasste und einer einheitlichen Strafgesetzgebung noch effektiver als in Deutschland, in dem es die *Carolina* immerhin versuchte, den Riegel vorschob, vgl. *Bernardino Alimena*, in: Franz von Liszt (Hrsg.), Die Strafgesetzgebung der Gegenwart in rechtsvergleichender Darstellung, Bd. 1: Das Strafrecht der Staaten Europas, 1894, S. 581.

33 Verfassung der Republik Bologna 1796, Verfassung der Republik Cispadina 1797, Verfassung der Republik Cisalpina 1797, Verfassung der Römischen Republik 1798 mit direk-

französischer Einfluss war so auch auf dem Gebiet des Strafrechts zu verzeichnen, denn wie in Deutschland hielten hier verfassungsrechtlich niedergelegte Strafgrundsätze Einzug und knüpften so an die zwar überlieferte, aber fast vergessene italienische Praxis des Mittelalters an. Als tatsächliche Folge verschwanden zunächst mit den alten italienischen Kleinstaaten auch deren Strafrechtsordnungen - soweit man von solchen in festgefügterer Form auch hier überhaupt sprechen konnte[34]. Im neugebildeten Königreich Italien zog sodann mit den *Progetti di codice penale e di codice di procedura penale per il Regno italico* von 1807 ein modernes materielles und formelles Strafrechtsdenken ein, das stärkstens französisch beeinflusst war[35] und das - in Anbetracht der Tatsache, dass *Napoleon* (1769-1821) gleichzeitig König von Italien war, wenig verwunderlich - 1808 zur Einführung des neuen französischen *Code d'instruction criminelle* und 1810 des *Code pénal* bis südlich von Rom führte[36]. Ebenso unter massivem französischen Einfluss hatte das zwei Jahre vorher kodifizierte süditalienische Strafgesetzbuch von 1808 gestanden, dass *Napoleons* dort regierender Bruder einführen ließ[37]. Damit hatten, und dies in Anbetracht der Jahrhunderte langen Stagnation atemberaubend schnell, nicht nur zwei neue Staaten viele alte, sondern auch zwei moderne Strafrechtsordnungen viele anachronistische und despotische abgelöst.

Die staatlichen und rechtlichen Wirkungen der napoleonischen Herrschaft waren somit beiderseits der Alpen kongruent, und wie in Deutschland waren dies auch auf dem Apennin derart tiefgreifende Neuerungen, dass sie ungeachtet des Zusammenbruchs der französischen Herrschaft 1814 nie völlig beseitigt werden konnten und auf die weitere italienische Rechtsentwicklung einen bleibenden Einfluss bewahrten[38].

---

testem französischen Einfluss, Verfassung der Republik Ligurien 1797, Verfassung Neapels 1799, vgl. dazu insgesamt *Giovanni De Vergottini*, La costituzione della repubblica cispadana, 1946, S. 18, 63 ff.

34 Für den italienischen Territorialismus gelten dieselben, wenn nicht hinsichtlich der noch despotischeren Züge der Kleinstaaterei extremere Bedingungen, vgl. oben S. 254 f.

35 *Alimena*, Strafgesetzgebung (Fn. 32), S. 582.

36 *Adolf Priens*, in: Franz von Liszt (Hrsg.), Die Strafgesetzgebung der Gegenwart in rechtsvergleichender Darstellung, Bd. 1: Das Strafrecht der Staaten Europas, 1894, S. 461.

37 *Alimena*, Strafgesetzgebung (Fn. 32), S. 582.

38 vgl. *Reinhold Schumann*, Geschichte Italiens, 1983, S. 181 ff.; *Edgar R. Rosen*, Italien im Französischen Zeitalter, in: Theodor Schieder (Hrsg.), Handbuch der europäischen Geschichte, Bd. 5, 1981, S. 778 (822 ff.); ein nur mehr oder weniger offensichtliches Beispiel ist die Wahl einer Trikolore als Staatsflagge (vgl. Art. 12 der italienischen Verfassung von 1947) nach dem französischen Vorbild von 1792, so *Dietrich*, Verfassungsgerichtshof (Fn. 27), S. 36 f. Fn. 5.

III. Staatlicher Separatismus und Rechtspartikularismus im Zeitalter von Restauration und Reaktion

Auf dem nach dem Zusammenbruch der französischen Herrschaft von November 1814 bis Juni 1815 stattfindenden Wiener Kongress lag wieder einmal das Schicksal Deutschlands und Italiens in den Händen von Siegern und nicht in ihren eigenen. Wieder einmal überschnitten sich Jahrhunderte lange Gemeinsamkeiten in einem neuen Knotenpunkt der Geschichte mit vergleichbaren Folgen und Wirkungen für die kommenden 50 Jahre - und diesmal trug diese neuerliche Gemeinsamkeit die Namen der „Restauration" und der „Reaktion"[39]. Hatte vorher das Alte über das Neue gesiegt und die „neue Zeit" der napoleonischen Herrschaft beendet, lag mit diesen Schlagworten das Programm des Kongresses bar auf der Hand: Restauration bedeutete die Wiederherstellung des Status quo vor *Napoleon* und die Ausmerzung der Errungenschaften samt ihrer Nachwirkungen, die die bei den verhandelnden Siegereliten verhasste Französische Revolution gebracht hatte; Reaktion verhieß die entschiedene Kampfes- und Abwehrhaltung gegen alles dieses restaurative Regime Gefährdende und wurde akut, als die Revolutionen des Jahres 1848 in Deutschland wie in Italien die restaurativen Mächte erschütterte. Der Beginn dieser Ära bedeutete hier wie dort zunächst die politische Manifestierung der zuvor bereits gelungenen militärischen Zerschlagung der französischen Klammer um das neue Kaisertum Österreich, kurz gesagt: Die Klauen des Doppeladlers krallten sich wieder nach Norden und Süden in Deutschland und Italien hinein, gleich so wie es vor dem napoleonischen Intermezzo gewesen war. Dynastien und Bürokratie (in Italien zudem die Kirche) trugen auf dem Wiener Kongress den Sieg über den Zeitgeist davon. Aber dennoch ließen sich die erwachten Völker nicht wieder in die vormalige Lethargie und Abgestumpftheit zurückdrängen, aus der die französische Okkupation sie gerissen hatte. So war die restaurative und separatistische Wendung gegen alles Neue und Verbindende von vornherein auf dünnes Eis gestellt, das nach und nach zu brechen begann und das letzten Endes auch die Reaktion nicht mehr zum Gefrieren bringen konnte. Zu Beginn des 19. Jahrhunderts aber war ein solches Ende des politischen Winters noch nicht absehbar, im Gegenteil: Mit der Restauration des Alten begann er erst und erreichte mit der Reaktion auf ein machtgefährdendes Zuviel an Neuem den innovativen und liberalen Gefrierpunkt.

In Deutschland wurde zwar das Heilige Römische Reich nicht wiedererrichtet[40], sondern durch einen Deutschen Bund ersetzt[41]. In den machtpolitischen Absich-

---

[39] Als kurzer Überblick über diese Ära *Werner Frotscher/Bodo Pieroth*, Verfassungsgeschichte, 3. Aufl., 2002, S. 118 ff.

[40] Zu den Gründen eingehend *Walter*, Zusammenbruch (Fn. 5), S. 92 ff.

[41] Detailliert *Huber*, Verfassungsgeschichte I (Fn. 5), S. 475 ff.

ten, insbesondere denen Österreichs unter dessen Staatskanzler *Klemens Wenzel von Metternich* (1773-1859), aber spielte dies zur Erreichung des Status quo kaum eine Rolle: Diese lediglich staatenbündische und lockere Verbindung der deutschen Territorien sollte keinerlei Einheitsgefühl aufkommen lassen und unterschied sich so kaum vom Endzustand des alten Reiches. *Heinrich Heines* (1797-1856) berühmter Ausspruch „Bund, du Hund, du bist nicht gesund“ ist wohl die bekannteste Umschreibung dieses Umstandes aus der Sicht der Bevölkerung, die so jäh in ihren Wünschen nach Einheit und Freiheit enttäuscht wurde[42]. Blieb die deutsche Landkarte der 1803 mediatisierten deutschen Staaten zwar bestehen und wurden die alten Kleinstherrschaften nicht wiedererrichtet[43], vollzog sich dadurch lediglich eine Neuerung von der Kleinst- zur Kleinstaaterei, denn de facto blieb jeder Staat dem anderen gegenüber Ausland, und jeder deutsche Staat war für sich souverän[44]. In erster Linie war der Deutsche Bund als Verteidigungsbündnis nach außen, weniger nach innen gedacht[45], und in Anbetracht der österreichischen Intentionen scheint es klar, dass dieses den Vorsitz in dem einzigen Bundesorgan, dem Bundestag[46], übernahm und sich so federführend in die Geschicke der deutschen Entwicklung zurückmeldete.

Dennoch war es in Deutschland kein absoluter Sieg, den die Restauration sicher gern davon getragen hätte, denn auch *Metternich* kam - zumindest hier - nicht an den Nachwirkungen des deutschen Zusammenhalts gegen die französische Fremdherrschaft vorbei. Hatte die monarchische Macht zwar gesiegt, so konnte ihre Legitimation aus dem Gottesgnadentum nach den vergangenen zwei Jahrzehnten kaum mehr wiedererstehen, denn alles Zurückdrängen und Unterdrücken völkischen Einflusses konnte nicht verhehlen, dass ein Sieg ohne die Unterstützung der Deutschen undenkbar gewesen wäre. Mehr also dieser reale Umstand als die ideelle Überzeugung bedingten es daher, dass gewisse Errungenschaften der Ära Napoleon auch in Deutschland unauslöschlich geworden waren. Die mo-

---

42 Vgl. *Scheyhing*, Verfassungsgeschichte (Fn. 9), S. 118 ff.

43 Ziel war demnach nicht die Erreichung eines Status quo *ante*; auch bei der Säkularisierung sollte es i.E. bleiben, vgl. *Boldt*, Verfassungsgeschichte II (Fn. 6), S. 126 f.

44 Mit einer einzigen Einschränkung, Bündnisse gegen den Bund oder eines seiner Glieder zu schließen, Art. 11 der *Bundesakte*, vgl. *Huber*, Dokumente I (Fn. 7), S. 84 ff; andere bündische Vereinbarungen in der *Bundesakte* von 1815 bzw. der *Wiener Schlussakte* von 1820, etwa die Freizügigkeit im Bundesgebiet, wirkten sich dagegen marginal aus.

45 Die in Art. 2, 11 der *Bundesakte* und Art. 2, 25 f. der *Wiener Schlussakte*, beide in *Huber*, Dokumente I (Fn. 7), S. 84 ff. und 91 ff., vorgesehene Friedenssicherung, dazu *Scheyhing*, Verfassungsgeschichte (Fn. 9), S. 116 ff., umfasst gewiss den Hauptteil auswärtiger Politik, demgegenüber aber nur einen wesentlich geringeren Anteil im innerdeutschen Verhältnis, deren entscheidende Aspekte (wirtschaftliche, rechtliche und politische Zusammenarbeit) beabsichtigt außen vor blieben; zudem war die innere Friedenssicherung durch den Bund subsidiär ggü. einer Ordnungsprärogative der Einzelregierungen, vgl. Art. 25 der *Wiener Schlussakte*.

46 Zu den Kompetenzen dieses Organs *Scheyhing*, Verfassungsgeschichte (Fn. 9), S. 115.

narchische Exekutive hatte sich mit der Gesellschaft zu arrangieren, und dafür stand der von der französischen Herrschaft vorgezeichnete, wenn auch von der Restauration ungeliebte Weg der Verfassungsgebung bereit, der - in Art. 13 der Deutschen Bundesakte selbst vorgesehen - in Deutschland über knapp vier Jahrzehnte hinweg in drei Phasen ablief[47]. Es begann die Ära des monarchischen Prinzips und des Konstitutionalismus[48]. Und dennoch: Neben dem, was nicht mehr zu verhindern war, operierte die Restauration hart und entschlossen: Hatte sie im Ergebnis die Ideen von Freiheit und Partizipation zwar nicht vollständig unterdrücken können, wusste sie wohl auf lange Zeit die Einheit von Nation und Staat zu verhindern. Wie fest das restaurative Regime letztendlich zu Beginn des 19. Jahrhunderts im Sattel saß, zeigte sich in dem bekanntermaßen gescheiterten Einigungsversuch der Paulskirche von 1848, der nur mehr klarstellte, dass die Zeit für eine „Revolution von unten" nicht reif war. Aus der entschiedenen Restauration wurde eine ebenso entschlossene Reaktion, die nach einem Jahr der Kräftesammlung verhindern konnte, dass die kurzweilige Lähmung der monarchischen Gegenwehr und die Konstituierung einer sogar gesamtdeutschen Nationalversammlung mehr als nur ein realpolitisch erfolgloses Intermezzo wurden[49]. Doch das neue Gedankengut ließ sich auch diesmal aus den Köpfen der Menschen nicht mehr verdrängen: Je härter diese Reaktion vorging, desto manifester erhob sich der Widerstand und bildeten sich nach Einheit und Freiheit strebende nationalliberale Gruppierungen, die den Kampf um nationale und freiheitliche Ideen auch nach 1848 hochhielten. Wenn auch die Resignation der Folgejahre einen scharfen Rückschlag bedeutet und - wenn auch erst später - die Weichen mehr in Richtung auf eine monarchisch motivierte Herbeiführung der deutschen Einigung gestellt hatte, konnten selbst die „weißen" Einheitsprotagonisten weiterhin auf diesen Einigungswillen in der Bevölkerung rekurrieren[50]. Die Schärfe der Reaktion wandelte sich so auch im Hinblick auf den Einheitsgedanken zur

---

47 Nach 1815 selbst, nach der Ausstrahlungswirkung der französischen Julirevolution 1830 und schließlich im bekannten Revolutionsjahr 1848/49, vgl. im Überblick *Frotscher/Pieroth*, Verfassungsgeschichte (Fn. 39), S. 130 ff., 135 ff., 147 ff.; *Scheyhing*, Verfassungsgeschichte (Fn. 9), S. 125 ff., 133 ff., 150 ff.

48 Im Überblick *Werner Heun*, Das monarchische Prinzip und der deutsche Konstitutionalismus des 19. Jahrhunderts, in: Jörn Ipsen/ Edzard Schmidt-Jortzig (Hrsg.), Recht-Staat-Gemeinwohl, Festschrift für Dietrich Rauschning, 2000, S. 41 ff.

49 *Klaus von Beyme*, Die parlamentarischen Regierungssysteme in Europa, 3. Aufl., 1973, S. 176; *Botzenhart*, Verfassungsgeschichte (Fn. 19), S. 40 ff.

50 So beispielsweise die Gründung des – für einen „kleindeutschen" Nationalstaat unter Preußens Führung eintretenden - *Deutschen Nationalvereins* 1859, vgl. *Ernst Rudolf Huber*, Deutsche Verfassungsgeschichte seit 1789, Bd. 3, 3. Aufl., 1988, S. 387 ff., und die Gegengründung des - großdeutsch gesinnten - *Deutschen Reformvereins* 1862, vgl. *Boldt*, Verfassungsgeschichte II (Fn. 6), S. 94, 163.

„neuen Ära"[51], und insbesondere Preußen fand wachsenden Gefallen daran, zum Zugpferd einer deutschen Einigung zu werden.

Das deutsche Strafrecht dieser Zeit stand in einer mehr oder minder identischen Entwicklung: Neuerungen wurden erhalten, wo sie sich als sinnvoll, das hieß in der Sprache von Restauration und Reaktion als für den eigenen neuerlichen Machterhalt dienlich und als zur Erhaltung von Ruhe und Ordnung im reaktionären Staat geeignet herausgestellt hatten[52]. Störendes, allzu Freiheitliches, insbesondere im Strafprozessrecht, wurde als französisch und revolutionär verhasst verworfen. Allenthalben jedoch waren die bleibenden Wirkungen der napoleonischen Epoche auch jenseits der verfassungsrechtlichen Ebene durch die reetablierte Obrigkeit nicht zu unterdrücken. So blieben die Okkupationsjahre etwa im Rheinland nicht ohne Nachwirkungen, obwohl mit der Zuschlagung zu Preußen vorerst die strafrechtlichen Bestimmungen des Allgemeinen Landrechts formelle Geltung (zurück-)erlangten. Zwar kam ein partikulares neues preußisches StGB erst 1851 zustande, dies aber dann unter den starken Einflüssen des *Code pénal*[53], die sich über dieses halbe Jahrhundert dort gehalten hatten und sich etwa in der klassischen Dreiteilung der Straftaten[54], in Neuerungen beim Versuch sowie bei Täterschaft und Teilnahme oder der Einführung mildernder Umstände[55] äußerten. Zumindest eine Anregung stellte der *Code pénal* in Bayern für die Ausarbeitung des ersten nach Inhalt, Strafanordnung und Sprache „modernen" - bayerischen - StGB von 1813 dar, das unter Federführung des berühmten *Paul Johann Anselm von Feuerbach* (1775-1833) entstand. Zwar korrespondierte der Abkehr von den alten vagen Zuständen eine fast übertriebene Lehrhaftigkeit durch die unübersehbare Menge an Tatbeständen[56], aber durch die Beseitigung vieler Missstände wie der Richterwillkür und v.a. durch die beispielhafte Wirkung[57] für eine Fortsetzung dieser neuen Strafgesetzgebung in anderen Staaten des Deutschen

---

51 Wenn auch teilweise über einen kurzweiligen rigiden Rückschritt zu nackten neoabsolutistischen Zügen wie in Österreich, vgl. *Scheyhing*, Verfassungsgeschichte (Fn. 9), S. 175 f.; so schon im Hinblick auf die innenpolitische Verfassungspolitik *Willoweit*, Verfassungsgeschichte (Fn. 7), S. 197, 248.

52 Freilich ergänzt etwa durch die scharfen *Karlsbader Beschlüsse* von 1819, vgl. dazu *Huber*, Verfassungsgeschichte I (Fn. 5), S. 732 ff.; *Botzenhart*, Verfassungsgeschichte (Fn. 19), S. 27 ff.

53 *Seuffert*, Strafgesetzgebung (Fn. 16), S. 7.

54 Verbrechen (*„crimes"*), Vergehen (*„delits"*) und Übertretungen (*„contraventions"*).

55 *Günther*, Literaturbericht: Geschichte des Strafrechts und des Strafprozesses, in: ZStW 11 (1891), S. 126 ff. (220).

56 Hier übertrieb *Feuerbach* sicherlich seine eigene Forderung nach gesetzlicher Bestimmtheit.

57 So richtungsweisend die im bayerischen StGB von 1813 niedergelegten Grundsätze *„nulla poena sine lege"* (Art. 1) und „Keine Strafe ohne Schuld" (Art. 119).

Bundes gelangte dieses Werk zu großer Popularität[58]. Nach einer kurzen Zeit des Stillstandes kam man spätestens in den sich beruhigenden Jahren des Biedermeier und der Romantik auch in den übrigen deutschen Staaten nach und nach dazu, eigene Strafgesetzbücher zu erlassen[59], teils mehr, teils weniger nach französischem Vorbild. Bis in die Mitte des 19. Jahrhunderts sind so im Grunde vier größere einzelstaatliche Strafrechtskodifikationen zu verzeichnen, die ihrerseits jeweils die Strafgesetzgebung in kleineren Staaten beeinflusste[60]. Nur an den beiden Mecklenburg[61] ging die Zeit - verfassungs- und strafrechtshistorisch - vorbei und es blieb dort bei anachronistischer Ständestaatlichkeit und gemeinem deutschen Strafrecht; auch Bremen und Schaumburg-Lippe hatten keine eigenen Strafgesetzbücher und waren beim gemeinen Strafrecht verblieben[62]. In den Details verschieden, in den Grundzügen aber in die gleiche Richtung weisend baute die partikularistische Strafgesetzgebung in den übrigen deutschen Staaten die Neuerungen der napoleonischen Herrschaft im Rahmen dessen, was Restauration und Reaktion zuließen, weiter aus, von einer immer genaueren Bestimmung der Straffolgen bis hin zur Qualifikation der Strafbarkeit im Tatbestand[63]. Parallel, wenn auch zeitlich etwas später einsetzend verlief eine partikulare Strafverfah-

---

58 1814 fast wörtlich übernommen von Oldenburg, *Seuffert*, Strafgesetzgebung (Fn. 16), S. 6.

59 *Franz Wieacker*, Privatrechtsgeschichte der Neuzeit, 2. Aufl., 1967, S. 459.

60 So beeinflusste das sächsische StGB (1831) die StGB von Sachsen-Weimar (1839), Sachsen-Altenburg (1841), Sachsen-Meiningen (1844) und Schwarzburg-Sondershausen (1845), die sich ihrerseits wiederum 1849 auf das thüringische StGB einigten; das braunschweigische StGB (1840; auffallend die Gutheißung der Analogie darin) stand Pate für die StGB von Lippe-Detmold (fast wörtlich übernommen 1843), Hamburg (1869), auch für das hannoversche StGB (1840); das StGB von Hessen-Darmstadt (1841) übte Einfluss aus auf die StGB von Nassau (1849), Frankfurt (1856) und Hessen-Homburg (1859); die vierte große partikulare Kodifikation war das preußische StGB (1851) mit Einflüssen auf die StGB von Anhalt-Bernburg (fast wörtliche Übernahme 1852), Waldeck-Pyrmont (1855), Oldenburg (1858), Lübeck (1861), Bayern (1861) und schließlich auf das RStGB (1870) selbst; Sonderfälle bildeten das noch auf Grundlage der *Carolina* basierende (Edikt von 1803) badische StGB (1845) und das vom Feuerbachschen bayerischen StGB beeinflusste württembergische StGB (1839).

61 Vgl. *Scheyhing*, Verfassungsgeschichte (Fn. 9), S. 182.

62 *Seuffert*, Strafgesetzgebung (Fn. 16), S. 8.

63 So stammt etwa die „klassische" Bestimmung des Diebstahls („Einen Diebstahl begeht, wer eine fremde bewegliche Sache einem Anderen in der Absicht wegnimmt, dieselbe sich rechtswidrig zuzueignen.") aus dieser Zeit, vgl. Art. 144 Entwurf eines Allgemeinen deutschen Strafgesetzbuchs von 1849 (bei *Waldemar Banke*, Der erste Entwurf eines deutschen Einheitsstrafrechts, 1915, S. 77); dagegen wird noch nicht zwischen Tatbestand, Rechtswidrigkeit und Schuld unterschieden; vgl. auch den Überblick bei *Rüping*, Strafrechtsgeschichte (Fn. 14), S. 75 ff.

rensgesetzgebung[64], in der sich die französischen Nachwirkungen insbesondere durch allmähliche Abkehr vom anachronistischen geheim-schriftlichen Inquisitionsprozess hin zum öffentlich-mündlichen Anklageverfahren[65] und in prozessualen Grundsätzen wie denen der freien Beweiswürdigung oder der Stellung des Angeklagten als Prozesssubjekt äußerten[66]; ebenso hielt trotz vielerlei Kritik die gleichfalls französisch beeinflusste Innovation von Schwurgerichten Einzug als gerichtliche Institution. Wie im materiellen Strafrecht verlief auch im Prozessverfahren die Entwicklung bis auf Unterschiede in den Einzelheiten damit im Grunde konvergent und löste das überkommene gemeine Strafverfahrensrecht - auch wieder mit Ausnahme der beiden Mecklenburg[67] - nach und nach ab.
Die Gemeinsamkeiten in der Entwicklung der einzelstaatlichen materiellen und formellen Strafgesetzgebung konnten aber nicht darüber hinwegtäuschen, dass es bei einem partikularistischen Strafrecht blieb: In den Staaten des Deutschen Bundes galten 18 formal selbstständige Strafgesetzbücher oder das gemeine Recht[68], ein Umstand, der bis zur Reichsgründung von 1871 andauerte. Ohne eine Einheit von Nation und Staat war während Restauration und Reaktion in Deutschland auch an eine Einheit des Rechts nicht zu denken, und beides wusste das Regime bekanntermaßen zu verhindern, wofür die gescheiterte Paulskirchenverfassung von 1849 und das aufgrund dieses Scheiterns nie umgesetzte Verfassungsprojekt[69] eines Allgemeinen deutschen Strafgesetzbuchs nur Beispiele sind.

Die Wiederherstellung der alten Ordnung in Italien war demgegenüber eine noch rigidere - von den Staaten, die *Napoleon* gegründet hatte, blieb kein einziger bestehen[70]. Die Restauration hier war eine nahezu[71] absolute: Die direkte Herrschaft

---

64 Ein früher „Ausreißer" die preußische Criminalordnung von 1805; ansonsten etwa Strafprozessordnungen in Württemberg (1843), Baden (1845), Bayern (1848), Braunschweig (1849), Sachsen (1855), Oldenburg (1857) und Preußen (1867).

65 Hier wieder eine direkte Verschränkung von Verfassungsrecht und Straf(verfahrens)recht: Der Inquisitionsprozess gilt als Pendant der unbeschränkten Monarchie (*Zachariae*, *Mittermaier*), der rechtsstaatliche Anklageprozess hingegen korreliert mit dem modernen und Restauration und Reaktion abgerungenen konstitutionellen System und muss deshalb ersteren ablösen, vgl. *Rüping*, Strafrechtsgeschichte (Fn. 14), S. 84 f.

66 *Rüping*, Strafrechtsgeschichte (Fn. 14), S. 83 ff.

67 Hier weiterhin Inquisitionsverfahren mit der Pflicht zu wahrheitsgemäßen Aussagen, vgl. *C. L. F. Pohle*, Versuch einer Darstellung des Mecklenburg-Schwerinschen Criminal-Prozesses, 1849, S. 139, 147.

68 *Seuffert*, Strafgesetzgebung (Fn. 16), S. 8.

69 § 49 der *Paulskirchenverfassung*, vgl. *Huber*, Dokumente I (Fn. 7), S. 375 ff.

70 *Procacci*, Geschichte Italiens (Fn. 28), S. 234; *Rudolf Lill*, Italien im Zeitalter des Risorgimento (1815-1870), in: Theodor Schieder (Hrsg.), Handbuch der europäischen Geschichte, Bd. 5, 1981, S. 827 ff. (830 ff.).

71 Die ehemals selbstständige Republik Venedig wurde mit der Lombardei zu einem (neuen) lombardo-venezianischen Königreich unter österreichischer Herrschaft zusammengeschlossen und hörte damit auf zu existieren. Gleiches widerfuhr der ehemaligen Republik

der Habsburger in der Lombardei und in Venezien wurde restauriert, sogar erweitert, und ihre Sekundo- und Tertiogenituren kehrten nach Oberitalien zurück. Der Kirchenstaat erstand in voller Größe wieder. Auch die verhassten Bourbonen hielten erneut Einzug in Neapel und Lucca. Die alte Fremdherrschaft über Italien war damit wiederhergestellt, mit einer Ausnahme: Mit König *Viktor Emanuel I.* kehrte die einzige italienische Dynastie auf den sardischen Thron zurück, ein Umstand, dessen Bedeutung zu Beginn des 19. Jahrhunderts noch nicht absehbar war, denn an eine Einheit war auch hier nicht zu denken, fehlte es doch selbst an einer staatenbündischen Konstellation[72]. War die Restauration in Italien im Vergleich zu Deutschland eine erfolgreichere, so war dies auch die Reaktion. Die Wiedererrichtung der österreichischen Hegemonie war derart massiv, dass der metternichsche Absolutismus es verstand, die italienischen Fürsten zu verpflichten, keine Verfassungen zu dulden[73]. So hatten etwa - anders als nördlich der Alpen - die nach Aufständen in Sizilien 1820 sowie Neapel und Piemont 1821 gegebenen Verfassungen zunächst keine Überlebenschance[74].
Aber auch an Italien waren die zwei Jahrzehnte der napoleonischen Herrschaft nicht spurlos vorbeigegangen. Waren Restauration und Reaktion zwar von unvermittelter Härte - die fortschrittlichen Ideen konnten die zurückgekehrten Fürsten auch in der italienischen Bevölkerung nur unterdrücken, aber nicht auslöschen. Wie in Deutschland schlossen sich liberale Gruppen im Kampf gegen Fremdherrschaft und reaktionären Absolutismus zusammen[75], und ihren deutschen nationalliberalen Kollegen gleich schrieben sie die Schlagworte von Einheit, Freiheit und Unabhängigkeit auf ihre Banner[76]. Die Bewegung des italienischen *Risorgimento* (Wiedergeburt) entstand, und neben ihren tatsächlichen Folgen wirkt die Oper „Nabucco" *Giuseppe Verdis* (1813-1901) als herausragender – und wohl schönster – Ausdruck der italienischen Einheitshoffnungen bis in unsere Zeit[77].

Genua, die an Piemont-Sardinien kam, *Dieter Schidor*, Entwicklung und Bedeutung des Statuto Albertino in der italienischen Verfassungsgeschichte, Diss. 1977, S. 4.

72 Eine von *Metternich* beabsichtigte *„Lega Italica"* unter österreichischer Vorherrschaft - als Pendant zum Deutschen Bundes - wusste Savoyen-Piemont erfolgreich zu verhindern, *Schidor*, Statuto Albertino, (Fn. 71), S. 5; aber auch ein solcher Bund hätte wie der Deutsche lediglich machtsichernde denn einigende Intention gehabt.

73 *Schidor*, Statuto Albertino, (Fn. 71), S. 5.

74 *Dietrich*, Verfassungsgerichtshof (Fn. 27), S. 38; im Detail *Sternfeld*, Einigung Italiens (Fn. 24), S. 15 ff.

75 Vergleiche zur Entwicklung detailliert *Franco Catalano, Ruggero Moscati, Franco Valsecci*, Storia d'Italia, Vol. 8, L'Italia nel Risorgimento dalo 1789 al 1870, 1964; *Nino Valeri*, Storia d' Italia, Vol. III, Dalla Pace di Aquisgrana all'avvento di Camillo Cavour, 2. ed., 1965.

76 *Schidor*, Statuto Albertino, (Fn. 71), S. 6.

77 Vgl. umfassend zu den Beziehungen von Recht und Musik *Fred Priedberg*, Musik und Macht, 1991.

Anders jedoch als in Deutschland, wo Restauration und Reaktion stark, aber gegenüber Italien auch gemäßigter waren[78], setzten sich die bewahrten Ideale auf staats- und verfassungsrechtlicher Ebene erst ein halbes Jahrhundert verzögert in die Realität um. Italien musste durch die erfolgreiche österreichische Hegemonie[79] die ersten beiden Phasen deutscher Verfassungsgebung auslassen und stieg - diesmal entzündet vom gesamteuropäischen Einfluss allgemeiner revolutionärer Unruhen - mit dem Jahre 1848 in die Ära des Konstitutionalismus ein[80]. Unter Vorausgehen zaghafter reformerischer Bestrebungen in den Einzelstaaten[81] erzwang das Revolutionsjahr 1848 in allen italienischen Staaten - selbst im Kirchenstaat (!)[82] - den Erlass von Verfassungen, allen voran das bekannte *Statuto Albertino*[83] in Piemont-Sardinien. Mit 40jähriger Verspätung hatte eine Begrenzung monarchischer Macht durch Verfassungen nun ebenso in das italienische Staatsrecht Einzug gehalten[84]. Obgleich auch in Italien die Reaktion nach 1848 den Sieg davontrug und nach der Niederschlagung des bürgerlichen Aufbegehrens das *Statuto Albertino* als einzige Verfassung in Kraft blieb, hatte sich das Neue erstmalig etabliert, zwar im Nachhinein nur in einem der italienischen Staaten, dies aber mit gewaltigen Folgen: Die Blicke der liberalen Italiener waren von nun an auf Piemont-Sardinien gerichtet, und im Gegensatz zu Deutschland, wo man 1848 diese Stellung Preußen zugedacht hatte und von diesem bitter enttäuscht wurde[85], konnte die einzige italienische Dynastie die Herausforderung leichter

---

78 *Beyme*, Regierungssysteme (Fn. 49), S. 176.

79 Die sich insbesondere durch die blutige Niederschlagung der Aufstände von 1820/21 und 1830/31 äußerten, *Schidor*, Statuto Albertino, (Fn. 71), S. 5 f.; *Sternfeld*, Einigung Italiens (Fn. 24), S. 15 ff., 20 ff.

80 Das erklärt auch, warum eine wissenschaftliche Beschäftigung mit dem italienischen Verfassungsrecht erst mit dem Jahr 1848 beginnt und davor kaum Abhandlungen zu finden sind, vgl. die Nachweise bei *Paolo Biscaretti di Ruffia*, Diretto costituzionale, 15. ed., 1989, S. 15 Fn. 27; vgl. auch *Aldo Mazzacane*, Neuere Rechtsgeschichte in Italien, in: Zeitschrift für Neuere Rechtsgeschichte, 1992, S. 243 ff., insbes. S. 253; einen guten Überblick über die Rechtslehre vor 1848 bietet *Beyme*, Regierungssysteme (Fn. 49), S. 177 ff.

81 Vgl. z.B. für Piemont-Sardinien *Emilio Brusa*, Das Staatsrecht des Königreichs Italien, 1892, S. 11.

82 Zur i.E. allerdings antikonstitutionellen Haltung des Papstes vgl. *Sternfeld*, Einigung Italiens (Fn. 24), S. 81 f.

83 Der Begriff *„constituzione"* wurde bewusst vermieden, um nicht zu suggerieren, Grundlage des Staates sei fortan die Volkssouveränität; daher wurde für die oktroyierte Verfassung der alte Begriff des *„statuto"* gewählt, so *Beyme*, Regierungssysteme (Fn. 49), S. 176; *Dietrich*, Verfassungsgerichtshof (Fn. 27), S. 39 Fn. 27.

84 Wenn auch die starke italienische Reaktion eine *gesamt*italienische Nationalversammlung – anders als in Deutschland – von Anfang an zu verhindern wusste, vgl. *Adolfo Omodeo*, Die Erneuerung Italiens und die Geschichte Europas, 1951, S. 599.

85 Kurzer Überblick bei *Frotscher/ Pieroth*, Verfassungsgeschichte (Fn. 39), S. 173 ff., 178 ff.

und schneller annehmen als ihr deutscher Schicksalsgenosse: Im Gegensatz zu Preußen sah sich Sardinien nämlich Fremden gegenüber, und hier liegt der große, wie gesehen schon unter *Napoleon* und in den Jahrhunderten davor angelegte Unterschied zwischen Deutschland und Italien, der zu bedenken war, um zu staatlicher und rechtlicher Einheit zu kommen: In Italien standen sich fremde Fürsten gegenüber, in Deutschland waren es allesamt deutsche[86].

Viel ähnlicher hingegen lief wiederum die Entwicklung des italienischen Strafrechts in diesen Jahrzehnten ab. Der Rigidität der italienischen Restauration fielen zunächst nicht nur sämtliche von *Napoleon* eingeführten Neuerungen in der Gesetzgebung und Verwaltung zum Opfer[87]; der antifranzösische Eifer und Hass fegte auch den eingeführten *Code pénal* nebst Strafprozessordnung - selbst in Piemont-Sardinien zunächst - hinfort und führte zu fast anachronistischen Zuständen zurück. Trotzdem besann sich die angestammte Obrigkeit auch hier bald auf die Vorzüge eines kodifizierten und handhabbaren Straf- und Strafprozessrechts, und ähnlich wie in Deutschland entwickelte sich in den italienischen Staaten eine partikularistische Strafgesetzgebung. Rückgriffe auf die modernen französischen Vorbilder der vergangenen Okkupationszeit wurden hier wie dort gleichermaßen gewagt, aber mehr noch als in Deutschland förderte in Italien die Jurisprudenz eine Weiterentwicklung im modernen Sinne[88]. Der erste Versuch eines Strafgesetzbuches zeitgemäßer Prägung allerdings schlug nach 1819 in Neapel fehl, da es sich der Bekämpfung durch die despotischste aller italienischen Dynastien, die Bourbonen, gegenübersah. Beständiger zeigten sich das Strafgesetzbuch von Parma aus dem Jahre 1820 und die Reformen des wieder eingeführten toskanischen Criminalgesetzbuches von 1786, das seinen vormaligen, wenn auch inzwischen veralteten Modellcharakter durch eine innovative Reform der Gerichtsverfassung aufpolierte und in das Strafgesetzbuch von 1853 einmündete. Dessen Konzeption hatte sich vom französischen Vorbild bereits so weit emanzipiert, dass es beispielsweise die eher als theoretisch-spielerisch empfundene Dreierteilung der Delikte durch die heute noch geltende Zweierteilung ablöste[89]. Tonangebend allerdings war wie in der staatlichen auch in der strafrechtlichen Entwicklung das Königreich Sardinien-Piemont, das sich nach einer kurzen Zeit antifranzösischer Tendenzen schon in den 1830er Jahren mit den Entwürfen zu einem *Codice di procedura criminale per gli stati sardi* auf die französischen Vorbilder

---

86 Von nicht-deutschen Monarchen, die während der Zeit des Deutschen Bundes einzelne Fürstentümer von außen in Personalunion regierten, einmal abgesehen, vgl. zu den besonderen Rechtsverhältnissen *Bornhak*, Verfassungsgeschiche (Fn. 6), S. 346 f.

87 *Schidor*, Statuto Albertino (Fn. 71), S. 5.

88 Und knüpfte auch hier an alte italienische Traditionen des Mittelalters an, vgl. *Alimena*, Strafgesetzgebung (Fn. 32), S. 582 f.

89 *Alimena*, Strafgesetzgebung (Fn. 32), S. 581, 583, 588: Vergehen („*diletti*") und Übertretungen („*contravenzioni*").

zurückbesann und mit dem Strafgesetzbuch und der Strafprozessordnung von 1859 zu ähnlichen Festlegungen kam, wie sie auch in Deutschland vom *Code pénal* befördert wurden[90]. Innovationen im Bereich von Täterschaft und Teilnahme und zur Versuchsstrafbarkeit sowie die Beschäftigung mit Strafausschließungs- und -milderungsgründen offenbaren hier nur beispielhaft die vergleichbare Entwicklung. Ebenso mit den deutschen Verhältnissen vergleichbar gab es auch in Italien die extrem reaktionären schwarzen Schafe, die sich einer modernen Strafgesetzgebung verschlossen und weiter dem gemeinen Strafrecht nachhingen, allen voran der Kirchenstaat mit seinem Festhalten am Inquisitionsprozess im *Regolamento gregoriano* von 1832, aber auch das kleindespotische Modena mit seinem innovationslosen Strafgesetzbuch von 1855 oder die Gebiete der Lombardei und Venetiens, die sich der schroffen Restauration Österreichs mitsamt dessen vornapoleonischen Strafgesetzbuch von 1803[91] zu beugen hatten.
Alles in Allem verlief somit die italienische Strafrechtsentwicklung nicht auffallend anders als die deutsche, mal fortschrittlicher dort, wo die Obrigkeit wissenschaftliche Fortschritte gestattete, mal repressiv, wo Restauration und Reaktion stärker waren, insgesamt aber partikularistisch und unabhängig für jeden Staat - denn wie in Deutschland konnte es bei der Vielzahl von Einzelstaaten zwar zu einer gegenseitigen Beeinflussung, jedoch zu keiner tatsächlichen Rechtseinheit kommen.

Rechtseinheit, allenthalben im Strafrecht, war zu dieser Zeit aber auch nur von sekundärem Interesse. Dies galt gleichermaßen für beide Seiten, wenn man einmal von Vereinheitlichungen im Wirtschafts- und Zollleben absieht[92], die es vor allem im deutschen Bundesgebiet gab. Vielmehr baute sich der Druck auf Herstellung nationalstaatlicher Einheit an sich immer weiter auf, diesmal in Italien früher als in Deutschland, dessen liberale Bevölkerung in ihren Erwartungen durch die Ereignisse der Jahre 1848/49 zunächst zurückgeworfen wurde. So sprang Preußen erst wieder verzögert auf den deutschen Einigungskarren auf, aber diesmal von der anderen, von der monarchischen Seite, der Seite, auf der Sardinien-Piemont von Anfang an stand, und auf der es schon nach 1848 entschlossen die Führung in den Einigungsbestrebungen übernahm[93]. Denn eines nämlich war klar: In Italien konnte es zur Erreichung der Einheit nur den Kampf

---

90 *Alimena*, Strafgesetzgebung (Fn. 32), S. 581 f.

91 Später das österreichische StGB von 1852.

92 Dazu *Boldt*, Verfassungsgeschichte II (Fn. 6), S. 138 ff.; *Ernst Rudolf Huber*, Deutsche Verfassungsgeschichte seit 1789, Bd. 2, 2. Aufl., 1960, S. 282 ff.; *Scheyhing*, Verfassungsgeschichte (Fn. 9), S. 188 f.

93 *Beyme*, Regierungssysteme (Fn. 49), S. 175; schon vor 1848 zeigte Sardinien-Piemont - allerdings verhalteneres - Engagement in eine staatenbündische Richtung in Kooperation mit dem Heiligen Stuhl, vgl. *Christian Friedrich Menger*, Deutsche Verfassungsgeschichte der Neuzeit, 7. Aufl., 1990, S. 142; vgl. auch unten Fn. 115.

eines italienischen Fürsten gegen fremde Fürsten geben, in Deutschland nur die Einheit durch Einigung der Fürsten untereinander. Die Gangart einer bürgerlich-liberal motivierten nationalen Einigung kam beiderseits der Alpen nicht mehr in Betracht: Die völkische Legitimationsbasis einer nationalen Einigung wäre weder vom savoyischen Königtum in Piemont-Sardinien noch von den deutschen Vertretern des monarchischen Prinzips akzeptiert worden.
So beschritten Deutschland und Italien auch hier wieder einen gleichen Weg: Es fand jetzt eine Führung der Einigungsbestrebungen durch die monarchische Hand statt. Der Bevölkerung wurde beiderseits eine lediglich passive Begleitrolle zugedacht, in ihrem Integritätswunsch das Ziel der staatlichen Einheit zu unterstützen. Selbst Akteur war sie diesmal nicht, es sei denn - und dies sowohl in Deutschland als auch in Italien von den Handelnden bewusst genutzt für das, was für die Einigungsbestrebungen offenbar unumgänglich[94] war - für Krieg. Und ein solcher lag in beiden Einigungsprozessen in der Luft, denn was sich bislang als interne Auseinandersetzung zwischen bürgerlichen und monarchischen Einheitsbestrebungen darstellt, hatte nach außen eine noch ganz andere Dimension: Beider Einigung standen zwei außenpolitische Machtfaktoren unterschiedlicher, aber beiderseits gegnerischer Richtung gegenüber, die keineswegs eine deutsche oder eine italienische Einheit als „Privatsache" der Betroffenen ansahen - Österreich und Frankreich.

IV. Die staatliche Einigung Deutschlands und Italiens

In Deutschland stand zunächst die Gegnerschaft Österreichs im Vordergrund[95]. Reformversuche des wenig einheitsstiftenden Deutschen Bundes auf friedlichem Wege waren nach 1850 denn auch so gut wie erfolglos[96], hätten sie doch - jedenfalls aus preußischer Sicht[97] - eine Beschneidung der österreichischen Bundeshegemonie bedeuten müssen. Eine deutsche Einigung konnte deshalb nur unter Ausschluss Österreichs stattfinden, und so wurde eine Lösung innerhalb des Deutschen Bundes spätestens zu Beginn der 1860er Jahre unmöglich und eine „kleindeutsche" Lösung unter preußischer Führung angestrebt. Es ist nur offensichtlich, dass der Einheitskarren von 1848 damit lediglich den Kutscher gewechselt hatte.

---

94 Zumindest für Italien; für Deutschland stellte eine kriegerische Einigung offenbar nur eine - freilich die wahrscheinlichste - Option Bismarcks dar, vgl. *Willoweit*, Verfassungsgeschichte (Fn. 7), S. 263.

95 Der man sich in Italien zwar auch, aber nicht nur gegenüber sah, stellte die Habsburger-Fremdherrschaft dort doch nur einen von vielen Gegnern dar.

96 Dazu *Scheyhing*, Verfassungsgeschichte (Fn. 9), S. 190 ff.

97 Reformpläne aus Wien, die einer Integrations- und Einheitspolitik keineswegs ablehnend gegenüberstanden, hielten aber immer wieder an der Hegemonie Österreichs fest und führten so fast automatisch zum Konflikt mit Preußen, vgl. *Scheyhing*, Verfassungsgeschichte (Fn. 9), S. 190 ff.; *Willoweit*, Verfassungsgeschichte (Fn. 7), S. 246 f.

Aber diesmal hatten die Akteure nicht nur den Willen, sondern auch die Macht, die Einigung durchzusetzen. Der Weg dorthin war diesmal weniger ein innenpolitisches als ein auf das äußere Parkett gehobenes System der gekonnten Konfrontation mit dem Gegner[98], der so bereits in dieser Phase bewusst als unerwünscht an der Teilhabe der deutschen Einigung behandelt wurde. Es nimmt nicht wunder, dass dieses viele Optionen offenhaltende, aber ein Ziel verfolgende System die Federführung eines Mannes trug, dessen Name untrennbar mit der deutschen Einigung verbunden ist: *Otto von Bismarck* (1815-1898). Dieser systematisierte Untergang des Deutschen Bundes im preußisch-österreichischen Konflikt, der sich endgültig - und dann schnell - im sog. „Deutschen Krieg" 1866 vollzog, war also nicht notwendig als zwangläufiger Vorgang, im Hinblick auf die unversöhnlichen Positionen aber als der wahrscheinlichste Ausweg gedacht[99]. Und diese - *Bismarcks* - Rechnung ging auf: Der Doppeladler musste sich aus Deutschland zurückziehen.

Nichtsdestotrotz aber hatte Preußen damit keinen Okkupationskrieg geführt[100], und trotz des bekannt und inzwischen realpolitisches preußisches Programm gewordenen Ausspruchs des vormaligen Königs *Friedrich Wilhelm IV.* (1795-1861), „Preußen [ginge] fortan in Deutschland auf"[101], stand Berlin lediglich als *primus inter pares* neben den anderen, jetzt zur Einigung bereiten deutschen Fürsten. Ein einiger deutscher Gesamtstaat konnte also nur auf Basis eines vertraglichen Konsenses zwischen den monarchischen Regierungen erfolgen[102], keineswegs durch preußisches Octroi, und wie gesehen erst recht nicht durch einen konstitutiven Gesamtakt des Volkes. Aber der Wille der Fürsten zu einem geeinten Deutschland war 1866 da - anders als knapp 20 Jahre zuvor - und so schlossen sich die norddeutschen Regierungen im August 1866 zum Norddeutschen Bund zusammen, gefeiert von der Bevölkerung, wenn auch ohne ihre Beteiligung. Freilich war dies von vornherein lediglich als Teilstaatsgründung auf dem Weg zu einem - wenn auch nach wie vor „kleindeutschen" - Nationalstaat gedacht, und *Bismarck* beabsichtigte von Anfang an, den Norddeutschen Bund um die süddeutschen Staaten zu erweitern[103]. Dazu bediente er sich zunächst des Abschlusses von Schutz- und Trutzbündnissen zwischen dem Norddeutschen Teilbundesstaat und Süddeutschland, dessen - v.a. bayerischen - Ambitionen nach

98 Über die Stationen des Konflikts vgl. im Einzelnen *Huber*, Verfassungsgeschichte III (Fn. 50), S. 474 ff., 510 f., 555 ff.; im Überblick *Boldt*, Verfassungsgeschichte II (Fn. 6), S. 164.

99 *Willoweit*, Verfassungsgeschichte (Fn. 7), S. 247.

100 Die im Gefolge des 1866er Krieges erfolgten preuß. Annexionen verfolgten andere Gründe, vgl. *Huber*, Verfassungsgeschichte III (Fn. 50), S. 577 ff.

101 Aus der *Proklamation* des Königs *über die deutsche Politik Preußens* vom 21.3.1849, vgl. *Huber*, Dokumente I (Fn. 7), S. 448 f.

102 Der Bundesstaat als Mittel zum Zweck, vgl. *Mengers*, Verfassungsgeschichte (Fn. 93), S. 153.

103 *Willoweit*, Verfassungsgeschichte (Fn. 7), S. 253, 263.

staat und Süddeutschland, dessen - v.a. bayerischen - Ambitionen nach einem zweiten, südlichen Teilbund zwar keinen Anklang fanden[104], dessen Regierungen und sogar die Bevölkerung einer „kleindeutschen“ Lösung aber nach wie vor ablehnend gegenüberstanden[105]. Das ungeachtet dieser Umstände weitere „Vorfühlen“ *Bismarcks* konnte ein Anderer nur als Fortdauer einer preußischen Expansion empfinden und rief so den nach Österreich zweiten Gegner einer deutschen Nationalstaatsbildung und damit preußischen Machterweiterung auf den Plan: Das Frankreich *Napoleons III.* Dessen Aggression gegen Deutschland als Ganzes zu nutzen, um die süddeutschen Ressentiments zu kippen und die nationalen Emotionen zu einen, war die Gelegenheit, den deutschen Nationalstaat aufzurichten, und *Bismarck* war bereit, diesen Schlüssel im Schloss herumzudrehen - auch wenn er letztendlich Krieg bedeutete.
Über die bekannten Stationen der Emser Depesche, den Deutsch-Französischen Krieg 1870/71, die Schlacht bei Sedan, die Novemberverträge mit den süddeutschen Staaten und die Kaiserproklamation im Spiegelsaal von Versailles wurde der letzte äußere Gegner eines deutschen Nationalstaates ausgeschaltet, und so richtete sich 1871 das neue Deutsche Reich auf, das erste Gesamtdeutschland moderner Prägung, ein durch Verträge gebildeter Bundesstaat, der aufgrund seiner Entstehung zwar auf unterschiedlichsten Legitimitätssäulen ruhte[106], aber zugleich von ein und demselben Willen aller Regierungen und der Bevölkerung getragen wurde: dem Willen in einem Staat zu leben. Diese nicht selbstverständliche und so nicht häufige Übereinstimmung paarte sich denn auch rasch mit politischem Gleichklang zwischen den monarchischen Regierungen und Parlamenten allgemein und zwischen dem neuen Reich und den Bundesstaaten im Speziellen, und so ging es schnell nach der Reichsgründung nicht mehr nur um die Einheit

---

104 Weder bestand in Deutschland eine Tradition für eine Nord-Süd-Teilung noch eine Preußen gegenüber gleichwertige politische Macht, nachdem Österreich aus dem Einigungsprozess ausgeschieden war.

105 Dies zeigt sich allein in den Wahlen zum Zollparlament in den süddeutschen Staaten 1868, in denen die eine „kleindeutsche“ Lösung unterstützenden Parteien eine klare Niederlage erlitten, vgl. *Willoweit*, Verfassungsgeschichte (Fn. 7), S. 262.

106 Föderativer Zusammenschluss, ebenso - wenn auch abgeschwächt - monarchisches Prinzip, da es sich immerhin noch um einen Vertragsschluss der Monarchen handelte, Nationalstaatsidee, aus völkischem Einigungswunsch entspringend, und cäsaristische Legitimität, die sich aus der Kaiseridee entwickelte, vgl. *Huber*, Verfassungsgeschichte III (Fn. 50), S. 767 ff., 78 ff.; a.A. *Heun*, Monarchisches Prinzip und Konstitutionalismus (Fn. 48), sieht hingegen das monarchische Prinzip bereits als obsolet an, was sicherlich im Hinblick auf die cäsaristische Legitimität im Bismarckreich, vgl. *Heinrich Hofmann*, Das Problem der cäsaristischen Legitimität im Bismarckreich, in: ders., Recht-Politik-Verfassung, 1986, S. 194 f., weniger jedoch wieder im Hinblick auf das sog. „persönliche Regiment“ Wilhelms II. zutrifft.

des Staates[107], sondern alsbald auch um die Einheit des Rechts für das neue Staatsgebiet.

Zu diesem Zeitpunkt vollendete auch Italien seine Einheit und damit einen Prozess, der sich hier länger, nämlich über ein knappes Jahrzehnt hingezogen hatte. Wie Preußen hatte sich Sardinien-Piemont insbesondere den Großmächten Österreich und Frankreich gegenübergesehen, und doch war die Situation des Jahres 1859, in dem der italienische Einigungsprozess in die entscheidende Phase eintrat, eine genau gegenläufige: Während Preußen bereits eine Großmacht war, deren starkes Heer den Sieg über die andere deutsche Großmacht möglich machte, war Piemont-Sardinien allein zu schwach, um gegen Frankreich und Österreich die Einheit zu erkämpfen[108]. Zwar wie Preußen in dem Ruf einer Militärmacht, auf der Einigungshoffnungen ruhten, blieb der einzigen italienischen Dynastie so nichts anderes übrig, die Hilfe Frankreichs zu erkaufen und damit seine Opposition gering zu halten statt ihm wie die Hohenzollern offensiv gegenübertreten und es am Ende niederringen zu können. Auch in Italien war es ein Mann, der das Lavieren im Kräftespiel der Mächte virtuos für seine Ziele einsetzte, und dieser italienische Bismarck[109] hieß *Camillo Benso di Cavour* (1810-1861). Hatte dieser es mangels militärischer Durchsetzungskraft mit dem einen Gegner so fast schwieriger, war der zweite, Österreich, nur einer von mehreren Fremden, den es der Einheit wegen zu bekämpfen galt, ein *primus inter males* allenfalls, der gleich den anderen Fremddynastien keine Wurzeln in Italien besaß. Die Folge war schlicht diejenige, dass ihre Beseitigung - von dynastischen Verwandtschaften und damit Komplikationen mit auswärtigen Mächten einmal abgesehen - eine weitaus leichtere war als in Deutschland, wo die einzelnen Staaten zäh an ihren angestammten Fürstenhäusern festhielten. Einen zentralistischen italienischen Großstaat unter dem einheimischen Königtum der Savoyer zu errichten war daher für *Cavour* nach innen hin ein Leichteres als für *Bismarck*, dem lediglich die bundesstaatliche Lösung - wenn auch unter Führung Preußens - möglich war[110]. Nach Außen hingegen konnte sich *Bismarck* des französischen Rivalen selbst entledigen, während sich *Cavour* hier wie gesehen zu verkaufen hatte, um begrenzte Kräfte zu sparen. Innen- und außenpolitische Probleme und Leichtigkeiten der Einigung gestalteten sich in Deutschland und Italien damit quasi diametral: Die innenpolitischen Probleme der deutschen Einigung ließen nur die Option für eine

---

107 Die sich bereits 1867 in einer kaum von Konflikten gestörten Verfassungsgebung für den Norddeutschen Bund ausdrückte, was so auch für die Verfassungsrevisionen von 1871 gilt, vgl. *Willoweit*, Verfassungsgeschichte (Fn. 7), S. 253, 265 ff.

108 *Sternfeld*, Einigung Italiens (Fn. 24), S. 152 f.

109 Auch wenn freilich deutsche Zeitgenossen das Werk *Bismarcks* größer einschätzten, vgl. etwa *Heinrich von Treitschke*, Cavour, in: Historische und politische Aufsätze, Bd. 2, 1921, S. 391.

110 *Sternfeld*, Einigung Italiens (Fn. 24), S. 153.

bundesstaatliche Lösung offen, aus den außenpolitischen Schwierigkeiten der italienischen Einigung hingegen resultierte zwar ein beschwerlicherer und langwierigerer, am Ende aber ein effektiverer Weg, wenn man einen zentralistischen Einheitsstaat denn als erfolgreichere Lösung zum Bundesstaat ansehen will. Für die Erweiterung der Machtfülle des sardischen Staates und seiner Dynastie galt dies sicherlich, mehr jedenfalls als für die Krone Preußens die deutsche Einigung ein Machtzuwachs gewesen war.

War der deutsche Einigungsprozess von der Zweistufigkeit der Ereignisse 1866/67 und 1870/71 gekennzeichnet[111], lief die italienische Einigung mehrstufig ab, und anders als auf vertraglicher Einigung unter Gleichen wie in Deutschland war sie auf Okkupation und Annexion von Fremden angelegt nach dem Prinzip „Einer nach dem Anderen". Sie begann 1859 mit dem von *Cavour* provozierten sardisch-französischen Krieg gegen Österreich, das mit französischer Hilfe tatsächlich eine Niederlage erlitt und die Lombardei an *Napoleon III.* abtreten musste. *Cavour* hatte sich ein Jahr zuvor die Hilfe des französischen Kaisers gegen Abtretung der italienischen Gebiete Savoyen und Nizza erkaufen müssen - und erhielt dafür von *Napoleon III.* den ersten Stein im italienischen Einigungsmosaik - die Kriegsbeute Lombardei. Auch die nächsten Steine setzten sich schnell zusammen: Während des Krieges wurden die angestammten Dynastien in Toskana, Parma und Modena vertrieben und fielen die nördlichen Teile des Kirchenstaates von Rom ab. Nach dieser ersten militärischen Okkupation vollbrachte *Cavour* nun eine zweite, eine geistige. Er verstand es, die jahrzehntelang für eine italienische Einigung bewahrten Energien der Volksmassen - insbesondere die des Adels und der bürgerlichen Oberschicht[112] - zu mobilisieren, und obwohl der Friedensschluss die Rückkehr der angestammten Herrscher vorsah, konnte die so angefachte nationale Bewegung die Erfüllung der Restitutionsverpflichtungen verhindern. Realitäten freilich schaffte das gleichzeitige Einrücken sardischer Truppen in die betroffenen Gebiete, einer zweiten militärischen Okkupationsstufe, und Realität war die Annexion. Daran änderte nichts, dass *Cavour* in den Staaten vorher Volksabstimmungen abhalten ließ, die ein eindeutiges Votum für einen Anschluss an Sardinien-Piemont abgaben[113]: Die Vereinigung dieser italienischen Kleinstaaten mit Sardinien-Piemont blieb eine okkupative, die Volksabstimmungen vermittelten lediglich den Eindruck einer Scheinsouveränität des Volkes, die so in keiner Weise gegeben war. Die Direktiven der okkupativen Staatenverschmelzung lagen in der Hand der monarchischen und militärischen sardischen Staatsführung[114] und blieben es. Das Volk war auch hier nicht der Initiator der Einigung[115].

---

111 vgl. *Willoweit*, Verfassungsgeschichte (Fn. 7), S. 262.

112 *Sternfeld*, Einigung Italiens (Fn. 24), S. 156.

113 *Peter Kindler*, Einführung in das italienische Recht, 1993, S. 11 f.; *Sternfeld*, Einigung Italiens (Fn. 24), S. 117.

114 Freilich mit Rückendeckung des Turiner Parlaments, vgl. *Beyme*, Regierungssysteme (Fn. 49), S. 185.

Daran änderte ebenso der mehr eigenmächtig unternommene „Zug der Tausend" durch Sizilien und Kalabrien („*la spedizione dei Mille*") unter Führung des zweiten großen Mannes der italienischen Einigung, *Giuseppe Garibaldi* (1807-1882), nichts, der 1860 zur Vertreibung der Bourbonendynastie aus Süditalien führte, zumal dieser bereits mehr oder weniger offen von sardischen Truppen unterstützt wurde[116], die zuvor in einem dritten Okkupationsschritt in weitere Teile des Kirchenstaates weitergerückt waren. Die dort wie auch in Neapel-Sizilien ebenso nachfolgenden Plebiszite unterstützten nur mehr auch hier das Faktum - freilich gleichfalls begrüßter - sardischer Okkupation. Auch hier waren sie nicht mehr als ein Vorwand, entweder noch mehr Truppen folgen oder die Besetzung in einem scheinlegitimistischen Votum absegnen zu lassen. Nicht ohne Grund hatte *Cavour* dem gen Norden strebenden Haufen *Garibaldis* monarchische Truppen entgegengeschickt, denn ein Antreiben des Einigungsmotors aus eigener, völkischer Kraft kam auch für ihn nicht in Frage[117].
Bis auf Venetien und dem Gebiet um Rom hatte das Königreich Sardinien-Piemont nunmehr die gesamte Apenninhalbinsel okkupiert, und okkupiert hieß auf italienisch geeint. Am 17. März 1861 nahm König *Viktor Emanuel II.* von Sardinien (1820-1878) mit Billigung des im Januar gewählten ersten gesamtitalienischen Parlaments den Titel eines Königs von Italien an. Aus dem lediglich „geographischen Begriff"[118], wie *Metternich* sich im Zuge seiner restaurativen Neuordnung Italiens nach 1815 etwas abschätzig ausdrückte, wurde ein neuer Staat.
Auch die letzten beiden Schritte zur endgültigen[119] Vollendung der italienischen Einigung vollzogen sich auf okkupative Weise: Venetien fiel trotz militärischer Niederlage Italiens gegen Österreich 1866 auf politischem Wege durch Vermittlung *Napoleons III.* an das neue Königreich, das sich als Bündnispartner Preußens an dessen Krieg gegen die Donaumonarchie in der Hoffnung auf diesen Erwerb beteiligt hatte. Ohne Beteiligung zwar, aber als Nutznießer aus dem Deutsch-französischen Krieg besetzten italienische Truppen 1870 die Reste des

---

115 Weder die republikanische Einigungsströmung des Genuesen *Giuseppe Mazzini* (1805-1872) und *Giuseppe Garibaldis* (1807-1882) noch der liberal-katholische *Neoguetismus* des *Vincenzo Gioberti* (1801-1852), vgl. *ders.*, Del primato morale e civile degli Italiani, 1843, der als monarchische Teilströmung eine italienische Einigung unter Führung des Papsttums vorsah, konnten sich i.E. gegen die realmonarchische Richtung Savoyens durchsetzen; auch in der Bevölkerung fanden beide Strömungen nach 1848 keinen Rückhalt mehr.

116 *Kindler*, Einführung (Fn. 113), S. 11.

117 Vgl. Fn. 115.

118 *Kindler*, Einführung (Fn. 113), S. 10.

119 Abgesehen der von *Mazzini* (vgl. Fn. 115) zusätzlich geforderten Erwerbungen der unerlösten Gebiete („*Irredenta*") Friaul, Istrien und Südtirol, die nach dem Ersten Weltkrieg erworben wurden.

Kirchenstaates einschließlich Roms, nachdem französische Schutztruppen[120] nach der Niederlage *Napoleons III.* gegen Preußen-Deutschland hatten abziehen müssen[121]. So kreuzten sich seltsamerweise im militärischen zwei Einigungsprozesse, deren Ablauf zwar nach außen ähnlich - durch Kriege -, nach innen aber völlig konträr abgelaufen waren: Es war ein neues Deutsches Reich durch vertragliche Einigung entstanden, ein neues Königreich Italien hingegen durch Okkupation und Annexion.

V. Die Rechtseinheit und die Einheit des Strafrechts

Der Zweistufigkeit[122] der Ereignisse der deutschen Einigung korrespondierte die Gleichzeitigkeit von Staatsgründung und Verfassungsgebung[123]. Zwar nicht *uno actu*, aber in nahezu konfliktlosem Ablauf folgte bereits auf den Gründungsakt zum Norddeutschen Bund 1866 die Wahl des konstituierenden Reichstages, die Beratungen und schließlich die Verabschiedung der Verfassung[124]. Einigungseifer und politischer Gleichklang von Bundes- und späterer Reichsleitung[125] und Reichstagsmehrheit kamen mit einer Spanne von nicht einmal fünf Monaten aus, um die grundlegenden Verfassungsentscheidungen zu treffen[126] - und eine dieser grundlegenden Entscheidungen war die einer umfassenden Rechtseinheit. Die eigentliche Reichsgründung 1871 und die in ihrem Zuge stattfindenden Verfassungsrevisionen wirkten sich darauf nicht mehr entscheidend aus[127]. Das verfassungsrechtliche Gefüge des neuen Bundesstaates blieb dasselbe[128], und dies bedeutete insbesondere ein ausgewogenes Verhältnis unitarischer und föderativer Elemente, das die Bismarcksche Verfassungspolitik und den gesamten Eini-

---

120 *Kindler*, Einführung (Fn. 113), S. 12.

121 Die auch hier abgehaltene - und erfolgreiche - Volksabstimmung, vgl. *Kindler*, Einführung (Fn. 113), S. 12, hatte auch hier keine eine Legitimation durch das Volk bedeutende Wirkung.

122 *Mengers*, Verfassungsgeschichte (Fn. 93), S. 144 ff.

123 *Willoweit*, Verfassungsgeschichte (Fn. 7), S. 262.

124 Umfassend *Huber*, Verfassungsgeschichte III (Fn. 50), S. 644 ff., 649 ff., 669 ff.

125 Von Regierung zu sprechen ist zwar sachlich richtig; da die „Reichsleitung" aber nicht kollegial zusammengesetzt, sondern auf eine Person, den Bundes- und späteren Reichskanzler, beschränkt war, wird hier der kollegiale Terminus - wie auch von der zeitgenössischen Praxis in der Regel - vermieden, vgl. *Huber*, Verfassungsgeschichte III (Fn. 50), S. 822 f.; die einzelstaatlichen Exekutiven hingegen waren „Regierungen" im kollegialen Sinne.

126 Vgl. *Menger*, Verfassungsgeschichte (Fn. 93), S. 145.

127 Zu den verfassungsrechtlichen Änderungen und Diskussionen des Jahres 1871 vgl. im Überblick *Willoweit*, Verfassungsgeschichte (Fn. 7), S. 265 ff.; zu Details siehe *Huber*, Verfassungsgeschichte III (Fn. 50), S. 756 ff.

128 Die Termini „Bund" und „Reich", „Bundeskompetenz" und „Reichskompetenz" sind - zumindest im Hinblick dieses Kontextes - daher synonym und werden im Weiteren auch so verwendet.

gungsvorgang kennzeichnete. Auch eine rechtliche Einigung musste vor diesem Hintergrund stehen. „Einigung nicht soviel wie möglich, sondern soviel wie nötig" ist der die verfassungspolitische Situation des neuen deutschen Staates wohl am charakteristischsten beschreibende Ausspruch *Bismarcks* in diesem Kontext. In dem so umschriebenen Verfassungsgefüge galt es, den partikularen, d.h. den Anteil der Fürsten am Entstehen der Einheit betont anzuerkennen[129], als Einheitsstaat aber gleichfalls ohne unitarisierende Elemente nicht auszukommen. Wo „Einheit zur Einheit" bestand, scheute sich auch *Bismarck* nicht, die Macht des neuen Bundesstaates und damit Preußens, dem das Präsidium und spätere Kaisertum zustand, auszubauen, wenn man die Bundesfürsten dazu bewegen konnte und das sensible Verhältnis zwischen Reichs- und Einzelstaatsinteresse nicht gestört wurde. Kurz gesagt ging es insbesondere um die Kompetenzen zwischen einzel- und bundesstaatlicher Ebene, die es abzustecken galt, und einen gewichtigen Anteil im Spannungsfeld zwischen Unitarismus und Partikularismus nahmen dabei naturgemäß die Gesetzgebungskompetenzen ein[130], mit denen das Thema einer Rechtseinheit für das neue Staatsgebiet automatisch in den Mittelpunkt gerückt wurde. Neben den ausschließlichen Gesetzgebungskompetenzen, die zwar in der Verfassung nirgendwo ausdrücklich so genannt wurden, aber naturgemäß nur dem Bundesstaat obliegen konnten[131], waren die konkurrierenden Gesetzgebungskompetenzen von besonderer Bedeutung. Sie bargen einen natürlichen Konsens zwischen belassener[132] partikularer Gesetzgebungsautonomie und notwendiger unitarischer Entscheidung durch das Reich in sich und waren so für eine Auslotung zwischen Reichs- und Einzelstaatsgesetzgebung idealtypisch, kurz gesagt: Solange das Reich nicht oder nicht vollständig[133] von seiner Kompetenz Gebrauch gemacht hatte, verblieb das Gesetzgebungsrecht bei den Einzelstaaten[134]. Ergänzt wurde dies durch die Regelung des Art. 2 Satz 1 der Reichsverfassung von 1871 (RV), wonach einzelstaatliches Recht durch kompetenzmäßig ausgeübtes Reichsrecht gebrochen wurde[135]. Freilich lag damit ein unitarisches

---

[129] Vgl. *Huber*, Verfassungsgeschichte III (Fn. 50), S. 778.

[130] Zu entscheidenden föderativen Elementen gehörte u.a. die Institution des Föderalorgans Bundesrat, die besondere Legitimität der Gliedstaaten sowie eine weite Autonomie partikularer Gesetzgebung, Verwaltung und Rechtsprechung, zu entscheidenden unitarischen Elementen gehörten die Institutionen des Nationalkaisertums, die zentrale Reichsleitung und der Reichstag als Gesamtparlament, siehe *Huber*, Verfassungsgeschichte III (Fn. 50), S. 778.

[131] Vgl. *Paul Laband*, Das Staatsrecht des Deutschen Reiches, Bd. 2, 1911, S. 120 ff.

[132] Daneben bestanden freilich noch vollständig belassene, d.h. ausschließliche Ländermaterien, z.B. klassisch das Polizei- und Kultusrecht, vgl. *Huber*, Verfassungsgeschichte III (Fn. 50), S. 912.

[133] Vgl. zu unvollkommenen reichsrechtlichen Regelungen und einem „Lückenrecht" einzelstaatlicher Gesetzgebung *Huber*, Verfassungsgeschichte III (Fn. 50), S. 911.

[134] *Huber*, Verfassungsgeschichte III (Fn. 50), S. 910 f.

[135] *Laband*, Staatsrecht II (Fn. 131), S. 114 ff.

Übergewicht dadurch vor, dass es dem Reich überlassen blieb zu regeln und so bereits vorhandene einzelstaatliche Gesetze außer Kraft zu setzen bzw. neue ganz zu verhindern. Der Konsequenz dieser *conditiones sine qua non* einer bundesstaatlichen Gesetzgebung bewusst, musste es demnach den Einzelstaaten im Rahmen der Verfassungsberatungen klar sein, welcher Rechte sie sich selbst zugunsten des Reiches und damit einer Rechtseinheit entkleiden wollten oder nicht, denn einmal zugestimmt wurde ein partikulares Rückbesinnen darauf schwierig[136] und nur noch über eine erneute Verfassungsänderung erreichbar[137]. Was hinsichtlich der tatsächlichen Einigung vonnöten gewesen war, gestaltete sich hinsichtlich einer rechtlichen Einigung daher nicht anders: Die Einzelstaaten hatten sich zu einigen, welche Kompetenzen sie zugunsten des Reiches aufzugeben bereit waren. Und sie einigten sich, und sie einigten sich schnell und teilweise sehr detailliert[138], und sie einigten sich so, dass vom Grundsatz her keine der auf eine Rechtseinheit weisenden Entscheidungen je wieder zurückgenommen werden sollte.

Der theoretischen Konzeption des neuen Staates stand 1866/67 bzw. 1871 nämlich eine eindeutige tatsächliche gegenüber - eine wirkliche Einheit zu wollen, und dies schloss den großen Wunsch nach umfassender Rechtseinheit mit ein. Waren partikularistische Widerstände gegen rechtseinende Tendenzen während der Zeit des Deutschen Bundes noch weitaus größer und Meilensteine wie die Allgemeine deutsche Wechselordnung (1848) oder das Allgemeine deutsche Handelsgesetzbuch (1861) teils nur unter schwierigen Kompromissen oder wie das Allgemeine deutsche Strafgesetzbuch (1849)[139] gar nicht zustande gekommen, waren im Zuge der Gründung des Norddeutschen Bundes im Hinblick auf eine rechtseinheitsstiftende Wirkung, gar Notwendigkeit eines allgemeinen deut-

---

136 Freilich entkleidete die einzelstaatliche „Freigabe" von partikularen Interessen die Gliedstaaten damit nicht jeden Einflusses; einen solchen jedoch nahmen sie fortan nicht mehr als Einzelstaat wahr, sondern auf *Reichs*ebene im Rahmen der *Reichs*gesetzgebung im *Reichs*organ Bundesrat. Bundesrat und Reichstag nahmen beide gemeinsam und gleichberechtigt die dem Reich zugewiesenen Gesetzgebungskompetenzen wahr; föderatives und unitarisches Organ handhabten hier also ein unitarisches Element gemeinsam.

137 Diese aber wiederum nur von Seiten des Reichs, dem die Kompetenz-Kompetenz zukam, und so zwar wiederum unter möglicher Mitwirkung der Einzelstaaten über den Bundesrat, aber nicht aus originärem einzelstaatlichem Recht; zur Schwierigkeit von Verfassungsänderungen im Hinblick auf die Mitwirkung der Einzelstaaten im Bundesrat vgl. *Boldt*, Verfassungsgeschichte II (Fn. 6), S. 173.

138 Vgl. insbes. den 6. und 8. Abschnitt der *Reichsverfassung von 1871*, vgl. *Ernst Rudolf Huber*, Dokumente zur deutschen Verfassungsgeschichte, Bd. 2, 3. Aufl., 1986, S. 391 ff., 394 ff.; dies auf lediglich „bürokratischen Perfektionismus der am Entwurf der Verfassung beteiligten *preußischen Ministerien*" zurückzuführen (*Boldt*, Verfassungsgeschichte II (Fn. 6), S. 172), lässt das gerade teilweise überspitzte Interesse der *Einzelstaaten* an der Vergabe angestammter Rechte an das Reich außer Betracht.

139 Vgl. oben S. 265.

schen Strafrechts keine Konflikte zu verzeichnen. Die Festlegung einer Reichskompetenz für das gesamte Straf- und Strafprozessrecht wurde ohne große Diskussionen in Art. 4 Nr. 13 RV vorgenommen[140]. Einigungswille und -euphorie waren insbesondere bei den Gründern dieses ersten norddeutschen Teilbundes, die größtenteils schon während des Krieges 1866 Verbündete gewesen waren, vorhanden, um die einheitsstiftende Wirkung eines solchen fundamentalen Rechtsgebietes auf Reichsebene anzuerkennen. Die Andersartigkeit des neuen „gesunden" Bundesstaates gegenüber seinem „kranken" Vorgänger, dem staatenbündischen Deutschen Bund, kam so in der Haltung seiner Protagonisten hinsichtlich der Rechtseinheit eindrucksvoll zur Geltung. Zwar erst später in Folge der Diskussionen um die Erweiterung der Reichszuständigkeiten für das gesamte *Zivil*recht ausgesprochen, aber durchaus schon 1866 von gleicher grundsätzlicher Gültigkeit ist hier der Satz des Reichstagsabgeordneten *Miquel*: „Es gibt ohne ein deutsches Recht auf die Dauer keinen deutschen Staat."[141] Für das Strafrecht galt dies denn auch ohne größere Konflikte: Die Einzelstaaten waren zur Aufgabe ihrer partikularen Strafrechtsordnungen zugunsten eines allgemeinen, gesamtdeutschen Strafrechts bereit. Als einziges Kardinalsproblem stellte sich die Todesstrafe heraus, die von den einzelstaatlichen Regierungen im Gegensatz zur Reichstagsmehrheit befürwortet und mittels des Bundesrates auch durchgesetzt wurde[142]. Hier zeigte sich also auch auf dem Gebiet des Strafrechts wieder einmal, wer Herr der deutschen Einigung war, und trotzdem: Mit Rücksicht auf den nationalen Zweck blieb der Reichstag bereit, den Entwürfen zu einem neuen Strafgesetzbuch - mit Todesstrafe - zuzustimmen. Noch während der Existenz des Norddeutschen Bundes kam ein solches 1870 zustande und vereinheitlichte damit neben dem Handels- einen weiteren bedeutenden Teil materiellen Rechts. Pate dafür stand erwartungsgemäß das Strafgesetzbuch des größten Bundesgliedes und Präsidiums[143], das StGB Preußens - und über diesen Umweg nahmen die über ein halbes Jahrhundert alten französischen Einflüsse auf das deutsche Strafrecht erneuten, diesmal gesamtdeutschen Einfluss[144]. Dies bedeutete freilich das gleich-

---

140 Bemerkenswert ist der Umstand, dass eine Kompetenz des Norddeutschen Bundes für das Strafrecht im Verfassungsentwurf zunächst fehlte, ein letzter Ausdruck des nach Jahrhunderten partikularistischer Strafgesetzgebung mangelnden Bedürfnisses der maßgebenden Kreise nach einheitlicher Strafgesetzgebung; die entsprechenden Anträge der Abgeordneten *Miquel* und *Lasker* aber wurden dann in der politischen Einheitseuphorie schnell und nur bei wenigen kritischen Stimmen (*Wächter*) angenommen, vgl. *Seuffert*, Strafgesetzgebung (Fn. 16), S. 9 f.

141 Reichstagsdebatte vom 9. November 1871 (ebenda Band 22, S. 209).

142 *Seuffert*, Strafgesetzgebung (Fn. 16), S. 12 f.

143 Weiterer Grund ist, dass die zur Ausarbeitung eines Entwurfs beauftragte Bundesleitung, d.h. *Bismarck* sich mangels noch nicht vorhandener Bundesbehörden des preußischen Justizministeriums bediente, vgl. *Seuffert*, Strafgesetzgebung (Fn. 16), S. 10.

144 Wenn auch vielfach von der zeitgenössischen Literatur - insbesondere nach dem Deutsch-französischen Krieg - geleugnet.

zeitige Ende der Strafgesetzbücher der einzelnen Staaten: Sie wurden über Art. 2 Satz 1 RV obsolet; auch das Einführungsgesetz zum neuen Strafgesetzbuch legte fest, dass landesstrafrechtliche Bestimmungen, die mit dem neuen Bundes- und späteren Reichsstrafrecht identisch waren oder sogar kollidierten, außer Kraft zu setzen waren[145]. Vielfach wurden die alten partikularen Strafgesetzbücher formal nicht abgeschafft, aber die Bereiche möglicher Lückenkompensation durch einzelstaatliche strafrechtliche Regelungen dort, wo das umfassende neue Reichsstrafgesetzbuch Regelungen - mehr oder minder bewusst[146] - offen ließ oder vergaß, waren marginal. Ein reichseinheitliches materielles Strafrecht hatte die Ära partikularistischer Strafgesetzgebung in den entscheidenden Bereichen endgültig abgelöst[147].

Konfliktreicher wurde die Umsetzung der Kompetenzen für das Strafprozessrecht und für die Gerichtsverfassung, die erst nach Eintritt der partikularistischer gesinnten süddeutschen Staaten nach 1871 erfolgte. Nicht nur bürokratische und redaktionelle Schwierigkeiten[148], insbesondere das Bestehen der neu hinzukommenden Bundesglieder, v.a. Bayerns, auf Erhaltung eigener traditionaler und historischer formeller Rechtszustände, ließen eine Verabschiedung dieser sog. „Reichsjustizgesetze" bis 1877 hinziehen. Der langwierige Streit um die von den partikularistischen Kräften geforderte und schließlich auch durchgesetzte Beibehaltung der Schwurgerichte ist nur ein Beispiel dafür, die zunächst hartnäckige Haltung Bayerns[149] gegen ein einziges reichsunmittelbares Revisionsgericht, das Reichsgericht, ein anderes. Wille und v.a. Fähigkeit zum Kompromiss aber ließen das neue Deutsche Reich auf dem Gebiet der - nicht nur strafrechtlichen[150] - Rechtseinheit seine erste innenpolitische Bewährungsprobe bestehen. Mit den Reichsjustizgesetzen endete die erste und umfassendste Phase einer rechtlichen Vereinheitlichung und stellte der staatlichen eine gesamtdeutsche Rechtseinheit

---

145 Vgl. *Seuffert*, Strafgesetzgebung (Fn. 16), S. 13 ff., 98 ff.

146 Gemeint sind hier die minder bedeutenden Bereiche provinzialen und kommunalen Strafrechts wie etwa Forstrügesachen u.Ä.; § 2 des Einführungsgesetzes sah darüber hinaus weitere Exemplifikationen vor, die aber gleichfalls in vergleichbar minder bedeutende Richtungen wie das Presspolizei-, Zoll-, Fischerei-, Jagd-, Forst- und Feldpolizeistrafrecht gingen.

147 Größere Bedeutung hatte allenfalls die in ländereigener Kompetenz stehende Polizeistrafrechtsgesetzgebung vgl. *Seuffert*, Strafgesetzgebung (Fn. 16), S. 99 ff.

148 Dazu *Huber*, Verfassungsgeschichte III (Fn. 50), S. 978.

149 Gegen das Reservatrecht, die in letzter Instanz sonst vor das Reichsgericht gehörenden bayerischen *Zivil*sachen einem Bayerischen Obersten Landesgericht vorzubehalten, vgl. § 8 EGGVG, anerkannte Bayern dann letztendlich das Reichsgericht zumindest als höchste Instanz für *Straf*sachen.

150 Ähnlich kontrovers gestaltete sich ab 1871 etwa die Erweiterung der Reichskompetenz für das *gesamte* bürgerliche Recht; ursprünglich sollten nur das Obligationen- sowie das Handels- und Wechselrecht in Reichskompetenz stehen, vgl. *Huber*, Verfassungsgeschichte III (Fn. 50), S. 976.

beiseite[151], die in den vorherigen Jahrhunderten staatlicher und rechtlicher Zersplitterung ihresgleichen sucht. Zunächst aus Konflikte hemmender Einheitseuphorie, dann - als Differenzen aufzukommen begannen - aus Kompromiss waren, auf dem Gebiet des Strafrechts am frühesten, materiell und formell einheitliche Vorschriften entstanden, deren einheitsstiftende Wirkung unverkennbar und auch gewollt war, denn wie gesehen erforderte die Ausgewogenheit der verfassungsrechtlichen Konzeption zwischen unitarischen und föderativen Elementen eine solche nationale rechtliche Integration geradezu. Rechtliche Integration in diesem Sinne war notwendigerweise anti-partikularistisch, aber sie war auch ausgewogen. Beispiele dafür gab es einige: So bedurfte es etwa des Reichsgerichts als judikatives Attribut der neuen Staatlichkeit (des Reiches) und als Organ der rechtlichen nationalen Integration[152] einerseits; andererseits blieben alle übrigen Gerichte Ländergerichte und damit der weit überwiegende Teil der Justizhoheit Ländersache. Drittens jedoch unterlag diese Länderjustizgewalt mit den Reichsgesetzen (RStGB, RStPO, GVG) und der Revisionszuständigkeit des Reichsorgans Reichsgericht aber wiederum einer funktionellen Unterwerfung unter die Reichsjustiz. Formelles Entgegenkommen gegenüber partikularen Interessen auf der einen und unitarisierende - faktische - Mediatisierung der Länderjustizgewalt[153] auf der anderen Seite waren somit i.E. die Kompromissformel und insofern nichts Anderes als einfachgesetzlicher Ausfluss der so gleichfalls konzipierten verfassungsrechtlichen Vorgaben. Ebenso ließe sich sagen, dass die staatliche der rechtlichen Einheit im Deutschen Reich nahezu identisch korrespondierte. Wille und Einigkeit zu der einen hatten Wille und Einigkeit zu der anderen hervorgebracht.

Waren in Deutschland staatliche und rechtliche Einigung in tatsächlichem Sinne von Einigung und Kompromiss beherrscht, war dies schon die staatliche Einigung Italiens nicht gewesen. Es lässt nicht erstaunen, dass eine Einheit des italienischen Strafrechts wie des Rechts allgemein dies ebenso wenig sein konnte, denn hier musste sich der okkupative Charakter des staatlichen Einigungsprozesses gleichsam auswirken wie der kontrahierte in Deutschland.
Wie Deutschland bedurfte auch das neue *Regno d'Italia* zunächst einer verfassungsrechtlichen Einkleidung. Formal liefen hier Staatsgründung und Verfassungsgebung ebenso gleichzeitig ab, doch der Weg dieser Verfassungs„gebung" war in Italien ein völlig anderer. Erhielt nämlich der neue deutsche Bundesstaat eine gänzlich neue, und zwar von den monarchischen Exekutiven unter Beteili-

---

151 Im bürgerlichen Recht wegen der Komplexität einer Gesamtkodifikation erst 20 Jahre später (mit Verabschiedung bzw. Inkrafttreten des BGB 1896 bzw. 1900).

152 *Huber*, Verfassungsgeschichte III (Fn. 50), S. 975.

153 Die Länderverwaltungshoheit war demgegenüber, d.h. gegenüber der Reichsverwaltungshoheit - abgesehen von nur in Ausnahmefällen zulässiger Reichsaufsicht - frei.

gung der legislativen Kräfte[154] ausgehandelte und vereinbarte Verfassung, wurde südlich der Alpen lediglich die 1848 in Sardinien-Piemont oktroyierte und als einzige noch in Italien bestehende Verfassung, das *Statuto Albertino*, in Kraft gesetzt. Dies erfolgte ebenso mehrstufig wie der Einigungsprozess selbst und ebenfalls wieder durch bloßes Octroi durch den neuen König *Victor Emanuel II.*, der nach und nach in jedem Kleinstaat, der von Sardinien-Piemont geschluckt wurde, die Verfassung des Vaters einführen ließ. Am Ende der militärischen Okkupationsphasen waren die annektierten italienischen Gebiete damit i.E. nicht nur dem sardischen Staat, sondern auch dessen vorhandenen Verfassungsstrukturen einverleibt. Die Verfassungsstrukturen der vormaligen Länder - Verfassungen selbst gab es nach 1848 ja nicht mehr - waren damit verschwunden. Zu einer Ablösung des Statuts und Einberufung einer italienischen verfassungsgebenden Nationalversammlung kam es nie: Dies konnte der König mit Hilfe *Cavours* ebenso zurückweisen[155] wie dezentralistische und regionalistische Tendenzen, die nach 1860 schnell an Kraft verloren[156]. Faktisch war das neue Königreich Italien damit staatlich, staatsrechtlich und verfassungsrechtlich nichts Anderes als ein okkupativ vergrößertes Sardinien-Piemont, das lediglich seinen Namen geändert hatte[157]. Dies drückte sich materiell nicht nur durch dieselbe Verfassung, sondern staatsorganisatorisch und terminologisch in vielerlei identisch gebliebenen Parametern aus: So behielt *Victor Emanuel* auch als erster König von Italien die Nummerierung *„der II."* bei[158]. Das sardische Parlament in Turin setzte schlicht seine Tätigkeit fort und stieg als erstes italienisches Parlament sogleich in die achte (!) Legislaturperiode ein[159], und das sardische wurde das italienische Staatsministerium. Wer dies nicht seltsam finden wollte, konnte nur von einer staatlichen und rechtlichen Identität des neuen Königreichs Italien und des alten Königreichs Sardinien-Piemont ausgehen. Der staatlichen war eine institutionelle und rechtliche Okkupation nachgefolgt.

---

154 *Heun*, Monarchisches Prinzip und Konstitutionalismus (Fn. 48), S. 50; Ausnahme nur in Braunschweig, *Scheyhing*, Verfassungsgeschiche (Fn. 9), S. 197.

155 *Kindler*, Einführung (Fn. 113), S. 14.

156 Spätestens die von *Cavour* eher unbeabsichtigte, aber durch die Voreiligkeit *Garibaldis* notwendig gewordene Annexion des wirtschaftlich und verwaltungspolitisch desolaten Süditaliens machte dezentralistische Hoffnungen zunichte: Um die aus mehreren Staatsgebilden zusammengestückelte Einheit Italiens zu erhalten, kam nur ein gleichsam okkupativer Zentralismus in Betracht, vgl. *Sternfeld*, Einigung (Fn. 24), S. 156 f.

157 So auch der überwiegende Teil der italienischen Staatslehre, vgl. statt aller *Giandomenico Falcon*, Lineamenti di diretto pubblico, 3. Aufl., 1991, XI 1; *Allessandro Pizzorusso*, The Italian constitution: Implementation and reform, in: JöR (n.F.) 34 (1985), S. 105 ff. (105 f. in Fn. 1); a.A. etwa *Carlo Lavagna*, Institutioni di diretto pubblico, 6. ed., 1985, I 32.

158 *Theo Rittersprach*, Die italienische Verfassung nach 40 Jahren, in: JöR (n.F.) 37 (1988), S. 65 ff. (67).

159 *Carmine Chiellino, Fernando Marchio, Giocondo Rongoni*, Italien, 2. Aufl., 1989, S. 61 f.

Damit war im Grunde der Weg in eine italienische Einheit des Strafrechts schon vorgezeichnet: Anders als in Deutschland, wo über Kompetenzen des neuen Staates verhandelt werden musste, folgten im geeinten Italien die strafrechtlichen Gesetze und Institutionen des „Einigers" Sardinien denen der annektierten Staaten einfach nach, und wie deren Verfassungsstrukturen verschwanden auch ihre Rechtsordnungen im Übrigen[160]. So wurden das sardische Strafgesetzbuch und die Strafprozessordnung von 1859 nach den ersten Okkupationsphasen schlicht auch materielles und formelles Strafrecht des Königreiches Italien. Im Fortgang des Einigungsprozesses allerdings kam es zu Gegenwehr in den fortschreitend annektierten Gebieten: Toskana und Süditalien widersetzten sich der auch hier beabsichtigten okkupativen Etablierung des sardischen Strafrechts, Toskana, weil es sich nicht zur Wiederzulassung der bereits 1860 abgeschafften Todesstrafe entschließen konnte, Süditalien, weil es auf die nach dem Sturz der Bourbonendynastie wieder aufgelebten Errungenschaften seines Strafgesetzbuches von 1819 nicht verzichten wollte[161]. So kam es, dass nach 1861 zwar überwiegend das alte sardische Strafrecht etabliert werden konnte, daneben aber zwei weitere Strafrechtsordnungen weiterbestanden. Erfolgreicher ließ sich die sardische Strafprozessordnung etablieren, der sich nur Toskana widersetzte. Konkret betrachtet war es somit auch in Italien das Kardinalsproblem der Todesstrafe[162], an dem eine schnelle Vereinheitlichung des materiellen und formellen Strafrechts krankte, aber auch die Einführung von Schwurgerichten etwa fiel auf dem Apennin nicht auf fruchtbaren Boden[163]. Eine Lösung über fortgesetztes okkupatives Octroi war hierfür nicht der richtige Weg, er war aber auch nicht mehr beabsichtigt: Der militärisch-okkupative Charakter der staatlich-politischen Einheit war in Anbetracht der fremdherrschaftlichen Verhältnisse in Italien lediglich die erfolgversprechendste Gangart gewesen und nicht aus despotischem Machtgebaren heraus eingesetzt worden[164]. Mit Erreichen des Ziels der staatlichen Einheit Italiens setzte Sardinien-Piemont seine Okkupationstaktik im rechtlichen Bereich keineswegs derart stringent weiter fort bzw. diese wurde erst gar nicht Taktik des neuen italienischen Staatswesens[165]. Man setzte stattdessen auf den auch in Italien noch

160 *Alimena*, Strafgesetzgebung (Fn. 32), S. 584.

161 Süditalien führte zwar das sardische StGB per Dekret 1861 ein, ließ es aber vorher grundlegend i.S.d. besagten Errungenschaften von 1819 abändern, wodurch es sich entscheidend von der sardischen Vorlage abhob, vgl. *Alimena*, Strafgesetzgebung (Fn. 32), S. 584.

162 Die das sardische und auch das süditalienische StGB entschieden befürworteten, der aber wie gesehen Toskana äußerst unversöhnlich gegenüberstand.

163 *Alimena*, Strafgesetzgebung (Fn. 32), S. 582.

164 Die Unterschiede der deutschen - vertraglichen - und italienischen - okkupativen - Einigung zeigen sich so unter diesem Gesichtspunkt als rein formal.

165 Was sich insbesondere in der Toleranz dreier sich unterscheidender Strafrechtsordnungen manifestierte.

euphorischen Einigungswillen und transformierte ihn vom staatlich-politischen in den rechtlichen Bereich. Nach den politisch-historisch bedingten Unterschieden im primären formal-militärischen Einigungsprozess kreuzten sich an dieser Stelle die Einigungswege Deutschlands und Italiens von Neuem im sekundären materiell-rechtlichen Bereich, weil mit diesem gleichermaßen von Regierungen wie Bevölkerung getragenen Einheitswillen beiderseits der Alpen das gleiche grundlegende Prinzip zum Tragen kam[166]. Die Folgen waren ebenso die gleichen: Das Jahr 1865 brachte den neuen italienischen Staat mit dem Bürgerlichen Gesetzbuch, dem Handelsgesetzbuch, dem Gerichtsverfassungsgesetz, der Zivilprozessordnung und einer neuen Strafprozessordnung auf einen umfassenden rechtsvereinheitlichenden Stand[167]. Setzte in Deutschland allerdings die vorherige Kodifikation des Reichsstrafrechts wichtige Impulse für die nachfolgende Vereinheitlichung des bürgerlichen Rechts, war es in Italien gerade umgekehrt: Hier bewirkten die in weiten Teilen zivilrechtliche und prozessuale Bereiche betreffenden Kodifikationen des Jahres 1865 eine lebhafte wissenschaftliche Tätigkeit im Bereich des materiellen Strafrechts, das sich seiner Divergenzen in den drei geltenden Strafrechtsordnungen zu entkleiden begann. Am Ende dieser Entwicklung stand das italienische Strafgesetzbuch vom 30 Juni 1889, das den Schlusspunkt der Vereinheitlichung der bedeutenden italienischen Rechtsbereiche bildete und das mit seiner begrifflichen und inhaltlichen Stringenz und Abstraktheit am Übergang von der klassisch-modernen zur anthropologisch-modernen Wissenschaft stand[168]. Immerhin gelang so im Strafrecht das, was im Verfassungsrecht nie erreicht wurde: Mit dem *Codice penale* von 1889 gab es nicht mehr nur ein „italisiertes“ altsardisches Strafgesetzbuch nebst zweier konkurrierender regionaler Strafrechtssysteme, sondern ein den Bedürfnissen der Zeit und den Strafansprüchen des neuen italienischen Einheitsstaates genügendes materielles Gesamtstrafrecht, während die alte sardische Verfassung - wenn auch unter italienischem Etikett - bis zum Ende der Monarchie 1946 in Kraft blieb und sich so den Änderungsnotwendigkeiten der Zeit versagte. Auch institutionell war man in Italien mit der Einführung[169] der *Corte di cassatione* als oberstem italienischen Gericht und

---

166 Die sog. *„anthropologische Schule“* in der zeitgenössischen italienischen Strafrechtswissenschaft war die einzige Richtung, die mit der Argumentation, Italien sei zwar „einig, aber nicht einheitlich“, eine strafrechtliche Regionalisierung propagierte und damit einer Rechtsvereinheitlichung kritisch und sogar ablehnend gegenüber stand, vgl. *Cesare Lombroso*, Troppo presto, 1888; *Enrico Ferri*, Sociologia criminale, 1892, S. 334; in diesem Punkt aber blieb sie ohne tiefgreifenden Einfluss.

167 Die neue StPO galt nun auch in Toskana und damit italienweit; interessanterweise erreichte Italien so neben der staatlichen auch seine rechtliche Einheit zehn Jahre früher als Deutschland, was nur mehr ein weiterer formaler Aspekt der weitgehenden Kongruenz beider Entwicklungsprozesse ist.

168 *Alimena*, Strafgesetzgebung (Fn. 32), S. 587 f.

169 Durch das Gerichtsverfassungsgesetz von 1865.

der Ablösung der obersten Gerichte der alten Länder im Hinblick auf integrative Aspekte erfolgreicher als im Verfassungsrecht[170].
Alles in Allem aber war es auch in Italien der große Wille zur Einigkeit, der zu Kompromiss und Innovation im rechtlichen Bereich führte, so dass man die okkupative Gangart der staatlichen Einigung bald aufgeben konnte und sich die Wege Deutschlands und Italiens zu beider Rechtseinheit wieder überschnitten.

VI. Resümee

Zusammenfassend waren Deutschland und Italien bis zur eigentlichen Einigung selbst ähnliche Wege gegangen, von der staatlichen Zersplitterung bis hin zur Zersplitterung ihrer Rechtsordnungen. Moderne Einflüsse der Französischen Revolution und des Napoleonischen Zeitalters waren ebenso die gleichen wie die Rückschläge durch Reaktion und Restauration. Der große Unterschied aber, dass sich in Deutschland das aufkommende Nationalgefühl nach staatlicher Einheit an deutsche, in Italien aber bis auf einen an fremd-, d.h. nicht von italienischen Fürsten beherrschte Kleinstaaten wandte, stellte unterschiedliche Weichen für den Ablauf zumindest der staatlichen Einigung. Die eine war notgedrungen eine nur durch Vertrag und Kompromiss zwischen Gleichen mögliche, die andere nur durch Okkupation der Fremden durch den einen italienischen Hoffnungsträger erreichbar. Die Etablierung eines einheitlichen materiellen und formellen Strafrechts hingegen verlief, wenn auch zu beider Beginn noch mehr an die jeweiligen staatlichen Einigungsmodi[171] gekoppelt, auf der Basis eines hier wie dort euphorischen Einheitswillens letztendlich wieder kongruent. So waren am Ende die Ergebnisse der unterschiedlichen staatlichen, aber vergleichbaren rechtlichen Einigung identisch: Zwei neue Nationalstaaten waren in Europa entstanden, die beide im Innern durch das starke Band eines einheitlichen Rechts zusammengehalten wurden.

---

170 Hier wurde erst weit nach dem Zweiten Weltkrieg (1956) mit Gründung der *Corte costituzionale* eine vergleichbare Institution auf verfassungsrechtlicher Ebene geschaffen, vgl. *Jörg Luther*, Die italienische Verfassungsgerichtsbarkeit, 1990, S. 54 ff.; *Dietrich*, Verfassungsgerichtshof (Fn. 27), S. 48 ff.

171 In Deutschland von Anbeginn im Kompromisswege, in Italien zunächst noch okkupativ.

Die Todesstrafe als internationales Problem

Vincenzo Militello

1. Die Todesstrafe: ein grenzenloses Paradoxon

Die Entscheidung, das Thema Todesstrafe als Beitrag eines *Liber Amicorum Prof. Manfred Maiwald* auszuwählen, ist sicherlich nicht auf die Neuheit des Problems zurückzuführen, wodurch es sich von anderen Themen unterscheidet, die erst in letzter Zeit auch als rechtliche Probleme hervorgetreten sind und für die dringend eine Lösung gefunden werden muss, wie beispielsweise die Genmanipulation und die Organverpflanzung. Wer die engen Verbindungen von *Manfred Maiwald* zur italienischen Strafrechtswissenschaft kennt, kann jedoch meine Themenwahl unschwer als eine Entscheidung "Cicero pro domo sua" sehen; sie soll zugleich den Beitrags meines Landsmanns *Cesare Beccaria* für die allgemeine Entwicklung eines humaneren Strafrechts hervorheben.

Allerdings ist die Position Beccarias gegen die Todesstrafe weniger eine spezifisch italienische, als vielmehr der Ausdruck des Besten, was der europäische Aufklärungsgedanke zu bieten hat und damit eine Orientierungshilfe für die Kriminalpolitik, die nicht auf einen nationalen Kontext beschränkt bleibt.
Der Grund, warum die strafrechtliche und rechtsphilosophische Debatte seit mindestens drei Jahrhunderten immer wieder um die Todesstrafe kreist, liegt in ihrer Verknüpfung mit einem für jedwede Ordnung unlösbaren Paradoxon: Auch wenn die Todesstrafe nur eine extreme und im Grunde für den Ausnahmefall gedachte Antwort darstellt, so bildet sie doch insofern eine Art strafrechtlichen Mikrokosmos, als in ihr die unendliche Komplexität des Strafrechtssystems zu höchstem Ausdruck gelangt und sie all die vielfältigen funktionellen, widersprüchlichen und symbolischen Beziehungen innerhalb dieses Systems in sich vereint.
Die Randposition der Todesstrafe innerhalb der Gesamtheit der Strafmaßnahmen ist zwar wohl auch eine empirische Realität in den Rechtsordnungen, die sie aufrecht erhalten, aber mehr noch stellt sie eine theoretische Notwendigkeit dar. Selbst vom Standpunkt einer sie befürwortenden Logik her muss der Tod, als Strafe gesehen, in der Lage sein, das abscheulichste Verbrechen zu vergelten, den

abgebrühtesten, entschlossensten Verbrecher einzuschüchtern und die schwerwiegendste, wirksamste Antwort der Rechtsordnung zu symbolisieren. Die Koinzidenz zwischen der Idee der *ultima ratio* als notwendige Voraussetzung sowohl für das Funktionieren als auch für die Legitimation der Höchststrafe und der Bezugnahme des gesamten Strafrechts auf diese Idee der *ultima ratio*, die seit über hundert Jahren hingegen die Direktive einer liberalen und reformistischen Kriminalpolitik ist, zeigt die Widersprüchlichkeit des Problems Todesstrafe und damit gleichzeitig des gesamten Strafsystems sehr deutlich auf.
Von ihrer ersten Verwirklichung in einem kleinen italienischen Staat (dem Großherzogtum Toskana im Jahre 1786) bis heute ist die Idee Beccarias zum gemeinsamen Erbe vieler Länder und Rechtssysteme geworden, auch wenn es sich nicht um eine Position handelt, die in ihrem vollen Umfang und von allen Rechtsordnungen weltweit angenommen wurde.
Welche Argumente auch immer man gegen die Todesstrafe anführt, sie werden niemals eine solche - ultimative - Schranke bilden, die kein Strafsystem überschreiten kann, solange die Staaten sich auf das Dogma ihrer Souveränität für ihre inneren Angelegenheiten berufen können, mit dem sich jede Art von Sanktion legitimieren lässt.

Ich möchte meinen Beitrag auf die Umstände konzentrieren, in denen die Todesstrafe ein auch heute noch aktuelles internationales Problem darstellt. Aus offensichtlichen (Platz-)Gründen kann ich nicht gegenüber allen Argumenten für oder gegen die Todesstrafe Stellung nehmen, welche die internationale Debatte zu diesem Thema beleben. Wie noch weiter deutlicher werden wird, läuft meine These darauf hinaus, dass es richtig ist, für eine Abschaffung der Todesstrafe zu plädieren: Dabei geht es insbesondere darum, zu prüfen, wie sich auf diesem schwierigen Terrain die Forderung nach Angleichung auf internationaler Ebene darstellt. Für den zeitgenössischen Strafrechtler, der sich immer mehr mit Thematiken konfrontiert sieht, die nicht mehr nur auf eine einzelne nationale Ordnung beschränkt sind, ist das ein zunehmend schwieriges Problem.
Aus der Perspektive heraus, dass es darum gehen muss, den Kreis der Länder zu erweitern, welche die genannte Lösung unterstützen, werde ich als Ausgangspunkt zunächst einige Informationen über die Ereignisse in Italien geben, um sodann den internationalen Kontext zu betrachten, sowie schließlich die Möglichkeiten eines spezifisch europäischen Beitrags zur Überwindung der derzeit auf diesem Gebiet herrschenden Gegensätze aufzuzeigen versuchen.

2. Die sich wandelnde Entwicklung in Italien und das Problem der Beziehungen zu den Strafrechtsystemen, welche die Todesstrafe nicht abgeschafft haben

Seit einigen Jahren ist Italien nicht mehr Teil der immer noch relativ grossen Gruppe von Rechtssystemen, welche die Möglichkeit vorsehen, als staatliche Reaktion auf ein begangenes Vergehen ein menschliches Wesen des grundlegendes Gutes des Lebens zu berauben. Mit dem Gesetz Nr. 589 von 1994 wurde die Todesstrafe auch innerhalb der italienischen Militärgesetzgebung abgeschafft, so dass auch die letzten Bollwerke fielen, in denen diese "Höchststrafe" nach der Verfassung von 1948 noch überlebt hatte. In der Tat bezeichnete die Verfassung die Militärgesetze im Kriegsfalle ausdrücklich als Ausnahme von der ansonsten allgemeinen Unzulässigkeit der Todesstrafe in der neuen Rechtsordnung der Italienischen Republik (Art. 27 Abs. 4).
Immerhin handelte es sich hierbei um einen klaren Umschwung im Vergleich zu dem vorhergehenden autoritären Regime: Im Strafgesetzbuch des faschistischen Staates war die Todesstrafe für eine ganze Reihe von Delikten gegen den Staat vorgesehen (z.B. in den Art. 276, 284, 285, 286, 287 und 295), außerdem für schwere Fälle von Mord, Massenmord und andere Vergehen gegen die öffentliche Sicherheit. Im übrigen war die Wiedereinführung der Todesstrafe - die bereits aus dem vorhergehenden, liberalen Strafgesetzbuch von 1889 verbannt worden war - eine der ersten Maßnahmen, die der neue autoritäre Staat zu seiner Verteidigung ins Werk setzte (Gesetz Nr. 2008 aus dem Jahre 1926).
Heute, da die Geschichte des Abolitionismus mit dem erwähnten Gesetz von 1994 endgültig abgeschlossen ist, kann der italienische Weg, von einer historisch-politischen Perspektive aus betrachtet, dazu dienen, den Zusammenhang zwischen dem jeweiligen politischen System und seiner Haltung zur Todesstrafe herauszustellen. Außerdem gibt es zumindest ein weitergehendes Interesse, und zwar auf der Ebene der Rechtsvergleichung: Der Verlauf der Ereignisse in Italien ist in einem breiteren Kontext zu sehen, nämlich in dem des internationalen Konflikts zwischen Abschaffung und Beibehaltung der Todesstrafe. Die Betrachtung des Problems innerhalb dieses erweiterten Rahmens läßt eine Folgerung als offensichtlich werden: Hier wie auf wohl keinem anderen Feld erscheinen das eifersüchtige Bestehen auf der eigenen Autonomie seitens der einzelnen Strafrechtssysteme und die programmatische Verweigerung, Fortentwicklungen durch andere Rechtsordnungen aufzunehmen, als trügerisch und rein formalistisch motiviert.

Dass es nicht möglich ist, dieses Problem auf innerstaatlicher Ebene zu betrachten und seine Lösung auf die nationalen Grenzen zu beschränken, trat in der italienischen Jurisprudenz klar zutage: 1977 hatte das Revisionsgericht die Ansicht vertreten, dass sich "die Unzulässigkeit der Todesstrafe ausschließlich auf die italienische Ordnung bezieht und innerhalb der internationalen Beziehungen keinerlei Bedeutung haben kann, sofern der Auslieferungsvertrag nicht ausdrücklich auf sie Bezug nimmt".

Die daraus resultierende Möglichkeit, auch solche Personen auszuliefern, denen Delikte vorgeworfen wurden, die von dem um Auslieferung ansuchenden Staat mit der Todesstrafe belegt waren, wurde jedoch durch eine wichtige Entscheidung des italienischen Verfassungsgerichts (Gesetz Nr. 54 vom 21.06.1979) aufgehoben. In ihr kommt ganz klar das Prinzip zum Ausdruck, dass die allgemeine Tragweite des Rechts auf Leben einer jeden Person jegliche Unterscheidung hinsichtlich der grundlegenden Güter und Werte zwischen denjenigen, die in Italien zu bestrafen sind und denjenigen Personen, welche im Ausland zu strafen sind, hinfällig macht. In der Anwendung dieses Prinzips beschränkte die italienische Strafprozessordnung von 1989 die Möglichkeit der italienischen Richter zur Auslieferung wegen solcher Delikte, die in dem ersuchenden Staat mit der Todesstrafe belegt sind, ausschließlich auf diejenigen Fälle, in denen sich dieser Staat verpflichtet, die Todesstrafe nicht auf die auszuliefernde Person anzuwenden (Art. 698).

Es handelt sich hierbei jedoch um ein Mittel, das keineswegs alle Probleme löst, die mit den unterschiedlichen Positionen der einzelnen Regimes bezüglich der Todesstrafe einhergehen. Eine Verweigerung der Auslieferung, auch wenn sie zum Schutz des grundlegenden Rechts auf Leben notwendig ist, stellt immerhin eine Behinderung der internationalen justiziellen Zusammenarbeit dar, die es andererseits in Zeiten, da sich die Kriminalität immer mehr auf die transnationale Ebene verlagert, so weit wie möglich zu fördern gilt. Auch gibt es keine unmittelbaren Alternativen, die diesem unerwünschten Nebeneffekt entgegenwirken könnten; er kann erst dann überwunden werden, wenn die einzelnen Ordnungen der Welt sich über den Punkt der Todesstrafe einig sind. Es ist allgemein bekannt, dass eine solche Einigung noch nicht stattgefunden hat; es ist jedoch legitim und notwendig, danach zu fragen, welche Richtung die verschiedenen Länder tatsächlich eingeschlagen haben - Aufrechterhaltung oder Abschaffung der Todesstrafe?

3. Die Widersprüche auf internationaler Ebene

In diesem Zusammenhang ist die internationale Tendenz ganz eindeutig, wenn es auch immer wieder zu unvermeidlichen Widersprüchen und Rückziehern seitens der einzelnen Staatsordnungen kommt. Im Rahmen einer allgemeinen Entwicklung, die ab der zweiten Hälfte des 20. Jahrhunderts zu einer zunehmenden Anerkennung der Menschenrechte geführt hat, bewirkt die Sensibilisierung gegenüber dem Problem der Todesstrafe, dass diese allmählich von immer mehr Systemen abgelehnt wird. Diese Rechtsordnungen haben eine gemeinsame, wenn auch nicht zwingende Entwicklung durchgemacht: Nach einer zunehmenden Beschränkung der mit Todesstrafe bewehrten Straftaten ist nunmehr eine immer seltenere Verhängung dieser Strafe durch die Gerichte und eine immer ausgedehntere Aussetzung der Hinrichtungen selbst zu verzeichnen; ein Prozess, der schließlich zur gänzlichen Abschaffung der extremen Strafe führen wird.

Heute bilden diejenigen Länder, die die Todesstrafe wenigstens *de facto* abgesetzt haben, die Mehrheit: Im Juni 2001 zeigten die von Amnesty International erarbeiteten Statistiken 89 Staaten, von denen 75 die Todesstrafe ganz abgeschafft haben und die restlichen 14 sie nur noch bei außergewöhnlichen Tatbeständen (d.h. Militärstraftaten in Kriegszeiten) verhängen. Dazu kommen noch 20 Länder, in denen sie *de facto* abgeschafft ist, d.h. wo sie seit mehr als zehn Jahren nicht mehr angewandt wird. Diesen stehen jedoch immerhin noch 86 Länder gegenüber, welche die Todesstrafe auch außerhalb des Militärstrafrechts aufrechterhalten. Auf einen mittleren bis langen Zeiträume gesehen, ist der Trend jedoch insgesamt durchaus ermutigend: Die Zahl der Staaten, die die Todesstrafe beibehalten, hat sich im Laufe von 15 Jahren um mehr als ein Viertel verringert (1985 gab es die Todesstrafe noch in 120 Ländern: vgl. United Nations - Economic and Social Control E/1985/43, S. 31 f.), während sich die Zahl der Staaten, die sie abgeschafft haben, in den letzten fünfunddreißig Jahren verdreifacht hat, so dass ihre Zahl von durchschnittlich einem Land pro Jahr von 1965 bis 1988 auf drei pro Jahr im darauffolgenden Jahrzehnt angestiegen ist.
Diese Zunahme wurde auch durch die Wiedergewinnung der demokratischen Freiheiten in den ehemaligen europäischen Ostblock-Ländern begünstigt, was regelmäßig zur Abschaffung der Todesstrafe führte, und zwar meist im Zuge der Erstellung neuer Strafgesetzbücher (z.B. in Polen 1996, in Bulgarien 1998 und schließlich in Russland 1999). Nicht weniger bedeutsam ist die Tatsache, dass in den letzten Jahren auch immer mehr lateinamerikanische Länder die Todesstrafe abgeschafft haben, auch hier parallel zu einer zwar langsamen, aber stetigen Rückeroberung der demokratischen Rechte (als bisher letztes Land hat Chile die Todesstrafe für gewöhnliche Tatbestände abgeschafft; siehe das am 5. Juni 2001 in Kraft getretene Gesetz Nr. 19734/2001).
Eine realistische Betrachtung der Situation kann jedoch andererseits nicht umhin festzustellen, dass viele Länder in Afrika, Asien und im Mittleren Osten die Todesstrafe noch heute aufrechterhalten. Auch stellt die Verbindung zwischen autoritären politischen Systemen und der Todesstrafe keineswegs eine absolute Konstante dar; die Todesstrafe existiert bekanntlich auch in demokratischen Ordnungen oder wurde dort wieder eingeführt - man denke nur an die Mehrheit der amerikanischen Bundesstaaten, an Südkorea, Japan oder Indien. Betrachtet man sodann das Verhältnis zur Weltbevölkerung, so wird klar, dass die zunehmende Zahl der Länder, die die Todesstrafe abgeschafft haben, nicht darüber hinweg täuschen kann, dass in ihnen nur etwa ein Viertel der Gesamtbevölkerung der Welt vertreten ist. In acht der zehn am dichtesten bevölkerten Länder der Welt besteht die Todesstrafe nicht nur fort, sondern wird sie auch tatsächlich angewendet, wenn auch mit unterschiedlicher Häufigkeit.

Der Gegensatz zwischen den beiden Länderblöcken lässt sich deutlich anhand der internationalen Eingaben ablesen, die zu diesem Punkt gemacht wurden. Hier wird es um so schwerer, zu uniformen und bindenden Stellungnahmen zu gelangen, je größer die Zahl der betroffenen Länder ist: Die Aktion der Vereinten Nationen verdeutlicht aufs beste die fehlgeschlagenen Versuche, Instrumente von globaler Tragweite gegen die Todesstrafe zu entwickeln. 1977 stimmte die Generalversammlung der Vereinten Nationen für eine Beschränkung der Fälle, in denen die Todesstrafe verhängt wird und dafür, auf ihre gänzliche Abschaffung hinzuarbeiten.
Diese erste Stellungnahme blieb jedoch ohne nennenswerte Folgen, und bei zwei weiteren Gelegenheiten gelangte dieses internationale Organ ebenfalls nicht zur Verabschiedung einer Resolution für ein Moratorium der Hinrichtungen in denjenigen Staaten, welche die Todesstrafe aufrecht erhalten: Bei beiden Diskussionen, 1994 und 1999, bestand das unüberwindliche Hindernis darin, dass sich zahlreiche Staaten auf die Freiheit beriefen, ihre jeweiligen Ordnungen allein nach den eigenen Bedürfnissen und ohne ein Dazwischentreten von außen zu gestalten.
Der konventionelle Weg zieht die Autonomie der einzelnen Ordnungen hingegen nicht in Zweifel und trifft gerade deswegen auf große Schwierigkeiten, wenn es darum geht, Resultate von weltweiter Tragweite zu erreichen.
Beispielsweise hat die Generalversammlung erst 1989 das Zweite Fakultativprotokoll zum Internationalen Pakt über bürgerliche und politische Rechte angenommen, dessen Art. 1 einen Vollstreckungsstopp der bereits verhängten Todesurteile in den unterzeichnenden Ordnungen vorsieht. Nicht ermutigend ist sicherlich die Tatsache, dass die Zahl der Länder, die bis heute dieser internationalen Vereinbarung beigetreten sind (es sind 44) noch sehr weit entfernt ist von der Zahl der Staaten, welche die Todesstrafe bereits abgeschafft haben. Im übrigen fehlt es noch an Beitrittserklärungen einiger Länder Asiens und des Mittleren Ostens, die bisher streng an politische, religiöse und kulturelle Traditionen gebunden gewesen waren, in denen die Todesstrafe seit jeher ihren Platz hatte.
Eine weitere Quelle konventioneller Art, die kürzlich die Todesstrafe implizit abgelehnt hat, bildet das Statut des Internationalen Strafgerichtshofs, obgleich es sich bei den hier zur Sprache kommenden Tatbeständen um Völkermord und andere Verbrechen gegen die Menschlichkeit und damit um Taten von entsprechender Schwere handelt, welche überhaupt erst das Eingreifen dieses neuen übernationalen Justiz-Organs rechtfertigen können. Die Ablehnung der Todesstrafe durch dieses Statut ist umso bedeutsamer, als an den Arbeiten im Vorfeld viele Länder beteiligt waren, in denen diese Strafe noch existiert - sie haben im übrigen bei dieser Gelegenheit betont, dass eine solche Stellungnahme keinen bindenden Charakter für die jeweiligen inneren Ordnungen habe.

4. Der Beitrag Europas und die zwei Perspektiven um die Abschaffung der Todesstrafe auf globaler Ebene durchzusetzen

Der Bruch, der bezüglich des Themas Todesstrafe durch die internationale Gemeinschaft verläuft, kann also mit tendenziell globalen Instrumenten nicht unmittelbar und schnell überwunden werden. Zu einer gemeinsamen Position gelangt man vielmehr leichter, wenn die internationalen Vereinbarungen solche Staatengruppen betrifft, die aus geografischen, historischen oder kulturellen Gründen eine gewisse Homogenität aufweisen. Auf der Ebene der regionalen Zusammenarbeit kommt Europa eine Vorrangstellung zu, bei der gerade das Thema Todesstrafe zur Ausarbeitung seiner eigenen kulturellen und, in zweiter Linie, auch seiner politischen Identität dienen kann.

Der Schnittpunkt, an dem ein breiterer internationaler Konsens gegen die Todesstrafe möglich wird, ist der Schutz der grundlegenden Menschenrechte. Hier haben europäische Initiativen zu einer progressiven Wirkung bei der Abschaffung der Todesstrafe auf internationaler Ebene geführt. Im übrigen haben einzelne europäische Rechtsordnungen diese Strafe bereits seit langer Zeit aus ihrer Rechtsprechung verbannt: außer Portugal (seit 1864) hatten zahlreiche europäische Staaten schon zu Anfang des 20. Jahrhunderts die Todesstrafe in Friedenszeiten abgeschafft (neben dem schon erwähnten Italien, auch Holland, Österreich, Norwegen, Schweden, Dänemark, Preußen, die Schweiz). Aber es waren besonders die Schrecken der politischen Diktaturen des vergangenen Jahrhunderts, in deren Gefolge die Verbindung zwischen dem Schutz der Menschenrechte und der Ablehnung der Todesstrafe in einigen demokratischen Verfassungen zwingend verankert wurde, wie beispielsweise in der italienischen von 1948 (Art. 27, Abs. 4), der deutschen von 1949 (Art. 102) und später in der portugiesischen von 1976 (Art. 24) und der spanischen von 1978 (Art. 25).

Gleichwohl haben zunächst die Ereignisse nach dem 2. Weltkrieg ein sofortiges Verstehen des Zusammenhangs zwischen dem Schutz der Menschenrechte und der Ablehnung der Todesstrafe verhindert. Das Schweigen der europäischen Menschenrechtskonvention von 1950 über die Todesstrafe erklärt sich aus der Tatsache, dass gerade die Verletzung der fundamentalen Rechte der Opfer seitens der Naziverbrecher deren Verurteilung zum Tode gerechtfertigt hatte. Noch das entsprechende Zusatzprotokoll von 1983, das ausdrücklich der Ablehnung der Todesstrafe gewidmet ist, sah die Möglichkeit vor, in Kriegszeiten oder bei drohendem Kriegsausbruch auf die Todesstrafe zurückzugreifen, auch wenn es im großen und ganzen ein wirksames Instrument zur Erweiterung der die Todesstrafe ablehnenden Front darstellt (noch 1998 unterzeichneten Belgien, Griechenland und Estland das Dokument).

Die Fähigkeit, auf internationaler Ebene einen Konsens zur Abschaffung der Todesstrafe zustande zu bringen, hängt jedoch zumindest auch von der Kohärenz der vertretenen Position ab. Diese wird aber erheblich geschwächt durch die

Ausnahmefälle, in denen das Verbot der Todesstrafe aufgehoben wird - hierdurch wird dieser extremen Strafe immerhin der Anschein von Wirksamkeit und Legitimität verliehen, auch wenn sie auf besondere Zeitumstände wie Krieg oder drohenden Kriegsausbruch beschränkt ist. Zwei Grundhaltungen können eine Reaktion hierauf bestimmen: Die erste ließe sich als "graduell-instrumentell" definieren, die zweite als "zielgerichtet-absolut". Sie unterscheiden sich in den Mitteln, das gemeinsame Ziel jedoch ist die Aufhebung der Todesstrafe, und es ist kein Zufall, dass beide Vorgehensweisen kürzlich von europäischen Institutionen angenommen wurden.

A)

Die erste dieser Vorgehensweisen nimmt die Unwilligkeit vieler Länder, die Todesstrafe abzuschaffen, zur Kenntnis und lenkt die internationale Aktion hin zu einer Strategie der Schadensbegrenzung, anstatt sich auf ideologisch nicht kommunizierbare Positionen zurückzuziehen. In einer rein utilitaristischen Sichtweise im Verhältnis zu dem Ziel, so viele Menschenleben wie möglich zu retten, fordert man beispielsweise die zahlenmäßige Verringerung derjenigen Tatbestände, die mit der Todesstrafe belegt werden können, die Beachtung der verfahrensrechtlichen Garantien und vor allem eine Aussetzung der Hinrichtungen bei allen verhängten Todesurteilen. In diesem Sinne hat z. B. die Parlamentsversammlung des Europarats kürzlich (am 25. Juni 2001) eine Resolution verabschiedet, in der ein sofortiger Aufschub der Exekutionen in Japan und den USA gefordert wird. Und auf Initiative der Europäischen Union hin ratifizierte die Menschenrechtskommission der Vereinten Nationen eine Resolution für die Aussetzung aller Todesurteile.

B)

Bei der zweiten Vorgehensweise ist der Zusammenhang zwischen dem Schutz des menschlichen Lebens und der Abschaffung der Todesstrafe ein fundamentaler Gedanke. Die Anerkennung des ersten bringt zwangsläufig die letzte mit sich; in diesem Sinne wird die Todesstrafe als grausame, unmenschliche oder degradierende Behandlung betrachtet, die als solche die Grundrechte des Menschen verletzt. Dieser Ansatz drückt sich heute am deutlichsten im ausnahmslosen Verbot der Todesstrafe aus, das fast den Eröffnungssatz (es handelt sich um den Art. 2, Abs. 2) der europäischen Charta der bürgerlichen Grundrechte bildet. Das im Dezember 2000 vom Rat der Europäischen Union in Nizza angenommene Dokument besitzt zwar keine bindende Kraft innerhalb der europäischen Staaten selbst, stellt aber trotzdem einen bedeutsamen Indikator für die Prüfung des derzeitigen Status der Grundrechte dar. In ihm findet sich nicht mehr der Vorbehalt für Kriegszeiten, der die von Europa im internationalen Kontext postulierte Unverletzlichkeit des menschlichen Lebens zumindest relativierte.

Die beiden hier in ihren Grundzügen dargestellten Strategien haben natürlich diverse Vor- und Nachteile. Erstere mag die eine oder andere Ordnung dazu bringen, das Moratorium als das geringere Übel zu akzeptieren und die Todesstrafe mit symbolischer Funktion beizubehalten. Die andere hingegen zieht es vor, keinen wie auch immer gearteten Kompromiss einzugehen, um heuchlerische Lösungen nicht zu legitimieren; sie vermag jedoch nichts dagegen zu unternehmen, dass die als ihr Hauptargument angeführten Menschenrechte aus politischen oder religiösen Gründen verweigert werden – eine Verweigerung, die manchmal so weit geht, dass die dieses Argument unterstützenden Systeme des Kulturimperialismus bezichtigt werden. Trotz aller unleugbar vorhandenen Unterschiede glaube ich, dass die beiden vorgestellten Strategien je nach den unterschiedlichen Erfordernissen auf operativer Ebene integriert werden können.
In den Fällen, in denen die internationalen Institutionen (und im besonderen die europäischen) Instrumente aushandeln müssen, die für die verschiedenen Ordnungen bindend sein sollen, ist die graduelle Strategie vorzuziehen, welche darauf abzielt, den durch die Todesstrafe angerichteten Schaden so weit zu begrenzen, wie dies mit dem einvernehmlichen Beitritt möglichst vieler Länder vereinbar ist. Bei denjenigen Dokumenten hingegen, die einen Orientierungswert der internationalen Gemeinschaft in Bezug auf das Problem Todesstrafe darstellen, wird eine absolute, prinzipielle Erklärung notwendig, die nicht vor der totalen Verweigerung der Todesstrafe als einer notwendigen Bedingung zum Schutze des Lebens als eines der Grundrechte des Menschen zurückschreckt.
Niemand kann heute sagen, wann sich die beiden Strategien treffen werden, also wann die internationale Gemeinschaft den Zusammenhang zwischen Unverletzlichkeit des menschlichen Lebens und Verweigerung der Todesstrafe vorbehaltlos akzeptieren wird. Sicher ist jedoch, dass ohne eine gemeinsame Reflexion auf internationaler Ebene - deren Fruchtbarkeit *Manfred Maiwald* in bezug auf eine bunte Palette von strafrechtlichen Schwerpunkten eingehend aufgezeigt hat - eine für den moralischen Fortschritt der Menschheit derart wichtige Etappe nicht bewältigt werden kann.

Jugendstrafrechtliche Sanktionen: Beschreiten neuer Wege

Dorothee Sydow

Am Ende eines jeden Strafprozesses, sofern er mit einer Verurteilung für den Täter endet, steht der Richter vor der schwierigen Frage, was für ein Strafmaß er ausurteilen soll. Im Erwachsenenstrafrecht soll sich das Strafmaß dabei - so fordert es § 46 StGB - sowohl an der Schwere der Schuld des Täters als auch an den "Wirkungen, die von der Strafe für das künftige Leben des Täters in der Gesellschaft zu erwarten sind" orientieren, also sowohl general- , als auch spezialpräventive Gesichtspunkte berücksichtigen. Maßgeblich für die Strafzumessung ist dabei jedoch in erster Linie die Schuld des Täters[1].

In der Praxis stellt sich das ganze oftmals so dar, dass in den Landgerichtsbezirken "Strafmaßlisten" existieren, aus denen man - gerade als junger Assessor - entnehmen kann, was denn üblicherweise bei einem Ersttäter für einen zum Beispiel Diebstahl ausgeurteilt wird.

Eine solche Verfahrensweise erscheint bereits im Erwachsenenstrafrecht bedenklich, da ja gerade die individuelle Schuld des Straftäters maßgeblich sein soll. Schlichtweg unvertretbar ist eine solche Handlungsweise jedoch im Jugendstrafrecht. Denn gerade im Jugendstrafrecht haben beim Strafmaß generalpräventive Erwägungen keinen Raum[2], es steht vielmehr der Erziehungsaspekt im Vordergrund[3].

Auch im Jugendstrafrecht fällt jedoch auf, dass Jugendrichter immer wieder dieselben Rechtsfolgen ausurteilen, also ebenso ihre eigenen Listen führen, was es für welche Tat "gibt". Verfolgt man eine Sitzung mit mehreren Terminen bei ei-

---

1 Vgl. *Tröndle/Fischer*, Strafgesetzbuch, 50. Aufl. (2001), § 46 Rn. 6 f.
2 Vgl. *Tröndle/Fischer*, (Fn. 1), § 46 Rn. 11, 18; BGHSt 15, 224 (226).
3 Vgl. nur *Schaffstein/Beulke*, Jugendstrafrecht, 13. Aufl. (1998), S. 1.

nem Jugendstrafrichter, so fällt auf, dass sowohl von der Jugendgerichtshilfe[4] als auch später vom Richter in der Regel nur zwei Strafen vorgeschlagen beziehungsweise verhängt werden: Entweder es wird die wichtigste und häufigste Erziehungsmaßregel, nämlich die Weisung[5], verhängt, wobei der Täter fast immer Stunden in einem Altersheim oder einer vergleichbaren sozialen Einrichtung ableisten muss, oder es wird - wenn er z.B. eine Ausbildungsstelle hat und somit keine Zeit für solche Arbeitsstunden - als Zuchtmittel die Auflage verhängt, dass er eine Geldauflage für einen guten Zweck zahlen muss.
Die Vorgehensweise, dass zumeist nur zwischen diesen beiden Sanktionen - Arbeitsstunden und Geldauflage - gewechselt wird, erscheint vor allem deswegen bedenklich, weil das Jugendstrafrecht mit § 10 JGG die Möglichkeit gibt, durch Weisungen individuell auf den Charakter des Jugendlichen einzugehen. § 10 JGG nennt dabei - wie durch den Wortlaut klargestellt wird[6] - nur beispielhaft einige Weisungen, die denkbar wären[7]. Grundsätzlich sind jedoch alle Arten von Weisungen denkbar, solange an die Lebensführung des Jugendlichen keine unzumutbaren Anforderungen gestellt werden[8].

Der Grundgedanke, der dahinter steht, ist der Erziehungsaspekt, der das gesamte Jugendstrafrecht wie ein roter Faden durchzieht. Grund dafür ist, dass es sich bei den jugendlichen oder heranwachsenden Tätern um Personen handelt, die sich noch in einer Übergangssituation zwischen Kindheit und Erwachsenwerden befinden[9] und deren Charakter somit häufig noch nicht gefestigt ist. Im Erwachsenenstrafrecht hingegen ist die Erziehung des Täters im Regelfall bereits abgeschlossen, so dass eine Einflussmöglichkeit zumindest nicht mehr in einem solchem Umfang wie im Jugendstrafrecht gegeben ist.
Im Jugendstrafrecht wird ob dieser stärker als im Erwachsenenstrafrecht gegebenen Beeinflussbarkeit daher auch bei den Möglichkeiten der Strafbemessung stärker auf die Persönlichkeit des Täters abgestellt.
Das Jugendstrafrecht bietet dabei ein abgestuftes Sanktionensystem. So können aus Anlass der Straftat eines Jugendlichen Erziehungsmaßregeln, Zuchtmittel oder eine Jugendstrafe verhängt werden (vgl. § 5 JGG).
Die Erziehungsmaßregeln untergliedern sich hierbei gemäß § 9 JGG noch einmal in Weisungen und die Anordnung, Hilfe zur Erziehung im Sinne des § 12 JGG in Anspruch zu nehmen.

---

4 Vgl. hierzu *Kaiser/Schöch*, Kriminologie, Jugendstrafrecht und Strafvollzug, 4. Aufl. (1994), Fall 13 Rn. 14 ff.
5 Vgl. *Schaffstein/Beulke*, (Fn. 3), S. 95.
6 Vgl. den Wortlaut des § 22 JGG: "Insbesondere".
7 Vgl. auch *Schaffstein/Beulke*, (Fn. 3), S. 97.
8 Vgl. hierzu *Schaffstein/Beulke*, (Fn. 3), S. 99 ff.
9 Vgl. *Kropp*, JA 2001, 429 (429).

Unter Zuchtmitteln versteht man gemäß § 13 JGG die Verwarnung, die Erteilung von Auflagen und den Jugendarrest.
Als schärfste Sanktion kennt das Gesetz mit § 17 JGG die Jugendstrafe.
§ 5 II JGG stellt dabei klar, dass Zuchtmittel oder Jugendstrafe nur in Betracht zu ziehen sind, wenn eine Erziehungsmaßregel als nicht ausreichend erachtet wird.
Dieses abgestufte System wird jedoch gerade im Bereich der Erziehungsmaßregeln und Zuchtmittel in der Praxis oftmals nicht eingehalten. Wie bereits oben angesprochen, sind für die Abgrenzung zwischen Erziehungsmaßregel (Weisung) und Zuchtmittel (Geldauflage) oftmals andere Aspekte maßgeblich, wie z.B. die Frage, ob der Täter Zeit für soziale Arbeitsstunden erübrigen kann oder ob er bereits eine Lehrstelle hat und daher eher eine Geldauflage als Sanktion in Betracht zu ziehen ist.

Wie man mit jugendlichen Straftätern umgeht, in welchem Maße man noch erzieherisch Einfluss ausüben kann und was das richtige Sanktionsmaß ist, wird bereits seit längerer Zeit diskutiert - immer wieder sind dabei neue Modellprojekte zu beobachten. Dies liegt auch darin begründet, dass bei der Sanktionierung Jugendlicher und Heranwachsender einerseits zu berücksichtigen ist, dass junge Menschen mit immer früheren Jahren reifer und selbstständiger werden, was zum Beispiel dazu geführt hat, dass auf Länderebene teilweise das Wahlalter bereits auf 16 Jahre herabgesetzt wurde[10]. Auf der anderen Seite zeigen jedoch Geschehnisse wie der Erfurter Amoklauf eines 18-jährigen Gymnasiasten, dass die Erziehung mit 18 Jahren in der Regel bei weitem noch nicht abgeschlossen ist[11], und daher der erzieherische Charakter der Strafe überwiegen sollte.
Die Ausgangssituation stellt sich daher so dar, dass gerade jugendliche Straftäter charakterlich noch nicht gefestigt, sondern noch stark beeinflussbar und formbar sind.
In der Praxis wäre es daher wünschenswert, gerade in diesen Fällen stärker auf den individuellen Täter abzustellen, anstatt pauschal immer nur Arbeitsstunden oder Geldauflagen zu verhängen.

Ein bedeutender Schritt, mit dem ein stärkeres Eingehen auf den Jugendlichen erreicht werden sollte, war bereits der Täter-Opfer-Ausgleich (im Folgenden: TOA), der im Rahmen der 1. JGGÄndG an zwei Stellen in das Gesetz aufgenommen wurde: Zum einen im Rahmen des § 10 I Nr. 7 JGG als beispielhafte Weisung, zum anderen bei § 45 II 2 JGG, der nach erfolgtem TOA eine Einstellung des Verfahrens rechtfertigt. Der TOA wurde vor allem deswegen eingeführt,

---

10 Vgl. dazu auch *Kropp*, JA 2001, 429 (429).

11 Aus diesem Grund wurde nach dieser Tat auch wieder darüber diskutiert, ob das Alter für das Erreichen der Volljährigkeit nicht wieder heraufgesetzt werden sollte. Zum 1.1.1975 war dieses von vormals 21 auf 18 Jahre herabgesetzt worden.

weil man sich einen großen erzieherischen Effekt davon versprach, den Täter direkt mit den Folgen seiner Tat zu konfrontieren, indem er zu dem Opfer Kontakt aufnehmen muss und ihm der von ihm angerichtete Schaden somit bewusster gemacht wird[12].

Unter Berücksichtigung des Aspekts, dass es gerade im Jugendstrafrecht von großer Wichtigkeit ist, individuell auf den einzelnen Straftäter einzugehen, ist es angebracht, ein etwas sorgfältigeres Augenmerk auf das Aschaffenburger kriminalpädagogische Schüler-Modellprojekt "Wellenbrecher - Schüler statt Richter"[13] zu legen.
Zu Beginn des Jahres 2000 legte die StA Aschaffenburg auf Anregung und mit Unterstützung des Bayerischen Staatsministeriums der Justiz ein in Deutschland neuwertiges Diversionsmodell vor[14]. Als Vorlage dienten hierbei die sogenannten "Teen-Courts", die in Amerika bereits längere Zeit praktiziert werden[15].
Die grundlegende Idee ist hierbei, dass nicht ein Richter über den Jugendlichen urteilt, sondern ein Gremium aus drei dafür vom Verein "Hilfe zur Selbsthilfe" ausgebildeten Schülerinnen und Schülern, die mit dem Täter ein Gespräch über seine Tat führen und in Übereinstimmung mit ihm eine pädagogische Maßnahme verhängen, somit also Gleichaltrige an der Sanktionenauswahl beteiligt werden.

Anlass für dieses Modellprojekt war der starke Anstieg der Jugendkriminalität seit Beginn der 90er Jahre: So waren im Jahr 2000 über 20 % aller Tatverdächtigen in Bayern zwischen 14 und 20 Jahre alt[16].
Um diesem Anstieg der Jugendkriminalität mit aller Entschiedenheit entgegenzusteuern[17], hat die StA Aschaffenburg nach dem Vorbild der US-amerikanischen Teen-Court-Programme das kriminalpädagogische Schülerprojekt "Wellenbrecher - Schüler statt Richter" ins Leben gerufen.

Das Verfahren stellt sich hierbei wie folgt dar: Bereits von Seiten der Polizei werden die Fälle ausgesucht, die für das Projekt in Frage kommen. Grundsätzlich

---

12 Vgl. *Gregor*, Täter-Opfer-Ausgleich im Jugendgerichtsverfahren unter besonderer Berücksichtigung weiblicher Opfer (2000), S. 3; *Schaffstein/Beulke*, (Fn. 3), S. 111.

13 Vgl. dazu insgesamt *Schöch/Traulsen*, DVJJ 1/2002 (Nr. 175), 54 (54).

14 Vgl. zu den näheren Informationen über die Durchführung des Modellprojektes insgesamt *Schöch/Traulsen*, DVJJ 1/2002 (Nr. 175), 54 (54 ff.).

15 Vgl. hierzu *Williamson/Chalk/Kuepper*, Teen Court: Juvenile Justice for the 21th Century? In: Federal Probation, 57, 2, 1993, S. 54 - 58; *Beck*, Communications in a Teen Court: Implications for Probation, in: Federal Probation, 61, 4, 1997, S. 40 - 48.

16 Vgl. Homepage des bayerischen Staatsministeriums der Justiz, Pressemitteilung vom 11.6.2001.

17 Vgl. Homepage des bayerischen Staatsministeriums der Justiz, Pressemitteilung vom 11.6.2001.

ist das Projekt für jugendliche, also für die 14-18-jährigen (vgl. § 1 II JGG), Straftäter gedacht. Voraussetzung ist, dass sie ihre Tat gestanden haben und der Sachverhalt geklärt ist. Die eigentliche Zielgruppe sind mithin Ersttäter, die sonst üblicherweise vom Jugendrichter gemäß § 45 III JGG ermahnt werden und meist Weisungen oder Auflagen erhalten.
Das Spektrum der Delikte, für welche dieses deutsche "Teen-Court" Verfahren in Betracht kommt, ist recht weit angelegt: Im Einzelnen handelt es sich um Ladendiebstahl und Diebstahl gegen Personen, Unterschlagung, Hehlerei und Betrug, auch in Tateinheit mit leichten Fällen der Urkundenfälschung, wobei die Höhe des Schadens sich jeweils im Rahmen von ca. 25 bis 75 Euro[18] bewegen soll. Dies gilt ferner bei Delikten wie: Fahren ohne Fahrerlaubnis, Missbrauch von Notrufen, Vortäuschen einer Straftat, unbefugter Gebrauch eines Fahrzeugs, leichte Fälle der Sachbeschädigung von öffentlichen Einrichtungen oder Gegenständen von Privatpersonen, Körperverletzung bei leichtem Angriff und leichten Folgen, leichte Fälle der Nötigung und Bedrohung, Hausfriedensbruch, Beleidigung, sowie Erschleichen von Leistungen (Schwarzfahren). Nach wenigen Monaten wurde der Straftatenkatalog noch erweitert: Die Schadenshöhe wurde sowohl nach unten als auch nach oben auf einen Rahmen von nunmehr ca. 12,50 bis 100 Euro[19] ausgedehnt. Weiter wurden auch gefährliche Körperverletzung sowie Einzelfälle von Raub, räuberischem Diebstahl, Erpressung und räuberischer Erpressung mit aufgenommen - letztere allerdings nur bei leichtem Angriff und leichten Folgen[20].

Der Täter wird bereits von Seiten der Polizei über die Möglichkeit informiert, dass sein Fall in das Projekt "Wellenbrecher - Schüler statt Richter" aufgenommen werden kann. Auch Opfer und gesetzliche Vertreter werden entsprechend informiert. Wenn das schriftliche Einverständnis der Beteiligten vorliegt, wird der Fall an die Staatsanwaltschaft abgegeben. Dieser obliegt die endgültige Entscheidung darüber, wer in das Projekt aufgenommen wird. Hält die Staatsanwaltschaft den Fall ebenfalls für geeignet, so wird dieser an das Schülergremium abgegeben, wobei dieses lediglich einen Kurzbericht erhält, also eine kurze Sachverhaltsdarstellung, die Angaben der verletzten Strafvorschrift(en) sowie die persönlichen Daten des Täters.
Daraufhin erhält der Täter eine schriftliche Einladung, in welcher ihm unter anderem mitgeteilt wird, dass ihm eine Überlegensfrist von 1Woche eingeräumt wird, ob er an diesem Projekt teilnehmen will. Entscheidet er sich für die Teilnahme, findet zunächst ein Vorgespräch statt. An diesem nimmt bereits ein Schüler aus dem späteren Gremium teil, sowie ein Mitarbeiter des Vereins "Hilfe zur Selbst-

---

18 Zum damaligen Zeitpunkt 50 bis 150 DM.
19 Zum damaligen Zeitpunkt 25 bis 200 DM.
20 Zu den genauen Voraussetzungen vgl. *Schöch/Traulsen*, DVJJ 1/2002 (Nr. 175), 45 (45 f.).

hilfe". Wenn auf Seiten der Eltern Interesse besteht, können auch diese an dem Vorgespräch teilnehmen. Der Täter wird noch einmal über die Zielsetzung des Gremiums sowie die Freiwilligkeit des Verfahrens informiert; auch werden ihm Fotos von den später teilnehmenden Schülern vorgelegt. Dies geschieht deswegen, weil der Täter es in aller Regel ablehnt, mit ihm bekannten Personen über seine Tat zu sprechen. Der Täter wird weiter aufgefordert, sich zu überlegen, welche Maßnahmen seines Erachtens für eine Wiedergutmachung in Betracht kommen könnten.
Nach diesem Vorgespräch informiert der Schüler, der an diesem bereits teilgenommen hat, die beiden anderen Schüler des Gremiums über den Verlauf des Vorgesprächs[21].
Das eigentliche Gespräch mit dem Schülergremium selber dauert dann ½ bis 1 ½ Stunden. Der Täter und die Schüler überlegen sich hierbei gemeinsam, welche Maßnahme angemessen wäre. Die Vereinbarung wird von den Schülern und dem Täter unterschrieben.

Wenn der Täter die Sanktion erfüllt hat, leitet der Verein die Akte wieder an die Staatsanwaltschaft, welche das Verfahren dann gemäß § 45 II S. 1 JGG mit dem Hinweis auf das Kriminalpolitische Schülerprojekt als "erzieherische Maßnahme" einstellt[22].

Erste Reaktionen auf das Projekt sind durchaus positiv. In 60 von der Polizei ausgesuchten Taten kam es in 36 Fällen zu einem Gespräch mit dem Gremium.

Fraglich ist jedoch, ob dieses Modellprojekt ausgeweitet werden sollte. Dies wäre nur dann zu empfehlen, wenn es tatsächlich eine nachahmenswerte Möglichkeit darstellt, die Jugendkriminalität einzudämmen, indem es gerade auf jugendliche Ersttäter so einwirkt, dass die Rückfallquote in diesem Bereich gesenkt wird.

1. Hypothese: Die Unrechtseinsicht ist gegenüber Jugendlichen höher

Dem Projekt liegen mehrere Hypothesen zu Grunde. Die erste ist, dass jugendliche Straftäter durch missbilligende Reaktionen von Altersgenossen eher zur Einsicht gebracht und beeinflusst werden, als dies im Rahmen eines herkömmlichen Jugendstrafverfahrens durch Erwachsene - sprich: den Jugendrichter - der Fall ist.

---

[21] Diese Konstellation erinnert mithin an die eines Berichterstatters in einer Kammer.
[22] Bzgl. des Ablaufes des Verfahrens wird nochmals komplett verwiesen auf *Schöch/Traulsen*, DVJJ 1/2002 (Nr. 175), 54 (54 ff.).

Unter Berücksichtigung dieser Hypothese ist als wichtiger Aspekt - wenn nicht sogar als wichtigster - die Zusammensetzung des Schülergremiums zu betrachten[23].

Wer an dem Projekt als Schüler teilnehmen darf, wird von den Schulen entschieden. Es werden hierbei nur solche Schüler in Betracht gezogen, die gute schulische Leistungen erbringen und einen gefestigten Charakter haben. Sie kommen von Gymnasien, Realschulen, Berufsschulen oder Berufsfachschulen, wobei im Modellversuch die Gymnasiasten mit 10 von 17 Schülern die größte Gruppe ausmachten. Grund hierfür war vor allem, dass die Jugendlichen nach der Schulung dem Projekt noch für eine ausreichende Zeit zur Verfügung stehen sollen, bevor sie ausscheiden; dieses ist am ehesten bei den Gymnasiasten gewährleistet. Damit erklärt sich auch, dass das Durchschnittsalter der teilnehmenden Schüler bei 16-17 Jahren lag. Auffallend war weiterhin, dass nur 3 der 17 Teilnehmer männliche Jugendliche waren.

Über die konkrete Zusammensetzung des Gremiums wird von einer sozialpädagogischen Fachkraft entschieden. Insbesondere wird bei der Zusammenstellung des Gremiums darauf geachtet, dass mehrere Schulformen vertreten sind. Das Gremium tagt bei Bedarf an zwei Nachmittagen in der Woche und befasst sich jeweils mit einem oder zwei Beschuldigten.

Fraglich ist nun, ob tatsächlich davon ausgegangen werden kann, dass die jugendlichen Straftäter im Rahmen eines solchen Schülerprojekts mehr Einsicht zeigen.

Wie bereits erwähnt wurde, war das Modellprojekt auf geständige Ersttäter beschränkt. Hinzu kommt, dass die Polizei ausschließlich leichte Fälle für das Modellprojekt vorgeschlagen hat[24].

Es erscheint vor diesem Hintergrund bereits fraglich, ob diese einsichtigen Täter, hätte es das Projekt "Wellenbrecher" nicht als Alternative gegeben, nicht auch ebenso bereit gewesen wären, mit einem Jugendrichter über die Tat und ihre Beweggründe zu sprechen.

Eine dahingehende Vergleichbarkeit ist durch ein solches Modellprojekt natürlich nicht gegeben, da nie festgestellt werden kann, wie die Täter reagiert hätten, wenn ein Jugendrichter ihren Fall verhandelt hätte.

Wenn man sich jedoch die Zahlen ansieht, so ergibt sich folgendes Bild:

---

[23] Dies betonen ebenfalls zu Recht *Schöch/Traulsen*, DVJJ 1/2002 (Nr. 175), 54 (55).

[24] Trotz der oben dargestellten relativ großen Bandbreite, wurden von der Polizei in der überwiegenden Zahl Kaufhaus- und Ladendiebstähle (42 von 60 Fällen), einfache Körperverletzung (7), Fahren ohne Fahrerlaubnis nach Frisieren des Mopeds (6) und Hausfriedensbruch (2), sowie je ein Fall von Sachbeschädigung, Betruges und Fischwilderei vorgeschlagen.

In 23 von den 36 vor dem Gremium verhandelten Fällen zeigten sich die Täter bereits zu Beginn der Sitzung einsichtig. In den anderen 13 Fällen zeigten die Täter gar keine oder nur eingeschränkte Unrechtseinsicht, wobei letztere auch nur in einem Fall während der Sitzung zunahm.
Betrachtet man diese Zahlen, so scheinen hier keine signifikanten Änderungen zum normalen Jugendstrafrechtsverfahren vorzuliegen. Es ist seit jeher eine Auffälligkeit im Jugendstrafrecht, dass die Täter - gerade die Ersttäter - viel eher geständig sind und sich einsichtig zeigen als im Erwachsenenstrafrecht[25]. Von daher dürften sich bezüglich der Unrechtseinsicht keine Besonderheiten in dem Modellprojekt abzeichnen.

Insgesamt sollte wohl der Annahme, dass Jugendliche eher zur Einsicht gelangen, wenn Ihnen von Altersgenossen vor Augen gehalten wird, was sie falsch gemacht haben, ohnehin nicht allzu viel Gewicht beigemessen werden.

Zweifelsohne sind sicherlich Fälle vorstellbar, in denen Jugendliche eher zur Einsicht gebracht werden, wenn ihnen von Altersgenossen vor Augen gehalten wird, dass sie sich rechtswidrig verhalten haben. Man denke an ein Delikt, wie zum Beispiel das "Frisieren" eines Mopeds: Hier erscheint es durchaus nachvollziehbar, dass der Jugendliche eine Strafe von Gleichaltrigen eher akzeptieren wird. In solchen Fällen wird sich der jugendliche Straftäter bezüglich seiner Beweggründe vermutlich eher von anderen Jugendlichen verstanden fühlen, die in der gleichen Situation sind wie er (keinen Führerschein für einen Pkw - nur langsames Fortbewegen mit 25 km/h auf dem Moped wird als unzureichend empfunden), als womöglich von einem altgedienten Richter, der jeden Tag mit seinem eigenen Auto zum Dienst fährt.
In diesem Fall ist man geneigt, sich der Hypothese anzuschließen, dass Jugendliche es eher annehmen, wenn ihnen von Gleichaltrigen vor Augen gehalten wird, dass man zwar die Beweggründe der Tat nachvollziehen kann, die Tathandlung selbst aber keine Lösung darstellt und rechtswidrig war.

Auf der anderen Seite sind jedoch gleichermaßen - wenn nicht sogar überwiegend - anderweitige Konstellationen denkbar, in denen genau das Gegenteil der Fall ist. So wird gerade so mancher Gymnasiast die Probleme eines Haupt- oder Sonderschülers eben nicht nachvollziehen können, weil er sich nicht in derselben Ausgangssituation befindet wie der Straftäter. Den Schülern des Gremiums wird es hier höchstwahrscheinlich oftmals an der Lebenserfahrung fehlen, über die ein langgedienter Richter auf Grund der Vielzahl seiner bereits verhandelten Fälle

25 Vgl. *Albrecht*, Jugendstrafrecht, 2. Aufl. (1993), § 46 II 1 bzw. S. 358, der die Geständnisfreudigkeit der Jugendlichen als "bemerkenswert" deklariert; Vgl. auch *Ostendorf*, Jugendgerichtsgesetz, 4. Aufl. (2000), § 45 Rn. 14.

einfach verfügt. Es kann davon ausgegangen werden, dass der Richter hier leichter die Lage des Straftäters nachvollziehen kann und somit auch Verständnis für die Beweggründe aufbringt, als ein Schüler aus geordnetem Elternhaus und ohne Schulprobleme - und nur solche werden regelmäßig in den "Teen Courts" sitzen. Beispielhaft sei an dieser Stelle auf drei Fälle aus dem Versuchsprojekt hingewiesen, in welchem das Gremium später selber angab, "gar nicht zufrieden gewesen zu sein"[26]: Bei einem handelte es sich um einen geistig behinderten Beschuldigten, in zwei weiteren um Russlanddeutsche, zu denen die Schüler keinen Zugang fanden. Dies zeigt, dass bei einem Schülergremium viel eher die Gefahr besteht, dass in einer etwas außergewöhnlicheren Situation, sprich: wenn es sich nicht um den Idealfall eines jugendlichen, deutschen, geständigen, einsichtigen Ersttäters handelt, kann das Gremium leicht überfordert sein und weiß oft nicht, wie es angemessen reagieren soll - eben wegen der mangelnden (Lebens-) Erfahrung. Eine derartige Unsicherheit des Gremiums könnte sehr wohl vom Straftäter wahrgenommen und möglicherweise sogar zu seinen Gunsten ausgenutzt werden, indem er versucht, die Schüler zu einer möglichst milden Strafe zu bewegen.
Auch die Beobachtung einiger Gremiumssitzungen zeigte, dass es die Schüler nur in sehr unterschiedlichem Maße vermochten, mit den Beschuldigten ein Gespräch zu führen und sich in deren Lage hineinzuversetzen[27].

Weiter ist zu berücksichtigen, dass sich unter Umständen ein uneinsichtiger Jugendlicher sogar eher etwas von einem Erwachsenen "sagen lassen" wird, als von Gleichaltrigen, die in seinen Augen selber noch Kinder sind. Eine solche Einstellung eines Jugendlichen dürfte sogar nachvollziehbar sein - schließlich werden Kinder und Jugendliche von Beginn an von Erwachsenen erzogen und bekommen von ihnen bestimmte Werte vermittelt. Es ist verständlich, dass sie dann auch in diesem Fall eher darauf vertrauen, dass die Einstellung von Erwachsenen maßgeblicher ist, als die von gleichaltrigen Jugendlichen.

Hinzu kommt die Tatsache, die gerade bei Jugendlichen oft zu beobachten ist, dass gegenüber anderen Schulformen keine Akzeptanz besteht - nicht selten werden gerade Gymnasiasten und leistungsmäßig bessere Schüler als "Streber" oder ähnliches verschrieen. Auch auf Grund dieses Aspekts erscheint es fraglich, ob sich der Täter wirklich etwas von Schülern vorschreiben lässt, die unter Umständen auf höhere Schulformen als er selbst gehen, gut in der Schule sind und sozial gefestigt sind.

---

[26] Vgl. *Schöch/Traulsen*, DVJJ 1/2002 (Nr. 175), 54 (58).
[27] Vgl. *Schöch/Traulsen*, DVJJ 1/2002 (Nr. 175), 54 (58).

Diese beispielhaften Fälle dürften vor Augen halten, dass es schon per se nicht eindeutig nachvollziehbar ist, wieso die Einsicht des Unrechts gegenüber Jugendlichen höher sein soll.

Ein nicht zu unterschätzender Aspekt in punkto Unrechtseinsicht dürfte auch schon in dem formalen Charakter der Vorgehensweise zu sehen sein. Sicher wird es einige Täter geben, die sich freuen, dass sie durch das Gremiumsgespräch am Runden Tisch noch einmal mit einem "blauen Auge davongekommen" sind und denen dies Lehre genug war. Auf der anderen Seite wird es aber sicher auch viele Jugendliche geben, die viel stärker dadurch abgeschreckt werden, dass auch solche "kleine Vergehen" schon die Konsequenz haben, vor einem Richter zu landen.
Man sollte auch nicht unterschätzen, dass gerade schon die Gerichtsatmosphäre bei Ersttätern ihren Teil dazu beiträgt, dass den Beschuldigten der Ernst der Lage zu Bewusstsein kommt. Ob dies ebenso gegeben ist, wenn man ein Gespräch mit gleichaltrigen Jugendlichen führt, erscheint zweifelhaft.

Im Übrigen ist in diesem Zusammenhang auch noch auffallend, dass es die Jugendlichen abgelehnt haben, sich vor ein Gremium zu setzen, in welchem sie einen der Jugendlichen kannten. Der Jugendliche ist also offenbar sehr stark daran interessiert, seine Tat geheim zu halten. Er möchte nicht, dass Bekannte hiervon Kenntnis erlangen und womöglich über ihn "richten". Auch hierin dürfte deutlich werden, dass von einer erhöhten Unrechtseinsicht gegenüber anderen Jugendlichen beziehungsweise einer stärkeren Akzeptanz dieses Gremiums nicht ausgegangen werden kann.
Überhaupt dürfte es meines Erachtens eine nicht unmaßgebliche Rolle spielen, dass die Täter wussten, dass - wenn sie sich für eine Teilnahme an dem Projekt entscheiden - später eine Einstellung gemäß § 45 II JGG erfolgt. Ist nicht nahezu jeder Straftäter gewillt alles zu tun, damit ihm eine möglichst geringe Strafe droht? Auch dies spricht dafür, dass sich die Straftäter nicht für das Projekt entscheiden, weil sie lieber mit Jugendlichen über ihre Tat reden wollten, sondern weil sie auf diese Weise sichergehen wollten, eine geringe Strafe zu bekommen.

Es muss daher stark angezweifelt werden, dass die Unrechtseinsicht bei einem Jugendverfahren vor gleichaltrigen Schülern höher ist.

2. Hypothese: Die Akzeptanz der Strafe ist höher

Eine weitere Hypothese lautet: Die Akzeptanz der Strafe sei sehr viel höher als im normalen Verfahren.

Zum bessern Verständnis seien an dieser Stelle beispielhaft einige durch das Gremium auferlegte Maßnahmen genannt:
Bei Verkehrsdelikten sollten sich die Jugendlichen von sachkundiger Seite, also von der Polizei, einem Unfallarzt oder einer Versicherung über die möglichen Folgen informieren lassen. Kaufhausdiebe mussten Entschuldigungsbriefe an das Kaufhaus schreiben, bei persönlichen Opfern wurde gefordert, dass zur Entschuldigung deren Auto oder der Laden geputzt wurden oder die Person sollte zum Kino eingeladen werden. Ein Jugendlicher, der sein Moped "frisiert" hatte, musste eine Woche mit dem Fahrrad zur Arbeit fahren, in anderen Fällen wurde gefordert, dass der Täter eine Woche lang auf sein Handy, seine CD-Sammlung oder ähnliches verzichtet.
Wenn es darum geht festzustellen, ob die Akzeptanz der Strafen in diesem System höher war, so ist hierbei zunächst zu berücksichtigen, dass die verhängten Maßnahmen im Rahmen des Gremiumsgespräches zwischen dem Straftäter und dem Gremium ausdiskutiert werden. Der Beschuldigte hat mithin viel stärker als im normalen Jugendstrafverfahren die Möglichkeit, Einfluss auf seine Strafe zu nehmen. Dies wird zusätzlich dadurch verstärkt, dass bereits im Vorgespräch auf den Jugendlichen dahingehend einwirkt wird, Überlegungen anzustellen, wie seines Erachtens angemessen auf seine Tat reagiert werden sollte. Ferner steht die Maßnahmen in aller Regel in einem engen Zusammenhang mit der Straftat - hierdurch dürfte dem Straftäter ein stärkerer Bezug zu seinem Verhalten deutlich gemacht werden.

Dieser Aspekt, dass besonders intensiv auf den jugendlichen Straftäter eingegangen wurde, wird im wesentlichen zwei Ursachen haben. Zum einen dauerten die Gespräche relativ lange - zunächst findet das Vorgespräch statt, dann die Gremiumssitzung, welche nochmals ca. 30 bis 90 Minuten dauert. Wenn man sich ansieht, dass es sich vorliegend um Bagatellefälle handelt, die "verhandelt" wurden, so steht demgegenüber - sofern die Fälle überhaupt vor dem Jugendrichter verhandelt worden wären - eine nur sehr kurze Verhandlung oder nur ein Gespräch mit einer Verwarnung. Somit wird sich in dem "Teen-Court"- System für den Jugendlichen deutlich mehr Zeit genommen, als in dem üblichen Jugendstrafverfahren. Dies dürfte eine der beiden Ursachen für die höhere Akzeptanz sein: Der Straftäter erfährt, dass man sich bei der auferlegten Strafe wirklich "etwas gedacht" hat und diese nun individuell auf ihn zugeschnitten ist.

Die andere Ursache dürfte darin zu sehen sein, dass es sich bei dem Projekt um ein Modellprojekt handelt, bei welchem es - wie oben angesprochen - in nur 36 Fällen zu einem Gremiumsgespräch kam. Bei 17 teilnehmenden SchülerInnen, bei welchen jeweils in Dreiergruppen verhandelt wird, bedeutet dies, dass im Schnitt

jeder Schüler ca. 6 bis 7 Fälle zu bearbeiten hatte[28]. Somit konnte sich bei keinem der Schüler bereits eine "Gewohnheit" einschleichen, wie man eben "üblicherweise" in solchen Fällen verfährt.
Auch ein junger Assessor wird in den ersten Fällen, die er verhandelt noch sehr viel stärker auf den einzelnen eingehen und sich überlegen, welche Strafe angemessen ist, als ein Richter, der sein Amt bereits seit 25 Jahren ausübt.
Die zweite Ursache der höheren Akzeptanz wird daher darin zu sehen sein, dass sich die Macht der Gewohnheit bei dem Schülerprojekt noch nicht eingeschliffen hat und auch dadurch dem Jugendlichen stärker der Eindruck vermittelt werden kann, dass sein individueller Fall verhandelt wird und hierbei versucht wird, auf ihn ganz persönlich einzugehen.

Die erhöhte Akzeptanz dürfte mithin nicht in erster Linie auf Aspekte zurückzuführen sein, die damit zusammenhängen, dass für die Straftäter eine Sanktion von Jugendlichen verhängt wurde, sondern vielmehr damit, dass sich verstärkt Zeit für den Jungen genommen wurde und ein Maßnahme ausgesucht wurde, mit welcher man den Jugendlichen wirklich "trifft". Diese Folgen sind jedoch vielmehr Auswirkungen des Zeit- und Modellcharakter-Moments des Schüler-"Gerichts" als ein Aspekt der Gleichaltrigkeit der "richtenden" Schüler.

In diesem Zusammenhang muss noch einmal deutlich gesagt werden, dass das Gesetz es bereits jetzt durch den nicht abschließenden Katalog des § 10 JGG ermöglicht, bei der Sanktionierung sehr individuell auf die Person des Jugendlichen abzustellen. Dem Richter bietet sich für seine schöpferische Phantasie und seine erzieherische Befähigung eine weites Feld[29], vom dem er jedoch oftmals keinen Gebrauch macht[30].

3. Hypothese: Die sozialen Lerneffekte bei den im Schülergremium teilnehmenden Jugendlichen sind sehr hoch anzusetzen

Die dritte Hypothese, die dem Projekt zu Grunde liegt, ist diejenige, dass man sich für die im Schülergremium teilnehmenden Jugendlichen erhöhte soziale Ler-

[28] Vgl. *Schöch/Traulsen*, DVJJ 1/2002 (Nr. 175), 54 (57): Eine Schülerin wirkte nie mit, zwei nur einmal, die übrigen Beteiligten sich bis zu neunmal, eine Schülerin sogar 13mal am Gespräch.

[29] Vgl. *Schaffstein/Beulke*, (Fn. 3), S. 97.

[30] *Schaffstein/Beulke*, (Fn. 3), S. 98, geben zu Bedenken, dass Grund hierfür nicht immer nur die mangelnde Zeit, Einfallslosigkeit und der Mangel an sozialpädagogischer Begabung ist, sondern oft auch die Besorgnis der Richter, bei allzu weitgehender Ersetzung der traditionellen Strafrechtsfolgen durch Weisungen etwas von der Würde ihres richterlichen Amtes zu vergeben.

Lerneffekte erwartet. Dies wird sicherlich insoweit stimmen, als die Schüler durch dieses Projekt mit Problemen jugendlicher Straftäter und anderen sozialen Schichten konfrontiert werden. Auf der anderen Seite muss man aber auch ganz klar sehen, dass für die Teilnahme an dem Projekt ohnehin nur die leistungsstarken und sozial gefestigten Jugendlichen ausgewählt wurden. Bei diesen dürfte das Verständnis für die Probleme von Mitmenschen und die Situation anderer sozialer Schichten ohnehin stärker gegeben sein als im umgekehrten Fall.

Es stellt sich darüber hinaus die Frage, ob man dieses Ziel nicht auch einfacher erreichen kann, als die Schüler umständlich von dem Verein "Hilfe zur Selbsthilfe" schulen zu lassen. Denkbar wären zum Beispiel Besuche bei Jugendgefängnissen im Rahmen des zum Beispiel Sozialkundeunterrichts in der Schule. Hier könnte man im Rahmen von Gesprächen mit den Straftätern viel besser deutlich machen, mit welchen Problemen jugendliche Straftäter zu kämpfen haben. Dies wäre auch schon allein deswegen sinnvoll, weil die Fälle, die vor dem "Teen-Court" verhandelt werden, eigentlich eher der unproblematischen Kategorie zuzuordnen sind. Die jugendlichen Ersttäter, die einen Ladendiebstahl begangen haben - dies sind die Taten, welche in erster Linie vor dem Schülergericht verhandelt wurden - werden oftmals keine tiefgreifenden sozialen Probleme haben. Solche dürften aber verstärkt bei Jugendlichen festgestellt werden, die bereits eine Jugendstrafe abbüßen.

Da die Schüler, die sich an dem Projekt beteiligt haben, dies aus eigenem Interesse und auf freiwilliger Basis getan haben, ist davon auszugehen, dass diese Schüler auch Interesse an Besuchen im Gefängnis hätten - möglicherweise könnte man auch die Ableistung von (Sozial-) Praktika in Justizvollzugsanstalten oder bei der Jugendgerichtshilfe anbieten. Teilweise gibt es auch Projekte, in welchen Jugendliche und Heranwachsende regelmäßig eine Justizvollzugsanstalt aufsuchen und dort mit den Insassen über deren Probleme sprechen[31].

Auf diese Weise dürfte das Ziel, bereits Jugendliche mit den sozialen Problemen anderen zu konfrontieren, erheblich besser erreicht werden.

4. Conclusio

Insgesamt zeigt sich, dass keine der Hypothesen, für die das Projekt "Schüler statt Richter" eintritt, sich gerade auf die Tatsache zurückführen lässt, dass Gleichaltrige die Maßnahme verhängen.

Die Ziele, für welche das Projekt "Wellenbrecher" eintritt, könnten auch auf andere Weise im Rahmen der bislang schon bestehenden Möglichkeiten herbeigeführt werden.

---

[31] Vgl. z.B. die Gruppe "AK - Knast" der Katholischen Studentengemeinde in Göttingen.

Es stellt sich daher die Frage, warum immer wieder neue Wege für jugendliche Straftäter gesucht werden, statt die Bestehenden besser zu nutzen.

Auffallend ist hierbei vor allem, dass die neuen Wege sich fast immer stärker von dem eigentlichen förmlichen Verfahren entfernen und die Taten verharmlosen. Das Diversionsverfahren wird immer weiter ausgeweitet[32].
Sicher ist es richtig, dass der jugendliche Ersttäter, bei dem es sich um eine einmalige Verfehlung handelt, durch einen Warnschuss bereits geheilt ist und es keines formellen Verfahrens bedarf.
Es sollte jedoch stärker berücksichtigt werden, dass keineswegs jede Jugendstraftat nur als pubertäre Entgleisung oder als Ergebnis relativ leicht behebbarer Umwelteinflüsse angesehen werden kann. Es ist daher verfehlt, die Jugendkriminalität in Bausch und Bogen zu verharmlosen und als eine in jeder Hinsicht völlig normale Verhaltensweise junger Menschen einzustufen[33]. Zwar hat die Jugendkriminalität zumeist nur episodenhaften Charakter und die Straffälligkeit erledigt sich dann mit dem Abklingen der Pubertät und der Bewältigung des sozialen Rollenwechsels. Dies betrifft aber gerade nicht die Gruppe der später vielfach Rückfälligen[34].
Man sollte nicht verkennen, dass man durch das Ermöglichen neuer bzw. die Ausweitung bestehender Diversionsmöglichkeiten der Justiz immer stärker die Gelegenheit nimmt, bereits frühzeitig gezielt auf solche Jugendlichen einzuwirken. Wie bereits oben angesprochen wurde, ist nämlich davon auszugehen, dass viele jugendliche Straftäter der Verhandlung durch das Schülergremium nur deswegen zustimmten, weil sie so ein förmliches Gerichtsverfahren umgehen konnten. Ob dieses "Ausweichen" jedoch wirklich vorteilhaft ist, erscheint mehr als fraglich. Bereits jetzt enden mehr als die Hälfte aller eingeleiteten Jugendstrafverfahren mit einer informellen Reaktion (§§ 45, 47 JGG)[35].
Gerade bei Ersttätern ist das spezialpräventive Eingehen auf den Jugendlichen selber dringend erforderlich. Dies ist der Grund, warum es bereits ein sehr breites Spektrum für den Jugendrichter gibt, um auf die Verfehlungen des Jugendlichen

[32] Modellprojekte am anderen Ende der Strafzumessungsskala sind deutlich seltener zu beobachten - genannt werden soll hier aber beispielhaft das Modell des "Warnschuss-Arrestes", der ebenfalls in Bayern ins Gespräch gebracht wurde. Dieser soll erprobt werden für die Fälle, in denen üblicherweise die Verhängung einer Jugendstrafe zur Bewährung ausgesetzt wird. Um zu verhindern, dass der Straftäter dieses Ergebnis als "Freispruch" feiert, da ihm unmittelbar nichts passiert, soll dem noch einmal mit Bewährung davon gekommenen Verurteilten hierdurch verdeutlicht werden, wohin sein weiterer krimineller Weg führt. Vgl. http://www.justiz.bayern.de/olgn/Rede_Stoeckel.pdf.
[33] Vgl. *Schaffstein/Beulke*, (Fn. 3), S. 6.
[34] Vgl. *Schaffstein/Beulke*, (Fn. 3), S. 6.
[35] Vgl. *Albrecht*, (Fn. 25), S. 21 f.; *Kaiser/Schöch*, (Fn. 4), Fall 15, Rn. 5.

zu reagieren[36]. Die besondere Elastizität unseres JGG lässt dem Richter für sinnvolle Reaktionen genügend Spielraum[37].

Es erscheint nach den bisherigen Ausführungen sehr fraglich, ob das Beschreiten neuer Wege am unteren Ende der Sanktionsskala wirklich so wünschenswert ist. Studien im Erziehungsbereich zeigen, dass Kindern schon im frühen Alter gezeigt werden muss, welche grundlegenden sozialen Verhaltensweisen einzuhalten sind[38]. Kindern muss hierbei deutlich gemacht werden, dass es Grenzen gibt, die sie nicht überschreiten dürfen. Folglich sollte auch bei Gericht vermieden werden, bei Jugendlichen den Eindruck zu erwecken, ihre Tat werde verharmlost.

Genau dies ist meines Erachtens jedoch die Folge der neuen Wege, die im Jugendstrafrecht beschritten werden.
Warum soll denn auch ein Ersttäter nicht vor den Jugendrichter gebracht werden? Warum wird denn mit dem Aschaffenburger Jugendprojekt versucht, noch eine weitere Vorstufe einzuführen? Warum wird immer weiter versucht, die Tat eines Jugendlichen zu verharmlosen? Welche Aspekte sprechen denn dagegen, dass die Tat vor den Jugendrichter gebracht wird?
Die angeblich höhere Akzeptanz oder Gesprächsbereitschaft gegenüber anderen Jugendlichen ist es meines Erachtens nicht.
Die alleinige Ursache, warum solche neuen Wege beschritten werden, ist die Feststellung, dass die bisherigen Möglichkeiten als nicht ausreichend angesehen werden, da die Jugendkriminalität weiter zunimmt.

Möglicherweise liegt dies jedoch nicht daran, dass die bisherigen Wege, die zur Verfügung stehen, falsch oder unzureichend sind, sondern dass sie nur falsch oder zu oberflächlich genutzt werden.

Das Hauptproblem im bestehenden System des Jugendstrafrechts ist dabei meines Erachtens der Faktor "Zeit".
Es ist nur verständlich, dass die Akzeptanz bei einer Strafe höher ist, wenn der Jugendliche merkt, dass sich für seinen Fall Zeit genommen wurde und intensiv mit ihm auch über die Ursachen seines Handelns geredet wurde, als wenn der Richter gar nichts weiter über die Ursachen hören möchte, sondern aus Zeitgründen gleich abwinkt. Gerade dies ist jedoch oftmals der Fall, besonders dann, wenn es sich um die erste Verfehlung eines Jugendlichen handelt. Die Ursache für diesen Missstand ist, dass die Jugenddezernate hoffnungslos überlastet sind.

---

36 So auch *Schaffstein/Beulke*, (Fn. 3), S. 6.
37 Vgl. *Schaffstein/Beulke*, (Fn. 3), Vorwort, S. V.
38 Vgl. hierzu z.B.: *Wenzel/Granser/Kapitza/Kucklick*: "Die hohe Kunst des Helfens", GEO 4/2002, 126 ff.

Daher besteht in der Praxis eben leider nicht die Möglichkeit, auch nicht bei einem Ersttäter, intensive Gespräche zu führen. Dem Jugendrichter ist es auf Grund der Überlastung einfach nicht möglich, sich längere Zeit mit jedem Straftäter beziehungsweise dessen Beweggründen zu befassen. Nicht umsonst war einer der Gründe für die Einführung des Diversionsverfahrens die Reduzierung der Belastung der Justiz[39].

Weiterhin dürfte es zu einer Akzeptanzerhöhung führen, wenn die Sanktion in einem engen zeitlichen Zusammenhang verhängt wird[40]. Auch dieser Faktor war bei dem neuen Projekt in einem stärkeren Maß gegeben, was jedoch ebenfalls dadurch bedingt gewesen sein dürfte, dass es sich um ein Modellprojekte handelte, an welchem nur wenige Probanden teilnahmen und es somit noch nicht - wie es eben bei den Jugenddezernaten der Fall ist - zu einer Überlastung kam.
Wenn man sich überlegt, dass gerade der Erziehungsgedanke im Jugendstrafrecht eine ganz erhebliche Bedeutung besitzt, so muss man eben auch berücksichtigen, dass Erziehung nun einmal nicht "zwischen Tür und Angel" geschehen kann, sondern dass es hierfür Zeit und personaler Zuwendung bedarf.

Es wäre somit nicht nur wünschenswert, sondern es ist ganz einfach erforderlich, gerade im Bereich der Jugendstrafsachen die Dezernate zu verkleinern, damit ein individuelles Eingehen auf den Jugendlichen gewährleistet ist. Wenn die Jugendrichter wieder mehr Zeit für den Einzelfall haben, wird sicherlich auch wieder das individuelle Eingehen auf den Täter in Bezug auf die zu verhängende Maßnahme im verstärkten Umfang gegeben sein. Damit würde man zum einen die Akzeptanz der auf den bisherigen Wegen verhängten Strafen sicherlich deutlich erhöhen, zum anderen wäre auch bei Ersttätern ein besseres Eingehen auf die Persönlichkeit des Täters gegeben und letztlich könnte man hoffen, dadurch die Wiederholungsgefahr wirklich in den Griff zu bekommen.

Es erscheint jedenfalls sehr bedenklich, die verantwortungsvolle Aufgabe, bereits auf Jugendliche Straftäter individuell einzugehen, an jugendliche, gleichaltrige Schüler abzutreten. Vor allem, wenn der wahre Grund womöglich derjenige sein sollte, dass die Einführung der ehrenamtlichen "Teen-Court-Projekte" nicht so kostenintensiv ist, wie die Einstellung von mehr Jugendrichtern.

Vielleicht gibt dieser Aufsatz Anlass, diese Position zu überdenken. Es wäre sicherlich einfacher, die bestehenden Möglichkeiten des JGG auszuschöpfen, als neue Wege zu beschreiten, die letzten Endes nichts leisten können, was nicht auch der Jugendrichter leisten könnte – nämlich auf den Jugendlichen einzugehen

---

[39] Vgl. *Albrecht*, (Fn. 25), S. 26, ebenso S. 117.
[40] Vgl. auch *Schöch/Traulsen*, DVJJ 1/2002 (Nr. 175), 54 (58).

und ihm klar zu machen, dass er die Grenzen überschritten hat und dass diese Überschreitung angemessen zu sanktionieren ist.
Es wäre nur wünschenswert, dass in der Praxis den Jugendrichtern durch Entlastung der Dezernate auch die Möglichkeit hierzu gegeben würde.

Verzeichnis der Schriften von Manfred Maiwald

Selbständige Schriften

1. Die natürliche Handlungseinheit, 1964.
2. Der Zueignungsbegriff im System der Eigentumsdelikte, 1970.
3. Wege zur Strafrechtsreform, 1976: Herausgeberschaft und Einleitung.
4. Kausalität und Strafrecht. Studien zum Verhältnis von Naturwissenschaft und Jurisprudenz, 1980.
5. Übersetzung in die italienische Sprache: Causalitá e diritto penale, 1999, traduzione di Francesca Brunetta d`Usseaux.
6. Unrechtskenntnis und Vorsatz im Steuerstrafrecht, 1984.
7. Übersetzung in die spanische Sprache: Conocimiento del Ilìcito y Dolo en el Derecho Penal Tributario, Traducción de Marcelo A. Sancinetti, Buenos Aires 1997.
8. Kommentar zur Strafprozeßordnung, Hrsg. Rudolf Wassermann (Reihe Alternativkommentar):
   Bd. 1, 1988: Bearbeitung der §§ 87 – 90,
   Bd. 2, Teilbd. 1, 1992: Bearbeitung der §§ 100a – 101,
   Bd. 2, Teilbd. 2, 1993: Bearbeitung des § 261,
   Bd. 3, 1996: Bearbeitung der §§ 333 – 358.
9. Strafrecht Besonderer Teil, Teilband 1, 7. Aufl. 1988 (Mitautor mit Friedrich-Christian Schroeder des von Reinhart Maurach begründeten Lehrbuchs).
10. Strafrecht Besonderer Teil, Teilband 2, 7. Aufl. 1991 (Mitautor mit Friedrich-Christian Schroeder des von Reinhart Maurach begründeten Lehrbuchs).
11. L` evoluzione del diritto penale tedesco in un confronto con il sistema italiano (Die Entwicklung des deutschen Strafrechts im Vergleich mit dem italienischen Strafrechtssystem), 1993.
12. Strafrecht Besonderer Teil, Teilband 1, 8. Aufl. 1995 (Mitautor mit Friedrich-Christian Schroeder des von Reinhart Maurach begründeten Lehrbuchs).
13. Strafrecht Besonderer Teil, Teilband 2, 8. Auflage 1999 (Mitautor mit Friedrich-Christian Schroeder des von Reinhart Maurach begründeten Lehrbuchs).

Aufsätze und Urteilsanmerkungen

1. Der "dolus generalis". Ein Beitrag zur Lehre von der Zurechnung, in: ZStW 78, 1966, S. 30 ff.
2. Die Beteiligung des Verletzten am Strafverfahren, in: GA 1970, S. 33 ff.
3. Das Absehen von Strafe nach § 16 StGB, in: ZStW 83, 1971, S. 663 ff.

4. Der Begriff der Zueignung im Diebstahls- und Unterschlagungstatbestand, in: Juristische Arbeitsblätter 1971, S. 579 ff. und 643 ff.
5. Zum fragmentarischen Charakter des Strafrechts, in: Festschrift für Reinhart Maurach, 1972, S. 9 ff.
6. Bestimmtheitsgebot, tatbestandliche Typisierung und die Technik der Regelbeispiele, in: Festschrift für Wilhelm Gallas, 1973, S. 137 ff.
7. Der Begriff der Leichtfertigkeit als Merkmal erfolgsqualifizierter Delikte, in: GA 1974, S. 257 ff.
8. Abschied vom strafrechtlichen Handlungsbegriff? Zugleich eine Stellungnahme zur Schrift von Marinucci: Il reato come "azione". Critica di un dogma, in: ZStW 86, 1974, S. 626 ff.
9. Anmerkung zum Urteil des OLG Karlsruhe vom 7.3.1974, JZ 1974, S. 773 ff.
10. Zur gerichtlichen Fürsorgepflicht im Strafprozeß und ihren Grenzen, in: Festschrift für Richard Lange, 1976, S. 745 ff.
11. Zum Maßstab der Fahrlässigkeit bei trunkenheitsbedingter Fahruntüchtigkeit, in: Festschrift für Eduard Dreher, 1977, S. 437 ff.
12. Die Amtsdelikte - Probleme der Neuregelung des 28. Abschnitts des StGB, in: JuS 1977, S. 353 ff.
13. Die Feststellung tatmehrheitlicher Deliktsbegehung, in: NJW 1978, S. 300 ff.
14. Zur Ermittlungspflicht des Staatsanwalts in Todesfällen, in: NJW 1978, S. 561 ff.
15. Zufallsfunde bei zulässiger strafprozessualer Telephonüberwachung - BGH NJW 1976, 1462, in: JuS 1978, S. 379 ff.
16. Historische und dogmatische Aspekte der Einheitstäterlösung, in: Festschrift für Paul Bockelmann, 1979, S. 343 ff.
17. Unbefugtes Plakatieren ohne Substanzverletzung keine Sachbeschädigung? in: JZ 1980, S. 256 ff.
18. Nachträgliche Gesamtstrafenbildung und das Verbot der reformatio in peius, in: JR 1980, S. 353 ff.
19. Moderne Entwicklung der Auffassung vom Zweck der Strafe, in: Rechtswissenschaft und Rechtsentwicklung, hgg. von Ulrich Immenga, 1980, S. 291 ff.
20. Grundlagenprobleme der Unterlassungsdelikte, in: JuS 1981, S. 473 ff.
21. Belohnung für eine vorgetäuschte pflichtwidrige Diensthandlung - Zur Problematik von Bestechlichkeit und Betrug, in: NJW 1981, S. 2777 ff.
22. Zur deutschen Gesetzesregelung über den Irrtum, in: Strafrechtsreform in der Bundesrepublik Deutschland und in Italien, hgg. von H.-H. Jescheck, 1981, S. 105 ff.
23. Anmerkung zum Urteil des BGH vom 1.4.1981, JR 1982, S. 34 ff.
24. Sachbeschädigung durch Überkleben von Plakaten einer politischen Partei. Anmerkung zum Urteil des HansOLG Hamburg v. 25.8.1981, in: JR 1982, S. 297.

25. Die Verteidigung der Rechtsordnung - Analyse eines Begriffs, in: GA 1983, S. 49 ff.
26. Anmerkung zum Urteil des BayObLG vom 28.10.1983, in: NStZ 1984, S. 170 (Zur Problematik des § 355 StGB).
27. Zurechnungsprobleme im Rahmen erfolgsqualifizierter Delikte - BGHSt 31, 96, in: JuS 1984, S. 439 ff.
28. Zur Problematik der "besonders schweren Fälle" im Strafrecht, in: NStZ 1984, S. 433 ff.
29. Anmerkung zum Urteil des BGH v. 25.8.1983 - 4 StR 331/83, in: JR 1984, S. 479 ff. (zur Problematik der §§ 154 a, 264 StPO).
30. Anmerkung zum Urteil des BGH vom 15.9.1983 - 4 StR 535/83, in: JR 1984, S. 481 f. (zur Problematik der §§ 154 a, 353 Abs. 2 StPO).
31. Gedanken zum Problem der Kausalität im Recht (in griechischer Sprache), in: NOMIKO BHMA 1984, S. 55 ff. (ins Griechische übersetzt von Leonidas Kotsalis).
32. Kunst als Gegenstand einer Straftat, in: Kunst und Recht, 1985, hgg. von der Deutschen Richterakademie, S. 67 ff.
33. Zur Leistungsfähigkeit des Begriffs "erlaubtes Risiko" für die Strafrechtssystematik, in: Festschrift für Hans-Heinrich Jescheck, 1985, S. 405 ff.
34. Der Heidelberger Kriminalist Martin und die Strafrechtswissenschaft seiner Zeit, in: Semper Apertus, Sechshundert Jahre Ruprecht-Karls-Universität Heidelberg 1386 - 1986, Bd. II, 1986, S. 197 ff.
35. Anmerkung zum Urteil des BGH vom 18.12.1984 - 1 StR 596/84, in: JR 1985, S. 513 ff. (Probleme der sog. natürlichen Handlungseinheit).
36. Gedanken zu einem sozialen Schuldbegriff, in: Festschrift für Karl Lackner, 1987, S. 149 ff.
37. Die Bedeutung des Erfolgsunwerts im Unrecht - Der Einfluß der Verletztenposition auf eine dogmatische Kategorie, in: Wiedergutmachung und Strafrecht, Hg. Heinz Schöch, 1987, S. 64 ff.
38. Carl Ludwig von Bar (1836 - 1913) als Lehrer des Strafrechts, in: Loos (Hg.), Rechtswissenschaft in Göttingen, 1987, S. 270 ff.
39. Der Sinn der "Humanisierung" des Rechts, in: Archiv für Rechts- und Sozialphilosophie, 1988, Supplementa Vol. 4, S. 149 ff.
40. Zu Mittermaiers Manuskript "Über die Prinzipien des sogenannten Naturrechts", in: Küper (Hg.), Carl Joseph Anton Mittermaier, 1988, S. 263 ff.
41. Ein alltäglicher Strafrechtsfall oder: Einige Schwierigkeiten der Fahrlässigkeitsdogmatik - OLG Celle, VRS 63 (1982), 72, in: JuS 1989, S. 186 ff.
42. Dogmatik und Gesetzgebung im Strafrecht der Gegenwart, in: Behrends und Henckel (Hg.), Gesetzgebung und Dogmatik, 3. Symposion der Kommission "Die Funktion des Gesetzes in Geschichte und Gegenwart" am 29. und 30. April 1988, 1989, S. 120 ff.

43. Eine neue Strafprozeßordnung für Italien (zusammen mit Dott. A. Ippoliti), in: JZ 1989, S. 874 ff.
44. Zur Beleidigung der Bundeswehr und ihrer Soldaten, in: JR 1989, S. 485 ff.
45. Anmerkung zum Urteil des BGH vom 21.6.1990 - 1 StR 477/89, in: JZ 1990, S. 1141 ff. (zum Verhältnis zwischen Kunst und Pornographie).
46. Prova e giudizio: La normativa in materia del codice tipo per l` America Latina. Una prospettiva tedesca. (Beweis- und Hauptverfahren: Die Regelungen der Musterstrafprozeßordnung für Latein-Amerika aus deutschem Blickwinkel), in Un "codice tipo" di procedura penale per l` America Latina. Congresso internazionale, Roma 11 - 13 settembre 1991, Materiali V/2, S. 117 ff.
47. Die Einwilligung des Verletzten im deutschen Strafrecht, in: Rechtfertigung und Entschuldigung Bd. III, hgg. von Albin Eser und Walter Perron, 1991, S. 165 ff. (Deutsch-italienisch-portugiesisch-spanisches Strafrechtskolloquium 1990).
48. Penal Law Reform in the Federal Republic of Germany after the Second World War, in: Boletim da Faculdade de Direito da Universidade de Coimbra, vol. LXV, 1989, S. 3 ff.
49. Appunti sul ruolo del Pubblico Ministero nell` esperienza processuale tedesca (Bemerkungen zur Rolle der Staatsanwaltschaft im deutschen Strafprozeß), in: Il giusto processo 1992, Nr. 13, S. 8 ff.
50. Rechtsbeugung im SED-Staat, in: NJW 1993, S. 1881 ff.
51. La colpevolezza quale presupposto della pena statale: necessita` dell`istinto o realta` metafisica? in: Rivista di Polizia, 1992, S. 3 ff. (Die Schuld als Voraussetzung staatlicher Strafe: Triebbedürfnis oder metaphysische Wirklichkeit? / Im wesentlichen identisch mit Nr. 36).
52. Der Begriff des Vorsatzes im deutschen Strafrecht, in: Journal of Law and Political Science der Universität Kitakyushu (Japan), 1993, S. 164 ff.
53. Die Unzumutbarkeit - Strafbegrenzendes Prinzip bei den Fahrlässigkeitsdelikten? in: Festschrift für Schüler-Springorum, 1993, S. 475 ff.
54. Das Recht der Notwehr im deutschen Strafgesetzbuch (in japanischer Sprache), in: Tohoku Daigaku Hogakkai, The Journal of Law and Political Sciene, Bd. 57, Nr. 5, 1993, S. 648 ff.
55. Responsabilità penale e attività bancaria. Nuove tendenze nella Repubblica Federale tedesca (Strafrechtliche Verantwortlichkeit und Bankentätigkeit. Neue Tendenzen in der Bundesrepublik Deutschland), in: Diritto penale e attività bancaria, Hg. Giuliano Marini, 1994, S. 35 ff.
56. Anmerkung zum Urteil des BGH 4 StR 347/93 vom 26.10.1993, in: NStZ 1994, S. 489 f. (zur Problematik der Bestechungsdelikte).
57. Neuere Entwicklungen der Schuldlehre in Deutschland (in japanischer Sprache), in: Hogaku, The Journal of Law and Political Science Vol. LV III, Nr. 6, 1995, S. 1166 ff.

58. Zur strafrechtssystematischen Funktion des Begriffs der objektiven Zurechnung, in: Festschrift für Koichi Miyazawa, 1995, S. 465 ff.
Übersetzung in die japanische Sprache durch Akihiro Onagi, in: Hogaku Kenkyu, Journal of Law, Politics and Sociology, Faculty of Law, Keio University, Nr. 8, 1997, S. 131 ff.
59. Personenschutz im Strafverfahren - Die italienischen Regelungen zum Schutz von Zeugen und Opfern, in: Kriminalistik 1996, S. 84 ff. (auch abgedruckt in: Das Opfer und die Kriminalitätsbekämpfung, hgg. vom Bundeskriminalamt, 1996, S. 311 ff.).
60. Die Vorstellung von Gerechtigkeit in der Straftheorie Feuerbachs, in: Gerechtigkeit und Geschichte. Beiträge eines Symposions zum 65. Geburtstag von Malte Dießelhorst (Hg. Okko Behrends und Ralf Dreier), 1996, S. 143 ff.
61. Il concorso di persone ed il tentativo dal punto di vista della dottrina tedesca, in: Studi Senesi (Hg. Facoltà di Giurisprudenza dell`Università), Bd. CVII (III Serie, XLIV), Fascicolo 3, 1995, S. 487 ff.
62. "Die beiden Freundinnen und ihr Giftmord." - Juristische Betrachtungen zu einem literarischen Prozeßbericht, in: Literatur und Recht (Hg. Ulrich Mölk), 1996, S. 370 ff.
63. Anmerkung zum Urteil des BGH 5 StR 747/94 v. 16.11.1995 (Rechtsbeugung eines Richters der DDR durch Mitwirkung an Todesurteilen), in: JZ 1996, S. 866 ff.
64. De la capacidad de rendimiento del concepto de "riesgo permitido" para la sistemática del derecho penal, in: Cuadernos de doctrina y jurisprudencia penal, Buenos Aires 1996, S. 145 ff. (Übersetzung des Aufsatzes "Zur Leistungsfähigkeit des Begriffs 'erlaubtes Risiko` für die Strafrechtssystematik, in: Festschrift für Jescheck).
65. Handeln und Unterlassen - Handeln für einen anderen, in: Juristische Fakultät der Universität Selcuk (Hg.): Diskussionsbeiträge zum Entwurf des türkischen Strafgesetzbuchs, 1998, S. 143 ff.
66. Criteri-guida per una teoria generale del reato (Leitlinien für eine allgemeine Verbrechenslehre), in: Canestrari (Hg.), Il diritto penale alla svolta di fine millennio, 1998. Atti del Convegno in ricordo di Franco Bricola (Bologna, 18-20 maggio 1995). S. 233 ff.
67. Das Erfordernis des ernsthaften Bemühens beim fehlgeschlagenen oder beendeten Versuch (§ 24 Abs. 1 Satz 2 StGB), in: Festschrift für E.A. Wolff, 1998, S. 337 ff.
68. Auslegungsprobleme im Tatbestand der Geldwäsche, in: Festschrift für Hans Joachim Hirsch, 1999, S. 631 ff.
69. Psychologie und Norm beim Rücktritt vom Versuch, in: Gedächtnisschrift für Heinz Zipf, 1999, S. 255 ff.
70. La definizione mediante concordato di un procedimento tributario in Germania, in: Il fisco 1999, S. 10161.

71. Profili problematici del riciclaggio in Germania e in Italia (Probleme der Geldwäsche in Deutschland und Italien), in: Rivista italiana di diritto e procedura penale 1999, S. 369 ff.
72. El consentimento del lesionado en el Derecho y en la dogmática penal alemanes (Die Einwilligung des Verletzten im deutschen Recht und in der deutschen Strafrechtsdogmatik), in: Cuadernos de doctrina y jurisprudencia penal, 1999, S. 337 ff (Übersetzung von Nr. 47 des Schriftenverzeichnisses).
73. Anmerkung zum Urteil des BGH vom 10.11.1999 (Verschlechterungsverbot und Kompensation für die Verletzung des Beschleunigungsgebots).
74. Strafprozessuale Maßnahmen im Ermittlungsverfahren gegen das Organisierte Verbrechen (in japanischer Sprache; Übersetzung: Akihiro Onagi), in: Keisatsugaku Ronshu (The Journal of Police Science) Vol. 53, No. 12, December 2000, S. 99.
75. Zur allgemeinen Verbrechenslehre in der Strafrechtswissenschaft des 19. Jahrhunderts, in: Zur Erhaltung guter Ordnung. Festschrift für Wolfgang Sellert zum 65. Geburtstag, 2000, S. 427 ff.
76. Die Lehre von der objektiven Zurechnung im deutschen Strafrecht, in: Journal of Law and Political Science, Kitakyushu University, 2000, S. 25 ff. (in japanischer Sprache).
77. Juristenausbildung in Deutschland, in: Ryukoku Law Review 2001, S. 122 ff (in japanischer Sprache).
78. Die freie richterliche Überzeugungsbildung (Massimo Nobili), Übersetzung von Thomas Vormbaum, Vorwort von Manfred Maiwald, 2001.

Rezensionen

1. Rezension von Otto, Harro: Die Struktur des strafrechtlichen Vermögensschutzes, 1970, in: MSchrKrim 1972, S. 191 ff.
2. Rezension von Maurach, Reinhart: Deutsches Strafrecht, Allgemeiner Teil, 4. Aufl. 1971, in: MSchrKrim 1972, S. 195 f.
3. Rezension von: Grundfragen der gesamten Strafrechtswissenschaft - Festschrift für Heinrich Henkel zum 70. Geburtstag, 1974, in: MSchrKrim 1975, S. 195 f.
4. Rezension von: Nobili, Massimo: Il principio del libero convincimento del giudice, 1974, in: MSchrKrim 1975, S. 315 ff.
5. Literaturbericht Strafrecht - Allgemeiner Teil (Teilnahmelehre), in: ZStW 88, 1976, S. 712 ff.
6. Rezension von Stella, Federico: Leggi scientifiche e spiegatione causale nel diritto penale. Il nesso di condizionamento fra azione ed evento, 1975, in: GA 1977, S. 88 f.
7. Rezension von Taormina, Carlo: L`essenzialita del procedimento penale, 1974, in: GA 1978, S. 31 f.

8. Rezension von Grevi, Vittorio: Libertà personale dell` imputato e Costituzione, 1976, in: GA 1978, S. 350 f.
9. Rezension von Maurach/Schroeder, Strafrecht, Besonderer Teil. Teilband 1 - Straftaten gegen Persönlichkeits- und Vermögenswerte. 6. Aufl. 1977, in: GA 1979, S. 153 f.
10. Literaturbericht Strafrecht - Besonderer Teil (Vermögensdelikte), in: ZStW 91, 1979, S. 923 ff.
11. Literaturbericht Strafrecht - Allgemeiner Teil (Teilnahmelehre), in: ZStW 93, 1981, S. 864 ff.
12. Rezension von Stratenwerth, Günter: Strafrecht (Allgemeiner Teil I. Die Straftat), 3. Aufl. 1981, in: JR 1982, S. 262 f.
13. Rezension von Pawlowski, Hans-Martin: Methodenlehre für Juristen. Theorie und Norm des Gesetzes, 1980, in: GA 1982, S. 515 f.
14. Rezension von Hünerfeld, Peter: Strafrechtsdogmatik in Deutschland und Portugal, 1981, in: ZStW 95, 1983, S. 517 ff.
15. Rezension von Angioni, Francesco: Contenuto e funzioni del concetto di bene giuridico. Bd. 1. Introduzione a uno studio sull` oggetto e la misura della tutela penale, 1980, in: ZStW 95, 1983, S. 523 ff.
16. Literaturbericht Strafrecht - Besonderer Teil (Vermögensdelikte), in: ZStW 96, 1984, S. 66 ff.
17. Rezension von Kaufmann, Arthur:
    a) Strafrecht zwischen Gestern und Morgen, 1983,
    b) Schuld und Strafe, 1983, in: NJW 1984, 1947 f.
18. Rezension von Montenbruck, Axel: Strafrahmen und Strafzumessung, 1983, in: GA 1985, S. 97 f.
19. Rezension von: Festschrift für Dietrich Oehler zum 70. Geburtstag. Hrsg. von R.D. Herzberg, 1985, in: GA 1987, S. 85 ff.
20. Rezension von Bringewat, Peter: Die Bildung der Gesamtstrafe, 1987, in: GA 1989, S. 139 ff.
21. Rezension von Mazzacuva, Nicola: Il disvalore di evento nell` illecito penale, 1983, in: ZStW 101, 1989, S. 229 ff.
22. Rezension von Angioni, Francesco: Contenuto e funzioni del concetto di bene giuridico Bd. 2, 1983, in: ZStW 101, 1989, S. 232 ff.
23. Literaturbericht Strafrecht - Besonderer Teil (Vermögensdelikte), in: ZStW 102, 1990, S. 318 ff.
24. Literaturbericht Strafrecht - Besonderer Teil (Vermögensdelikte Teil II), in: ZStW 103, 1991, S. 681 ff.
25. Literaturbericht Italien, in: ZStW 104, 1992, S. 234 ff.
26. Literaturbericht Italien, in: ZStW 106, 1994, S. 906 ff.
27. Literaturbericht Italien, in: ZStW 110, 1998, S. 252 ff.
28. Literaturbericht Italien, in: ZStW 113, 2001, S. 427 ff.

Sonstiges

1. Richard Honig 90 Jahre, in: JZ 1980, S. 71.
2. Wilhelm Gallas 80 Jahre, in: JZ 1983, S. 562.
3. Nachruf auf Wilhelm Gallas, in: JZ 1990, S. 83 f.
4. Vorwort zu: Elio Belfiore, Contributo alla teoria dell` errore in diritto penale, 1997.
5. Laudatio zur Verleihung der Ehrendoktorwürde an Thomas Hillenkamp, in: Recht im Umbruch. Beiträge zur Ehrenpromotion von Thomas Hillenkamp und Othmar Jauering. Dresdner Juristische Beiträge Band 2, 1997, S. 21 ff. (Hg. Juristische Fakultät, Dresden).
6. Nachruf auf Friedrich Schaffstein, in: NJW 2002, S. 1250 f.

Die Betrachtung der im Schriftenverzeichnis aufgeführten Veröffentlichungen von Manfred Maiwald ab dem Jahre 1984, in welchem ich meine Tätigkeit als seine Sekretärin begann, lassen mich an eine lange und schöne Zeit vertrauensvoller Zusammenarbeit mit ihm zurückdenken.

Daher möchte ich an dieser Stelle - stellvertretend auch für die verschiedenen "Besatzungen", die an seinem Lehrstuhl über die Jahre hinweg gearbeitet haben - Manfred Maiwald herzlich danken für die angenehme, menschliche und immer verständnisvolle Art und Weise, in der er seinen Lehrstuhl geführt und uns Mitarbeitern dadurch ein Vorgesetzter gewesen ist, wie man ihn sich nur wünschen konnte.

Dagmar Behrendt-Koch

www.ingramcontent.com/pod-product-compliance
Ingram Content Group UK Ltd.
Pitfield, Milton Keynes, MK11 3LW, UK
UKHW021915290926
8980IPUK00015B/1276

9 783631 502211